法藏知津

六 編

杜潔祥 主編

第11冊

明代佛教勸善運動研究

黃 豪 著

花木蘭文化事業有限公司

國家圖書館出版品預行編目資料

明代佛教勸善運動研究／黃豪 著 — 初版 — 新北市：花木蘭文
化事業有限公司，2019〔民108〕
序 4+ 目 4+268 面：19×26 公分
（法藏知津六編 第11冊）
ISBN 978-986-485-197-3（精裝）
1. 勸善 2. 道德運動 3. 明代
618   106014304

ISBN-978-986-485-197-3

9 789864 851973

法藏知津六編
第十一冊   ISBN：978-986-485-197-3

明代佛教勸善運動研究

作　　者 黃豪
主　　編 杜潔祥
副總編輯 楊嘉樂
編　　輯 許郁翎
出　　版 花木蘭文化事業有限公司
社　　長 高小娟
聯絡地址 235 新北市中和區中安街七二號十三樓
　　　　　電話：02-2923-1455 ／傳眞：02-2923-1452
網　　址 http://www.huamulan.tw 信箱 hml 810518@gmail.com
印　　刷 普羅文化出版廣告事業
初　　版 2019 年 3 月
定　　價 六編 17 冊（精裝）新台幣 36,000 元

版權所有・請勿翻印

明代佛教勸善運動研究

黃豪 著

作者簡介

黃豪，1983 年生，四川寶興人，畢業於四川大學道教與宗教文化研究所，獲哲學（宗教學專業）碩士、博士學位，研究方向爲中國佛教，側重於佛教社會史、佛教文化史及佛教與民俗等方面的研究。2017 年起供職於西華師範大學歷史文化學院。現已發表論文多篇，出版學術專著多部。

提　　要

　　唐宋之際的社會變革使中國實現了從中世社會向近世社會的過渡，平民取代士族成了社會的主角，因此，近世社會即是平民社會。當中世社會的道德倫理隨著門閥士族的退出而被歷史拋棄後，近世社會就必須面對道德倫理的重建問題。這種道德倫理的重建在近世社會後期，特別是明清之際尤其顯得迫切。飛速發展的社會經濟帶來了社會地位和社會觀念的極度混亂，舊有的道德觀念已然不起作用，新的社會道德倫理又該何去何從？佛教勸善運動即是對近世社會道德倫理重建的探索和努力。

　　佛教以其細密的勸善體系充當了勸善化俗的社會道德標杆，擔當起重建社會道德倫理的時代重任，在近世社會掀起了一場轟轟烈烈的佛教勸善運動。作爲重建社會道德倫理的一部分，明代佛教勸善運動是整個佛教勸善運動的一個高潮，本文因之將其作爲研究的主題。本文追述了上至唐宋之際佛教勸善運動的開始，並通過對佛教勸善理念和運行機制的分析，得出佛教勸善運動的概念。再分別從佛教勸善書、佛教勸善戲文、佛教放生以及佛教勸善運動的影響幾個方面詳細論述了明代佛教勸善運動的情況。最後指出，在面臨又一次社會轉型時，佛教仍能發揮其勸善化俗的作用。

《明代佛教勸善運動研究》序

段玉明

　　秦漢以降，中國封建社會可以明顯地被分爲前後兩個時期：前期自秦而至中唐，後期自中唐而至清。

　　前期社會更多地體現出貴族化的特色，可稱之爲「貴族社會」或「精英社會」，也因門閥氏族是其中堅而被稱爲「門閥社會」。其社會特徵可以概括爲以下幾個方面：（一）土地國有制與貴族結爲一體，爲其控制、爲其兼併，形成大土地所有，「富者田連阡陌，貧者無立椎之地」〔註1〕。（二）選官制度爲貴族所控制，徵辟察舉也好，九品中正制也罷，「科別行能，必由鄉曲」〔註2〕，選出的賢良方正、博士弟子、孝廉茂才基本上都是貴族的代表。（三）以貴族爲中心組織地方社會，形成莊園塢堡，經濟獨立，並有自己的武裝。（四）極尚閥閱的婚姻，形成相對封閉的社會系統，「上品無寒門，下品無士族」〔註3〕。漢晉以降，以貴族爲其中堅的精英集團一直是社會政治經濟生活的主角。他們不僅佔有大量的生產資料，而且控制著國家的各級權力，乃至擁有屬於自己的武裝。他們既在經濟生活中擔任著組織者的角色，又在政治生活中充當著管理者的角色，在相當程度上左右著社會的政治經濟生活。而且，憑藉血緣關係的紐帶，他們是一個相對穩定的社會群體，排斥著社會階層的相互流動。

　　在以貴族爲其中堅的前期社會，道德秩序依靠貴族的群體操守範塑和影響整個社會。由地方貴族「科別」出的賢良方正、博士弟子、孝廉茂才，理論上都是地方認可的「行能」精英，或品行高潔，或才學出眾。在他們獲得

〔註1〕杜佑：《通典》卷一《食貨·田制上》。
〔註2〕《後漢書》卷四《和帝紀》。
〔註3〕《晉書》卷四五《劉毅傳》。

很高的社會地位之後，復又通過極尚閥閱的婚姻形成相對封閉的社會系統，以確保其門風的不受敗壞，並通過戒子書（如諸葛亮《戒子篇》）、家訓（如顏之推《顏氏家訓》）之類將此門風變成具有道德約束力的家族法規。一言以蔽之，以儒家倫理為其核心的道德秩序通過他們穩定地體現出來，他們是整個社會的道德楷模。位居其下的佃客、部族、奴婢借助對他們的仰望形塑自己，形成合於社會規範的行為。上下相得益彰，構成了整個前期社會的道德秩序。

至於隋唐，中國社會發生了一次根本性轉變，表現在：一是土地國有制逐漸崩潰，庶族地主通過慘淡經營在經濟上與貴族地主抗爭，至於後來，貴族地主「名雖著於鄉里，身未免於貧賤」；二是科舉制代替九品中正制，庶族地主通過科舉在政治上與貴族地主抗爭，結果如唐劉秩所言「舉選不本鄉曲，故里閭無豪族，井邑無衣冠」〔註4〕；三是中唐以降的社會運動對貴族地主的打擊，特別是唐末農民起義（如黃巢起義），「天街踏盡公卿骨」（韋莊《秦婦吟》句），門閥貴族勢力遭到沉重打擊，最終退出了歷史舞臺。中國封建社會開始步入後期。

進入後期社會，由於土地私有制進一步發展，土地買賣盛行——「貧富無定勢，田宅無定主，有錢則買，無錢則賣」〔註5〕，土地所有權更換相當頻繁——「千年田換八百主」（辛棄疾《名了》句），社會的貧富變動非常迅速；由於科舉制的推行，不問家世，無關閥閱，政治權力的獲得擺脫了血緣家世的控制，「朝為田舍郎，暮登天子堂，將相本無種，男兒當自強」（汪洙《神童詩》句）成為普遍的社會激勵，社會的貴賤轉換也是非常迅速。如此的轉變，模糊了社會上層與下層的界線，相公、員外、太保、僕射等類官稱被民稱化是一典型的例子。後期社會更多地體現出平民化的特色，可稱之為「平民社會」。其社會特徵表現在：（一）平民在社會生活中的角色發生了轉換——由無足輕重走向至關重要，由臺下走到臺上。（二）進入平民社會，平民成為社會的基礎，成為社會政治經濟生活的主角，精英反而成為一個並不穩定的群體，頻繁地出入於平民之中。（三）平民的思想觀念被大量地引入主流文化，而其社會籲求也前所未有地受到了各方的重視。中國文化出現整體性地重心下移，平民趣味成為社會的主流。

〔註4〕《全唐文》卷三七二劉秩《選舉論》。
〔註5〕袁采：《袁氏世範》卷三《富家置產當存仁心》。

　　唐宋之際的根本性轉型，深刻地影響了中國古代社會的道德進程。科舉制代替九品中正制，個人「行能」不再成為入仕的標準，鄉曲也不再參與「科別」的過程，個人的道德操守遂與選官制度基本脫節。貴族階層所擁有的道德優先性，喪失了前期社會的那種引領地位，不再成為範塑和影響社會的榜樣。而平民登上歷史舞臺，又因缺乏傳統道德的習得，以及不可避免的工具理性影響，難以自動生成後期社會的道德秩序。由是導致了整個社會倫理道德的失範，「士無鄉里，里無衣冠，人無廉恥，士族亂而庶人僭矣」〔註6〕。面對這種社會轉型後的道德失序，怎樣重建一個適合平民階層的社會道德秩序成為時代緊迫的任務，由此催生了轟轟烈烈的近世勸善運動。

　　近世勸善運動的肇始，一般是以《太上感應篇》的出現作為標誌，故常被納入在道教研究的範圍。而由明清的實際觀照，更多的學者將其視為三教合一思想運動的結果。雖然如此，其重心卻明顯是在儒家思想運動方面，佛教之於其中的影響往往只是一筆帶過，以至於治佛教史者至今仍不將之視為佛教研究的內容。而事實上，佛教從理念到行動均有堪稱卓越的表現。從「諸惡莫作，眾善奉行」的勸善運動口號，到《佛說十王經》、《玉曆至寶鈔》、目連救母勸善戲文，再到具體的、以十善惡業為核心形成的道德倫理條目，均見佛教在此一運動中的積極態度與匪淺影響。〔註7〕遺憾的是，學術界至今尚未站在佛教的立場對此給予足夠的關注、給出公允的評價。黃豪博士的《明代佛教勸善運動研究》分別從佛教勸善書、勸善戲文、勸善活動幾方面對明代佛教勸善運動進行了堪稱系統、全面的考察，彌補了學術界對此研究不足的空疏，必將有助於推動佛教勸善運動的研究。不僅如此，伴隨清末民初社會的再次轉型，佛教固有的勸善化俗傳統是否還能在新型的道德倫理重建中發揮作用，亦可在黃豪博士的研究中獲得諸多啟迪。至於該書的成功得失，則有待於書出版後讀者的評判，不用筆者在此代人說項。

　　　　　　　　　　　　　　　　　　2017 年 5 月 8 日於成都酸心齋

〔註6〕《新唐書》卷一九九《柳沖傳》。

〔註7〕參見段玉明：《佛教與中國近世勸善運動》，載李利安主編：《佛教與當代文化建設學術研討會論文集》，西安：西北大學出版社，2013 年，第二編，第 10 ～20 頁。

目次

緒　論

　　唐宋之際的社會轉向將中國帶上了近世社會的大船，在這艘大船上，以前作爲道德標杆的門閥士族已經不見蹤影，取而代之的是平民階層。因此，近世社會實際上就是平民社會。平民取代士族成了社會的主角，新的問題卻隨之而來，這就是這個新社會要以怎樣的倫理規範作爲整個社會的道德規約？中世社會的道德倫理已經隨著門閥士族的退出而被歷史拋棄，新社會的道德倫理還沒有確立，眞眞是一個道德眞空的境地。幾百年後的明代，特別是明末清初之際，在思想意識形態方面，中國社會又一次面臨社會轉型（爲敘述方便，筆者在此將這次意識形態方面的轉變也簡稱爲「社會轉型」，以下統一用「社會轉型」），這次轉型是經濟的飛速發展所帶來的社會觀念的極度混亂。舊有的道德觀念已然不起作用，社會道德倫理又該何去何從？從根本上來說，這兩次社會轉型都提出了相同的問題：社會轉型中的道德倫理何在？

　　佛教勸善運動是對上述兩次社會轉型中道德缺失的回應。當舊有的道德倫理失序之時，佛教以其細密的勸善體系充當了勸善化俗的社會道德標杆。而本文所要研究的正是在這後一次社會轉型中佛教是怎樣充當了這種標杆的。作爲整個佛教勸善運動的一部分，本文選取明代作爲本研究的時間範圍。儘管如此，在敘述的過程中卻不完全受縛於這個時間範圍。因爲唐宋明清之類的時間界限只是以政治事件爲標尺所做的機械劃分，而社會思想和運動卻不受此時間的限制，它是一個綿延相續的過程。因此，本研究的時間範圍是以明代爲主，卻又不局限於此。

一、課題的研究意義

　　佛教勸善運動是一個早已被論及卻又全新的課題。說其早被論及，是因

爲早在上個世紀就有學者（如酒井忠夫、包筠雅等）在進行善書思想、善書運動的考察，佛教作爲其中的一部分有被論及；說其是全新的課題，是因爲儘管學者們作了很多關於善書的研究，但是就佛教善書、佛教勸善運動來說卻又幾乎是一帶而過，甚至將其歸入道教範疇，眞正系統研究佛教勸善運動的幾乎沒有。

學術界的研究重心是善書，而很少提到勸善運動。而就善書來說，國內外學術界已有比較深入的研究，也有學者專門就道教勸善書和明末清初勸善運動的思想研究方面發表了專著。儘管如此，就佛教勸善書、佛教勸善運動方面看，目前的研究還比較薄弱，僅有爲數極少的幾篇論文論及此。因此，本課題擬深入古典文獻，全面梳理明代佛教勸善運動的相關情況，其研究意義如下：

1、彌補學術界對明代佛教社會史研究的不足，有助於我們進一步認識明代佛教的發展狀況及其對當時社會的影響。以往的學術界大多是從佛教義理的發展、佛教宗派的興盛等方面「從上往下」看明代佛教，得出的結論往往是明代佛教發展衰微。但當我們換一種思路，從下往上看，通過對明代佛教在市民生活中的地位，其影響市民思維習慣的程度等方面的考察，我們看到了一個完全不同的明代佛教。這是本研究所要試圖揭示的問題之一。

2、進一步拓寬勸善運動研究的領域，彌補學術界關於佛教勸善研究的不足，有助於我們深入研究佛教對社會倫理、民眾意識的影響。如前所述，學術界對勸善運動的研究往往局限於對善書思想、善書運動的考察，其重心在儒道兩家，對於佛教在其中充當的作用視而不見。本研究一方面要竭力指出佛教在這場勸善運動中所起的作用，另一方面，則要揭示這場運動不僅僅是一場思想運動，更是一場社會實踐運動，是思想和實踐並舉的社會勸善運動。這場運動的主角之一是佛教。

3、通過對佛教與道教、儒家之間關係的梳理，有助於我們深入認識佛教在三教互動中所扮演的角色，有助於我們瞭解佛教對中國傳統文化所提供的思想資源。近世社會開啓的勸善運動是一場儒釋道三家都參與的社會勸善運動，在這場運動中，三家都做出了自身的貢獻，又體現出各自不同的特點。本研究試圖通過對三家在勸善運動中所呈現的不同特點的比較，揭示在三家相互吸取、相互融合的過程中，佛教思想倫理爲中國傳統文化提供了寶貴的思想資源。

由此，對明代佛教勸善運動作系統的文獻研究和理論探討，是非常有必要的。

二、研究現狀及發展趨勢

1、研究現狀

學術界對勸善運動的關注是從善書研究開始的，這方面日本學者起步比較早。早在明治末期到大正初期，即有漢學家服部宇之吉、小柳司氣太等對善書進行了研究，後者在《道教概說》（小柳司氣太著，陳彬龢譯：《道教概說》，商務印書館，中華民國十五年十一月初版，第 110 頁）中，介紹了《太上感應篇》、《陰騭文》和雲谷禪師所授袁黃之功過格。受他們的啓發，到上世紀二三十年代，橘樸在《支那思想研究》（東京：日本評論社，1936 年）、《道教概論》、《通俗道教》（均見於《橘樸著作集》，東京：勁草書房，1966 年）等著作中將中國民間信仰的道教定義爲「通俗道教」，認爲要瞭解道教，就需要讀《太上感應篇》，並將善書作爲「通俗道教」的經典。此時正值中日戰爭，和橘樸一樣受日本軍國主義支持（儘管其觀點和軍國主義不一致，但主觀或客觀上多多少少都得到其支持）來中國進行善書和寶卷收集、研究的學者還有吉岡義豐、澤田瑞穗等。兩人在戰後都發表了一系列有價值的專著和論文，特別是後者，其《增補寶卷研究》（東京：國書刊行會，1975 年版）一書可以說是研究寶卷的鼎力之作。該書對二百多種寶卷作了摘要介紹，其中絕大部分寶卷正是作者在戰爭期間所收集。但是這些作者的研究要麼只專注於道教一家，要麼將功過格、寶卷等作爲統一的善書形式，沒有具體指出其中的佛教特色。

善書研究的集大成者要數酒井忠夫。在上世紀 50 年代，酒井忠夫發表了論文《功過格的研究》（劉俊文主編，許洋主等譯：《日本學者研究中國史論著選譯》，北京：中華書局，1993 年版），這篇論文後來被收入了酒井忠夫的另一部善書研究的著作——《中國善書研究》，於 1960 年出版（江蘇人民出版社於 2010 年出版了中譯本）。在《功過格》一文中（作爲《中國善書研究》的第五章），作者用歷史學的方法對功過格的起源、興起、變遷和種類進行了詳細的考察，討論了包括《太微仙君功過格》、雲谷禪師授予袁黃之功過格、袾宏的《自知錄》、《迪吉錄》、《日乾初揲》、《勸誡全書》、《彙編功過格》、《匯纂功過格》以及不費錢功德例在內的各種功過格，並將不同類型的功過格做

了細緻的比較研究。作者指出：「以曾經影響了袾宏以及袁黃等人思想的雲谷為首，明末的新佛教者從原本屬於富貴上層階級的佛教中整合出了具有民眾化佛教性格的佛教。因此袾宏的《自知錄》成為展示民眾道德的功過格，也並非毫無緣由的。」（〔日〕酒井忠夫著，劉岳兵、何英鶯等譯：《中國善書研究》（增補版），南京：江蘇人民出版社 2010 年版，第 414 頁）可以說，《功過格的研究》是對此前相關研究的一次總結。酒井忠夫的另一部名著是前面提到的《中國善書研究》。此書是善書研究領域的經典之作，作者從歷史學的角度對明末清初的社會歷史、王朝的教化政策、鄉紳士人階層以及善書的流行等問題進行了詳細研究。因此，此書所討論的範圍不僅僅是善書，拿作者自己的話來說，即是：「這本著作是針對作為中國庶民文化的宗教社會史要素的民眾道教的經典的善書，而在明王朝的民眾教化政策、庶民社會史的事實與三教合一思想的展開等的關聯上進行綜合的研究。」（第 20 頁）由此，作者從以上背景出發，對功過格、陰騭文、寶卷、感應篇、《同善錄》等作了詳細考察，並專門對善書運動中的標誌性人物袁黃進行了考證，呈現給讀者一個關於明末清初善書運動整體又不失重點的全貌。酒井忠夫的善書研究是對儒釋道三家善書思想的綜合研究，儘管其中的個別篇章如前面提到的功過格內容，指出了佛教在其中所扮演的重要角色，但就佛教勸善運動來說，他的研究存在兩點不足：一是沒有系統梳理佛教勸善的各種表現形式，如除了功過格、寶卷之外，還有戲文、歌謠、塑像等形式，作者均沒有提及；二是儘管他提出了「善書運動」一語，但這種運動事實上只是指思想運動，作者並沒有將其放置到更廣闊的社會實踐中來考察。

此外，在善書研究方面的其他日本學者還有平野義太郎、清水泰次、宮川尚志、福井康順、秋月觀瑛等。西方學者對善書的研究要晚於日本，儘管如此，其研究成果卻不容小視。他們善於運用西方學術界的研究方法來對善書進行研究，如心理學、社會學等方法，如包筠雅的《功過格：明清社會的道德秩序》（杭州：浙江人民出版社，1999 年版），這是西方學術界第一部討論功過格的專著。作者廣泛吸收了酒井忠夫、吉岡義豐、秋月觀瑛等日本學者的研究成果，利用了大量第一手中文材料。和前幾位學者不同的是，包筠雅側重於從社會史的角度來探討功過格。明末清初是社會巨變之時，中央政府權力的萎縮和地方士紳對權力控制的加強使得對精英身份的競爭越來越激烈，而靠商業發展積聚起巨額財富的商人開始染指功名和官場，使得本來就

競爭激烈的精英身份之爭漸趨白熱化。伴隨這些出現的則是舊時價值體系（理學）的崩潰和社會倫理的混亂。精英階層意識到必須要有一套應對機制才能保證社會秩序的「正常」運作。無疑，功過格成爲被許多人認可和實行的那種機制（《序論》，第 3～27 頁）。包筠雅考察了《感應篇》、袁黃及其後出現的各種功過格，指出這些功過格都是爲應對當時的社會劇變而出現的，是對社會等級制的一種維護。遺憾的是，包筠雅的研究也是只針對功過格所做的研究，對於佛教勸善運動的其他表現形式沒有提及。

我國學者對善書的研究起步較晚，上世紀末才有相關的專著出現。這方面有幾本著作需要注意，首先是 1999 年同時出版的《道教勸善書研究》和《勸化金箴：清代善書的研究》。前者是四川大學道教與宗教文化研究所陳霞的博士畢業論文，作者對道教勸善書系統做了詳細的梳理，是國內關於道教勸善書的代表作；後者是香港的游子安博士在其博士學位論文《清代善書與社會變遷》的基礎上寫作而成，對清代善書的流行、刊刻以及其與當時社會文化之間的關係做了考察。此外，李剛教授著有《勸善成仙——道教生命倫理》一書。在此書中，李剛教授梳理了道教勸善成仙思想從萌芽到形成體系、分化發展，最終系統化的歷程，指出道教生命倫理具有可操作性、功利性、形象示範性和融攝性等特點。李剛教授認爲：「道教生命倫理學是道德理想主義的重建。」（第 7 頁）「站在宗教社會學的立場上看，道教生命倫理學在中國古代社會裏扮演了一個重要配角（主角自然是儒家倫理），起到了強化社會秩序的功能，這種功能是對儒家道德的補充。」（第 9 頁）在比較了道教和儒家以及佛教倫理之後，作者認爲，道教生命倫理是不圖政治功利、不計較個人功名利祿的快樂主義、節欲主義的倫理。難能可貴的是，作者指出道教從兩個方面融攝了佛教相關思想，一個是生命哲學，一個是佛教因果報應觀和道德戒條。因此，作者總結到：「總之，道教生命倫理學是道儒釋三教匯流的產物。」（第 340 頁）近年來，復旦大學博士張禕琛的畢業論文《清代善書的刊刻與傳播》（復旦大學博士學位論文，2010 年），對清代善書的刊刻和流通做了詳細考證，填補了這方面研究的空白。在專著之外，也有一些相關論文發表，如卿希泰和李剛合寫的《試論道教勸善書》、李剛的《〈文昌帝君陰騭文〉的倫理觀淺析》、段玉明的《〈太上感應篇〉：宗教文本與社會互動的典範》等。上述各篇研究一方面是主要研究道教善書，另一方面則是對善書的綜合考察，對於佛教勸善運動的具體情況沒有系統介紹，甚至有將本該屬於佛教系

統的善書歸入道教的嫌疑。

除了對善書文獻本身進行研究之外，有些學者開始關注慈善活動、勸善組織等勸善活動，這方面的代表作是 1997 年出版的日本學者夫馬進所著的《中國善會善堂史》（北京：商務印書館，2005 年版）。作者從明清以來善會善堂的興起開始，詳細闡述了善會善堂的發展、演變，並對其產生的社會背景和現實情形作了描述。作者集中討論了嬰兒救濟和寡婦救濟兩個方面的活動，分析了善會善堂的運作機制，並探討了社會救濟在民間和國家之間的互動，作者指出：「這（指育嬰事業）不僅是都市與都市之間的分工合作，也是國家與民間團體的分工合作。」（第 262 頁）在此基礎上，作者進一步揭示了善會善堂與這一時期出現的近代地方自治的關係，認為由於具備了某些條件，「一個普通善堂才能成為近代地方自治的出發點」（第 602 頁）。值得注意的是，作者在本書中還考察了明清放生會與同善會的關係，並對兩者進行了詳細的比較，這對明代佛教勸善運動的研究是一個很好的啟發。由於這是專門針對慈善組織所做的研究，因此對於佛教勸善運動來說，其關涉的中心放在了社會實踐層面，而對佛教勸善思想倫理的論述則是空白，對佛教勸善書也沒有提及。

1997 年臺北聯經出版社出版了梁其姿的《施善與教化——明清的慈善組織》，2001 年河北教育出版社在大陸將其再版，2013 北京師範大學出版社再次出版。本書討論的是明清時期的慈善組織，分別從社會經濟史和施善者角度分析了各種慈善組織的成因、功能、性質和發展動態，希望藉此能探索到社會發展與意識形態變化之間的關係。作者並沒有僅僅落腳在對社會現象的描述，而是更想解決中國是否有福利國家的傳統這一問題。通過對善堂善會等慈善組織的分析，他認為：「明清慈善組織的歷史意義與福利國家的傳統毫無關聯，而在於調整政權與社會的關係。」因此，「中國如有現代福利國家的任何迹象，與其從本身歷史研究尋找根源，不如從 19 世紀的世界史來發掘其成因」。（北京師範大學出版社，2013 年版，第 228 頁）與夫馬進先生所做的研究一樣，本書研究的對象是慈善組織，對佛教勸善運動的其他表現沒有論述。

2005 年游子安寫作出版了《善與人同——明清以來的慈善與教化》一書，將考察的範圍擴大到明清兩朝和民國初年，內容雖然是以善書、功過格、《覺世經》為主，論述了善書中的命運觀、財富觀、地獄觀念、因果報應、戒殺

放生以及文昌信仰等觀念，但作者也闡述了善人修善書、行善事等行爲。作者比較了清末善書與明末清初善書的不同內容，認爲清末的社會意識已經發生了顯著變化。對善堂善會的考察也是本書的一個內容，作者考察了華南地區的善會善堂，塡補了此方面的研究空白。本書既有對善書思想的分析，也有對各種善行的考察，但對佛教勸善運動的研究來說，他並沒有明確指出佛教在其中的作用，也不成體系。

　　近年來翻譯出版的《行善的藝術：晚明中國的慈善事業》（南京：江蘇人民出版社，2015 年版）一書也是研究此一時期慈善事業的專著。作者主要介紹了楊東明、高攀龍、陳龍正、陸世儀和祁彪佳五位代表人物對慈善事業的介入，探討了晚明慈善事業所呈現出的別樣景象。與夫馬進和梁其姿不同（他們的注意力主要集中在清代），韓德林的這本專著專門討論晚明時期精英階層（地方士紳）所倡導的慈善事業。作者不僅描述了這五位地方士紳的善行實踐，更重要的是盡可能從主人公的內心視角出發，探討個人內心信仰世界與慈善實踐之間的關係。作者認爲以這五位士紳爲代表的慈善家身上混雜了儒釋道三家的思想特質，甚至還包括法家的傳統。因此，作者認爲，晚明慈善並不是某一家的專有。儘管作者在文中指出了佛教信仰對幾位地方士紳的影響非常明顯，但是並沒有明確指出是佛教的什麼思想，以及怎樣影響了他們。

　　還有從思想史的角度對明清時期的善書運動進行分析，討論在因果報應等佛道思想的衝擊下，處於理學崩壞局面下的儒家知識分子是怎樣應對挑戰的。這方面的代表人物有王汎森和吳震。特別是後者，相繼發表了一系列論文專著討論勸善運動。2008 年吳震發表了論文《明末清初道德勸善思想溯源》（《復旦學報》（社會科學版），2008 年第 6 期）。作者指出，宋代以降的三教合一趨勢是明清勸善運動的思想背景，而兩漢時期的政治思想和隋唐時期的宗教觀念則爲明末清初的勸善運動提供了思想資源。因此，明清時期的勸善理論與儒家經典構成了一種詮釋關係。2011 年，作者又發表了論文《陽明心學與勸善運動》（《陝西師範大學學報》（哲學社會科學版）2011 年第 1 期），指出在明末勸善運動興起之時，心學也被捲入其中。而 2012 年出版的《明末清初勸善運動思想研究》一書（臺北市：國立臺灣大學出版中心）是作者的一次研究總結。此書從觀念史、思想史、社會史的視角出發，對明末清初道德勸善運動作了詳實的考察。作者指出，在三教合一的背景下，士大夫和地方士紳開始在地方事務中充當「公共知識分子」的角色，他們「化儒學爲宗

教」，將儒家倫理與道德說教相結合，共同推動了地方社會的教化任務。作者既重視《迪吉錄》、《人譜》等善書文獻的分析，也關注如「雲起社」等民間團體的思想活動。在人物選取上，作者並沒有選擇那些著名的儒家「道統」人物，而是對「二三流」的邊緣人物進行考察，進而認為明清之際的思想轉變表現為：「由『義理』轉向『經世』、由『道德』轉入『宗教』或由『宗教』涉入『儒學』。」（第 504 頁）這裡提出了「勸善運動」的概念，但吳震先生所說的勸善運動其實是指的善書運動，也就是對善書在思想意識層面的影響所作的考察，其關注的中心也在儒家，對佛教絕少提及。

此外，還有從其他角度來考察，如從善書與文學的角度，有周紹良（《〈金瓶梅〉與明代的兩種「善書」》，《文獻》1987 年 03 期）、秦川（《論古代小說中佛、道「勸懲教化」的地位和作用》，《安徽大學學報》2003 年第 6 期）、楊宗紅（《論明末清初話本小說的勸善性及其文化背景——以其與善書關係為考察中心》，《安徽大學學報》（哲學社會科學版）2013 年第 2 期）、段江麗（《善書與明清小說中的果報觀》，《明清小說研究》2002 年第 1 期）、萬晴川《明清小說與善書》（《中國典籍與文化》2009 年第 1 期）等。其他角度的如李為香（《明末清初善書風行現象解析》，《東北師大學報》（哲學社會科學版）2008 年第 2 期）、范軍（《佛教「地獄巡遊」故事母題的形成及其文化意蘊》，《華僑大學學報》（哲學社會科學版）2005 年第 3 期）、朱新屋（《善書及其周邊》，《電子科技大學學報》（社科版）2013 年第 4 期）等。以上這些專著和論文都是對善書進行的整體思考，間或有關於道教善書的考察，卻很少有從佛教善書、佛教勸善的角度來對明清時期的善書運動進行研究。

近來有學者開始關注到對佛教勸善，對佛教勸善思想、勸善運動作了初步的勾勒。1997 年陳霞在《宗教學研究》上發表了《佛教勸善書略談》（《宗教學研究》1997 年第 2 期），認為「佛教勸善書的出現是佛教世俗化、民間化的表現」。她將佛教勸善書分為兩種形式：功過格和寶卷，並重點介紹了袾宏的《自知錄》。作者認為佛教勸善書的核心理念即是因果報應理論和「命由我作，福自己求」的思想。論文雖然略顯單薄，但是畢竟使學者開始關注佛教勸善書。1998 年王月清發表論文《中國佛教善惡報應論初探》（《南京大學學報》（哲學·人文·社會科學）1998 年第 1 期），對中國佛教善惡報應論的起源和發展做了梳理。指出中國佛教善惡報應論源自印度，傳入中土後與傳統的報應觀和「承負」形成鮮明對比，兩者相磨合，繼而形成中土佛教的善惡

報應論。這種獨特的報應觀彌補了中國傳統報應觀理論上的局限，開啓了中土勸善化俗的新思路，扶世助化之功不可替代。作者隨後又發表了《中國佛教勸善書初探》一文（《佛學研究》1999 年），專門討論佛教勸善文獻。作者認爲中土佛教勸善典籍形式多種多樣，包括疑僞經、志怪小說、佛經應驗記及俗講變文等，並詳細介紹了功過格和寶卷這兩佛教善書。作者認爲這些佛教善書豐富了中土的勸善理論，也反映了中國化佛教的特色。同年，作者出版了其博士論文《中國佛教倫理研究》（南京：南京大學出版社，1999 年版）。此書是作者相關研究的一次總結。結合傳統儒家倫理，通過考察善惡觀、戒律觀、修行觀、人生觀、孝親觀等問題，作者構建了中國佛教倫理思想的範疇體系。這個體系是與中國傳統倫理相結合的產物，除了其心性特徵之外，更多體現的是入世和注重人本的特徵。作者認爲佛教的理念對中國傳統思想產生了深遠影響，他說：「至於明清以後中國民間流行的眾多善書卷首第一頁就有『諸惡莫作，眾善奉行』的佛門通戒，更說明在眾多亦儒亦道亦佛的善書中，佛教的善惡果報、勸善修善的思想已得到很好的滲入。」（第 68 頁）然而陳、王二人研究的對象是佛教勸善理念，沒有涉及到勸善實踐。

　　需要特別提到的是段玉明先生的《〈玉曆至寶鈔〉：究係誰家之善書？》（《宗教學研究》2004 年第 2 期）和《佛教勸善理念研究》（《雲南社會科學》2005 年第 5 期）。作爲一部流傳甚廣的勸善文，《玉曆至寶鈔》向來與《感應篇》、《陰騭文》一起被學者們認爲是道教的經典。事實是否眞是如此，段玉明先生給出了不同的答案。在考證了目前流通的兩個版本的基礎上，段先生指出《玉曆至寶鈔》的作者其實是一位僧人，經中體現的地獄救贖理論也明顯是取自佛教思想。由此，段先生得出結論：《玉曆至寶鈔》是佛教思想運動的產物。進而，段先生旗幟鮮明地指出，當以《太上感應篇》爲標誌的道教勸善運動開始之時，佛教也以自己的理念和方式加入到勸善化俗的行列，兩者的理念是大不相同的：道教重在勸人行善成仙，佛教則側重誡人免墮地獄。而《佛教勸善理念研究》則指出，佛教自身即有一套嚴密的勸善理念，這套理念的核心是十善惡業。最初的十善惡業只是一個倫理綱要，但經過疏、釋的擴充即變成一套細密的倫理準則，說明佛教的勸善倫理本是一個開放的系統，可以對其不斷進行擴充。在此核心理念的引導下，佛教還有一套與之匹配的行動理念，這就是輪迴報應的思想。因此，佛教勸善是一套理論和實踐都很強的嚴密系統。段先生將佛教勸善理念與《太上感應篇》相比較，指出

在中國的勸善運動中，佛教勸善理念起了非常重要的作用，更進一步催生了具有佛教特色的勸善運動。段玉明先生提出了佛教勸善運動的基本框架，但由於論文篇幅有限，並沒有做進一步的深入闡述。

2013 年湖南師範大學的傅映蘭提交了博士論文《佛教善惡思想研究》，對佛教善惡思想進行了詳細考察。作者從行、心、理、體等方面定義了善惡，指出佛教善惡既有出世間性，也具世間性，也就是既善而惡，既惡而善，善惡不二。繼而作者從「事相」和「內在」、「超越」兩個層次展開討論，指出佛教善惡的特徵就在於其具有人本性、平等性和積極性。作者認為只有從佛教的核心理論「緣起性空」出發，才能真正理解佛教的善惡思想，也才能對其作出正確判斷和論述。但這也是對佛教勸善思想的研究，對社會實踐方面沒有提及。

2、發展趨勢

（1）研究內容的廣度與深度不斷提升

隨著材料的廣泛搜集和研究的深入，學術界對於勸善運動的研究在廣度和深度上均不斷提升。從廣度上說，學術界對勸善運動的探討最開始主要是集中討論「三聖經」和功過格等善書，但是隨著研究的深入，學者們開始將注意力擴大到包括《玉曆至寶鈔》、釋氏輔教書和各種應驗記在內的佛教勸善書，對明末清初的儒家知識分子（陽明學派等）加入到勸善運動中的情況也開始重視，如段玉明、王月清、吳震等學者。從深度上來說，以前的研究更多只是一種文本研究，是就文獻源流及其所反映的思想演變所做的一番梳理，但是現在越來越多的學者開始突破這種局限，分別從倫理思想和社會觀念的演變等角度來探討勸善運動，力圖就勸善運動對當時社會倫理所產生的影響作出一些探討，如段玉明等學者。

（2）研究方法從文獻研究到思想史、社會史、心理學的視野轉變

如上所述，早期的勸善研究更多的是一種文獻研究，是就文獻的內容所做的考證、比較研究，如酒井忠夫對功過格和《自知錄》的比較研究。但是包括包筠雅在內的西方學者們開始嘗試從社會學、心理學等西方盛行的研究方法來研究勸善運動，成果顯著。受其影響，中國學者也開始將目光從之前的以文獻研究為主轉向以研究思想史、社會史為主，如游子安、梁其姿等學者。

（3）關注重心從上層開始向下層轉移

不管是對善書的文本研究，還是思想史的演變研究，學者關注的重點仍然是士紳、知識分子等上層社會，對於文字記載之外的下層民眾著墨頗少。儘管這方面的著作目前還很少見（如段玉明先生的《〈玉曆至寶鈔〉：究係誰家之善書？》），但是可以想見這是今後研究需要著力甚多的地方。

三、本文的研究方法和理論基礎

1、歷史文獻學與宗教學的研究方法相結合

歷史文獻學是一門基礎學科，同時也是一種基本的研究方法，對明代佛教勸善運動進行研究的前提就是必須搞清楚基本史實。本文擬從細緻而全面的文獻梳理入手，考證明代佛教勸善運動的基本情況，堅持以事實爲據，以材料說話。在用歷史學的方法將事實描述清楚的基礎上，用宗教學的相關理論進行闡釋。歷史學與宗教學的區別就在於前者的目的只是將事實講述清楚，後者的宗旨卻進而一步要闡釋。因此，對明代佛教勸善運動的研究必須要將宗教學的闡釋方法貫徹下去。

2、思想史與社會史研究相結合

佛教勸善，首先是基於其思想理論之上的勸善，沒有佛教的相關思想理論，是談不上勸善、行善的。因此，對明代佛教勸善運動的研究首先是一種思想史的研究。而既然是勸善運動，就應不僅僅只是對思想層面的探索，其必然涉及到將佛教倫理運用於社會實踐的問題，這種社會實踐並不局限於某個階層，而是面向整個社會。因此，社會史的研究方法也必不可少。

3、微觀歷史的視角

林達在《一百年前的細節》中說到：「歷史學家注重記錄的大多是上層政治的演變、精英思想的走向，史書中有的是改朝換代的跌宕起伏和圍繞宮廷的陰謀詭計，卻往往找不到微小個人是如何被歷史浪潮所推動的記錄，也找不到對歷史事件是如何影響了我們的柴米油鹽、改變了我們的生活路徑，甚至左右了我們喜怒哀樂的記錄，我想說的是：大歷史的走向，實際上規定了我們每一個人的生活，而我們這些平常人聚合起來，就是整個『社會』，這個由我們自己組成的社會歷史，尤其是它的細節，卻常常被忘記、被埋入塵埃，然後就煙消雲散了。」（林達著：《一百年前的細節》，《歷史在我們身邊》，北

京：生活・讀書・新知三聯書店，2014 年版，第 6～7 頁）這種遺忘有時候是致命的。林達接著說：「談到一場革命，歷史學家常常只告訴我們，這是『歷史進步』的重要轉折，民眾似乎必定是歡迎進步的；歷史學家沒有告訴我們的是，行進中的列車，如果突然做出一個『歷史性轉折』時，車上有多少人會因猝不及防從車窗裏被甩出去；大歷史也不會告訴我們，那個被甩下去的人懷抱的會是什麼樣的心情。這樣的事情，在宏觀的大歷史之下是不被關心的。可由於不關心，社會民間歷史的很大一部分就此消失了。消失的結果，是人們沒有得到應該有的教訓，而歷史也因此缺少了一個豐富的層面，不能給我們提供它的複雜性、提供讓我們謹慎行事的依據。」（林達著：《一百年前的細節》，《歷史在我們身邊》，北京：生活・讀書・新知三聯書店，2014 年版，第 14 頁）林達在這裡所要表達的，就是從微觀歷史的視覺出發，這樣我們才能在研究中更接近真相。對明代佛教勸善運動的研究也是一樣，如果只是對「大歷史」進行考察，那我們對明代佛教勸善運動的認識也是片面。

四、特色與創新之處

1、學術界過去對勸善運動的研究更多的是關注道教和儒家，甚至認為勸善運動就只是道教或儒家的事情，對佛教勸善言之甚少。本書在搜集資料和考證的基礎上，用相關研究方法，在前賢研究的基礎上，力求有所創新，避免人云亦云，力圖證明在明清時期的勸善運動中，佛教自有一套勸善體系。

2、學術界過去多認為明代是佛教的衰落時期，除了四大高僧之外幾無可書的價值，本書希望借對明代佛教在勸善運動中的表現和作用的研究而能對上述論點作一些補充。

3、學術界過去較為重視勸善（包括佛教勸善）的思想史背景，而從社會史研究的角度則較為少見。本書結合思想史與社會史的研究方法，以求更為全面地推進我們對明代佛教勸善以及明代佛教的認識。

第一章　佛教勸善運動概述

上個世紀二十年代，日本學者內藤湖南提出了著名的「唐宋變革說」，他認爲中國社會在唐宋之際發生了根本性的變化，自此開啓了中國近世社會的歷程。內藤將中國史分爲三個時期：上古時期、中世時期和近世時期，分別以東漢和唐宋之際爲界，中間各有一段過渡期。中世社會的特點是貴族政治興起，或者叫士族社會和門閥社會；近世社會則表現爲平民地位上升，平民逐漸參與地方政事，可稱爲「平民社會」，「平民社會」的延續和積累最終決定了中國社會在清末走向共和。

貴族社會向平民社會的轉變，必然導致中國古代社會倫理道德發生相應的變化。中世時期的社會等級結構是由完全掌握政治的貴族和其治下的人民組成，後者是前者的附庸。天子是貴族政治的代言人，本身即屬於貴族的一員。這是一種向上的社會等級秩序，貴族在前充當引領，其下的部曲、佃客和奴婢等緊隨其後，服侍和仰仗前者。爲了維護貴族階層的穩定和尊嚴，貴族階層擁有絕對的經濟權利，他們將部曲、佃客和奴婢等緊緊束縛在莊園裏，後者由之失去經濟地位和人身自由；而在政治上，中世社會實行察舉制，選出孝廉、茂才、賢良方正、賢良文學等社會精英，將他們推向社會頂端，又通過「上品無寒門，下品無勢族」的婚姻形式將這種等級制度加以固化。察舉制的選拔標準是「德行」，而自從「獨尊儒術」後，所謂的「德行」其實是儒家的倫理道德。這樣，以儒家倫理爲核心的道德就成爲貴族階層的價值標準，「位居其下的佃客、部族、奴婢借助對他們的仰望形塑自己，形成合於社會規範的行爲。上下相得益彰，構成了整個『中世社會』的道德秩序」〔註1〕。這種以「德行」爲標準的選拔方式隨後被科舉制打破。在科舉制下，個人的

〔註1〕段玉明：《佛教與中國近世勸善運動》，李利安主編：《佛教與當代文化建設學術研討會論文集》（第二編），西安：西北大學出版社，2013年版，第10頁。

道德操守不再是選官的考量因素，「貴族階層所擁有的道德優先性，喪失了『中世社會』的那種引領地位，不再成為範塑和影響社會的榜樣」〔註2〕。這樣，貴族便失掉了為官的先機。與之相對的，則是平民的崛起。唐中葉以兩稅法取代了租、庸、調制度，「卻成了打破貴族制的催化劑」〔註3〕，平民開始擺脫了束縛的土地，特別是王安石變法後，平民的地位發生了很大變化。更為嚴重的是，以前作為一個集團的貴族階層在唐末戰亂中損失殆盡，「天街踏盡公卿骨」的慘狀宣告了「中世社會」的結束。

近世社會的特點是君主獨裁，「這種制度，從宋以後，逐步發達起來，直到明清時代，獨裁政治完全形成，也就是說，國家的權力，歸天子一人所擁有」〔註4〕。當作為社會道德楷模的貴族階層被打掉後，單靠近世社會的君主能否挑起擔當社會道德楷模的重任？回答自然是否定的，這些君主本身就出自平民階層。這樣，平民社會即成為一個倫理道德失序的社會。「怎樣重建一個適合平民階層的社會道德秩序成為時代緊迫的任務，由此催生了轟轟烈烈的近世勸善運動。」〔註5〕這場勸善運動的肇始，一般認為是自道家《太上感應篇》的出現，而程朱理學的興起以及「化儒學為宗教」等實際上也即是儒家希望能重建原有道德秩序的嘗試。儘管越來越多的學者承認勸善運動是三教合一的產物，但目前的研究重心卻依然放在儒、道兩家思想運動方面。是否因為首開其端就得將其歸為己有首先就值得探討，而建立在維護宗法等級制度之上的儒家道德倫理本身也是中世社會貴族階層的道德核心，在平民興起的近世社會，它是否還能發揮作用，能發揮多大作用，它是儒家倫理的重振，抑或中世社會的輓歌，這些也都需要我們仔細思考。相比於前兩者研究的繁盛，對於佛教在近世勸善運動中發揮的作用，學術界卻甚少論及。是否湮沒就等於沒有，佛教在中國近世社會勸善運動中到底發揮了什麼作用，充當了何種角色，這是本文要闡述的問題。

〔註2〕 段玉明：《佛教與中國近世勸善運動》，李利安主編：《佛教與當代文化建設學術研討會論文集》（第二編），西安：西北大學出版社，2013年版，第11頁。

〔註3〕 〔日〕內藤湖南著；夏應元、劉文柱等譯：《中國史通論》，北京：社會科學文獻出版社，2004年，第343頁。

〔註4〕 〔日〕內藤湖南著；夏應元、劉文柱等譯：《中國史通論》，北京：社會科學文獻出版社，2004年，第324頁。

〔註5〕 段玉明：《佛教與中國近世勸善運動》，李利安主編：《佛教與當代文化建設學術研討會論文集》（第二編），西安：西北大學出版社，2013年版，第11頁。

第一節　從義理上的考察

善，是人類共同的價值追求，是人類不斷認識自我、實現自我，進而與整個社會存在相符合的道德訴求。「一言以蔽之，所謂善就是人格的實現。如果從它的內部來看，就是真摯的要求的滿足、即意識的統一，而最後必須達到自他相忘、主客相沒的境地。如果從表現在外面的事實來看，則小自個性的發展開始，進而至於人類一般的統一的發展，終於達到其頂峰。」〔註6〕因此，善實際上包括兩方面的內容，一方面是自我的人格實現；另一方面則是由個人推廣到整個社會，是對人類集體的「愛」。這不是兩個問題，而是同一問題的不同層次。「我」與社會，「小我」與「大我」，其實都是同一事物。因此，「實際上真正的善只有一個，就是認識真正的自我。我們的真正的自我是宇宙的本體，如能認識真正的自我，那就不但符合人類一般的善，而且會與宇宙的本體融合併與神意暗相符合。實際上這就是宗教和道德的真意」〔註7〕。

這種宗教和道德的真意——認識真正的自我，是善的一般概念，具體到某種宗教或道德來說，其表現形式卻又各不相同。由於地理環境的差異、歷史境遇的不同等諸多原因，中國傳統的倫理道德與南亞次大陸的倫理價值觀有諸多不同，或者更明確地說，兩地文化關於「善」的認識是不盡相同的。有意思的是，這兩種不同的善卻在歷史的安排下發生了融合，融合的發生地——中國，其關於善的認識因之得到了擴充。

一、中國傳統的善

關於中國傳統的善，日本學者吉岡義豐有過一段經典論述：

> 「善」是生存於複雜歷史社會的中國人所可以永遠依靠的；如果失去了它，人生的憑籍將完全崩潰；這是任何東西也難以取代的生活必需品。對中國人來說，善並不只是平面的倫理道德之勸誡語詞，它是中國人謀求社會生活時，視為與生命同價、或比生命更可貴、而謹慎守護的中國之「魂」。〔註8〕

〔註6〕〔日〕西田多幾郎著：《善的研究》，北京：商務印書館，2010年版，第122～123頁。

〔註7〕〔日〕西田多幾郎著：《善的研究》，北京：商務印書館，2010年版，第126頁。

〔註8〕吉岡義豐著，余萬居譯：《中國民間宗教概說·序》，台北：華宇出版社，佛曆二五二九年（1986）版，第5頁。

吉岡義豐這段話可以看成是對前述關於善的概念所作的具有中國特色的極好注解。

「善」的本意是吉祥，《說文解字》解釋說：「善，吉也。從誩，從羊。此與義美同意。」〔註9〕羊，就是祥；「誩即對話。善被用於會話中，表示吉祥之意。在對話中，我們不僅要傾聽對方的意見和觀點，而且還要有所回應。這種回應詞，古人通常用善字」〔註10〕。可見，古人在表示美好之意時，一般用「善」字。隨著倫理評價觀的形成和發展，「善」逐漸變成對人行為的肯定性評價；同時，作為對人的行為的否定性評價——「惡」的觀念也逐漸成型，善惡觀由此形成，時間約在西周晚期。〔註11〕也就在這個時候，「善」開始具有另一層意思——「膳」。

隨著善惡觀念的形成，勸善懲惡的思想由之而生。早至周初，呂望在《六韜》中論說王人者有「六賊七害」時，就提到這七害中「二曰有名無實，出入異言，掩善揚惡，進退為巧，王者謹勿與謀」〔註12〕。這裡雖提的是「掩善揚惡」，但作者表達的恰恰是相反的意思，意為王者要近親那些揚善掩惡的人。而在《左傳》中，勸善的思想就表現得更明顯。《左傳‧成公十四年》中說：「春秋之稱：微而顯，志而晦，婉而成章，盡而不污，懲惡而勸善，非聖人誰能修之？」〔註13〕《春秋》的主旨是「勸善懲惡」這種提法後來成為漢唐經學的一個基本共識。〔註14〕事實上，並非只有《春秋》持有這番理論，「勸善懲惡」在當時是比較普遍的提法，孔子就曾說：「德之不修也，學之不講也，聞義不能從也，不善不能改也，是吾憂也。」〔註15〕對不善的行為，孔子主張必須將其改正，這就是儒家改過的思想。孔子的弟子子夏在《子夏易傳》

〔註9〕 〔漢〕許慎著：《說文解字》，北京：九州出版社，2001年版，第148頁。

〔註10〕 沈順福：《善與性：儒家對善的定義》，《西南民族大學學報》（人文社會科學版）2015年第2期，第63頁。

〔註11〕 參見徐難于：《善惡觀形成初探》，《四川大學學報》（哲學社會科學版）2001年第3期，第126頁。

〔註12〕 曹勝高，安娜譯注：《六韜‧鬼谷子》，北京：中華書局，2007年版，第36～37頁。

〔註13〕 〔西晉〕杜預著：《春秋左傳集解》第十三《成公下》，上海：上海人民出版社，1977年版，第735頁。

〔註14〕 參見吳震著：《明末清初勸善運動思想研究》，臺北：國立臺灣大學出版中心，2012年版，第8頁。

〔註15〕 〔魏〕何晏注，〔宋〕邢昺疏：《十三經注疏‧論語注疏》，北京：北京大學出版社，1999年版，第84頁。

中則說得更明確：「君子以見善則遷，有過則改。」〔註16〕後來學人將其歸納為「遷善改過」。在同書中，子夏具體闡述了懲惡揚善的理論：

> 君子以過惡揚善，順天休命，明得其時，上無不容也。善者道之大也，故揚之；惡者道之小也，故過之。上舉其善則惡止矣，君子順其時，美其命而已。故大有之也。〔註17〕

子夏指出，揚善過惡是君子順應天命的表現。後來的儒家人物繼承並發揚了這種勸善的思想。《孟子·公孫丑上》有載：

> 孟子曰：「子路，人告之以有過則喜，禹聞善言則拜。大舜有大焉，善與人同。捨己從人，樂取於人以為善。自耕、稼、陶、漁以至為帝，無非取於人者。取諸人以為善，是與人為善者也。故君子莫大乎與人為善。」〔註18〕

這裡提出的「善與人同」、「與人為善」的思想，被後世尊為勸善的重要根源和依據。

　　除了儒家之外，同時期的其他學派也積極倡導勸善。被認為是最早的道家人物鶡熊就說：「人而不善者謂之獸。」〔註19〕他把善惡作為人與獸相區別的標誌。法家代表人物韓非子說：「聖王之立法也，其賞足以勸善，其威足以勝暴。」〔註20〕韓非把勸善置於法的陰影之下，「不用說，這是典型的法家式的思維邏輯，與儒家強調行善源自良心自覺的倫理思想格格不入」〔註21〕。事實上，說這是法家的一貫做法並不錯，但是將其作為法家的典型思維則有待思考，因為這時期的其他學派也有類似主張。如墨家代表人物墨子就曾說過：「若苟上下不同義，賞譽不足以勸善，而刑罰不足以沮暴。何以知其然

〔註16〕　〔周〕卜商撰：《子夏易傳》卷四，《景印文淵閣四庫全書·經部·易類》第7冊，臺北：臺灣商務印書館，1983年，第60頁。

〔註17〕　〔周〕卜商撰：《子夏易傳》卷四，《景印文淵閣四庫全書·經部·易類》第7冊，臺北：臺灣商務印書館，1983年，第24頁。

〔註18〕　〔漢〕趙岐注，〔宋〕孫奭疏：《十三經注疏·孟子注疏》，北京：北京大學出版社，1999年版，第97頁。

〔註19〕　〔周〕鶡熊撰：《鶡子》卷下，《景印文淵閣四庫全書·子部·雜家類》第848冊，臺北：臺灣商務印書館，1983年，第16頁。

〔註20〕　〔春秋戰國〕韓非著，李祥俊注釋：《韓非子》，北京：新華出版社，2003年版，第155頁。

〔註21〕　吳震著：《明末清初勸善運動思想研究》，臺北：國立臺灣大學出版中心，2012年版，第14頁。

也？」〔註22〕名家學派先驅鄧析也說：「爲善者君與之賞，爲惡者君與之罰。因其所以來而報之，循其所以進而答之。聖人因之故能用之，因之循理故能長久。」〔註23〕這都是建議君王要明辨善惡，賞善罰惡的意思。因此，先秦諸子在「勸善懲惡」這方面有著共同的認識。

既然如此，那他們所勸之「善」到底意何指呢？在氏族社會，善惡觀念還沒有完全形成，「在當時的人們看來，凡是維護氏族公社的財產公有制，有利於鞏固氏族公社現有秩序的，就是善；而對它們的褻瀆和否定就是惡」〔註24〕。降及殷周時期，宗法制的加強使得氏族關係和血緣紐帶得到強化而不是削弱。這樣，一個維繫以血緣紐帶爲中心的道德標準就出現了，這就是孝。孝的觀念在殷商已經出現，武丁及其兒子孝己都作爲孝行的代表而被稱頌。周代對「孝」特別推崇，在《詩經》中有「威儀孔時，君子有孝子。孝子不匱，永錫爾類」〔註25〕的句子，宣揚孝行不斷，就會得到上帝的賜福。而在《尚書》中則提到了具體的孝行：「奔走事厥考厥長。肇牽車牛，遠服賈用，孝養厥父母。」〔註26〕這是說要積極從事商業活動，用其所得供養父母。這比後來孔子所說的「父母在，不遠遊，遊必有方」〔註27〕更能體現孝道。「孝」的觀念一經產生，其影響深遠至極。「由於我國的社會經濟狀況的特點，以血緣爲紐帶的氏族組織在很長時期都沒有被打破，所以『孝』在奴隸社會乃至後來的封建社會，都是最主要的道德原則和規範。」〔註28〕因此，「身體髮膚，受之父母，不敢毀傷，孝之始也；立身行道，揚名於後世，以顯父母，孝之終也。夫孝，始於事親，中於事君，終於立身」〔註29〕的觀念

〔註22〕〔春秋戰國〕墨翟著，周才珠，齊瑞端譯注：《墨子全譯》，貴陽：貴州人民出版社，1995 年版，第 101 頁。

〔註23〕〔春秋戰國〕鄧析著，王愷鑾校正：《民國叢書》第五編《鄧析子校正》，上海：上海書店，1989 年版，第 16 頁。

〔註24〕陳瑛、溫克勤等著：《中國倫理思想史》，貴陽：貴州人民出版社，1985 年版，第 31 頁。

〔註25〕程俊英譯注：《詩經譯注》，上海：上海古籍出版社，1985 年版，第 533 頁。

〔註26〕〔漢〕孔安國傳，〔唐〕孔穎達疏：《十三經注疏·尚書正義》，北京：北京大學出版社，1999 年版，第 376 頁。

〔註27〕〔魏〕何晏注，〔宋〕邢昺疏：《十三經注疏·論語注疏》，北京：北京大學出版社，1999 年版，第 52 頁。

〔註28〕陳瑛、溫克勤等著：《中國倫理思想史》，貴陽：貴州人民出版社，1985 年版，第 226 頁。

〔註29〕〔唐〕李隆基注，〔宋〕邢昺疏：《十三經注疏·孝經注疏》，北京：北京大學出版社，1999 年版，第 3 頁。

在整個封建社會都是善良道德的金科玉律，其影響至今仍然存在。

　　除了「孝」之外，先秦時期的善還包括其他內容。《左傳‧襄公九年》中說：「且要盟無質，神弗臨也。所臨唯信，信者，言之瑞也，善之主也，是故臨之。」〔註30〕可見，「信」也是當時推崇的善行之一。在《左傳‧召公六年》中比較集中地列舉了幾項德行：「昔先王議事以制，不爲刑辟，懼民之有爭心也。猶不可禁禦，是故閑之以義，糾之以政，行之以禮，守之以信，奉之以仁；制爲祿位，以勸其從；嚴斷其罰，以威其淫。」〔註31〕這裡的「禮」、「信」、「仁」都是當時推崇的善良道德。實際上，先秦時期的道德規範是比較散亂，不成體系的。這種情況到了孔子那裡才得到了改觀。「孔子在我國倫理思想史上一個巨大貢獻，就是他總結了以往的道德理論，把以前零散的道德規範整理成比較完整的體系，而且以『仁』這個道德原則當作這個體系的核心。」〔註32〕那麼在孔子那裡，什麼叫「仁」呢？在《論語‧顏淵》中說：「樊遲問仁。子曰：『愛人。』」〔註33〕孔子將「仁」看作是人與人之間相互愛戴的一種情感，這種情感超越了氏族和宗法制度的血緣關係，擴展到人與人之間的普遍情感。在這基礎上，「己所不欲勿施於人」〔註34〕，「己欲立而立人，己欲達而達人」〔註35〕，「君子務本，本立而道生。孝悌也者，其爲仁之本歟」〔註36〕等都是「仁」的不同表現。總的來講，「孔子講的仁，主要是禮，孝悌、忠恕、忠信、智勇等」〔註37〕。孔子之後，孟子和荀子繼承並發揚了孔子的倫理學說。孟子將孔子的「仁」又作了擴展，

〔註30〕楊伯峻編著：《春秋左傳注》第三冊，北京：中華書局，1990年版，第971頁。

〔註31〕楊伯峻編著：《春秋左傳注》第四冊，北京：中華書局，1990年版，第1274頁。

〔註32〕陳瑛、溫克勤等著：《中國倫理思想史》，貴陽：貴州人民出版社，1985年版，第75頁。

〔註33〕〔魏〕何晏注，〔宋〕邢昺疏：《十三經注疏‧論語注疏》，北京：北京大學出版社，1999年版，第168頁。

〔註34〕〔魏〕何晏注，〔宋〕邢昺疏：《十三經注疏‧論語注疏》，北京：北京大學出版社，1999年版，第158頁。

〔註35〕〔魏〕何晏注，〔宋〕邢昺疏：《十三經注疏‧論語注疏》，北京：北京大學出版社，1999年版，第83頁。

〔註36〕〔魏〕何晏注，〔宋〕邢昺疏：《十三經注疏‧論語注疏》，北京：北京大學出版社，1999年版，第3頁。

〔註37〕陳瑛、溫克勤等著：《中國倫理思想史》，貴陽：貴州人民出版社，1985年版，第76頁。

他說：「仁義禮智，非由外鑠我也，我固有之也。」〔註38〕這四者又具體表現為「父子有親，君臣有義，夫婦有別，長幼有序，朋友有信」〔註39〕。而荀子則將重心放在了「禮」上。這樣，「從孔子推崇『仁』，到孟子強調『義』，再到荀子重視『禮』，反映了我國封建社會道德的形成和發展過程……它使封建道德更具有政治的地位和法律的權威。封建道德愈來愈具體、系統，愈來愈有威力了」〔註40〕。這套學說在漢代「獨尊儒術」之後便成為整個封建社會的道德風向標，逐漸發展出「忠孝節義」、「仁義禮智信」等為中心的道德體系，並牢牢控制住了中國封建社會的道德評價體系。需要指出的是，除了儒家提出的這套道德倫理外，其他學派也提出了一些不同的見解。如墨子提倡「愛無差等」，這種道德就比儒家提倡的要徹底得多。但是因儒家學說更符合封建的宗法制度，儒家最終佔據了封建社會道德評價的頂端。陳弱水先生就這樣說到：「簡單地說，長久以來，中國社會有一個重要的意念，就是價值的最終來源是人心，人的主觀善意。這個意念是由很多個別觀念彙集而成，或者說，它表現在很多方面；其中歷史最久，地位最關鍵的，就是儒家思想中的『仁』。」〔註41〕

總的說來，以儒家為代表的中國傳統的善具有以下特徵：

第一是概念的模糊性和寬泛性，各種善行之間的區分不嚴格。比如在孔子那裡，「仁」實際上包括了「義」、「禮」等道德範疇，但到孟子、荀子的時候又把後者單獨提出來，其涵義卻沒有發生變化。也就是說這時候的「仁」、「義」、「禮」的涵義是互相統攝，彼此影響的。實際上這種模糊性也是整個中國文化的特點，它追求的不是明確的概念界定，而是大概的意思表達。而也正是因為這個特點，中國文化也才具有博大的包容性，才能將包括佛教在內的外來文化化為己有，並發揚光大。

第二，中國傳統的善表現出與政治非常密切的關係，可以這樣說，中國的道德倫理即是政治倫理。《詩經》中有「王配于京，世德作求」的句子，學

〔註38〕〔漢〕趙岐注，〔宋〕孫奭疏：《十三經注疏·孟子注疏》，北京：北京大學出版社，1999年版，第300頁。

〔註39〕〔漢〕趙岐注，〔宋〕孫奭疏：《十三經注疏·孟子注疏》，北京：北京大學出版社，1999年版，第146頁。

〔註40〕陳瑛、溫克勤等著：《中國倫理思想史》，貴陽：貴州人民出版社，1985年版，第165頁。

〔註41〕陳弱水著：《公共意識與中國文化》，臺北：聯經出版事業公司，2005年版，第44頁。

者這樣解釋到：「這就是說，周王代代的德行都成爲臣民的法則。」〔註42〕這是由以血緣關係爲基礎建立的宗法制的政治體制決定的。在「普天之下莫非王土」的時代，天子是一國之君，同時又是一家之長，他用諸多善良品德約束自己，同時也希望能得到其子孫、臣民的傚仿。由此，一切善良品德都是圍繞這個大家而設，也就是爲了政治而立。只要這種宗法的體制仍存在，這些「善」就必然帶有政治色彩。這也就是爲什麼「忠」、「孝」「節」、「義」之類的善良品德一直是封建社會所極力倡導的原因所在了。

二、佛教的善

　　佛教核心理念之一是「善」，在《法句經》中就有這樣的句子：「諸惡莫作，諸善奉行，自淨其意，是諸佛教。」〔註43〕因此，從某種意義上說，所謂佛教其實就是棄惡從善。對此，《出曜經》有一段詳細的解釋：

> 諸惡莫作者，諸佛世尊教誡後人三乘道者，不以修惡而得至道，皆習於善自致道跡。是故說曰諸惡莫作也。諸善奉行者，彼修行人普修眾善，唯自瓔珞具足眾德，見惡則避恒修其善，所謂善者，止觀妙藥燒滅亂想。是故說曰諸善奉行。自淨其意者，心爲行本招致罪根，百八重根難解之結纏裹其心，欲怒癡盛驕慢慳嫉種諸塵垢，有此病者則心不淨，行人執志自練心意使不亂想，如是不息便成道根，是故說曰自淨其意也。是諸佛教者，如來演教禁戒不同，戒以檢形義以攝心，佛出世間甚不可遇，猶如優曇缽花億千萬劫時時乃有；是故如來遺誡教化，聖聖相承以至今日，禁誡不可不修，惠施不可不行，吾所成佛王三千者，皆由禁誡惠施所致也。是故說曰，是諸佛教。〔註44〕

佛教教導世人不僅要在行動上避惡從善，而且要從心上斷除惡念，做到自性清淨不亂，以成佛果。可見，「善」在佛教思想中佔據的地位是非常重要的。既如此，那佛教所謂的「善」指的是什麼呢？

〔註42〕陳瑛、溫克勤等著：《中國倫理思想史》，貴陽：貴州人民出版社，1985年版，第39頁。

〔註43〕法救撰，〔吳〕維祇難等譯：《法句經》卷二《述佛品》，《大正藏》第4冊，第567頁中。

〔註44〕〔姚秦〕竺佛念譯：《出曜經》卷二十五《惡行品》，《大正藏》第4冊，第212頁中～下。

佛經中講「善」的地方隨處可見，在《維摩經義記卷第四》卷四《入不二法門品》中有載：

> 弗沙曰：「善、不善爲二者。順理益物爲善，違理損物爲不善。
> 若起心順理爲善，違理爲不善，入無相空際者則無二也。」〔註45〕

順隨「理」的就是善，反之就是不善。那這裡說的「理」是什麼理呢？《菩薩瓔珞本業經》卷二《大眾受學品》中說：「順第一義諦起名善，背第一義諦起名惑。」〔註46〕「惑」的意思就是「惡」。《大方廣佛華嚴經隨疏演義鈔》卷五十一《十迴向品》中也載：「順第一義諦名之爲善，背第一義諦名之爲惡。」〔註47〕可見，前述所說的順「理」，這個理就是佛教的「第一義諦」。順隨第一義諦的就是善，違背第一義諦的就是不善，就是惡。何爲佛教的第一義諦？佛教有所謂世俗諦、勝義諦和實相諦之說，勝義諦就是第一義諦。《佛說大乘菩薩藏正法經》卷三十四《勝慧波羅蜜多品》中說：

> 云何世俗諦？謂諸想像音聲、語言文字，乃至世間所行，是爲世俗諦。云何勝義諦？謂心無所緣，況覆文字，是爲勝義諦。云何相諦？謂諸相一相，一相無相，是爲相諦。〔註48〕

而《佛說法集經》中也有言：

> 善男子，世諦者，所謂有限齊名數，爲他人說狹劣不廣，是名世諦；第一義諦者，所謂甚深空相應法，無有限齊不斷絕處，非他因緣平等一相無有高下，不亂不靜相，一切法眞如相，是名第一義諦。〔註49〕

因此，所謂第一義諦就是超越了語言文字的如來甚深眞實之意。事實上，在佛教中，世俗諦和第一義諦只是名言上的區別，本身並無多大不同。《大般若波羅蜜多經》卷五百六十九《法性品》中就說：

> 天王當知！凡有言說名世俗諦，此非眞實，若無世俗即不可說有勝義諦。是諸菩薩通達世俗諦不違勝義諦，由通達故，知一切法

〔註45〕《維摩經義記卷第四》卷四《入不二法門品》，《大正藏》第85冊，第343上。
〔註46〕〔姚秦〕竺佛念譯：《菩薩瓔珞本業經》卷二《大眾受學品》，《大正藏》第24冊，第1021頁下。
〔註47〕〔唐〕澄觀述：《大方廣佛華嚴經隨疏演義鈔》卷五十一《十迴向品》，《大正藏》第36冊，第399頁上。
〔註48〕〔宋〕法護等譯：《佛說大乘菩薩藏正法經》卷三十四《勝慧波羅蜜多品》，《大正藏》第11冊，第872頁中。
〔註49〕〔元魏〕菩提流支譯：《佛說法集經》卷三，《大正藏》第17冊，第622頁上。

無生無滅、無成無壞、無此無彼，遠離語言文字戲論。〔註50〕
由此，佛教所謂的善是以佛教的倫理思想爲中心來展開的，凡是符合佛教教理教義的行爲就是「善」，反之就是「惡」。

與中國傳統道德倫理——「善」的模糊內涵不同，印度佛教對「善」的分類非常細緻，這集中體現在其十善惡業的理念上。

《四十二章經》載：「眾生以十事爲善，亦以十事爲惡。身三、口四、意三。身三者：殺、盜、淫；口四者：兩舌、惡罵、妄言、綺語；意三者：嫉、恚、癡。」〔註51〕因此，所謂十善是指不殺、不盜、不淫、不兩舌、不惡罵、不妄言、不綺語、不嫉、不恚、不癡。違反十善就是十惡，即是指殺、盜、淫、兩舌、惡罵、妄言、綺語、嫉、恚、癡。在不同的經典中，十善惡業的具體表述略有不同。《佛說大阿彌陀經》中這樣說：

若不能大精進禪定，盡持經戒必修十善：一不殺生，二不偷盜，三不邪淫，四不調欺，五不飲酒，六不兩舌，七不惡口，八不妄言，九不嫉妒，十不貪欲、不瞋恚、不嗔恨、不邪見。〔註52〕

而在《佛說如來不思議秘密大乘經》卷十七《護世品》中則是這樣表述的：

所謂十善，何等爲十？一者不殺，二者於自富樂而生喜足無其分量，三者於他妻室不起染污，四者不破他眾，五者不出惡言，六者所言如實，七者言無綺飾，八者於他富樂無所希望，九者止息瞋恚，十者正見清淨。〔註53〕

《佛說大阿彌陀經》中列舉的實際上是十三種，增加了不飲酒，不嗔恨、不調欺等三項；而《佛說如來不思議秘密大乘經》中又有「於自富樂而生喜足無其分量」的說法。可見，十善是在五戒的基礎上深發而來。五戒是佛教的根本大戒，不可違反。佛教在此基礎上將其擴充成十善，可見佛家對「善」的重視。儘管各種經典表述不盡相同，但佛教十善的內涵其實並沒有多大差別，也即它從身口意三個方面爲人的言、行、思提出了道德標準，符合這些

〔註50〕〔唐〕玄奘譯：《大般若波羅蜜多經401～600卷》卷五百六十九《法性品》，《大正藏》第7冊，第939頁上。
〔註51〕〔後漢〕迦葉摩騰，竺法蘭譯：《四十二章經》卷一，《大正藏》第17冊，第722頁中。
〔註52〕〔宋〕王日休校輯：《佛說大阿彌陀經》卷二，《大正藏》第12冊，第337頁中。
〔註53〕〔宋〕法護譯：《佛說如來不思議秘密大乘經》卷十七《護世品》，《大正藏》第11冊，第741頁中～下。

標準的就是善，不符合的就是惡。

相比於儒家的善惡理論，佛教提出的十善惡業在體系上較爲完善，不僅如此，佛教在具體闡釋十善惡業時又對其進行了細化。《分別善惡報應經》中說：

> 復次殺業，然有十種：一自手殺，二勸他殺，三慶快殺，四隨喜殺，五懷胎殺，六勸墮胎殺，七酬冤殺，八斷男根殺，九方便殺，十役他殺。〔註54〕

這裡把殺分爲自手殺、勸他殺、慶快殺、隨喜殺、懷胎殺、勸墮胎殺、酬冤殺、斷男根殺、方便殺、役他殺十種，包括各種他殺、自殺、墮胎、故意傷害等，分類可謂細緻完備。而這些細化在不同的經典中表述也不盡相同。在《佛爲首迦長者說業報差別經》中，「殺」的分類是這樣的：

> 一者，自行殺生；二者，勸他令殺；三者，讚歎殺法；四者，見殺隨喜；五者，於惡憎所，欲令喪滅；六者，見怨滅已，心生歡喜；七者，壞他胎藏；八者，教人毀壞；九者，建立天寺，屠殺眾生；十者，教人戰鬥，互相殘害。〔註55〕

這十種殺和前述分類大致相同，所不同者唯教人毀壞、建立天寺屠殺眾生、教人戰鬥互相殘害三種。除了「殺」之外，對於其他九善，佛教也作了不同細化。如在上述兩經中，在十善惡之下又各細化出了十條細則，這樣總共就構成了上百條善惡準則。段玉明先生指出：「此一情形說明，在十善惡業的總體框架下，佛家勸善倫理本是一個開放的系統，可以因便加以梳釋擴充。此之特徵爲佛教脫離古印度文化背景的傳承開啓了通路，也爲佛教傳入中國後的倫理融合給出了答案。」〔註56〕這種開放的系統和中國傳統倫理價值的包容性正好形成呼應，兩種文化都善於吸收新鮮血液，當他們相互碰撞時，其融合必然是深層次的。

佛教傳入中國之後，經過一段時間的對立和磨合，最終與中國傳統的倫理道德融合起來，形成中國化的佛教倫理道德。這種磨合主要表現在兩個方面，首先是佛教爲進入中國社會，「把佛教的道德及其價值取向體系和華夏傳統道德標準接口」〔註57〕，將中國傳統的倫理道德逐漸吸收到佛教倫理體系

〔註54〕〔宋〕天息災譯：《分別善惡報應經》卷一，《大正藏》第1冊，第896頁下。
〔註55〕〔隋〕瞿曇法智譯：《佛爲首迦長者說業報差別經》卷一，《大正藏》第1冊，第892頁上。
〔註56〕段玉明：《佛家勸善理念研究》，《雲南社會科學》2005年第5期，第78頁。
〔註57〕嚴耀中著：《佛教戒律與中國社會》，上海：上海古籍出版社，2007年版，第412頁。

中。這方面以將「忠」和「孝」作爲佛教宣揚的主題爲代表。「忠」即是忠於世俗君主。佛教在印度本土是不敬王者的，《梵網經》中說：「出家人法不向國王禮拜，不向父母禮拜，六親不敬，鬼神不禮。」〔註58〕不向君王、父母禮拜是印度佛教的規定，這種規定到中國後必然與中國君主專制的體制發生矛盾。經過南北朝的反覆爭論交涉，至隋唐時期，政府下令沙門須禮敬王者，唐代更是規定：「道士、女官、僧、尼，見天子必拜。」〔註59〕從此，沙門不敬王者成爲歷史，「忠」成爲佛教宣揚的道德倫理，並隨著君主專制的不斷強化而逐漸佔據佛教倫理的重要部分。與此相似的還有「孝」。如前述，印度僧人也不拜父母。但中國的國情是宗法制的集權，自然容不得佛教的如此做法。同樣也是經過南北朝一段時間的爭論，這種爭論到唐初甚至還在繼續。《宋高僧傳》載唐高宗時，曾召集百官商議此事：「時朝宰五百三十九人請不拜，三百五十四人請拜。」〔註60〕可見其時主張不拜者還占多數。但是到了玄宗時候情況就發生了很大變化。唐玄宗開元二年閏二月十三日發布了一道詔令：「自今已後，道士、女冠、僧、尼等並令拜父母，至於喪祀輕重及尊屬禮數，一準常儀，庶能正此頹弊，用明典則。」〔註61〕自此後，「孝」即成爲佛教必須面對的倫理。在這種情況下，佛教即轉變態度，極力宣揚孝道，編造出《父母恩重經》等宣揚孝道的疑僞經典。佛教僧人也著書立說，闡揚孝道。北宋僧人契嵩寫了一篇《輔教編》，中間有一章《孝論》，通篇就講孝。佛教經典中關於孝道的經文也開始被重視，並不斷演繹。從《佛說盂蘭盆經》到《目連變文》，再到《目連寶卷》、《目連救母勸善戲文》，一個以目連爲代表的佛教孝的形象被樹立起來，成爲佛家和儒家都極力宣揚的道德標榜。正像學者說的那樣：「唐宋以後，士大夫們逐漸把儒家言行作爲高僧的定位標準。」〔註62〕佛教倫理和中國傳統的倫理道德在某種程度上尋找到了契合點，而以「忠」、「孝」爲代表的儒家倫理正是其中的一個契合點。

　　磨合的另一個表現是中國社會幾乎毫無保留地接納了佛教的倫理道德體

〔註58〕〔後秦〕鳩摩羅什譯：《梵網經》卷二，《大正藏》第24冊，第1008頁下。

〔註59〕〔宋〕歐陽修撰：《新唐書》第四冊，北京：中華書局，1975年版，第1252頁。

〔註60〕〔宋〕贊寧等撰：《宋高僧傳》卷十七，《大正藏》第50冊，第812頁中。

〔註61〕〔宋〕王溥撰：《唐會要》，北京：中華書局，1955年版，第836頁。

〔註62〕嚴耀中著：《佛教戒律與中國社會》，上海：上海古籍出版社，2007年版，第407頁。

系。前文已經述及，中國傳統的道德內涵非常寬泛、模糊，這種寬泛使其更具一種包容性。當系統的佛教倫理進入後，很順利地便和中國傳統倫理形成一種互補。這種互補從佛教傳入中國伊始就已出現。南北朝時，人們就開始將儒家五常與佛教五戒相提並論。《魏書・釋老志》有載：

> 修心則依佛、法、僧，謂之三歸，若君子之三畏也。又有五戒，去殺、盜、淫、妄言、飲酒，大意與仁、義、禮、智、信同，名爲異耳。〔註63〕

這種比附使得儒釋兩家的融合明顯加快了腳步。「唐宋已降，將佛教戒律與儒家禮制一起用來整合社會秩序的呼聲更爲高漲。」〔註64〕宋眞宗作《崇釋論》，指出：「釋氏戒律之書，與周、孔、荀、孟跡異而道同，大指勸人之善，禁人之惡。不殺則仁矣，不盜賊則廉矣，不惑則信矣，不妄則正矣，不醉則莊矣。」〔註65〕可以說，這種「求同存異」的態度反映的正是當時社會對佛教道德倫理的一種客觀需求。之所以有這種需求，是因爲佛教倫理能提供儒家道德所不能提供的東西。比如，佛教的善非常具體、細緻，具有可操作性，在實踐中更能得到大家的認可。而佛教將動物等生命都視爲與人平等的有情眾生，則開拓了中國傳統倫理道德的實踐範圍，以後興起的護生、放生活動正是這一思想影響中土倫理的極好表現。

三、佛教勸善運動的核心理念：業報輪迴

業報輪迴是佛教的基本理論。《中阿含經》卷三《業相應品》說：「隨人所作業則受其報。」〔註66〕《增一阿含經》卷五《一入道品》也說：「爾時，世尊告諸比丘：『有惡、有罪，善惡之行皆有報應。』」〔註67〕眾生所受的諸種報應都是由其之前所作的業來決定，所作的業不同，所受的報應自然就不

〔註63〕〔北齊〕魏收撰：《魏書》第八冊，北京：中華書局，19997 年版，第 3026 頁。

〔註64〕嚴耀中著：《佛教戒律與中國社會》，上海：上海古籍出版社，2007 年版，第 288 頁。

〔註65〕曾棗莊、劉琳主編：《全宋文》第 13 冊，卷二百六十二，上海：上海辭書出版社，合肥：安徽教育出版社，2006 年版，第 144 頁。

〔註66〕〔東晉〕瞿曇僧伽提婆譯：《中阿含經》卷三《業相應品》，《大正藏》第 1 冊，第 433 頁上。

〔註67〕〔東晉〕瞿曇僧伽提婆譯：《增一阿含經》卷五《一入道品》，《大正藏》第 2 冊，第 570 頁下。

同。《佛爲首迦長者說業報差別經》說：「一切眾生繫屬於業，依止於業，隨自業轉。以是因緣，有上、中、下差別不同。」〔註68〕《分別善惡報應經》也說：「爾時佛告長者言：『汝應善聽！一切有情造種種業，起種種惑。眾生業有黑白，果報乃分善惡，黑業三塗受報，白業定感人天。』」〔註69〕眾生現世的境況各不相同，有善惡果報的分別，之所以有這種差別是源於自己所作善惡業的不同，即是所謂的黑白業之分。這種報應法則非常精確，從不出錯。《菩薩本生鬘論》說：「生死輪轉無有邊際，善惡業報影響無差。」〔註70〕佛教一再強調這種報應機制隨時都會發生效應。《閻羅王五天使者經》有載：

> 我以天眼徹見眾人生死所趣善惡之道，或有醜惡、或有勇強、或有怯弱，或生善道、或生惡道。凡人所作爲皆分別知之。人身行惡口言噁心念惡，謗訕賢聖，見邪行邪，其人壽終，便墮惡道入泥犁中。凡人身行善口言善心念善，稱譽賢聖，見正行正，其人壽終，便生天上人間。〔註71〕

通過佛、菩薩之口，佛教將這種報應的觀念一再強化，目的就是要告訴世人，佛教的報應機制乃眞實不虛。這種精確無差、絲毫不爽的報應機制保證了佛教所構建的倫理評價體系的有效性。

這種報應機制發生作用的前提是佛教關於善惡的分別，眾生作了善業，所得即是善報，反之，則得惡報。前述「眾生業有黑白」的說法即是指這個。何爲黑業？何爲白業？《白衣金幢二婆羅門緣起經》中說：

> 云何黑業？所謂殺生、偷盜、邪染、妄言、綺語、兩舌、惡口、貪嗔、邪見，此是黑業。云何白業？謂不殺生、不偷盜、不邪染、不妄言、不綺語、不兩舌、不惡口、不貪、不嗔、正見，此是白業。〔註72〕

可見，這裡說的黑業即是前文提及的佛教所謂的「十惡」（十不善），白業即是「十善」。修十善業得善報，作十不善業即得惡報。《分別善惡報應經》中說：

> 修十善業獲果云何？遠離殺害，壽量所依皆悉滿足；離於偷盜，

〔註68〕〔隋〕瞿曇法智譯：《佛爲首迦長者說業報差別經》卷一，《大正藏》第1冊，第891頁上。

〔註69〕〔宋〕天息災譯：《分別善惡報應經》卷一，《大正藏》第1冊，第896頁中～下。

〔註70〕〔宋〕紹德慧詢等譯：《菩薩本生鬘論》卷四，《大正藏》第3冊，第344頁中。

〔註71〕〔劉宋〕慧簡譯：《閻羅王五天使者經》卷一，《大正藏》第1冊，第828頁中。

〔註72〕〔宋〕施護等譯：《白衣金幢二婆羅門緣起經》卷一，《大正藏》第1冊，第217頁上～中。

飢饉風雹蟲蝗等災悉皆遠離；因無邪欲，美聲流播遠離塵垢；因無
妄語，口常香潔；因無離間，眷屬和願，遠離高下霹靂霜雹；因無
粗惡，果味甘美；遠離硬澀，因無雜穢，林木園苑遠離叢刺，皆悉
滋潤；因無貪愛，倉庫果實充滿具足；因無嗔恚，身相圓滿諸根無
缺；因無邪見，信心不斷，最上果實香美具足；修十善業感果如是。
〔註73〕

這裡列舉了修習十善業所能得到的善報，與此相反，修習十惡業則會獲得各
種惡果：

復次，十不善業獲果云何？殺命為因，壽量色力而非滿足；偷
盜所得，霜雹蟲蝗飢饉水旱；邪欲所獲，外多塵垢妻不貞良；虛妄
所獲，臭氣惡名人皆嫌厭；離間所獲，眷屬不和疾病縈纏；粗惡所
獲，觸對硬澀果實非美；雜穢所獲，林木叢刺園苑荒殘；貪愛所獲，
庫藏寡鮮；嗔恚所獲，果味辛辣容貌醜惡；愚癡所獲，外色不潔果
實虛耗；十不善業因之所得。〔註74〕

這樣，佛教就把十善惡業與報應輪迴聯繫在了一起。

十善惡業與所獲報應之間的聯繫非常具體。比如在論述殺生者所獲的惡
報中，佛教列舉了十種：

殺生十者：「一冤家轉多，二見者不喜，三有情驚怖，四恒受苦
惱，五常思殺業，六夢見憂苦，七臨終悔恨，八壽命短促，九心識
愚昧，十死墮地獄。」〔註75〕

同在《分別善惡報應經》中，佛教將觸犯與「殺生」同列五大戒的「偷盜」、
「邪淫」、「妄語」和「飲酒」分別所獲的惡報也一一列出：

復次偷盜報有十種。何等為十？一結宿冤，二恒疑慮，三惡友
隨逐，四善友遠離，五破佛淨戒，六王法謫罰，七恣縱憍逸，八恒
時憂惱，九不自在，十死入地獄。復次邪欲報有十種。何等為十？
一欲心熾盛，二妻不貞良，三不善增長，四善法消滅，五男女縱逸，
六資財密散，七心多疑慮，八遠離善友，九親族不信，十命終三塗。

〔註73〕〔宋〕天息災譯：《分別善惡報應經》卷二，《大正藏》第1冊，第899頁中。

〔註74〕〔宋〕天息災譯：《分別善惡報應經》卷二，《大正藏》第1冊，第899頁上
～中。

〔註75〕〔宋〕天息災譯：《分別善惡報應經》卷二，《大正藏》第1冊，第899頁中。

復次妄語報有十種。何等爲十？一口氣恒臭，二正直遠離，三諂曲日增，四非人相近，五忠言不信，六智慧鮮少，七稱揚不實，八誠語不發，九愛論是非，十身謝惡趣。復次飲酒三十六過。其過云何？一資財散失，二現多疾病，三因興鬥諍，四增長殺害，五增長瞋恚，六多不遂意，七智慧漸寡，八福德不增，九福德轉減，十顯露秘密，十一事業不成，十二多增憂苦，十三諸根暗昧，十四毀辱父母，十五不敬沙門，十六不信婆羅門，十七不尊敬佛，十八不敬僧法，十九親近惡友，二十捨離善友，二十一棄捨飲食，二十二形不隱密，二十三淫欲熾盛，二十四眾人不悅，二十五多增語笑，二十六父母不喜，二十七眷屬嫌棄，二十八受持非法，二十九遠離正法，三十不敬賢善，三十一違犯過非，三十二遠離圓寂，三十三顛狂轉增，三十四身心散亂，三十五作惡放逸，三十六身謝命終墮大地獄受苦無窮。〔註76〕

這裡列出的各種惡報中，「偷盜」、「邪淫」、「妄語」各有十種，「飲酒」則有三十六種。類似的論述在《佛說分別善惡所起經》中也表現得非常明顯，其卷一有載：「分別善惡，都有五道，人作善惡有多少，瞋恚有薄厚，天道無親，常與善人。」〔註77〕經文不厭其煩地一再重申行善者得生人天兩道，作惡者則墮入地獄、惡鬼、畜生三道的觀念。不僅如此，修習十善惡業所得果報也包括了現世的各種利益。因此，段玉明先生指出：「不難看出，在《佛說分別善惡所起經》分說中，從形而下的現實利益到形而上的終極安排；盡與善惡言行關聯起來。」〔註78〕

需要指出的是，佛教在演說果報時往往因人而異、因地制宜。正如《地藏菩薩本願經》中所說：「於娑婆世界，閻浮提中，百千萬億方便，而爲教化。」〔註79〕因此便有了這樣的「方便」：

　　若遇殺生者，說宿殃短命報。若遇竊盜者，說貧窮苦楚報。若

〔註76〕〔宋〕天息災譯：《分別善惡報應經》卷二，《大正藏》第 1 冊，第 899 頁中～下。

〔註77〕〔後漢〕安世高譯：《佛說分別善惡所起經》卷一，《大正藏》第 17 冊，第 516 頁下。

〔註78〕段玉明：《佛教勸善理念研究》，《雲南社會科學》2005 年第 5 期，第 79 頁。

〔註79〕〔唐〕實叉難陀譯：《地藏菩薩本願經》卷一《閻浮眾生業感品》，《大正藏》第 13 冊，第 781 頁中～下。

遇邪淫者，説雀鴿鴛鴦報。若遇惡口者，説眷屬鬥諍報。若遇譭謗者，説無舌瘡口報。若遇瞋恚者，説醜陋癃殘報。若遇慳吝者，説所求違願報。若遇飲食無度者，説飢渴咽病報。若遇畋獵恣情者，説驚狂喪命報。若遇悖逆父母者，説天地災殺報。若遇燒山林木者，説狂迷取死報。若遇前後父母惡毒者，説返生鞭撻現受報。若遇網捕生雛者，説骨肉分離報。若遇譭謗三寶者，説盲聾喑啞報。若遇輕法慢教者，説永處惡道報。若遇破用常住者，説億劫輪迴地獄報。若遇污梵誣僧者，説永在畜生報。若遇湯火斬斫傷生者，説輪迴遞償報。若遇破戒犯齋者，説禽獸飢餓報。若遇非理毀用者，説所求闕絕報。若遇吾我貢高者，説卑使下賤報。若遇兩舌鬥亂者，説無舌百舌報。若遇邪見者，説邊地受生報。〔註80〕

總之，佛教所要達到的目的，就是通過這一套輪迴報應的機制，勸誡世人為善去惡，成就佛道。

「應該指出，雖然十善惡業本與五道輪迴加以聯繫，但在許多佛經中常常僅言惡趣（即地獄、惡鬼、畜生三惡道）果報。」〔註81〕這種情況到佛教進入中國後則體現得更加明顯。中國本就有「積善之家必有餘慶，積不善之家必有餘殃」〔註82〕的說法，對佛教因果報應的理論自然很容易接受。當佛教這套業報輪迴的理念傳入中國後，兩者便自然發生交融，各取所需，理論互補。段玉明先生指出：「佛教傳入中國之後，從佛教內部發展出來的勸善運動，其報應輪迴部分事實上只有地獄果報獲得了特別張揚，……人天果報反受冷落。」〔註83〕本來佛教在印度時就對三惡道特別加以重視，到中國後則幾乎專注於張揚地獄果報，出現了一大批宣傳地獄遊歷、地獄果報的經文、勸善書等典籍。之所以出現這種情況，是由於佛教和中國傳統倫理所宣揚的理論重心有差而造成的。中國傳統倫理認為人在世時要達到的道德標準是成為聖人，人死之後希望到達的地方是「天堂」，在崑崙神話中有「幽都」的描述，其存在的意義就是導人成仙。「幽都」在崑崙山。在崑崙神話中，「幽都」不惟是死後惡的去處。「崑崙之丘，或上倍之，是謂涼風之山，登之而

不死。或上倍之，是謂懸圃，登之乃靈，能使風雨。或上倍之，乃維上天，登之乃神，是謂太帝之居。」〔註 84〕因此，「幽都」更是上升成仙的起點。不管是聖人還是「幽都」，都是好的去處，都是佛教所謂的「善道」。也就是說，中國傳統倫理側重於對「善道」的張揚，對「惡道」則幾乎沒有提及。相比之下，佛教則有比較系統的善惡倫理體系，因此，當佛教進入中國後，其「惡道」便被中國社會所用，其「善道」則不怎麼受重視，這種情況至少在佛教初傳中國時是這樣的。從部分出土的搖錢樹造型來看，其樹頂之輪分成三瓣，實則代表佛教的「三惡道」。段玉明先生論斷：「其『三善道』（即阿修羅、人間、天道三道）不加區分，說明當時人們的注意力還主要是在『三惡道』上，『三善道』的內容尚被淹沒在傳統的崑崙神仙信仰中。」〔註 85〕而手持此輪的佛陀，則成為地獄救贖的象徵。由此，佛教的「惡道」，特別是地獄果報便和中國傳統的成仙成聖的理論一道構成從勸善到懲惡都兼具的勸善體系。

第二節　佛教勸善運動的定義

以十善惡業為核心理念，以業報輪迴為運行機制，佛教本身具有一套完善的勸善懲惡體制。當這套體制隨佛教傳入中國後，便以其獨具特色的地獄果報觀念迅速在中國社會找到了生存的空間，成為中國人約束自身行為的一種標尺。由於中國傳統的觀念中並沒有對來世的詳細描述，佛教三世轉生、六道輪迴的觀念一經出現，便俘獲了中國人的心，旋即被納入中國傳統的道德評價體系之中。唐宋之後的中國近世社會道德淪喪，傳統的社會價值體系頻於崩潰，以儒家和道家為代表的中國傳統道德體系將目光下移，對準新興的平民階層，掀起了一場道德勸善運動，試圖重建傳統的倫理價值。在此過程中，兩家不僅互相吸收對方的思想學說，對佛教思想也多有吸收，將佛教某些觀念為己所用，以便更好地發揮自身的勸善功能。但事實上，在這場勸善運動中，佛教扮演的不僅僅是配角，在道教和儒家開始勸善運動的同時，佛教也積極地參與其中，並形成了具有自身特色的佛教勸善運動。

〔註 84〕何寧撰：《淮南子集釋》，《新編諸子集成》（第一輯），北京：中華書局，1998
　　　　年版，第 328 頁。
〔註 85〕段玉明：《從出土文物看巴蜀早期佛教》，《四川文物》2008 年第 3 期，第 71
　　　　頁。

一、前賢對「善書運動」的考察

最早注意到明末清初勸善運動並對其進行系統研究的是日本學者酒井忠夫，「善書運動」一詞即是由他提出。在服部宇之吉、小柳司氣太和橘樸等前輩學者研究的基礎上，從上個世紀五十年代開始，酒井忠夫開始致力於對中國善書的研究，並陸續發表了一系列論文，這些成果在六十年代被集中於其《中國善書研究》一書中，此書後來又被不斷增訂修改。在《中國善書研究》一書中，酒井忠夫詳細考察了明清時期的敕撰勸誡書、聖諭宣講、功過格、陰騭文及其他形式的善書，並對袁了凡這個善書運動的中心人物進行了專章介紹，對善書在日本、朝鮮等周邊國家和地區的傳播也有涉及。包括酒井忠夫在內的這些日本學者無疑都受到內藤史學的影響，內藤史學認為從唐到宋的轉變實現了由貴族統治到平民階層崛起的過渡，平民階層的崛起需要適合平民階層的道德來維繫，他們稱其為民眾道德。民眾道德的建立即是通過所謂的「善書運動」來實現，由此，善書運動成為近世社會庶民文化的重要組成部分。這場善書運動的開端，他們認為是從《太上感應篇》開始的。酒井忠夫說到：「《抱朴子》的宗教道德觀，在貴族、豪族統治體制已經崩潰的宋代被改變為民眾道教的形式並以新的宋代的民眾道德而給以總結的，是《太上感應篇》。始於《感應篇》的中國庶民文化中的善書運動，在明末清初達到最高潮。」〔註86〕可見，酒井忠夫提出的善書運動是從宋代《太上感應篇》開始，到明清時期達到頂峰。

自從「善書運動」被提出來後，越來越多的學者開始投入到對善書的研究當中。這些研究的重心主要有兩個方面，第一是側重道教，這方面以李剛、陳霞等學者為代表。前者著有《勸善成仙——道教生命倫理》〔註87〕一書，並發表了一些相關文章，如《試論道教勸善書》〔註88〕等。在其作品中，李剛先生將勸善書的主要內容歸納為「教以行善立功，以致神仙之旨」、了卻生死和人生各種問題、長生不老等命題。李剛先生提到：「還應指出，在道教倫理學發展的過程中，佛教因果報應和慈悲為懷等思想也給予其影響，彌補它

〔註86〕〔日〕酒井忠夫著，劉岳兵、孫雪梅、何英鶯譯：《中國善書研究》，南京：江蘇人民出版社，2010 年版，第 17 頁。

〔註87〕李剛著：《勸善成仙——道教生命倫理》，成都：四川人民出版社，1994 年版。

〔註88〕李剛、卿希泰：《試論道教勸善書》，《世界宗教研究》1985 年第 4 期，收入卿希泰著：《道教文化新探》，成都：四川人民出版社，1988 年版，第 128～141 頁。

的一些不足之處。」〔註89〕可見，他是將勸善書完全歸爲道教所有，佛教只是在某些方面給予彌補而已。而陳霞博士的《道教勸善書研究》則是系統研究道教勸善書的專著，對道教勸善書的形成、盛行以及其內容、實質和倫理特色都做了細緻的梳理。雖然其研究對象是道教勸善書，但是有些存在爭議的善書也被歸入了道教，如《玉曆至寶鈔》。

第二個重心是放在儒家，以吳震爲代表。2012 年吳震出版了《明末清初勸善運動思想研究》〔註90〕一書，從思想史的角度對善書運動進行了探討。本書有兩個突出的地方，首先是將酒井忠夫提出的「善書運動」擴展爲「勸善運動」。他說：「所謂『善書』，究其思想之實質而言，其宗旨無非就是以道德立說，勸人爲善。在這個意義上，所謂的『善書運動』其實也就是『勸善運動』。」〔註91〕應該說，從「善書運動」到「勸善運動」，是一種跨越。從字面上來說，前者只是善書的製作、出版和流傳的運動，而後者則是注重對整個社會的勸誡。當然，酒井忠夫所做的研究並不是眞的只是討論善書的出版、流通，我們這裡只是就「善書運動」的字面意思進行討論。《明末清初勸善運動思想研究》一書第二個突出的地方，就是將善書研究引向了儒家。吳震先生認爲，在明末清初的這場勸善運動中，儒家也加入其中，並充當了重要角色。他說：

> 然而，「勸善」作爲一種倫理訴求，絕非是道家或道教的專利。
> 從歷史上看，「勸善」思想更是儒學思想的一貫傳統，誇大一點說，
> 「勸善」乃是中國傳統倫理思想的一個重要特質。〔註92〕

因此，在書中吳震先生分別考察了心學、儒學、顏茂猷、證人社等儒家思想、人物和社團與勸善運動的關係，探討了明末清初士人鄉紳在社會、道德和宗教等方面的著述和實踐，指出在明清思想的轉向中有更複雜的文化傳統的延續性。

總的來說，目前學術界對善書運動的考察重心在道教，認爲道教開啓了

〔註89〕李剛、卿希泰：《試論道教勸善書》，《世界宗教研究》1985 年第 4 期，收入卿希泰著：《道教文化新探》，成都：四川人民出版社，1988 年版，第 131 頁。

〔註90〕吳震著：《明末清初勸善運動思想研究》，臺北：國立臺灣大學出版中心，2012 年版。

〔註91〕吳震著：《明末清初勸善運動思想研究》，臺北：國立臺灣大學出版中心，2012 年版，第 2 頁。

〔註92〕吳震著：《明末清初勸善運動思想研究》，臺北：國立臺灣大學出版中心，2012 年版，第 6 頁。

從宋元而下以至於明清的勸善運動，在整個運動過程中也是道教充當了主要角色；近年來，部分學者開始認識到這場勸善運動不僅僅有道教參加，儒家同樣也曾參與其中，並充當了重要作用。

這裡需要指出的是，儘管酒井忠夫一再提及善書是三教合一的產物，但是整本書的著力點卻是道教，然後是儒家，對佛教的善書運動著墨甚少。而以李剛、陳霞、吳震等爲代表的學者目前要麼仍然將某些勸善書歸爲道教所有，要麼指出儒家參與其中，至於佛教則最多只是影響了其個別理念而已。

二、本文對佛教勸善運動的界定

不管是上述酒井忠夫、李剛、陳霞等學者將勸善書歸爲道教所有，抑或吳震等人從儒家立場出發，論述儒家也參與了勸善運動，他們都沒有客觀指出佛教在這場運動中所扮演的角色。前文已經述及，佛教有一套完善細緻的勸善懲惡體制，特別是懲惡方面正是中國傳統社會倫理所缺乏的，很難想像這樣一套體制在這場勸善運動中只是充當配角甚至沒有參與其中。事實上，在學者認爲的善書運動的肇始——《太上感應篇》出現的時候，佛教經典就已經被作爲勸善書被世人刊刻。南宋眞德秀在《感應篇序》中有一段話：

> 《感應篇》者，道家儆世書也。……余連蹇仕途，志弗克遂，故常喜刊善書以施人。以儒家言之則大學、章句、小學、字訓等書；以釋氏言之則所謂金剛經，注者凡三刻矣。然大小學可以誨學者而不可以語凡民，金剛秘密之旨又非有利根宿慧者不能悟而解也。〔註93〕

在當時的世人看來，《金剛經》和儒家《大學》以及《太上感應篇》一樣都是善書，所以作者專門在《太上感應篇》後加上一句「道家儆世書也」。也就是說當時除了道教善書外，還有儒家和佛教的善書，而此處所指的佛教善書就是《金剛經》。儘管《金剛經》作爲勸善書晦澀難懂，「然作爲一種思路，元明以降仍不乏追隨，題爲孚祐帝君注解的《金剛經注》（收於《卍續藏經》第40冊），就是一種典型的《金剛經》係勸善經文」〔註94〕。因此，可以說，從一開始佛教就參與了這場勸善運動，並且由於其細密的勸善理念和系統，

〔註93〕〔宋〕眞德秀撰：《西山先生眞文忠公文集》卷二十七，四川大學古籍研究所編：《宋集珍本叢刊》第76冊，北京：線裝書局，2004年版，第218頁。

〔註94〕段玉明：《佛教與中國近世勸善運動》，李利安主編：《佛教與當代文化建設學術研討會論文集》（第二編），西安：西北大學出版社，2013年，第19頁。

佛教的勸善運動有別於道教和儒家，是具有佛教特色的勸善運動。接下來，筆者有取於酒井忠夫的「善書運動」和吳震先生的「勸善運動」一語，試對佛教勸善運動作一界定。

（一）時　間

唐宋之際的社會變革將中國帶入了近世社會，近世社會的開始使得中國社會面臨新的問題。漢晉以降，一直是門閥士族控制著社會資源，政權在他們當中流轉，社會經濟完全服務於他們，甚至思想文化也是他們的專利。但經過唐末五代的戰亂紛爭，門閥士族作爲一個實體遭到沉重打擊，最終退出歷史舞臺。新稅法的實行，以及王安石變法的影響，又使得農民開始擺脫土地的束縛，社會經濟開始向他們傾斜；而科舉制的盛行則爲普通人開闢了一條通往政權的道路。政治、經濟地位的獲得勢必帶來思想文化、道德教化的需求，但這種需求隨著中世紀充當道德楷模的士族階層的瓦解而變得茫然無措，於是呼籲一種新的道德教化成爲時代的需求。

事實正是如此，只有當社會需要道德善行的時候，道教、佛教勸善才會出現，而不是相反的道教、佛教的勸善引發了社會對道德教化的需求。《太上感應篇》的出現正是對這種需求的回應，因此，學術界將其作爲勸善運動的開端。但正如前面所引眞德秀的《感應篇序》中所說，當時作爲善書刊刻的不僅有《太上感應篇》，還有儒家經典和佛教的《金剛經》。單不說儒家經典和《金剛經》這些早已存在的經典極有可能比《太上感應篇》更早被作爲勸善之書，就以宋人的觀念而論，當作善書的不僅有《太上感應篇》，還有儒家經典和佛教《金剛經》等經典。換句話說，儒家、佛教和道教幾乎是同時開啓了這場勸善運動。筆者認爲，這樣的論斷是合理的，同時也是符合實際的。因爲當社會需求道德教化的時候人們首先想到的自然是從現有經典中尋找依據，而不是去創造。一般而言，當我們將某件事情作爲一種運動的開端的時候，這場運動其實早就已經開始了。正是在這個角度，筆者才說儒家和佛教經典有可能更早被作爲勸善之書。但是鑒於學術界已經達成共識，將《太上感應篇》的出現作爲善書運動的開始，我們在此也將佛教勸善運動的上限定在《太上感應篇》出現的時期，也即是大約兩宋之交。這裡還需再次強調的是，這裡之所以沒有像善書運動那樣明確地將佛教勸善運動限定爲以《太上感應篇》的出現爲標誌，而是以一個大概的時間爲界限，原因就在於像這種社會思想運動，一般是由眾多微小思潮慢慢累積而發，很難說有一個標誌性

的事件。如果一定要有一個標誌的話，我們可以這樣說：與《太上感應篇》的出現同時，以《金剛經》等佛教經典被作爲善書刊刻流行爲標誌，佛教開啓了具有自身特色的勸善運動。

自宋元而下，以至明清，特別是明末清初，佛教勸善運動達到其頂峰。與佛教勸善運動開始之初的社會背景類似，明末清初的中國社會也面臨著巨大的變化，並由此導致社會道德的進一步混亂。在這種情勢下，以袁了凡《了凡四訓》爲標誌，佛教勸善運動興起了一個高潮。袁了凡之功過格雖然來自道教《太微仙君功過格》，但卻是傳自雲谷禪師，可見此功過格在佛門當中似有流行。其後雲棲袾宏又對其進行刪改，成爲更具佛教特色的佛門功過格。以此爲啓發，明末清初出現了一大批佛教勸善文本，包括功過格、佛教寶卷以及勸善戲文等。除了編寫勸善書之外，明末清初的佛教勸善運動還推及社會運動。雲棲大師重啓西湖爲放生池，帶動了整個放生活動的開展，不僅佛教團體紛紛組建放生會，儒家性質的放生社團也在此影響下建立。類似各種性質的善會善堂於是如雨後春筍般出現，他們從事掩埋骨骸、架橋修路、賑災救濟、扶殘救嬰等慈善活動，由此開啓了中國慈善事業的嶄新一頁。對下層普通百姓來說，佛教勸善運動也深入到他們當中。以《目連救母勸善戲文》爲代表的勸善戲曲年復一年地搬演，其宣揚的因果報應、地獄輪迴等思想不自覺地滲透到他們的觀念當中。與此相似的還有宣卷。通過僧尼等宣講者宣唱佛教寶卷，也能達到上述目連戲的勸誡效果。這樣，從思想宣傳到社會實踐，真正形成了一場波及全社會的勸善運動。

需要注意的是，這場佛教勸善運動的餘緒波及到清朝，甚至清朝後期。有清一代，佛教善書仍然廣爲刊刻和流通，政府甚至授意將《目連救母勸善戲文》進行擴充。就是在考據盛行的乾嘉時代，人們對因果報應的教化作用也極爲重視。龔鵬程先生指出：「而且精英士大夫階層在面對這些鬼狐故事時所顯示的倫理觀，非特與庶民無異，抑且爲世俗命定果報信仰之熱心傳播者。在宋明理學已漸喪失其倫理規範意義，經史考證又只是知識技藝的時代，信奉此種通俗儒道佛理，並以之教化民眾，便成爲士大夫自覺可以努力之工作。」〔註95〕而這種「工作」就具體表現在小說、戲曲、寶卷、歌謠等文學作品的創作上，《聊齋誌異》、《閱微草堂筆記》、《子不語》等即是其代表。

〔註95〕龔鵬程：《乾嘉年間的狐鬼怪談》，《中華文史論叢》（總第八十六輯），上海：上海古籍出版社，2007 年版，第 151 頁。

　　由此我們看到，佛教勸善運動是一場從兩宋之際開始發端，到明末清初達至高潮，延續至清代後期的社會運動。

（二）主　體

　　僧眾無疑是佛教勸善運動的主體之一。不管是佛教勸善運動開始的兩宋之際，還是明末清初佛教勸善運動的鼎盛時期，佛教僧侶都擔當了勸善運動的主角。《金剛經》作為善書被廣為刊刻，雖不敢說是僧人主導，但僧侶曾參與其中是可以想見的，因為當時的印刷技術和費用並不是個人所能勝任，而《金剛經》很可能是由寺院作為勸善之書刊刻出來普施天下。如果這樣的說法有點勉強的話，那麼在明末由袁黃開啓的新一輪勸善運動中，佛教僧侶則是毫無疑問的主角。袁黃之《功過格》雖然源頭是道教的《太微仙君功過格》，但卻是從雲谷禪師那裡所得，且後者對其進行了佛教化改造。《太微仙君功過格》作為一種道德考量，是道士自身修煉的一種方式，使用範圍僅僅是道教門中。但是經過雲谷禪師的佛教化改造，賦予了其一套佛教儀式和佛教修行方法，特別是將原來頗具宗教色彩的功過體系改造成具有更多世俗價值追求的功過格後，其適用範圍已經遠遠超出道門甚至佛門，成為對整個社會都適用的一套價值評價體系。正因為此，經過袁黃身體力行的實踐，此功過格才會得到世人的推崇，明末清初的勸善運動才由之展開。當我們回頭來審視這場運動的時候，雲谷禪師改造《太微仙君功過格》無疑起著舉足輕重的作用。如果沒有這種改造，雖不敢說就沒有明末清初的勸善運動，但至少要推遲很久，或者說要大打折扣。不獨於此，雲谷、袁黃之後的雲棲袾宏大師也是功過格的引領者。他也曾實踐和刊刻《太微仙君功過格》，後來據此編成《自知錄》，這是佛門系統的又一功過格系統。除了編寫勸善書之外，前述明末清初影響了中國傳統慈善事業的放生、掩埋骨骸、架橋修路、賑災救濟、扶殘救嬰等活動也是由僧人擔當主導，如放生是由雲棲袾宏大師重啓西湖為放生池而帶動，掩埋骨骸、架橋修路、賑災救濟、扶殘救嬰等則本來就是僧人長期以來的行為，這些活動大都集中在寺廟進行。而在勸善運動的另外一項重要措施——宣講寶卷上，僧人也是主導。明代出現了一大批宣講佛理的勸善寶卷，而所謂宣卷即是宣講寶卷。宣講寶卷的地點一般在寺廟，在節慶活動或者初一、十五的時候，寺廟一般就會進行宣卷，附近百姓也會前來聽講。這種形式的宣卷，宣卷者自然是佛教僧侶。大戶人家也是宣卷的重要場所，《金瓶梅》就記載了西門慶府上經常舉行宣卷，甚至有宣卷人常年駐紮。這些宣

卷者幾乎都是僧侶，如《金瓶梅》中提到的薛姑子、王姑子等就是寺廟的尼姑。因此，總的來說，佛教僧侶在這場勸善運動中無論是在思想教化，還是社會實踐方面都充當了主導，他們是這場佛教勸善運動的主角。

除了佛教僧侶之外，佛教居士信眾也是這場勸善運動的主體之一。佛法的弘傳固然離不開僧眾的努力，但信眾居士的支持也是必不可少的。在佛教勸善運動的過程中，居士信眾發揮了非常重要的作用。親身實踐了雲谷禪師所傳的佛門功過格，並將其推廣給全社會的袁黃，就是佛教居士。袁黃是整個佛教勸善運動的中興人物，他開啓了明末清初勸善運動的序幕。不僅如此，他還積極參與到刊刻佛教大藏經的活動當中。信眾居士也積極參與了雲棲大師倡導的放生活動。放生池的開鑿，放生會的建立都有信眾居士的身影，如雲棲大師的弟子仰山居士和無無居士就開鑿了放生池，也組建了放生會。像他們一樣積極參與放生活動的信眾居士還有汪道昆、王爾康、馮夢禎、虞淳熙、王畿、張元忭、管志道、陶望齡等。可以說，沒有信眾居士的參與，明代佛教放生活動將失去光澤。而在佛教善書的刊刻方面，幾乎都是由信眾居士主導，如寶卷的刊刻即是這樣。不管是在經鋪刊刻，還是自己刊刻，一般都是由信眾居士自己出資，刊刻完成後捐給寺廟或者廣爲布施。在這些寶卷卷末則往往會刊上捐造者的姓名，我們發現了很多寶卷卷末都刊有諸如「佛弟子」某某某，或者「李菩薩」、「李善人」等之類的題記，可以想見這些刊造者都是佛教信眾居士。不僅刊刻寶卷，甚至寶卷的宣唱也有居士信眾的參與。前述在寺廟和大戶人家都會有僧尼宣唱寶卷的情況，但是在沒有寺廟的偏遠地方，信眾也沒有足夠的金錢請僧尼宣唱的情況下，大家就三五成群聚集在一起，相互唱和。這種情形應該是社會下層宗教生活的真實寫照。因此，從善書的刊刻、流傳、宣唱，到放生活動的展開，居士信眾都是其中的主要力量。

除了以上兩者之外，佛教勸善運動的參與者實際上還包括其他人。說書人、曲藝表演者是一類。這類參與者並沒有主動意識到自己是這場勸善運動的參與者，說書、表演只是他們的職業。但是說書人在向世人宣講各種因緣故事時，不自覺地就向世人灌輸了因果報應、業報輪迴等觀念，在這個意義上說，他們和寶卷的宣講者一樣充當了同樣的角色。而曲藝表演者則通過更形象直觀的表演向世人傳達了同樣的觀念。如上面提到的《目連救母勸善戲文》，通過年復一年的搬演，戲劇中體現的善惡報應、慈悲不殺、勸善行孝等思想實際上成爲世人道德評價的標尺。說書人、曲藝表演者實際上成爲勸善

運動的理論宣傳員。文人學士也參與到這場勸善運動中。居士信眾中本來就有很多就是文人學士，前面提到他們廣開放生池，普建放生會等活動，而這裡所說的則是他們通過文學作品等形式向世人宣傳佛教因果報應、地獄輪迴等思想。前面引用了龔鵬程先生的話，說明明清之際的文人學士熱心宣揚果報信仰，將其作爲勸善化俗的重要途徑。因此這一時期出現的各種宣揚鬼怪傳說的文學作品，實則是勸善運動的普及讀物。

由此我們看到，佛教勸善運動是由佛教僧眾和居士信眾主導，社會各階層都廣泛參加的一場社會運動。它所涵蓋的範圍不僅僅是佛教界，而是包括了僧俗兩界。

（三）是思想運動，也是社會實踐

在《中國善書研究》一書中，酒井忠夫提出了「善書運動」的概念，論述了包括袁黃《了凡四訓》（其中包括雲谷所傳之功過格）、袾宏《自知錄》、佛教寶卷等在內的佛教善書，可以說是對佛教善書的一次梳理。但需要指出的是，酒井忠夫只是就佛教善書體現的思想觀念作了闡述，並沒有從佛教善書的刊刻、流行等方面作過多闡述。也就是說，酒井忠夫的研究是側重於思想理論方面，他提出的「善書運動」實際上意指善書觀念的普及運動，是一場思想觀念的灌輸（或者叫變革）。酒井忠夫之後眾多研究善書的學者大多沿著他開創的道路前行，都是在思想觀念的演變上下工夫。吳震先生將「善書運動」擴展成「勸善運動」，應該是意識到了勸善運動不僅僅是思想觀念的改變，還應包括其他內容。儘管如此，由於吳震先生一直做的都是思想研究（這點從其專著《明末清初勸善運動思想研究》的命名上就可以看出來），所以並沒有在其他方面伸展開。但不管怎樣，從「善書運動」到「勸善運動」的轉變，證明學術界開始意識到這場勸善運動不應該僅僅是觀念意識層面的勸誡。

事實上，「善書運動」只是「勸善運動」的一部分，或者可以這麼說：「善書運動」是「勸善運動」的理論宣傳。善書的理論觀念固然重要，它們是整個勸善運動的理論支撐，但他們不是勸善運動的全部。以佛教善書來說，其蘊含的因果報應、地獄輪迴思想是讓世人去行善的理論基礎，沒有這個基礎，這個善也很難「行」起來。但是所謂勸善運動並不是整天對世人宣講因果報應、地獄輪迴就完事，通過各種辦法讓大家都去行善，這才是最重要的。並且對於大部分信眾來說，他們不懂理論，甚至連字都不認識，怎能祈求他們理解這些佛法理論？事實上我們在寶卷的刊刻題記上發現了很多發願刊刻寶

卷的捐助者，很顯然他們刊刻寶卷的目的並非是他們多麼熟悉這些理論，對他們來說，刊刻寶卷本身就是一種行善。由此，善書的刊刻和流通也應該是勸善運動的組成部分。推而廣之，不管是道教界還是佛教界，你要讓世人都行善，那自己得以身作則，自己行善，然後帶動世人也去行善，這才是可行之道。因此，佛教界掀起的實踐功過格，開鑿放生池，組建放生會，扶殘救嬰、修橋鋪路等善行實際上就是為世人作一表率。在他們的帶動下，社會上紛紛興起各種形式的行善。應該說，這才比較全面地反映了勸善運動的全貌。

當然，佛教勸善運動還需要有一個最重要的因素，那就是理論支撐。這個支撐就是在前文已經詳細述及的佛教倫理觀：十善惡業和輪迴報應，其中十善惡業是整個佛教勸善運動的核心理念，輪迴報應是佛教勸善運動的運行機制。由此，我們在此可以對佛教勸善運動作一個界定。所謂「佛教勸善運動」，即是指發端於兩宋之際，盛行於明末清初，並延續到清代後期，以佛教十善惡業、因果報應等理論為支撐，由佛教僧侶和信眾居士主導，全社會廣泛參與的，在思想觀念和社會實踐等方面都引起巨大變動的一場勸善運動。對這一定義，我們還可以從另一個角度進行闡釋，即這是一場佛教自內向外推衍的社會運動。「內」是佛教十善惡業、輪迴報應等勸善理論，以及佛教內部的勸善實踐，「外」是各種社會實踐活動，連接「內」和「外」的則是勸善運動中的各種社會宣傳。這樣，佛教的勸善理論和勸善活動通過各種社會宣傳，從教內走向社會，形成一場波及思想界和社會實踐的勸善運動。

第三節　佛教勸善運動的表現

佛教勸善運動歷經整個中國近世社會，時間跨度很長。由於各個歷史時期時代背景的不同，佛教勸善運動所表現出的具體形式既有一以貫之的方面，也有頗具特殊性的內容。儘管各不一樣，但佛教勸善運動的表現形式其實可以歸結為兩個方面，即上述論及的思想觀念和社會實踐。

一、各種具有勸善性質的書籍

思想觀念方面的表現是出現了各種具有勸善性質的書籍，包括佛經、疑偽經、釋氏輔教書、僧人的撰述、變文、寶卷以及各種形式的勸善經文等。王月清先生曾說：「中土佛教勸善理論異常豐富，依佛教勸善典籍為載體，既

以疑偽經的形式出現，又以『釋氏輔教書』之類的志怪小說、佛經感應記及變文俗講等形式出現，且以與儒道兩家勸善書相近的『佛門勸善書』等形式出現。」〔註96〕勸善性質的佛經在前面章節已經論及，此處不再詳述。

疑偽經是佛教勸善書的另一種重要形式。佛教疑偽經是以佛經的形式闡述中國傳統的倫理思想。任繼愈先生說：「疑經的出現標誌佛教在中國的傳播已進入一個新的階段，一些佛教徒已不滿足於翻譯外來的佛教，而是把自己所掌握的佛教教義與中國傳統的文化思想、宗教習俗結合起來，使用民眾便於理解的語句，假借佛經的形式編撰出來進行傳教。」〔註97〕因此，疑偽經的出現本身即是佛教中國化的一個重要進程。要將佛教教義與中國傳統的思想文化結合起來，那就得從兩者共有的東西入手，前述提到的「勸善」正是其中一個共同點。由此，從南北朝一直到隋唐，伴隨佛教經典的不斷翻譯，出現了一批雜糅佛教義理和中土倫理的疑偽經，這些經大多以宣傳孝道、仁義等思想來達到勸善懲惡的目的。早在北魏太武帝滅佛後，文成帝佛教復興之際，曇靖就作了《提謂波利經》兩卷，以適應傳教之需要。此經早已亡佚，上世紀在敦煌遺書中發現了其後半部分的殘卷。《提謂波利經》向來被作為疑偽經的代表，在僧祐《出三藏記集》中將其列為「疑經偽撰」的行列。〔註98〕

《提謂波利經》圍繞提謂和波利率五百商人皈依佛陀，受五戒而成為佛教徒的因緣故事，闡述了善惡報應、持戒修行等佛教義理，「其顯著特點是把漢儒的陰陽五行學說、倫理綱常和道教的延命益算思想與佛教說教結合在一起」。〔註99〕《提謂波利經》把佛教「五戒」等同於儒家的「五常」，《仁王護國般若經疏》中有載：

> 提謂波利等問佛：「何不為我說四、六戒？」佛答：「五者天下之大數，在天為五星，在地為五嶽，，在人為五臟，在陰陽為五行，在王為五帝，在世為五德，在色為五色，在法為五戒。」〔註100〕

〔註96〕王月清：《中國佛教勸善書初探》，《佛學研究》1999年（年刊），第226頁。

〔註97〕任繼愈著：《中國佛教史》第三卷，北京：中國社會科學出版社，1988年版，第564～565頁。

〔註98〕參見〔梁〕僧祐撰，蘇晉仁、蕭煉子點校：《出三藏記集》卷五，北京：中華書局，1995年版，第224～225頁。

〔註99〕任繼愈著：《中國佛教史》第三卷，北京：中國社會科學出版社，1988年版，第556頁。

〔註100〕〔隋〕智顗說，灌頂記：《仁王護國般若經疏》卷二《序品》，《大正藏》第33冊，第260頁下。

提謂波利問佛陀爲什麼是說「五戒」而不是「四、六戒」，佛陀就將五戒和
五德、五行、五嶽等作了比附。這裡的「五德」就是指儒家推崇的倫理道德
——五常。唐房玄齡在《管子》「夏賞五德」條下注解到：「五德謂五常之德。」
〔註101〕明黃省曾注《申鑒》「五德不離」條時也說：「五德者，仁義禮智信
也。」〔註102〕可見，《提謂波利經》將佛教不殺生、不偷盜、不妄語、不邪
淫、不飲酒這五戒比附於儒家的「仁義禮智信」五常。《提謂波利經》說：

> 佛言：「人不持五戒者爲無五行，煞（殺）者爲無仁，飲酒爲無
> 禮，淫者爲無義，盜者爲無知（智），兩舌者（按，此指妄語）爲無
> 信，罪屬三千。先能行忠孝乃能持五戒，不能行忠孝者終不能持五
> 戒，不忠不義不孝不知（智），非佛弟子。」（P.3732）〔註103〕

也就是說仁、義、禮、智、忠、孝等是佛教徒必備的道德。經中指出，修習
佛教五戒十善以及仁義禮智等封建綱常將會獲得各種善報。

> 佛言：「人於世間慈心不殺生，從不殺生得五福，何等爲五福？
> 一者得長壽，二者世世得安隱，三者世世不爲兵刀虎狼毒蟲之所傷
> 害，四者死得上天天上壽無極福，五者從天上來下生世間即得長壽。」
> （S.2051）〔註104〕

反之，如果犯殺生、盜取他人財物、犯他人婦女、兩舌、惡口、妄言、綺語、
飲酒等罪過則得惡果，死後下到地獄。「《提謂波利經》宣揚五戒五常，以善
惡報應宣揚吃齋修行、止惡行善的種種努力，使該經成爲中土人士造經作論
的形式勸導民眾的宗教善行的典範。」〔註105〕

從《提謂波利經》出現後，一直到唐宋時期，出現了一批借佛教經論來
宣傳善惡果報的疑偽經，如《父母恩重經》、《善惡因果經》、《佛說孝子經》、

〔註101〕〔春秋戰國〕管仲撰，〔唐〕房玄齡注：《管子》卷十七，《景印文淵閣四庫全
書‧子部‧法家類》第729冊，臺北：臺灣商務印書館，1983年，第464頁。
〔註102〕〔漢〕荀悅撰，〔明〕黃省曾注：《申鑒》卷一，《景印文淵閣四庫全書‧子部‧
儒家類》第696冊，臺北：臺灣商務印書館，1983年，第435頁。
〔註103〕《提謂波利經》，巴黎國立圖書館所藏伯希和掠取本（P.3732），轉引自任繼
愈著：《中國佛教史》第三卷，北京：中國社會科學出版社，1988年版，第
559頁。另，任繼愈先生在引文後注解這段經文出自S.3732，係引用有誤，
斯坦因本《提謂波利經》編號爲S.2051。
〔註104〕黃勇武主編：《敦煌寶藏》第15冊，臺北：新文豐出版公司，1981年版，第
559頁。
〔註105〕王月清：《中國佛教勸善書初探》，《佛學研究》1999年（年刊），第227頁。

《勸善經》等。這些疑偽經都是以勸善爲主旨，有的甚至直接以勸善爲題名，而針對儒家關於佛教沒有孝道的指責，佛教疑偽經專門在孝道這方面做了闡發，這集中反映在《父母恩重經》這部疑偽經中。唐代出現的《父母恩重經》至少有兩種，一種是託名後漢安世高翻譯的《佛說父母恩難報經》一卷，一種是失譯的《佛說父母恩重經》一卷。這兩種經典雖然具體內容大不相同，但基本思想卻是一致的，就是報父母恩。如安世高本《佛說父母恩難報經》就說：

> 爾時世尊告諸比丘：「父母於子，有大增益，乳餔長養，隨時將育，四大得成。右肩負父、左肩負母，經歷千年，正使便利背上，然無有怨心於父母，此子猶不足報父母恩。」〔註106〕

這部經典在當時非常流行，馬世長先生說：「敦煌藏經洞曾發現此經 30 餘件寫本，知其在民間仍有流傳。」〔註107〕「仍有流傳」當然只是保守的說法。人們在敦煌遺書中還發現了專門用於講說的《父母恩重講經文》，可以想見此經在當時受歡迎的程度。直至宋代，由於譯經事業接近尾聲，佛教關於孝道的闡述又以另外一種形式出現，這就是各種著述，契嵩的《孝論》便是這方面的代表。他指出：「敘曰：夫孝，諸教皆尊之，而佛教殊尊也。」〔註108〕契嵩認爲，佛教也是講孝道的，佛教的孝與儒家的孝並無多大差異，而且佛教的孝才是眞正的大孝。他說：

> 孝出於善，而人皆有善心。不以佛道廣之，則爲善不大而爲孝小也。佛之爲道也，視人之親猶己之親也，衛物之生猶己之生也。故其爲善則昆蟲悉懷，爲孝則鬼神皆勸。資其孝而處世，則與世和平而亡忿爭也；資其善而出世，則與世大慈而勸其世也。〔註109〕

契嵩在這裡指出，孝不僅要對自己父母親人，還要對他人的父母親人，甚至對昆蟲動物也要講孝，以此大慈大悲的心懷對有情眾生行孝，這才是眞正的孝，是佛教的孝。另外一方面，佛教徒也極力從佛經中尋找佛教孝的典型，他們選擇了目連，將目連故事不斷發揮，使其最終成爲中國傳統孝行的代表。

〔註106〕〔後漢〕安世高譯：《佛說父母恩難報經》卷一，《大正藏》第 16 冊，第 778 頁下～779 頁上。

〔註107〕馬世長：《〈父母恩重經〉寫本與變相（摘要）》，《敦煌研究》1988 年第 2 期，第 44 頁。

〔註108〕〔宋〕契嵩撰：《鐔津文集》卷三，《大正藏》第 52 冊，第 660 頁上。

〔註109〕〔宋〕契嵩撰：《鐔津文集》卷三，《大正藏》第 52 冊，第 661 頁下。

關於目連的情況，在後面的章節我們將專門論述。

　　釋氏輔教書是佛教勸善書的另一種形式。南北朝時期，隨著佛教觀念的傳入，文人學者開始以此爲題材，編撰了各種宣傳善惡果報的志怪書，輔助教化，魯迅先生稱其爲「釋氏輔教書」。他說：「魏晉以來，漸譯釋典，天竺故事亦流傳世間，文人喜其穎異，於有意或無意中用之，遂蛻化爲國有。」〔註110〕可見，這種輔教書的創作未必是文人主觀的行爲。儘管如此，這種將佛教理論與文學形式相結合的形式對佛教、儒家的傳佈教化確實起到了輔助的作用。這一時期創作的釋氏輔教書非常多，魯迅先生考證說：

> 釋氏輔教之書，《隋志》著錄九家，在子部及史部，今惟顏之推《冤魂志》存，引經史以證報應，已開混合儒釋之端矣，而餘則俱佚。遺文之可考見者，有宋劉義慶《宣驗記》，齊王琰《冥祥記》，隋顏之推《集靈記》，侯白《旌異記》四種，大抵記經像之顯效，明應驗之實有，以震聳世俗，使生敬信之心，顧後世則或視爲小說。〔註111〕

魯迅先生所考證的只是《隋志》所載，實際的情況當遠遠大於這個數目，《法苑珠林》就載其「卷盈數百不可備列」〔註112〕。「輔教書的主要內容，一方面宣傳戒殺好生、慈悲爲懷、六道輪迴、因果報應等佛教教義，一方面敘述佛法應驗的善惡果報，通過文學形式，一方面加強了佛教倫理在中土的傳播與被吸收，一方面增強了中土佛教本身的倫理教化功能及佛教本身的倫理化特徵。」〔註113〕這種形式後來被繼承，明清時期仍然有人彙集各種僧俗善惡果報故事，編成冊子以勸善化俗。

　　除了以上幾者之外，還有兩個勸善文本對佛教勸善運動產生過重要影響，這就是《佛說十王經》和《玉曆至寶鈔》。《佛說十王經》也叫《地藏十王經》，全名《佛說閻羅王授記四眾逆修生七往生淨土經》〔註114〕，由成都大慈寺沙門藏川所述，講述的是人死後歷經地獄審判的情形，以及地藏菩薩發

〔註110〕魯迅著：《中國小說史略》第五篇，上海：上海古籍出版社，1998 年版，第30 頁。

〔註111〕魯迅著：《中國小說史略》第六篇，上海：上海古籍出版社，1998 年版，第32 頁。

〔註112〕〔唐〕道世撰：《法苑珠林》卷五，《大正藏》第 53 冊，第 303 頁下。

〔註113〕王月清：《中國佛教勸善書初探》，《佛學研究》1999 年（年刊），第 228 頁。

〔註114〕參見張總著：《地藏信仰研究》，北京：宗教文化出版社，2002 年版，第 24 頁。

心救度眾生的因緣。《佛說十王經》究竟編撰於何時，歷來爭論不一，蕭登福〔註 115〕、太史文〔註 116〕、莊明興〔註 117〕等學者都曾做過考證，但並沒有形成統一意見。但不管此經產生於何時，其產生影響是在唐宋之交是可以確定的。在《佛說十王經》中，詳細列出了人死後需要經過的十殿地獄，他們分別是：秦廣王宮、初江王宮、宋帝王宮、五官王宮、閻魔王國、變成王廳、太山王廳、平等王廳、都市王廳、五道轉輪王廳。這十王殿的集中出現是對之前混亂的地獄觀念的整理，對其後中國地獄系統的形成產生了深遠影響，而圍繞地獄觀念為中心的佛教勸善運動也得以展開。因此，段玉明先生就說：「《佛說十王經》出現的意義，不僅僅是將自魏晉南北朝以來雜亂無序的地獄觀念整合而成了『十獄十王』，也不僅僅是引入了地藏救贖的觀念，主要還在於它將佛教勸善理念中的地獄果報給予了特別張揚，引導了其後佛教勸善運動的開張方向。」〔註 118〕

　　需要指出的是，以上這些產生於唐之前的具有勸善性質的文本，雖然不是中國近世社會興起的佛教勸善運動的直接表現，但是他們的形式後來被沿用，甚至就是他們本身也在佛教勸善運動中被廣泛傳播。如《佛說十王經》卷末題記就說：

　　嚴佛調三藏云：「此經梵本非多羅文，三昧之內真佛示現授此
　　經。」梵文從三昧起，先書竹帛，然後修習。從北天竺到支那國，
　　大聖文殊於照耀殿為許流通，時天聖十年（1032 年）十一月也。小
　　苾芻原孚普化眾信之緣，廣開消罪之路，因以入梓，永為流通。伏
　　願十號至尊，垂拔苦與樂之慈悲；十殿冥侯，惠記善錄惡之赦宥；
　　地獄化為淨剎，鑊湯變作清涼。〔註 119〕

原孚比丘發心刊造《佛說十王經》，希望能為眾生消罪積福，拯救悲苦於十殿。

〔註 115〕蕭登福先生認為產生於唐高宗之前。見蕭登福著：《道佛十王地獄說》，臺北：新文豐出版公司，1996 年版，第 240～241 頁。

〔註 116〕太史文先生認為此經分為兩部分，後面部分是由後人完成。見 Stephen F. Teiser, *The Scripture on the Ten Kings and the Making of Purgatory in Medieval Chinese Buddhism,* Honolulu: University of Hawaii Press, 1994, p.8.

〔註 117〕莊明興先生認為此經產生於晚唐時期。見莊明興著：《中國中古的地藏信仰》，臺北：國立臺灣大學出版委員會，1999 年版，第 137 頁。

〔註 118〕段玉明：《佛教與中國近世勸善運動》，李利安主編：《佛教與當代文化建設學術研討會論文集》（第二編），西安：西北大學出版社，2013 年版，第 16 頁。

〔註 119〕〔唐〕藏川述：《佛說地藏菩薩發心因緣十王經》卷一，《卍新纂續藏經》第 1 冊，第 407 頁下。

「由此可知，該經在北宋中期已被作爲一種勸善經文廣爲印行了。」〔註120〕
站在這個角度上來講，說它們是佛教勸善運動的表現形式也無不可。《佛說十
王經》不僅在當時影響深遠，對其後的各種佛教勸善文本也產生了極大影響，
如《玉曆至寶鈔》和各種變文、寶卷都是在其影響下產生，這些勸善文本構
成了佛教勸善運動的重要組成部分。

《玉曆至寶鈔》，也叫《玉曆至寶鈔勸世文》，通常也稱《玉曆鈔傳》、《玉
曆寶鈔》等，全稱爲《玉帝慈恩纂載通行世間男婦改悔前非準贖罪惡玉曆》，
收於《藏外道書》第12冊。此經署名爲淡癡編寫，後傳給勿迷。關於此經的
編撰年代，學界有不同的爭論。清代學者李宗敏認爲產生於宋仁宗天聖八年
（1030年），澤田瑞穗則認爲產生於南宋。〔註121〕而對於編撰者，學術界長
期以來並沒有產生異議。對於以上兩者，段玉明先生卻有不同見解，他指出：
「此經正文明顯可分兩個部分，前一部分爲淡癡所撰，而後一部分則是勿迷
所補，最後定稿的時間爲紹聖五年（1098年）。定稿之後，勿迷又或作過一些
修訂，至建炎四年正式刊印傳世。」〔註122〕因爲編在《藏外道書》，很多學者
將《玉曆至寶鈔》作爲道教經典，視其爲道教勸善化俗的勸世文（如陳霞）。
但段玉明先生考察了淡癡和勿迷的身份，以及《玉曆至寶鈔》的基本理念，
認爲淡癡和勿迷都和佛教有密切關係，甚至他們就是僧人，而《玉曆至寶鈔》
的基本理念取自佛教，它實際上是佛教思想運動的產物。〔註123〕

《玉曆至寶鈔》繼承和發展了《佛說十王經》的地獄系統。《佛說十王
經》將十殿地獄作了一個完整的呈現，而《玉曆至寶鈔》則在此基礎上進一
步將其細化，不僅在每殿之下增設了許多地獄，還增加了血污池、望鄉臺、
枉死城等。可以說中國後來的地獄系統在這裡基本定型，「因而，把《玉曆
至寶鈔》置於整個中國佛教地獄觀念的演變之中考慮，它當是一個連續的結
果」〔註124〕。而在地獄救贖方面，《佛說十王經》已經引入了地藏救贖的觀

〔註120〕段玉明：《佛教與中國近世勸善運動》，李利安主編：《佛教與當代文化建設學
　　　　術研討會論文集》（第二編），西安：西北大學出版社，2013年版，第17頁。
〔註121〕參見陳霞著：《道教勸善書研究》，成都：巴蜀書社，1999年版，第45頁。
〔註122〕段玉明：《佛教與中國近世勸善運動》，李利安主編：《佛教與當代文化建設學
　　　　術研討會論文集》（第二編），西安：西北大學出版社，2013年版，第17頁。
〔註123〕參見段玉明：《〈玉曆至寶鈔〉：究係誰家之善書？》，《宗教學研究》2004年
　　　　第2期，第34～36頁。
〔註124〕段玉明：《〈玉曆至寶鈔〉：究係誰家之善書？》，《宗教學研究》2004年第2
　　　　期，第35頁。

念，但這裡的地藏菩薩更多的還是以監督者的身份出現，而《玉曆至寶鈔》
則進一步將地藏菩薩描述成地獄之主，取代了閻羅王的位置，履行地獄救贖
的職責。這樣，從地獄系統的不斷細化，到地獄救贖觀念的完善，可以說《玉
曆至寶鈔》在其中起了決定性的作用，以後的地獄演化都是按照此框架和觀
念來發展。故此，蕭登福先生說《玉曆至寶鈔》是「使得佛教地獄本土化定
型的最重要的經典」〔註125〕。而正如經中所說的「如世人二月初一持齋向北，
能發願諸惡莫作、眾善奉行，轉此一念，即免入地獄」〔註126〕，《玉曆至寶鈔》
的編撰目的，實際上就是勸善懲惡。鑒於《玉曆至寶鈔》的重要地位，我們
也可以說它開啓了佛教勸善運動的序幕，段玉明先生就指出：「《與太上感應
篇》之於道教勸善運動一樣，《玉曆至寶鈔》的編撰傳世亦標誌了佛教勸善運
動的開始。就其規模和影響而言，由《玉曆至寶鈔》所帶動的佛教勸善運動
並不遜於道教。」〔註127〕需要指出的是，前述論及南宋眞德秀曾刊刻《金剛
經》廣施天下，筆者將其作為佛教勸善運動開始的標誌，與這裡也將《玉曆
至寶鈔》作為開始的標誌兩者並不衝突。因為首先兩者相距並不遙遠，而思
想觀念的演變是一個需要經歷一段時間醞釀和積累的過程，在此過程中可能
會有不止一個標誌性的事件或事物出現。因此，筆者更偏向於確定佛教勸善
運動開始的大概時間，而不是某個具體的事件或事物，這也是筆者之前一直
強調「如果一定要有一個標誌的話」的原因所在了。

　　此外，唐宋時期興起並逐漸流行的俗講、變文等形式也被佛教勸善運動
所借鑒，發展到明清演變成各種勸善寶卷、宣卷等。在一遍遍的宣講中，佛
教勸善化俗的功能不斷得到強化，而佛教善惡報應的思想也日漸成為人們的
道德理論來源。這些形式的勸善活動筆者將在後文專章論及。

二、社會實踐

　　挾帶一套細密的勸善理論，佛教很早就開始了行善的實踐，這也是佛教
作為一種宗教而非學說的特質所在。這些善行在佛教傳入中國之後不久就已

〔註125〕蕭登福著：《道佛十王地獄說》，臺北：新文豐出版公司，1996 年版，第 23
　　　　 ～24 頁。

〔註126〕胡道靜主編：《藏外道書》，成都：巴蜀書社，1992～1994 年，第 12 冊，第
　　　　 789 頁。

〔註127〕見段玉明：《〈玉曆至寶鈔〉：究係誰家之善書？》，《宗教學研究》2004 年第 2
　　　　 期，第 37 頁。

開始，到唐宋時期佛教勸善運動醞釀和開始之後，佛教不僅繼承和發展了先前這些行善的形式，更發展出了新的行善方式。

　　早在佛教傳入中國後不久的南北朝時期，佛教就開始嘗試將勸善理念付諸實踐。5 世紀末，齊武帝的長子文惠太子與竟陵王創立了專門收養貧苦疾病者的機構，《南齊書》有載：「太子與竟陵王子良俱好釋氏，立六疾館以養窮民。」〔註 128〕隨後，信佛的梁武帝也在國內設立了孤獨園，供養孤幼貧苦之人。〔註 129〕與此同時，北魏孝文帝和宣武帝父子也在國內設置了類似的醫館，安置疾病者。與其說南北朝時期這些興建「孤獨園」等慈善機構的行為是國家行為，倒不如說這是佛教徒受佛教影響而自發建立。因為在同時期的其他地區並沒有發生類似的行為，而上述幾位帝王卻都是歷史上有名的虔誠佛教徒。因此，夫馬進先生就說：「可見這類設施多數是由佛教徒建立的。」〔註 130〕

　　唐代出現了悲田養病坊，這是專門收養孤苦貧窮疾病者的機構，也可以說是醫院。「悲田」是佛教用語，《像法決疑經》有載：

> 善男子，我於處處經中說布施者，欲令出家、在家人修慈悲心布施貧窮孤老乃至餓狗。我諸弟子不解我意，專施敬田不施悲田。敬田者即是佛法僧寶，悲田者貧窮孤老乃至蟻子。此二種田，悲田最勝。〔註 131〕

以慈悲心布施貧窮孤老以及有情眾生者叫「悲田」。除了「悲田」外，還有「敬田」，即為供養佛法僧三寶。經中說敬田和悲田相比較，布施悲田的功德最為殊勝，可見佛教對行善的重視。佛教有所謂「三福田」之說，《優婆塞戒經》卷三《供養三寶品》中說：

> 世間福田凡有三種，一報恩田，二功德田，三貧窮田。報恩田者，所謂父母師長和上；功德田者，從得暖法乃至得阿耨多羅三藐三菩提；貧窮田者，一切窮苦困厄之人。〔註 132〕

〔註 128〕〔梁〕蕭子顯撰：《南齊書》第一冊，北京：中華書局，1972 年版，第 401 頁。

〔註 129〕參見〔唐〕姚思廉撰：《梁書》第一冊，北京：中華書局，1973 年版，第 64 頁。

〔註 130〕〔日〕夫馬進著；伍躍、楊文信、張學鋒譯：《中國善會善堂史》，北京：商務印書館，2005 年版，第 36 頁。

〔註 131〕《像法決疑經》卷一，《大正藏》第 85 冊，第 1336 頁上～中。

〔註 132〕〔北涼〕曇無讖譯：《優婆塞戒經》卷三，《大正藏》第 24 冊，第 1051 頁下。

這裡的「功德田」即為「敬田」；「貧窮田」即為「悲田」，此外還有「報恩田」，專門指孝敬父母。對於敬田和悲田，謝和耐說：「它們只是到了6世紀末，才由一種常見習慣演變而成。」〔註133〕悲田養病坊由佛寺經營，其與南北朝時期的「孤獨園」是否有直接關係不敢斷言，「雖然如此，這些早期的濟貧機構無疑為後來隋唐時代的佛寺悲田院起了模範作用」〔註134〕。由於悲田院發展過於迅猛，引起了政府的關注，最終在會昌毀佛後被政府接管。從李德裕的奏章中可以看出，唐政府接收了悲田院後將其改為養病坊：「緣悲田出於釋教，並望更為養病坊。」〔註135〕宋代按唐悲田院的形式組織福田院，在京城共設置了四所，可以收容老弱病殘者達千人。〔註136〕福田院後來被分成居養院和安濟坊，從京城到地方都開始普遍設立。明朝建立後，基本沿襲宋元的養濟院政策，並無多大創新，反倒是出現了各種貪污腐敗的問題。

從唐末會昌毀佛開始，一直到明代，悲田院、福田院、養濟院等幾乎就處於政府的管理監督之下，那是否就可以說佛教完全沒有參與其中呢？答案自然是否定的。首先，福田院、養濟院大多設在寺廟。咸淳《臨安志》就載：「養濟院在縣南二里寂照寺。」〔註137〕景定《建康志》也說：「養濟院在宋興寺，嘉定五年黃公度創，今為居養院。」〔註138〕而《大明會典》則載：「天順元年，令收養貧民於大興、宛平二縣，每縣設養濟院一所於順便寺觀，從京倉支米煮飯，日給二餐，器皿、柴薪、蔬菜之屬從府縣設法措辦。」〔註139〕可見，明代延續了宋代的傳統，在就近的寺觀設立養濟院。不僅地方如此，京城也是這樣：「我朝於京府既立養濟院，又於京城中東、西就兩僧寺，官給薪米爨熟以食貧

〔註133〕〔法〕謝和耐著；耿昇譯：《中國5～10世紀的寺院經濟》，上海：上海古籍出版社，2004年版，第224頁。

〔註134〕梁其姿著：《施善與教化：明清時期的慈善組織》，北京：北京師範大學出版社，2013年版，第22頁。

〔註135〕〔宋〕王欽若，楊億等撰：《冊府元龜》卷三百一十四，《景印文淵閣四庫全書·子部·類書類》第907冊，臺北：臺灣商務印書館，1983年，第408頁。

〔註136〕參見梁其姿著：《施善與教化：明清時期的慈善組織》，北京：北京師範大學出版社，2013年版，第25頁。

〔註137〕〔宋〕潛說友：（咸淳）《臨安志》卷八十八，臺北：成文出版社，中華民國五十九年（1970），第870頁。

〔註138〕〔宋〕周應合撰：（景定）《建康志》卷二十三，《景印文淵閣四庫全書·史部·傳記類》第489冊，臺北：臺灣商務印書館，1983年，第195頁。

〔註139〕〔明〕申時行等修，〔明〕趙用賢等纂：《大明會典》卷八十，《續修四庫全書·史部·政書類》第790冊，上海：上海古籍出版社，第431頁。

丐之人，每寺日支米三石，恩至渥也。」〔註140〕其次，管理這些機構的人員大部分是僧人。夫馬進先生就指出：「例如，徽州的居養院名義上是有政府經營的，但形式上則類似一個小小的寺院，有僧侶負責具體的管理。」〔註141〕美國學者韓德林在《行善的藝術》中注解到：「其中一個事例是關於武則天（八世紀早期），她將全天下所有與慈善有關的事業委託給佛教的寺院，包括對孤兒、窮人、弱者以及老人的關照。」〔註142〕蘇軾在杭州設立安樂坊時，也是委託僧人來管理。這種情況在當時非常普遍，只要有養濟院的地方一般就有僧侶。梁其姿先生：「在組織形態上，宋代慈善機構的發展無疑地沿自南北朝至隋唐之佛教傳統。」其實何止是組織形態，基本理念自然也是受佛教影響。也不僅僅是局限在唐宋，明代也同樣受到影響。既設在寺院，又是由僧人來管理，將悲田院、養濟院等慈善活動說成是佛教行善的一種形式自然不爲過。

夫馬進先生提到，崇禎年間僧人恒鑒和劉宗周、祁彪佳、陳龍正等人組織了掩骼會，專門收集掩埋無主遺骸；進入清代後又有義冢的設立，它們「是爲了實行某種特定的善舉而成立的善會」〔註143〕。可見，掩埋屍體也是佛教勸善的形式之一。事實上，不管是專門掩埋骨骸，還是設立義冢，早在宋代寺廟裏就已經開始。唐宋時期已經開始流行將客死異鄉的人葬在寺廟。後晉李太后被契丹掠至建州，臨終之際對晉出帝石重貴說：「我死焚其骨，送范陽佛寺，無使我爲邊地鬼也。」〔註144〕更多的情況則是將棺木暫時存放在寺廟，等機緣成熟時再運回故地。洪適追憶其父親洪皓時說：「張待制宇發自蔚州，死雲中。先君過荒寺見其櫬，攜之至燕山，授其僕。」〔註145〕張待制不幸客死他鄉，棺槨寄存在荒寺中，洪皓將其帶回故里，交與僕人。謝逸《溪堂集》

〔註140〕〔明〕張萱撰：《西園聞見錄》卷四十一，王有立主編：《中華文史叢書》之四十二，北平：哈佛燕京學社排印本，民國二十九年（1940），第3530頁。

〔註141〕〔日〕夫馬進著；伍躍、楊文信、張學鋒譯：《中國善會善堂史》，北京：商務印書館，2005年版，第39頁。

〔註142〕〔美〕韓德林著；吳士勇，王桐，史楨豪譯：《行善的藝術》，南京：江蘇人民出版社，2015年版，《簡介》第4頁。

〔註143〕〔日〕夫馬進著；伍躍、楊文信、張學鋒譯：《中國善會善堂史》，北京：商務印書館，2005年版，第138頁。

〔註144〕〔宋〕歐陽修撰，〔宋〕徐無黨注：《新五代史》第一冊，北京：中華書局，1974年版，第179頁。

〔註145〕〔宋〕洪適撰：《盤洲集》卷七十四，《景印文淵閣四庫全書·集部·別集類》第1158冊，臺北：臺灣商務印書館，1983年，第749頁。

也說：「有客死崇陽而寄旅櫬於佛寺者，親戚不聞問十餘年矣。公爲出力營葬
於寺之西，遍揭其姓氏於冢上，以俟他日有考焉。」〔註146〕像這種故鄉有親
人卻客死他鄉者，大都是先將棺槨寄存在就近寺廟，等待親人前來尋找，帶
回故里安葬；無人過問者，則就近安葬在寺廟。也有並非因客死才停槨於寺
廟，而是風俗使然者。謝維新《事類備要》「漳州義冢」條下載：

> 人死曰歸葬，曰藏歸者復其所也，藏者欲人之不得見也。故先
> 王制禮喪葬有期，下至於士則逾月而已。何漳之爲子若孫者乃有不
> 葬之俗耶？其親死，往往舉其柩而置之僧寺，是蓋始於苟簡中，則
> 因循，久則忘之矣。〔註147〕

之前只是爲了方便才將棺槨停在寺廟，時間久了便成爲一種風俗。後來無主
棺槨、屍首過多，寺廟也無法安葬，便設立了義冢。咸淳《臨安志》說：

> 先是崇寧三年二月詔：「諸州擇高曠不毛之地置漏澤園，凡寺觀
> 寄留櫬柩之無主者，若暴露遺骸，悉瘞其中，各置圖籍，立牌記識，
> 仍置屋以爲祭奠之所，聽親屬祭饗，著爲令。」〔註148〕

這裡說的「漏澤園」就是義冢。那些寄存在寺廟中的棺槨，若遺骸暴露在外
者，就由政府負責集中起來，葬於漏澤園。可見，義冢制度是在寺廟存放棺
槨，安葬無主屍首的基礎上建立起來的。明代陳懿典《陳學士先生初集》中
的《金全州公傳》說主人公：

> 往來吳越間，每置義倉貸粟，義阡埋骼。宦遊長安時，偶睹西
> 城古寺暴骸種種，捐貲創義塋於南城，名曰「崇南義塋」，將舉寺所
> 暴收瘞之，而司西城者不可，公又爲置西城義阡，以完初念。〔註149〕

換句話說，政府建立義冢制度明顯受到佛教寄存棺槨行爲的影響。在某種程
度上可以說義冢制度是佛寺寄存棺槨的補充，因爲義冢所收之骨骸是暴露在
外的那部分，也就是超出了寺廟接受能力的那部分。義冢制度施行後，涉及
救死扶傷的工作大多還是在寺廟裏進行。王欽若《冊府元龜》有載：「宋張茂

〔註146〕〔宋〕謝逸撰：《溪堂集》卷十，《宋集珍本叢刊》第三十一冊，北京：線裝
　　　　書局，2004 年版，第 458 頁。
〔註147〕〔宋〕謝維新編：《事類備要・前集》卷六十六《襄事門》，《景印文淵閣四庫全
　　　　書・子部・類書類》第 939 冊，臺北：臺灣商務印書館，1983 年，第 528 頁。
〔註148〕〔宋〕潛說友：(咸淳)《臨安志》卷八十八，臺北：成文出版社，中華民國
　　　　五十九年（1970），第 870 頁。
〔註149〕〔明陳懿典撰：《陳學士先生初集》卷十一，《四庫禁燬書叢刊・集部》第 79
　　　　冊，北京：北京出版社，1997 年，第 169 頁。

度爲始興相，郡經賊寇，廨宇焚燒，民物凋散，百不存一。茂度創立城寺弔死撫傷，收集離散，民戶漸復。」〔註150〕天災人禍之後，政府專門建立寺廟進行慈善救濟工作，可見寺廟已經成爲公認的救濟場所。

由於僧眾在掩埋屍體、慈善救濟等方面的特殊貢獻，每當社會動亂、災荒頻仍的時候，政府就會請僧人承擔掩埋屍體的工作。爲了對其進行獎勵，有時候甚至將這一工作的完成作爲頒發度牒的條件。李心傳《建炎以來繫年要錄》就記載說，紹興十年金兵南下，國破家亡、民生凋零，爲了盡快恢復民生，政府實行鬻買度牒的制度：「殘破州縣暴露遺骸，募寺觀童行埋瘞，每及二百人給度牒一道。」〔註151〕規定凡是已經出家入寺還未取得度牒的少年，如果能掩埋遺骸二百具者就授予度牒一道。後來棄之荒野的屍體越來越多，掩埋遺骸以取得度牒的標準也就越來越低：「仍令召幕諸寺觀童行有能瘞遺骸及百副者，所在州縣保明備申尚書省，給度牒一道，以旌其勞。」〔註152〕由之前的掩埋兩百具減少到後來的一百具。

從寄存棺槨，埋葬無主屍體，到災荒戰亂年間收集掩埋廢棄屍體，寺廟、僧人在其中充當了主導作用，而在此影響下由政府建立的義冢制度其實只是寺廟上述工作的補充。通過上述論證，我們可以看出，即使是在義冢制度實行的過程中，僧人也是一股重要的力量。發展到明清，由僧人主導倡建的掩骼會紛紛成立，這些掩骼會繼承並發展了唐宋時期的掩埋骨骸活動，並將其組織化。

除了以上兩者外，唐宋時期興起的俗講、變文、戲文等也成爲佛教勸善運動的形式之一。俗講、變文後來演變成寶卷的形式，在明代發展成蔚爲壯觀的佛教勸善體系，通過一遍遍的宣講，佛教善惡果報的觀念日漸滲透到普通民眾的內心，並成爲指導其日常行爲的規範；而佛教將戲文納入勸善體系，於其中融入佛教理念，「由於戲文所具有的故事性與形象性，年復一年的搬演對民間倫理道德的形塑影響極大，遠非一般的勸善經文所可比擬」。〔註153〕對此，筆者將在後文對其進行專章闡述。

〔註150〕〔宋〕王欽若，楊億等撰：《冊府元龜》卷六百九十二，《景印文淵閣四庫全書・子部・類書類》第914冊，臺北：臺灣商務印書館，1983年，第279頁。

〔註151〕〔宋〕李心傳撰：《建炎以來繫年要錄》卷八十，北京：中華書局，1956年版，第1309頁。

〔註152〕〔元〕佚名：《宋史全文》卷三十五，《景印文淵閣四庫全書・史部・編年類》第331冊，臺北：臺灣商務印書館，1983年，第782頁。

〔註153〕段玉明：《佛教與中國近世勸善運動》，李利安主編：《佛教與當代文化建設學術研討會論文集》（第二編），西安：西北大學出版社，2013年版，第18頁。

第四節　明代的社會背景和佛教勸善運動

　　由兩宋開始的佛教勸善運動到了明代，特別是明末清初之際達到頂峰，不僅形式多樣，參與的階層也較廣泛，甚至可以說涵蓋了整個社會階層。如果說佛教勸善運動的開始是由政治變革，即士族特權等級被打壓，平民階層崛起而引發的話，那麼可以說明清時期經濟的飛速發展則將佛教勸善運動推向了高潮。明代元而立，著力恢復生產，至明代中後期手工業、商業興起，經濟發展到一個新的臺階。隨之而來的是社會流動的加劇，這種流動不僅是平行流動，更多是上下流動，這種流動的結果就是傳統禮法制度、等級制度的破壞。〔註154〕針對這種情況，段玉明先生在《中國市井文化與傳統曲藝》一書中說到：「面對市井道德的部分墮落，如何加以阻止隨之成爲市井文化的嶄新課題，明代甚囂塵上的理學由是乘虛而入，大量地向市井文化滲透。這樣，市井文化中也就有了忠孝節義、三綱五常等等雅化道德的地位。」〔註155〕其實何止是理學，道教、佛教也捲入其中。兩宋時期已經開始的佛教勸善運動此刻迎來了其發展的又一個春天。

一、明代的社會狀況

　　明代社會總體上來說可以分爲前後兩個時期，大致以正德年間（1506～1520）爲分界線，之前是經濟的恢復和發展階段，之後則是生產關係、社會結構和經濟結構的大變革時期。〔註156〕明代前期著重經濟的重建，社會處於恢復發展時期，社會風氣基本是保守、淳樸的；但到中後期以後，隨著新經濟因素的出現，城市發展，民風漸趨活躍，傳統禮法也受到衝擊，人心趨於狡詐。而在政治方面，明初政府對社會的控制相對較嚴，到中後期之後，

〔註154〕參見陳寶良著：《明代社會轉型與文化變遷》，重慶：重慶大學出版社，2014年版，《導論》第 9～12 頁。

〔註155〕段玉明著：《中國市井文化與傳統曲藝》，長春：吉林教育出版社，1992 年版，第 262 頁。

〔註156〕參見陳寶良著：《明代社會轉型與文化變遷》，重慶：重慶大學出版社，2014年版，《導論》第 2 頁。關於明代社會的分期還有分爲三期之說：洪武至天順（14 世紀中葉至 15 世紀中葉）爲前期，成化至正德（15 世紀中葉至 16 世紀初）爲中期，嘉靖至明末（16 世紀初至 17 世紀中葉）爲後期。參見張顯清主編：《明代後期社會轉型研究》，北京：中國社會科學出版社，2008 年版，《導論》第 3 頁；〔法〕謝和耐（Gernet，J.）著；黃建華，黃迅餘譯：《中國社會史》，南京：江蘇人民出版社，2010 年版，第 325 頁。

則漸趨寬大。這種政策即是對經濟發展的呼應，同時也是一種妥協，畢竟，社會發展的潮流並不是法令所能阻止的。寬鬆的政治、經濟環境有利於各種新思想、新學說、新風氣的形成和傳播。

　　明代的經濟是以農業的恢復和發展為基礎的。謝和耐認為：「明初優先注重農業經濟似乎既是需要也是有意的抉擇。」因為與宋元國庫的主要收入是商業稅不同，明代「國家主要收入來源則取自於農業」〔註157〕。建國伊始朱元璋就通過移民墾荒、興修水利、發展經濟作物等方式著力發展農業。洪武元年，朱元璋下詔免除田器稅。〔註158〕而從洪武三年左右開始，明政府進行了數十次移民，將農民從人多地少之地遷移到人少地廣的地方，又從邊疆少數民族地區移民到內地實行屯墾。政府則給予移民各種優惠政策，移民的路費，開墾所需的種子、耕牛等都由政府負責。明政府鼓勵開墾，對於新開墾的土地，免收三年農業稅。〔註159〕在鼓勵開荒的同時，政府又進行大規模的水利工程。從洪武元年始，幾乎每年都有水利工程在實施。至二十八年（1395），「凡開塘堰四萬九百八十七處」〔註160〕。這些水利工程的興建有力地保證了農業經濟的盡快恢復和發展。除此之外，明政府還注重經濟作物的種植。這些經濟作物主要有桑、棗、棉花、胡桃、柿子、甘蔗以及棕樹、漆樹、桐樹等。明政府鼓勵農民種植這些經濟作物，並給予政策和稅收上的優惠，不僅如此，還將這一項作為地方官考核的內容之一，不達標甚至違反者將被降級處理。通過明初的各種政策和努力，明代社會生產力得到了恢復發展。耕地面積大量增加，稅收也比元代增加了兩倍。經濟的增長帶了人口的繁榮，洪武二十六年的戶數是戶一千六百五萬二千八百六十，人口六千五十四萬五千八百十二，比極盛時期的元朝戶口多了三百四十萬戶，七百萬人口。〔註161〕

　　明代前期是農業發展的黃金時期，但是隨著土地兼併的加劇和賦役的繁重，農業逐漸走向衰落。「1520年左右起，向來投於土地的資金轉而投往商業

〔註157〕〔法〕謝和耐（Gernet，J.）著；黃建華，黃迅餘譯：《中國社會史》，南京：江蘇人民出版社，2010年版，第329頁。

〔註158〕〔清〕張廷玉等撰：《明史》第一冊，北京：中華書局，1974年版，第21頁。

〔註159〕《明太祖實錄》卷二百四十三，第3532頁。

〔註160〕〔清〕張廷玉撰：《明史》第七冊，北京：中華書局，1974年版，第2145頁。

〔註161〕參見吳晗：《明初社會生產力的發展》，吳晗著：《吳晗論明史》，武漢：武漢出版社，2012年版，第247頁。

與手工場企業。地價不斷下跌，到 16 世紀末年，竟突然一落千丈。」〔註 162〕
如果說明代前期是以農業的發展爲主導的話，那麼後期則是以工商業的興起
爲主。開國之初政府已經開始注意發展工商業，「朱元璋對商業採輕稅政策，
凡商稅三十分取一，過此者以違令論」〔註 163〕。儘管當時商人的地位還很
低下，政府對商人的控制也比較嚴，但這種優惠的政策無疑刺激了人們從商
的積極性。明初推廣種植經濟作物，一方面增加了農民的收入，提高了他們
的購買力，刺激了商業市場的繁榮，另一方面則爲紡織業等提供了原材料，
爲後來紡織業的興盛打下了基礎。這種積累到中後期迅速轉變成商業和手工
業的飛速發展。土地兼併的加劇勢必造成大量的農業人口被排擠出來，成爲
被雇傭者；而經濟作物的廣泛種植則使得越來越多的家庭投入到手工行業的
生產中。這樣，被排擠出來的被雇傭者除了一小部分通過雇傭的形式仍然從
事農作外，大部分都成爲被雇傭者從事家庭手工行業。需要說明的是這種丟
失土地的被雇傭者數量相當多，以至成爲社會不穩定的因素。謝和耐就注意
到他們和社會動亂之間的關係，他說：「15～16 世紀社會動亂的主要原因看
來是職業普遍不穩定而且失去社會地位、尋求謀生新手段的人大量增加之
故。」〔註 164〕與數量眾多的失地農民相呼應的是各種手工行業的出現。明
代的社會分工已經達到非常細緻的地步，「明代小說《拍案驚奇》，已經明確
說明當時有三百六十行之多，而正德《江寧縣志》的記載，也證明了江寧縣
的鋪行有 104 種之多」〔註 165〕。可以說，正是失地農民的增多促進了明代
手工業的發展。在技術發展上，明代的輪班匠戶制度爲手工技藝的提高奠定
了基礎。明代軍隊和宮廷的用品由匠戶打造，他們都是技藝精湛的技工。實
行輪班制後，除了在宮廷的時間外，匠戶可以有自己的時間從事手工作業，
先進的工藝技術由此被帶到社會上，促進了手工技術的發展。這樣，從原材
料的生產，工人的參與到技術的提高都有了保障，手工業的發展日新月異。

　　商品的大量生產勢必帶來商品流通的活躍，商人由是大量湧現。「知名後

〔註 162〕〔法〕謝和耐（Gernet，J.）著；黃建華，黃迅餘譯：《中國社會史》，南京：
　　　　江蘇人民出版社，2010 年版，第 355 頁。

〔註 163〕吳晗：《明初社會生產力的發展》，吳晗著：《吳晗論明史》，武漢：武漢出版
　　　　社，2012 年版，第 252 頁。

〔註 164〕〔法〕謝和耐（Gernet，J.）著；黃建華，黃迅餘譯：《中國社會史》，南京：
　　　　江蘇人民出版社，2010 年版，第 346 頁。

〔註 165〕陳寶良著：《明代社會生活史》，北京：中國社會科學出版社，2004 年版，第
　　　　117 頁。

世的徽商、蘇商、閩商、陝商等等商人集團的出現，正是這種背景下的直接產物。」〔註166〕商人遊走於各個商品聚集點，將貨物帶到他處銷售，由此形成了大大小小的商業城鎮。王士性《廣志繹》中說：

> 天下馬頭，物所出所聚處。蘇杭之幣，淮陰之糧，維揚之鹽，臨清、濟寧之貨，徐州之車騾，京師城隍燈市之骨董，無錫之米，建陽之書，浮梁之瓷，寧臺之蓑，香山之番舶，廣陵之姬，溫州之漆器。〔註167〕

這些城市皆因商品的交流而形成。至於大的城市，如北京、佛山、南京、漢口、揚州等，其商業的繁榮又非上述城鎮所能比。不僅城鎮，鄉村也因商品交易而紛紛崛起。顧炎武在《天下郡國利病書》中就說河南武安「最多商賈，廂房村墟，罔不居貨」〔註168〕。這樣，從城市到鄉村，商品經濟的發展滲透到社會的每個角落，傳統的農業經濟逐漸被商品經濟所取代。

再從政治上來說。洪武年間，政府重典治世，實行嚴刑峻法。明朝建國後，朱元璋不放心手下將領，找藉口將其一個個斬殺。「胡藍之案」不僅胡惟庸、藍玉被處斬，受牽連者達四萬餘人。張岱後來記載到：

> 又曰藍胡之逆誅之可，即族之亦無不可，獨以其株連蔓引，累及三萬五千餘人，而榜列勳臣至五十七人，功高望重嘗總兵者八人，言之不可駭可愕哉！太祖生平稍有疑忌，輒以其黨黨之，後且漸滅殆盡。亦所謂功臣多封之不足，故殺之也。〔註169〕

同樣的事情也發生在其他開國元勳的身上，如劉基、李善長、宋濂等。通過這些清洗，開國元勳所剩無幾。而在社會統治方面，朱元璋制定了法律，設立各種刑罰。何喬遠在《名山藏》中說：

> 帝乃大召天下耆德高年之人，禮於有司，使得執貪吏、擒奸民面奏，奏實者，加非常之誅。於是有挑筋、剁指、刖足、斷手、刑臏、鉤腸、去勢，以止大憝。府、州、衛、所右廡左廟，名曰

〔註166〕段玉明著：《中國市井文化與傳統曲藝》，長春：吉林教育出版社，1992年版，第242頁。

〔註167〕〔明〕王士性撰，呂景琳點校：《廣志繹》，北京：中華書局，1981年版，第5頁。

〔註168〕〔清〕顧炎武撰：《天下郡國利病書》中，《續修四庫全書·史部·地理類》第596冊，上海：上海古籍出版社，2013年，第294頁。

〔註169〕〔清〕張岱著：《石匱書》卷七十二，《續修四庫全書·史部·別史類》第319冊，上海：上海古籍出版社，2013年，第13頁。

　　皮場，吏受賄至六十金者，引入場中，梟首剝皮。更代之官，設皮坐之。造清淮樓，令校尉下瞰城內有吹彈、鞠蹴、賭博亡作務者，捕置樓中，僅許水飲。游手逋賦之僧，坎地埋軀以行鏟頭之，會其他徙邊實都、墾田築城自贖罪者不可勝計。於是揭諸文武臣民罪由，布於天下，而《大誥》之篇出矣。所以人心惴凜，吏畏民訓。其時徵辟之士，有司督趨如捕罪囚，仕於朝者多詐死、佯狂，求解職事。〔註170〕

在這樣的嚴刑峻法下真可謂人人自危，難怪有很多人情願辭官了。儘管諸如東廠、錦衣衛等特務機構終明一代都存在，但這種重典治世似乎並沒有終明一代，到了明代後期，整個朝政的氛圍是寬鬆的。陳寶良先生說：「晚明法網寬大，這是生活在當時的人們所普遍具有的一種感受。」〔註171〕他結合當時人的言論，比較了蘇軾和李贄的遭遇，指出雖然李贄被囚禁，但其書籍不久又出現在社會上，由此說明明代的政治環境是相對寬的。事實或許真是如此，沈德符《萬曆野獲編》中就提到：「今揆地諸公多賜蟒衣，而最貴蒙恩者，多得坐蟒，則正面全身居然上所御衮龍。……改上禁之固嚴，但賜賚屢加，全與詔旨矛盾，亦安能禁絕也。」〔註172〕賜給臣下的衣服竟然和皇帝所穿的衣服相似，這在嚴酷的政治環境中是不可想像的。

　　伴隨相對寬鬆的政治環境和快速發展的經濟而來的，是社會風氣的改變。明代前期，政府致力於社會生產力的恢復和發展，提倡節儉，上行下效，整個社會形成崇尚淳樸節儉的風氣。鄢陵地方「成化以前，民風尚淳，鮮知興訟，俗崇儉約，筵會無珍異之設」〔註173〕，而夏邑縣則「人尚齒序，禮先官長，婚姻略財，喪祭如制，重本而輕末，賤釋而貴儒士，絕市肆之飲，民樂賦役之輸」〔註174〕。這種尚淳的民風並不是因為中下層社會購買力不足使

〔註170〕〔明〕何喬遠撰：《名山藏》卷四十八《刑法記》，《續修四庫全書・史部・雜史類》第426冊，上海：上海古籍出版社，2013年，第418頁。

〔註171〕陳寶良著：《明代社會轉型與文化變遷》，重慶：重慶大學出版社，2014年版，《導論》第13頁。

〔註172〕〔明〕沈德符撰：《萬曆野獲編》卷一《蟒衣》，上海古籍出版社編：《明代筆記小說大觀》第三卷，上海：上海古籍出版社，2005年版，第1917頁。

〔註173〕〔明〕劉訒纂修：(嘉靖)《鄢陵志》卷四第10頁，《天一閣藏明代方志選刊》，上海：上海古籍書店，1963年影印。

〔註174〕鄭相修、黃虎臣纂：(嘉靖)《夏邑縣志》卷一第7頁，《天一閣藏明代方志選刊》，上海：上海古籍書店，1963年影印。

然，而是從上到下整個社會的普遍樣態。萬曆《慈利縣志》有載：

> 俗尚願樸，民以佃獵漁罟爲生，而無外慕，衣服儉素，無絲綌
> 文綺。至大家子弟亦不敢服華衣，以見人賦性悍直。有小忿則悻悻
> 難忍，然類多爲身家計，不至輕訟以蕩產，士亦知談理道，習攻文
> 辭，恥奔競，彬彬可觀，而科目寥然無聞，豈非其風氣之未亨與！
> 婚娶不計資送，雖飢寒，迄不敢萌盜心。女已出醮，猶服三年喪於
> 父母。非有賓祭大事，不特殺雞鵝，有三代願厚之風焉。〔註175〕

可見，大戶人家、文人學士這些有頭有臉的階層人物也都不尚奢侈，婚喪嫁
娶也以簡單爲上，甚至飢寒交迫者也斷不敢有盜竊之念。明初民風淳樸至此。
但到明代中後期，這種情況卻發生很大變化。以前述鄢陵地方爲例，這個時
候的景象是：「賈區比鱗，田多荒穢，子弟出入裘馬紛華，已頹隆漢之風，漸
淪申韓之習。」〔註176〕成化以前此地民風淳樸，此時卻「裘馬紛華」，「申韓
之習」盛行。變化之快，反差之大，令人感慨。民風敗壞至此，隨之而來的
是禮制的破壞，傳統道德的淪喪。當時人就指出：「近來婚喪、宴飲、服舍、
器用，僭擬違禮，法制惘遵，上下無辨。」〔註177〕這種禮制的破壞是全方位
的，從婚喪嫁娶到服飾打扮都無一幸免。所以陳寶良先生就說：「顯然，傳統
的禮法制度蕩然無存，並逐漸反映於當時社會生活的方方面面。」〔註178〕傳
統道德淪喪後，社會的價值評判標準隨之變成赤裸裸的金錢。「抑有甚焉者，
縉紳家之女惟財是計，不問非類，宋子齊姜同穴，輿臺之鬼，昔人所醜今人
所趨也，亦可以觀世風矣！」〔註179〕以前是「婚娶不計資送」，現在卻剩下「惟
財是計」，不論出生，誰有錢就嫁誰。無疑，商人是這場變化的幸運兒。明初
的商人社會地位低下，不能考科舉，甚至不能穿華美的衣服。但是明代中期
以後，經濟地位的提高，社會風俗的變化使得商人一躍成爲社會的寵兒，他

〔註175〕〔明〕陳光前纂修：(萬曆)《慈利縣志》卷六第 2 頁，《天一閣藏明代方志選
　　　　刊》，上海：上海古籍書店，1964 年影印。
〔註176〕〔明〕劉訒纂修：(嘉靖)《鄢陵志》卷四第 11 頁，《天一閣藏明代方志選刊》，
　　　　上海：上海古籍書店，1963 年影印。
〔註177〕《明神宗實錄》卷五十一，萬曆四年（1576 年）六月「辛卯」條，第 1196
　　　　頁。
〔註178〕陳寶良著：《明代社會轉型與文化變遷》，重慶：重慶大學出版社，2014 年版，
　　　　《導論》第 12 頁。
〔註179〕〔明〕伍袁萃著：《林居漫錄·前集》卷三，《續修四庫全書·子部·雜家類》
　　　　第 1172 冊，上海：上海古籍出版社，2013 年，第 129 頁。

們通過與縉紳聯姻順利上升到社會上層，又通過正常和非正常手段贏得了科舉考試的資格。時人有言：「邇來法紀蕩廢，膠序之間濟濟斌斌多奴隸子，而吳之蘇、松、常，浙之杭、嘉、湖為最盛，甚至有登甲第，入翰苑，獵清華秩者，豈不辱朝廷而羞當世士耶？」〔註180〕商人等原處社會底層的一類人竟然堂而皇之地進入科場，這對傳統文人士大夫來說確實是一種「羞辱」，他們悲歎道：「中世以降，道德之意泯矣，惟聲與利可以驚動世俗。」〔註181〕傳統的價值體系瀕於崩潰。

二、明代的佛教勸善

社會經濟的飛速發展，道德風俗的日益淪喪使得佛教勸善運動面對不同的土壤，它究竟會開出怎樣的一朵花，不僅取決於佛教自身的發展，也取決於政府的姿態以及民間社會對佛教的態度。

由於自小出家的生活經歷，朱元璋對佛教有著複雜的感情。一方面，作為國家統治者，朱元璋注意限制佛教，不讓其過度膨脹。開國不久，朱元璋就建立了僧官制度，將佛教納入國家機構的管理之下。為方便管理，將僧人分為禪、講、教三種，要求各務本職。又嚴格度牒制度，限制寺廟和僧人數量，對佛教經濟也進行抑制。另一方面卻對佛教大力保護。明朝建國後，朱元璋非常重視佛教的發展，多次指出佛教對維護國家穩定的重要性。他說：「天下大道，惟善無上。其善無上者，釋迦是也。」〔註182〕又說：

> 二教（指道教和佛教）初顯化時，所求必應，飛悟有之，於是乎感動化外蠻夷及中國，假處山藪之愚民，未知國法，先知慮生死之罪，以至於善者多，而惡者少，暗理王綱，於國有補無虧，誰能知識？〔註183〕

朱元璋將佛道教和儒家放在同等重要的位置，指出他們都能「陰翊王度」、「暗

〔註180〕 〔明〕伍袁萃著：《林居漫錄・前集》卷二，《續修四庫全書・子部・雜家類》第1172冊，上海：上海古籍出版社，2013年，第117頁。

〔註181〕 〔明〕田汝成輯撰：《西湖遊覽志餘》卷十二，上海：上海古籍出版社，1958年版，第227頁。

〔註182〕 《建昌僧官敕》，葛寅亮撰：何孝榮點校：《金陵梵剎志》，天津：天津人民出版社，2007年版，第2頁。

〔註183〕 《釋道論》，葛寅亮撰：何孝榮點校：《金陵梵剎志》，天津：天津人民出版社，2007年版，第12頁。

理王綱」：「三教之立，雖持身榮儉之不同，其所濟給之理一。然於斯世之愚人，於斯三教，有不可缺者。」〔註184〕不僅如此，朱元璋還修復、興建寺院、大量度僧、廣建法會，邀請僧人進宮講法，給僧人極高的待遇。《明史》這樣評價到：

> 帝自踐阼後，頗好釋氏教，詔征東南戒德僧，數建法會於蔣山，應對稱旨者，輒賜金襴袈裟衣，召入禁中，賜坐與講論。吳印、華克勤之屬皆拔擢至大官。〔註185〕

這種既限制又保護的政策看似矛盾，其實不然。經過元末動亂，寺院被毀，僧人逃亡，佛教衰微，百廢待興，需要政府的護持才能恢復發展，但這種保護也不能是無限制的，必須要控制在適當的範圍內。卜正明先生的觀點或許正能說明朱元璋的意圖：「洪武皇帝最初對佛教採取保護態度，也許表達了這樣一種觀念，即佛教是國家機構的補充，可以爲國家提供意識形態即教育方面的服務。」〔註186〕對佛教的保護是建立在爲國家服務的前提之下，並不是爲了佛教自身的發展而實行。換句話說，佛教只是國家統治機構的一部分：「洪武皇帝像六朝皇帝那樣保護佛教，使佛教得以依附於以國家爲中心的公共權威結構，幾乎成了一種官方宗教。」〔註187〕

之後的歷代皇帝大多繼承了明太祖的佛教政策，有時候偏向限制，有時候側重保護，總的來說，卻是保護爲主。「正統至正德時期，最高統治者基本上都佞佛，對佛教整頓和限制的政策也常常得不到很好的執行，客觀上也保護和提倡了佛教。」〔註188〕而「嘉靖以後，最高統治者中佞佛者不多。不過，有的帝王仍崇信佛教，對佛教加以提倡和保護」〔註189〕。

統治者的保護政策必然起到上行下效的作用，民間對佛教的興趣也逐漸濃厚。特別是到明代中後期，隨著經濟實力的增長，以及明中央政府對權力

〔註184〕《三教論》，萬寅亮撰；何孝榮點校：《金陵梵刹志》，天津：天津人民出版社，2007年版，第11頁。

〔註185〕〔清〕張廷玉撰：《明史》第十三冊，北京：中華書局，1974年版，第3988頁。

〔註186〕〔加〕卜正明著；陳時龍譯：《明代的社會和國家》，合肥：黃山書社，2009年版，第218頁

〔註187〕〔加〕卜正明著；陳時龍譯：《明代的社會和國家》，合肥：黃山書社，2009年版，第211頁。

〔註188〕何孝榮著：《明代南京寺院研究》，北京：故宮出版社，2013年版，第39頁。

〔註189〕何孝榮著：《明代南京寺院研究》，北京：故宮出版社，2013年版，第55頁。

控制的加強，地方士紳與佛教的關係越來越密切。卜正明說：「16世紀50年代以降，出現了僧侶和士紳平等交往、關係密切的更爲頻繁的記載。」〔註190〕地方士紳對佛教的支持最具有代表性的是對寺院的捐贈。這些捐贈大部分用於幫助寺廟興建佛堂、僧舍、寺塔等。陸光祖是佛教的大施主，他曾捐資修建了眾多寺院。邛崍鶴林寺在永樂年間被毀，至「萬曆間，郡守秀水鍾公庚陽招禪衲德乘居之，冢宰平湖陸公光祖捐金復寺旁地，重建天王殿、方丈、僧僚、蓮亭、竹院」〔註191〕。鶴林寺能重興，陸光祖是盡了很大力的。王錫爵在《太倉重建海寧寺記》中說：

> 吾州海寧寺者，天監中尼妙蓮所創址也。至元間一毀於兵火，其間僅修而僅壞者不知其幾也，而佛像歸然獨存。萬曆丁戊間，吾友大司寇鳳洲王公有意更新之，首捐橐金若干施寺，不足則創疏募眾善信成勝緣。〔註192〕

像這種不僅自己捐資，同時也號召眾人捐資的情況有很多。《兒山處士王君墓誌銘》有載：「靈鷲寺法堂久廢，莫能興，處士捐貲爲倡，眾歡然趨之，未幾而告成。」〔註193〕有時候這種捐贈甚至是不計成本的。永樂年間監察御史江鐵的祖父樂善好施，「凡寺觀橋樑有頹圮者，必捐己貲完治之，雖巨費不復計」〔註194〕。這種捐贈有時候是緣於一種神聖的宗教體驗。《明州阿育王山志》載：

> 明萬甲寅，泰和郭孔太恭詣育王，謁舍利，初見如紅珠，又如白珠，禮補陀，返修梁武懺四日，乃見兩金鐘，懸四珠作珍珠色，並睹瑞光種種。遂捐橐金助修塔寺。〔註195〕

總之，明代中後期士紳捐助寺廟的情況非常普遍。「他們（寺廟）之所以成爲

〔註190〕〔加〕卜正明著，張華譯：《爲權利祈禱：佛教與晚明中國士紳社會的形成》，南京：江蘇人民出版社，2008年版，第103頁。

〔註191〕〔明〕陳仁錫撰：《無夢園初集·乾集四》，《四庫禁燬書叢刊·集部》第60冊，北京：北京出版社，1997年，第454頁。

〔註192〕〔明〕王錫爵撰：《王文肅公文集》卷一，《四庫禁燬書叢刊·集部》第7冊，北京：北京出版社，1997年，第59～60頁。

〔註193〕〔明〕蘇伯衡撰：《蘇平仲集》（六）卷十四，王雲五主編：《叢書集成初編》，上海：商務印書館，中華民國二十四年（1935），第346頁。

〔註194〕〔明〕楊榮《文敏集》卷二十一，《景印文淵閣四庫全書·集部·別集類》第1240冊，臺北：臺灣商務印書館，1983年，第332頁。

〔註195〕〔明〕郭子章撰：《明州阿育王山志》卷七，杜潔祥主編：《中國佛寺志彙刊》（第一輯）第11冊，臺北：明文書局，佛曆2524年（1980），第328頁。

士紳捐贈的對象，是因為寺院是受人尊敬的、非國家的集會場所。在這裡，士紳們可以讓公眾們注意到他們的精英地位。」〔註 196〕卜正明先生認為寺院是地方士紳顯示其地位的平臺。在國家體制之外，士紳需要有一種身份上的認同，這種認同本該來自國家的授予，但是明代國家機構很顯然無法滿足日益增多的士紳階層，於是士紳們把目標放在了寺廟這個公共空間。「在這一空間中，士紳可以將私人財富轉化為公共地位，並且在遠離國家身份授予機制之外獲得某種身份認同。通過對佛教寺院的捐贈，晚明士紳正悄然重建他們自身的公共權威。」〔註 197〕

因此，有明一代特別是明代中後期，整個社會對佛教的態度是比較友好的。這種姿態自然有利於佛教的發展，也有助於佛教勸善運動的進一步展開。事實上，明代佛教勸善運動的進一步展開不僅是繼承了自宋以來的勸善傳統，也受到明代政府倡導勸善的影響。

明朝政府對勸善一事頗為重視，時人方鳳的話很能代表當時的情況：「客謂予曰：『老佛之教勸人為善，故我朝存之以化天下。』」〔註 198〕這種觀點很大程度上反映了當時社會對佛教的態度，即認為佛教能勸人為善。而明政府也確實在勸善一事上著力甚多，朱元璋曾給予勸善有功者以殊榮。《明書》載：

> 周是修，名德以，字行，泰和人，少孤貧。元季兵亂，奉母避難，苦行力學十餘載，學成不仕。洪武末薦明經，為霍邱訓導。入見太祖，問：「家居何為？」曰：「勸人為善，子弟孝悌，力田。」上喜，擢周府奉祠正。〔註 199〕

明政府勸善的措施主要有設置木鐸老人，制定鄉飲酒禮制度，建旌善亭以及頒佈勸善書籍等。明人林希元總結說：

> 本朝立國之初，鄉閭里社莫不建學。鄉置老人教民為善，又置木鐸老人徇於道路，鄉飲酒行及里社講讀律法，申明旌善亭建於邑

〔註 196〕〔加〕卜正明著；陳時龍譯：《明代的社會和國家》，合肥：黃山書社，2009年版，第 233 頁。

〔註 197〕〔加〕卜正明著；陳時龍譯：《明代的社會和國家》，合肥：黃山書社，2009年版，第 233 頁。

〔註 198〕〔明〕方鳳撰：《改亭存稿》卷五，《續修四庫全書・集部・別集類》第 1338冊，上海：上海古籍出版社，2013 年，第 354 頁。

〔註 199〕〔清〕傅維鱗纂：《明書》卷一百四《列傳二》，王雲五主編：《叢書集成初編》，上海：商務印書館，中華民國二十五年（1936），第 2093 頁。

里，彰別淑慝，與成周教民之法雖不盡同，其意一也。〔註200〕

木鐸老人的主要任務是每月六次巡行鄉里，宣講聖訓：「於城市坊廂鄉村集店量設木鐸老人，免其差役，使朝暮宣諭聖訓。」〔註201〕其宣講的內容大致是：「孝順父母，尊敬長上，和睦鄉里，教訓子孫，各安生理，毋作非為。」〔註202〕每個地方的木鐸老人數量不一，嘉靖《尋甸府志》載其地有「木鐸老人七名、巡街老人一名、民情老人七名、雜役老人四名、巡捕老人七名、水利老人三名」〔註203〕。相比於其他老人的設置來講，木鐸老人的數量相對較多。旌善亭則是將為善和為惡之人的名字書於亭上以示勸誡：「凡境內人民有犯，書其過，名榜於亭上，使人有所懲戒。」〔註204〕鄉飲酒禮是通過每季行於鄉里的禮制，以座次來區分有德、違法之人來達到使人知廉恥、識禮節的目的。明政府還製作、頒佈勸善書籍，地方官府及各級學校定期都會接收到這些御賜書籍。明太祖在位時編了《大誥》、《臣戒錄》等勸誡書，仁孝皇后還集三教內容編成《勸善書》一書，廣賜天下，後來永樂年間也頒佈了《為善陰騭》、《孝順事實》等勸善書籍。雖然這些措施在明代中後期以後大多流於形式，但其充當表率和引導的作用不可抹殺。

經過前期的恢復，明代佛教到中後期有一定程度的發展。在經濟發展，社會不同等級之間流動頻繁和傳統道德淪喪的情況下，佛教勸善運動呈現出新的形態。順應世俗化的浪潮，佛教勸善運動進入世俗社會的程度也進一步加深，信眾、居士等「世俗」力量大量參與其中，表現形式也更加多樣化。我們將在後面的章節中對其具體展現。

在接下來的章節中，筆者將從佛教勸善書、目連戲和佛教放生這三個方面入手，對明代佛教勸善運動進行考察。之所以選取這三個方面的例子，是因為這三方面正好構成了佛教勸善運動的必備因素：勸善書是其理論表現，

〔註200〕〔明〕林希元《林次崖文集》卷二《奏疏》，《四庫全書存目叢書‧集體部》第 75 冊，濟南：齊魯書社，1997 年，第 464 頁。

〔註201〕〔明〕俞汝楫等編撰，林堯俞等纂修：《禮部志稿》卷四十五，《景印文淵閣四庫全書‧史部‧職官類》第 597 冊，臺北：臺灣商務印書館，1983 年，第 856 頁。

〔註202〕〔明〕夏良勝撰：《中庸衍義》卷三，《景印文淵閣四庫全書‧子部‧類書類》第 715 冊，臺北：臺灣商務印書館，1983 年，第 337 頁。

〔註203〕〔明〕王尚用修，陳梓纂：(嘉靖)《尋甸府志》卷上第 25 頁，《天一閣藏明代方志選刊》，上海：上海古籍書店，1963 年影印。

〔註204〕《明太祖實錄》卷七十二，洪武五年（1372）二月「丁未」條，第 1333 頁。

目連戲和放生是實踐活動，其中目連戲又是佛教勸善運動理論宣傳的主要表現。這樣，通過對理論、宣傳和活動這幾個缺一不可的方面之考察，正好能給我們呈現一個明代佛教勸善運動的全貌。

第五節　本章小結

在某種程度上說，中國近世社會可以分為前後兩個階段，第一階段是唐宋之際，第二階段是明末清初。第一階段的特點是傳統的士族作為一個階層被打壓，甚至被消滅，平民階層興起，中國由士族門閥社會進入平民社會，近世社會開始；第二階段的特點是社會經濟飛速發展，出現了所謂的「資本主義萌芽」，並由此導致人心不古，社會秩序紊亂，傳統社會價值體系面臨崩潰。佛教勸善運動的興起和發展都與這兩個階段有著密切關係。當士族階層作為精英階層被打掉後，從兩漢一直到唐的社會價值體系、道德觀念隨之走到了歷史的盡頭。而這種道德觀念和價值體系是整個中世社會的道德標準，當這個道德標準隨著精英階層退出歷史舞臺後，近世社會伊始便必須面對道德真空的困境。於是，怎樣重塑適合平民社會的道德體系便成為近世文化的需求，佛教勸善運動的興起正是對這一需求的回應。與此同時，儒家和道教也開始了具有自身特色的勸善化俗之路。可以說，勸善運動是進入中世社會後整個社會文化的一致導向，而不是屬於儒家、道教或者哪一家的專利。

時間推進到明代，特別是明代中後期，經濟的飛速發展使得經過宋元時期苦心孤詣重建（如果重建過的話）起來的社會秩序面臨再一次洗牌。金錢至上、唯利是圖成為這時期的普遍價值取向，朱熹等人苦心重建的「三綱五常」、「三從四德」等倫理在它的衝擊下飄搖不定，傳統社會價值體系瀕於崩潰。佛教勸善運動又一次響應了時代的呼聲，沿著之前的道路進一步發展。因此，明代佛教勸善運動不是明代才開始的勸善運動，而是宋元時期已經開始的佛教勸善運動的一部分，更是整個中國近世社會勸善運動的重要組成部分。有明一代，特別是明代中後期的佛教勸善運動開展得風生水起，波及範圍頗廣，席卷了整個社會。無論是從思想層面的宣傳普及，還是到社會實踐的不斷加深，明代佛教勸善運動都比前期的範圍來得廣，程度來得深。因此，明代佛教勸善運動又不僅是中國近世佛教勸善運動的組成部分，更是佛教勸善運動發展的新高度。

　　佛教之所以能在唐宋之際的變革中發展出具有自身特色的勸善運動，進而在明末清初席卷整個社會，原因在於佛教具有非常完善的勸善系統，這個系統彌補了中國傳統倫理的不足。其十善惡業的理論框架相比中國傳統的善惡觀來說，分類更加細緻，操作性更強；其輪迴報應的理論學說則將中國傳統報應論從無法自圓其說的困境中拯救出來，以三世輪迴的觀念來應對現實中「好人不得好報」的困惑；特別是其地獄果報的思想正好彌補了中國傳統理論的缺失，成爲後來儒釋道各家都特別張揚的勸善理論。一句話，中國近世社會的勸善運動，佛教不僅是重要的參與者，其倫理學說也被他者採用，成爲勸善化俗的重要理論工具。

第二章　明代佛教勸善書

　　所謂善書，從字面上來理解即是勸善之書。正如吉岡義豐所說：「我們不能不承認，任何一種道德或宗教，在其所以能成立的根之中，都含有善的成分。」〔註1〕如果按照這種解釋，那所有的道教經典和佛教大藏經以及其他大部分宗教經典都是善書，這很顯然無益於問題的解決。中土最早提及善書的似乎是南宋眞德秀，他在《感應篇序》中說：「感應篇者，道家儆世書也，蜀士李昌齡注釋，其義出入三教中，凡數萬言。余連蹇仕途，志弗克遂，故常喜刊善書以施人。」〔註2〕眞德秀說自己平時喜歡刊刻善書贈送他人，則善書當另有所指。善書研究的集大成者，日本學者酒井忠夫認為：「所謂善書，就是這樣一種書籍，即在儒、佛、道之三教合一的，或者是混合了民眾宗教的意識下，勸說民眾力行實踐那些不僅超越了貴賤貧富，而且在普遍庶民的公共社會中廣泛流傳的道德規範。」〔註3〕他進一步解釋到：「『善書』是勸善之書這種意義的用法，被運用在宋代以後的史籍中，也是民間通用的慣用法。」〔註4〕而在杜繼文主編的《佛教史》中則是這樣定義的：「『善書』，謂勸善之書，原是在道教信仰的基礎上，糅合三教之說，以闡述『諸惡莫作，眾善奉行』的。」〔註5〕由此，則所謂善書就是指宋代以後，在三教合一影響下形成

〔註1〕〔日〕吉岡義豐著，余萬居譯：《中國民間宗教概說》，台北：華宇出版社，佛曆二五二九年（1986）版，第5頁。

〔註2〕〔宋〕眞德秀撰：《西山先生眞文忠公文集》卷二十七，四川大學古籍研究所編：《宋集珍本叢刊》第76冊，北京：線裝書局，2004年版，第218頁。

〔註3〕〔日〕酒井忠夫著，劉岳兵、何瑩鷹譯：《中國善書研究》，南京：江蘇人民出版社，2010年版，第445頁。

〔註4〕〔日〕酒井忠夫著，劉岳兵、何瑩鷹譯：《中國善書研究》，南京：江蘇人民出版社，2010年版，第14頁。

〔註5〕杜繼文主編：《佛教史》，南京：江蘇人民出版社，2008年版，第451頁。

的勸人為善的一些書籍。儒釋道三教從最開始的互相攻擊，到唐宋時期達成一致，最終走向混融已是不爭的事實。〔註6〕宋真宗的觀點頗能代表當時人對三教的看法：「三教之設，其旨一也，大抵皆勸人為善，唯達識者能總貫之，滯情偏執，觸目分別，於道益遠。」〔註7〕即認為儒釋道三教的宗旨都是一樣：勸人為善。由此，善書之所以產生在這個時候也就不足為怪了。

儘管三教互融，但畢竟各教之間存有不同，道教講修道成仙，佛教講因果報應，儒家講世俗倫理，這些反映在善書上就出現了儒、釋、道各自的勸善書。因果報應、地獄輪迴是佛教的核心理念，馬克斯‧韋伯曾說：「佛教一旦站穩陣腳，靈魂輪迴的信仰就一直保持為通俗的來世觀念之一。」〔註8〕可見這個理念對中國社會的影響何其巨大。因此，可以說那些以佛教理念來勸人為善的書籍就是佛教勸善書。具體地講，所謂佛教勸善書就是指那些以因果報應、地獄輪迴等佛教核心思想來勸人為善的書籍。學者陳霞也有類似的表述：「佛教勸善書總的來講是宣揚因果報應，人的命運把握在自己手裏。」〔註9〕佛教傳入中國後，逐漸向中國社會倫理看齊，正如有學者所說的：「宋代以後，三教融合，佛教的中國化具體地表現為佛教倫理的儒學化、世俗化，世俗生活成為佛教關注的重要內容，佛門注重以佈道弘法勸誡世俗，扶世助化。」〔註10〕也即是說，從宋代以後佛教關注的重心是世俗生活、勸善化俗。佛教勸善書的出現正是這一趨勢的反映。

目前所知最早出現的勸善書是《太上感應篇》〔註11〕，但該書究竟出於何時何人之手，卻至今沒有定論。〔註12〕至遲到南宋初年，該書已經流行於

〔註6〕 參見段玉明著：《中國寺廟文化》，上海：上海人民出版社，1994年版，第921～934頁。

〔註7〕 〔宋〕李燾撰：《續資治通鑒長編》，北京：中華書局，1985年版，第1853頁。

〔註8〕 〔德〕馬克斯‧韋伯著，康樂、簡惠美譯：《中國的宗教：儒教與道教》，桂林：廣西師範大學出版社，2010年版，第264頁。

〔註9〕 陳霞：《佛教勸善書略談》，《宗教學研究》1997年第2期，第91頁。

〔註10〕 張立文主編：《空鏡——佛學與中國文化》，北京：人民出版社，2005年版，第172頁。

〔註11〕 「近世善書的濫觴首推《太上感應篇》。」見游子安著：《善於人同——明清以來的慈善與教化》，北京：中華書局，2005年版，第9頁。

〔註12〕 有主張漢魏時人所作者，如：「《感應篇》的作者其實是一些不知名的道士，由漢魏道士所草創，北宋時某道士撮其精要，重新謀篇布局，使之短小精悍，便於流傳。」見李剛著：《勸善成仙——道教生命倫理》，成都：四川人民出版社，1994年版，第131頁。有主張南宋初人李昌齡所作者，如：「《感應篇》者，道家微世書也，蜀士李昌齡注釋，其義出入三教中，凡數萬言。」見〔

世則是可以肯定的。《太上感應篇》歷來被稱爲道教經典或道教勸善書，其基本理念出自道教，很多思想繼承自《抱朴子內篇》：「具體言之，《抱朴子內篇》提出的積善成仙、神靈督察、算紀量壽、禍福相承等等理念均被《太上感應篇》全盤吸收，並以之成爲整個勸善內容的支撐。」〔註13〕《太上感應篇》本身是一個三教合一的產物，除了儒、道思想之外，佛教思想在其中也有諸多體現。包筠雅指出：「這篇簡短的經文以一個對報應體系的概述作爲結論，它利用了佛教對言、思、行的劃分來分析人的善惡之行。〔註14〕小柳司氣太也說：「其（指《太上感應篇》）所說融合佛儒，明示因果報應之理。」〔註15〕可見《太上感應篇》確實吸收了佛教的很多思想。單從神靈體系來說，「《太上感應篇》沒有描寫複雜的神系——只提到了佛、準提和一個無名神。」〔註16〕準提即是觀音，佛與觀音都是佛教神靈，其受佛教影響之大不言自明。這恐怕就是小柳司氣太所說的：「道經多模彷佛教者，觀其名目，可以

宋〕眞德秀撰：《眞文忠公文集》卷二十七，《西山先生眞文忠公文集》卷二十七，四川大學古籍研究所編：《宋集珍本叢刊》第76冊，北京：線裝書局，2004年版，第218頁：「《太上感應篇》八卷：右漢嘉夾江隱者李昌齡所編也。」見〔宋〕晁公武撰，孫猛校證：《郡齋讀書志校證》，上海：上海古籍出版社，1990年版，第62頁；「一般認爲其眞正的作者時南宋初的李昌齡。」見〔日〕楠山春樹：《道教與儒教》，福井康順等兼修，朱越利、徐遠和等譯：《道教》第二卷，上海：上海古籍出版社，1992年版，第46頁。有主張爲李石所作者，如：「《太上感應篇》約在1164年左右由李石所撰成。」見〔日〕奧崎裕司：《民眾道教》，福井康順等兼修，朱越利、徐遠和等譯：《道教》第二卷，上海：上海古籍出版社，1992年版，第112頁；包筠雅也主此說：「我們知道它（感應篇）最早大約出版於1164年，這時有個叫李石（大約卒於1182年）的人『傳』經。」見〔美〕包筠雅著，杜正貞、張林譯，趙世瑜校：《功過格——明清社會的道德秩序》，杭州：浙江人民出版社，1999年版，第41頁。也有一些學者提出折中的看法：「（《感應篇》）乃北宋初某道士吸取《抱朴子內篇》所引諸道經而成，李昌齡得到此書爲其作注。」見卿希泰、李剛：《試論道教勸善書》，《世界宗教研究》1985年第4期，收入卿希泰著：《道教文化新探》，成都：四川人民出版社，1988年版，第128～141頁。

〔註13〕段玉明：《〈太上感應篇〉：宗教文本與社會互動的典範》，《雲南社會科學》2004年第1期，第68頁。

〔註14〕〔美〕包筠雅著，杜正貞、張林譯，趙世瑜校：《功過格——明清社會的道德秩序》，杭州：浙江人民出版社，1999年版，第35頁。

〔註15〕〔日〕小柳司氣太著，陳彬龢譯：《道教概説》，上海：商務印書館，中華民國十五年（1926），第110頁。

〔註16〕〔美〕包筠雅著，杜正貞、張林譯，趙世瑜校：《功過格——明清社會的道德秩序》，杭州：浙江人民出版社，1999年版，第94頁。

明矣。」〔註17〕不僅如此，段玉明先生更是從積善成仙、神靈督察、算紀量壽、禍福相承等方面具體論證了《太上感應篇》與佛經之間的莫大關係。〔註18〕他指出：「很明顯，《太上感應篇》之『諸惡莫作，眾善奉行』取自佛經，而又化自『諸惡莫作，諸善奉行』，應為佛教勸善理念對中國勸善運動的貢獻。」〔註19〕總之，在《太上感應篇》中，有關因果報應、慈悲生靈等思想無疑來自佛教。

不僅《太上感應篇》，甚至《抱朴子內篇》也曾受到佛教的影響。小柳司氣太認為：「葛洪之見地，以道為本，以儒為末，然此等道德思想，是由儒教而出者也，更取佛教之思想而融合之。……是則《抱朴子》可謂三教合一之先驅者。」〔註20〕此說是否恰當別當別論，但《抱朴子》受佛教思想影響卻是可能的。段玉明先生指出：「將《抱朴子內篇》卷六《微旨篇》的內容與漢晉所譯佛經對比，葛洪的許多理念或是來自佛教也未可知。」〔註21〕也就是說，道教從開始之初就在吸收儒家和佛教的思想，這種做法一直延續到了《太上感應篇》。對此，方立天先生有一段論說：「這表明道教學者將佛教的業報輪迴思想和道教的承負說相融合，藉以加強勸善懲惡的社會功能與效果。這種思想傾向一時成為道教學者撰寫經書的風尚。」〔註22〕

需要指出的是，在《太上感應篇》產生之時，佛教方面實際上也有所謂勸善之書。前述真德秀在《感應篇序》中說自己喜刊善書之後，依次列舉了刊刻的書籍，如儒家《大學》、《小學》，以及佛教《金剛經》等，說明《金剛經》在當時也是被作為一種勸善之書來對待。

《太上感應篇》產生後不久，出現了另一部道教善書——《太微仙君功過格》。此書後經明代雲棲袾宏改造，刪定成具佛教色彩的《自知錄》。比雲

〔註17〕〔日〕小柳司氣太著，陳彬龢譯：《道教概說》，上海：商務印書館，中華民國十五年（1926），第72頁。

〔註18〕參見段玉明：《佛教勸善理念研究》，《雲南社會科學》2005年第5期，第79～81頁。

〔註19〕段玉明：《佛教與中國近世勸善運動》，李利安主編：《佛教與當代文化建設學術研討會論文集》（第二編），西安：西北大學出版社，2013年，第15頁。

〔註20〕〔日〕小柳司氣太著，陳彬龢譯：《道教概說》，上海：商務印書館，中華民國十五年（1936）版，第67頁。

〔註21〕段玉明：《佛教與中國近世勸善運動》，李利安主編：《佛教與當代文化建設學術研討會論文集》（第二編），西安：西北大學出版社，2013年，第14頁。

〔註22〕方立天著：《中國佛教哲學要義》，北京：中國人民大學出版社，2002年版，第577～578頁。

樓袾宏稍早的雲谷禪師也將一部《功過格》傳給了袁黃，後者據此身體力行後作了《立命篇》等善書。除了《功過格》之外，元明時期產生的佛教寶卷也充當了此一時期勸善化俗的工具。故此有學者在界定佛教勸善書時就說：「佛教勸善書發端於宋，盛行明、清，影響至民國，有『功過格』和『寶卷』兩種形式。」〔註23〕在當時，這些佛教善書「充當了明末以後佛教勸善化俗的主要角色，也成了中土佛教倫理教化民眾的主要載體之一」。〔註24〕事實上，明代充當勸善功能的佛教文本不止以上兩種，宣揚佛教因果報應的戲劇文本也是其中之一。由於戲劇更多是以舞臺的形式呈現出來，我們將在下一章對其進行論述。除此之外，各種勸善文和勸誡文也是明代佛教勸善書的一種形式。這些勸善文沒有功過格和宣卷那樣的體系，一般只是一篇短小的論說文章，卻處處以佛教因果報應思想來勸誡世人。如雲棲袾宏曾經作了《放生文》和《戒殺文》，勸誡世人多行放生，珍惜物命，切莫殺生。有時候這種勸善文是以歌謠的形式呈現，如《憨山大師醒世歌》。歌謠因其韻律和節奏感使人朗朗上口，易於念誦和傳播，在普通人中有較多的受眾。由於善書是在三教合一的背景下產生，很多善書本身就融合了三教思想於一體，這個時候就很難明確地將其界定為哪一家的善書，事實上也沒有將其強行剝離開來的必要。一定要分開的話就看其採用的基本理念和宣揚的主題是什麼，或者側重於哪一方面；也可以採用將具體內容分門別類而不統一定性的方式來區分。

第一節　佛教功過格——以袁黃和袾宏為中心的考察

　　功過格是指將個人的行為按照善惡二元的標準分門別類地量化，並以此作為指導自己進一步行為的一種善書。對此，酒井忠夫曾作過定義〔註25〕，秋月觀暎則進一步將其限定在道教範圍〔註26〕。準確地說後者的定義應該是

〔註23〕陳霞：《佛教勸善書略談》，《宗教學研究》1997年第2期，第90頁。
〔註24〕王月清：《中國佛教勸善書初探》，《佛學研究》1999年（年刊），第231頁。
〔註25〕酒井忠夫認為：「所謂功過格，一般而言，就是這樣的一種善書，即在書中把中國的民族道德區分為善（功）與惡（過），再加以具體的分類記述，然後將各種善惡行為作計量統計，並做相應的說明。」見〔日〕酒井忠夫著，劉岳兵、孫雪梅、何英鶯譯：《中國善書研究》，南京：江蘇人民出版社，2010年版，第336頁。
〔註26〕秋月觀暎認為：「所謂功過格，就是根據道教的天帝應本人行為的善惡而給與人們以禍福的說法，基於對善惡行為所規定的具體的十一點項目，把功（善）

道教功過格，並沒有把後來出現的佛教功過格、儒門功過格包括進去。現存最早的功過格是《太微仙君功過格》，收在《道藏》洞真部戒律類，署名爲金代又玄子〔註27〕。關於作者，酒井忠夫和秋月觀暎曾有過討論，但雙方最終都沒有提出令人信服的證據。〔註28〕

除了序言之外，《太微仙君功過格》分爲功格三十六條和過律三十九條，其中功格下面分爲救濟門十二條、教典門七條、焚修門五條和用事門十二條；過律下分爲不仁門十五條、不善門八條、不義門十條、不軌門六條。這八個門中，教典門、焚修門、不善門和不軌門是有關宗教團體戒律之類的功過行爲，救濟門、不仁門、用事門和不義門則是一般的民眾道德。值得注意的是，這個宗教團體似乎並非指整個道教團體，而是特指淨明忠孝道。前述秋月觀暎就考證說，《太微仙君功過格》是在許遜仙方教團的中心道觀玉隆萬壽宮會真堂撰述而成。〔註29〕因此，包筠雅說：「《太微仙君功過格》作爲宋朝一個新道教派別的手冊，其最初目的是幫助教派成員修煉成仙。」〔註30〕其宣揚的民眾道德可以說門類齊全，包括對傷、殘、病、凍、鰥寡孤獨之人的救濟，也有修路、架橋等公共事業的開展，甚至包括忠孝仁愛、善慈貞廉等儒家宣揚的道德規範。這裡面也有佛教的影子，「放生是受到佛教影響並被普及化的民眾道德」。〔註31〕卿希泰先生還認爲：「勸善書主要繼承了它之前道書的倫理觀。也吸收了儒佛的思想資料，它不過是新瓶裝老酒以適應新的時代。」〔註32〕也就是說，《太微仙君功過格》不僅提供了道教成仙的指南，也關注

過（惡）的點數加減計算，使之成爲日常生活的道德反省指標這樣的勸善性書籍。」見〔日〕秋月觀暎著，丁培仁譯：《中國近世道教的形成：淨明道的基礎研究》，北京：中國社會科學出版社，2005年版，第194頁。

〔註27〕 參見袁嘯波編：《民間勸善書》，上海：上海古籍出版社，1995年版，第173頁。

〔註28〕 參見〔日〕酒井忠夫著，劉岳兵，孫雪梅，何英鶯譯：《中國善書研究》，南京：江蘇人民出版社，2010年版，第356～359頁；〔日〕秋月觀暎著，丁培仁譯：《中國近世道教的形成：淨明道的基礎研究》，北京：中國社會科學出版社，2005年版，第193～215頁。

〔註29〕 〔日〕秋月觀暎著，丁培仁譯：《中國近世道教的形成：淨明道的基礎研究》，北京：中國社會科學出版社，2005年版，第208～211頁。

〔註30〕 〔美〕包筠雅著，杜正貞、張林譯，趙世瑜校：《功過格——明清社會的道德秩序》，杭州：浙江人民出版社，1999年版，第25頁。

〔註31〕 參見〔日〕酒井忠夫著，劉岳兵，孫雪梅，何英鶯譯：《中國善書研究》，南京：江蘇人民出版社，2010年版，第360頁。

〔註32〕 卿希泰、李剛：《試論道教勸善書》，《世界宗教研究》1985年第4期，收入卿希泰著：《道教文化新探》，成都：四川人民出版社，1988年版，第131頁。

了儒釋兩家的倫理規範，更重要的是他把民眾道德作爲一個重要內容提了出來。南宋淨明忠孝道與地方社會有過互動，這些倫理規範多少會影響到當時的民間社會。包筠雅論述到：「但也許更有意義的是，它在因金人入侵而引起的軍事巨變、社會秩序和政治混亂中，爲人們提供了行爲準則。」〔註33〕可以說，儘管《太微仙君功過格》是淨明忠孝道的成仙手冊，但在客觀上卻爲同時代人提供了一套行爲準則。

一、雲谷、袁黃之功過格

　　《太微仙君功過格》出現後，在整個宋元時期並沒有產生多大的社會影響，始終只有道士自己在操作。這套功過格體系再次發揮作用並引起巨大反響，從而引發一場善書運動是在大約四百年之後。在此過程中發揮了重要作用，並將這套體系推向社會的是袁黃。

　　袁黃，初名表，字儀坤，浙江嘉善魏塘鎮人，萬曆十四年（1586）進士。初任寶坻縣知事，後調任兵部職方主事，曾入朝鮮抗擊日軍，因與官長不和，遂罷官回家，專門著書立說。著有《皇都水利考》、《祈嗣眞詮》、《群書備考》、《立法新書》以及《袁了凡家訓》等。袁黃祖上世治舉業，但因在明成祖和建文帝的皇位爭奪中支持後者，被禁止考舉，此後便隱姓埋名，以行醫爲業。到袁黃一代時，袁家終於獲得考科舉的資格，幾代人期盼的恢復名譽、光宗耀祖的希望都落在了袁黃身上。袁黃博學多識，對天文地理、水利兵事、堪輿星命之學，無不涉獵，對儒家經典也非常熟悉。儘管如此，袁黃還是聽從父親的遺命，並在母親的勸導下選擇繼續行醫，將袁家的傳統繼承下去，這樣一則可以養生，二則可以濟人。袁黃後來在慈雲寺碰到一位精通《皇極數正傳》的孔先生，後者告訴袁黃以後會做官，並就袁黃每次考科舉的排名、做官的等級作了預測。袁黃於是重拾舉業，以後的經歷竟然印證了孔先生的預測。但袁黃卻高興不起來，因爲孔先生曾告訴他其壽命只有五十三歲，命中無子。袁黃成爲了一個徹底的宿命論者，終日郁郁寡歡，直到遇見了雲谷禪師。

　　雲谷禪師乃一代宗師，是明末四大高僧之一憨山德清的師傅。憨山德清曾這樣評價其師：「雲谷先師，當代法眼也。」〔註34〕在《憨山老人夢遊集》

〔註33〕〔美〕包筠雅著，杜正貞、張林譯，趙世瑜校：《功過格——明清社會的道德秩序》，杭州：浙江人民出版社，1999年版，第25頁。

〔註34〕〔明〕福善日錄，通炯編輯：《憨山老人夢遊集》卷三十二，《卍新纂續藏經》第73冊，第696頁下。

中，憨山德清專門爲其寫了一篇傳記，說他：「雖未大建法幢，然當大法草昧之時，挺然力振其道，使人知有向上事。其於見地穩密、操履平實，動靜不忘規矩，猶存百丈之典刑。遍閱諸方，縱有作者，無以越之。豈非一代人天師表歟？」〔註35〕稱其爲一代人天師表，可見評價之高。隆慶三年（1569），袁黃從京城歸，至棲霞山拜訪雲谷禪師。雲谷禪師對孔先生的預測不以爲然，傳授袁黃以《功過格》，並告訴他：「命由我作，福自己求。」袁黃認識到宿命論的錯誤，開始了積善立命的實踐，並改號學海爲了凡。袁黃先發三千善行之願以求功名。第二年科考，果然取得了比孔先生預測的更好成績。後來又陸續發願行善以求子、求進士，都如願以償。任寶坻知縣期間，以減收糧租代替一萬善行。罷官後，袁黃在家常常誦經持咒，打坐參禪，供養僧人，並籌劃刊刻《嘉興藏》。萬曆三十四年，袁黃無疾而終，終年七十四歲，比孔先生預測的五十三歲多活了二十一年。

正如有些學者所說：「袁黃在歷史上產生最大影響的是其善書思想，他是迄今所知中國歷史上第一位具名的善書作者，畢生以善惡禍福的思想勸誡世人。」〔註36〕袁黃的貢獻在於身體力行地踐行功過格，並將其一身經歷撰述成書，影響了當時和後來的社會。儘管雲谷、袁黃之功過格可能是由《太微仙君功過格》派生出來，但相比於《太微仙君功過格》，雲谷、袁黃之功過格無疑有很大不同。

第一是宗教色彩減弱，現世的物質報償成爲鼓勵追求的目標。據酒井忠夫統計，雲谷、袁黃之功、過兩格共一百條，涉及宗教方面的項目只有十條（其中功格六條，過格四條）。〔註37〕涉及宗教的部分僅占總數的十分之一，其他部分都是有關民眾道德。相比於《太微仙君功過格》宗教項目佔了總數的一半，雲谷、袁黃之功過格無疑給世俗民眾留下了巨大的信仰、實踐空間。再從祈求目標來看。袁黃共發了三個大願：登科、子嗣和進士，或許還有壽命。這每一個願都與佛教或道教沒什麼關係，都是世俗人追求的東西。而這些東西正是袁黃最關注的，包筠雅說：「最吸引袁黃的也許還是雲谷爲功德積

〔註35〕〔明〕福善日錄，通炯編輯：《憨山老人夢遊集》卷三十，《卍新纂續藏經》第 73 冊，第 674 頁下。

〔註36〕王衛平、馬麗：《袁黃勸善思想與明清江南地區的慈善事業》，《安徽史學》2006年第 5 期，第 40 頁。

〔註37〕參見〔日〕酒井忠夫著，劉岳兵，孫雪梅，何英鶯譯：《中國善書研究》，南京：江蘇人民出版社，2010 年版，第 363 頁。

累所設定的新的現世報答──科舉功名、兒子，甚至財富。」〔註38〕當然，我們說此功過格的主要對象是世俗民眾，並不代表僧人、佛教徒不能用。既然此功過格傳自雲谷禪師，那是否可以這樣說：在傳給袁黃之前，佛家也在實踐這一套功過體系，要不然雲谷禪師不會對其如此熟悉，也不會把它推薦給袁黃。因此，這個功過體系佛教徒可以用，世俗之人也可以用，它實際上是一個開放的系統。這就超出了某一教團，甚至整個宗教的範圍，走向了民間。如前所述，如果說《太微仙君功過格》只是在客觀上指導了民眾行為的話，那麼雲谷、袁黃之功過格在制定之時就已將世俗民眾作為規約的主要對象。

第二，雲谷、袁黃之功過格將功過體系量化為百功（過）、五十功（過）、三十功（過）、十功（過）、五功（過）、三功（過）和一功（過），每個功過項目下分類記載。《太微仙君功過格》是按項目類別來分，每個門下面列舉了很多具體項目，且這些項目的量化分數也不一樣，從一功（過）、二功（過）、三功（過），一直到十功（過）、二十功（過）、三十功（過）、四十功（過）、五十功（過）、一百功（過）不等。〔註39〕比如「興諸善事，利益一人為一功」、「自己著紙衣一件為二功」、「減人笞刑為三功」、「救有力報人之畜，一命為十功」、「救一人刑死性命為百功」。可以看出，它的分類很複雜，多達十六七種量化標準。而雲谷、袁黃的功過格就相對比較簡單，只有七個量化標準。兩個體系相互比照，一則以分數來找項目比以項目來找分數方便，二則量化標準少更顯得簡單易行。因此在實踐過程中，雲谷、袁黃的功過格就更具操作性，這也是後者之所以能流行於世的原因之一。

第三，雲谷、袁黃之功過格體現的是佛教色彩。袁家雖然世代行醫，內心也渴望科舉應制，但他們對佛教卻很親近。袁黃父親信佛，母親更是虔誠的佛教徒，相信這樣的家庭環境對袁黃的影響一定很深。從他返京歸家途中，選擇先去拜訪雲谷禪師一事來看，袁黃的佛教情結是很重的。在某種程度上說，「佛教也許對袁黃個人的信仰更具有決定性的影響」〔註40〕。而從袁黃《立命篇》的內容上來看，袁黃先在佛前發願登科，雲谷禪師於是教給袁黃《功過

〔註38〕 〔美〕包筠雅著，杜正貞、張林譯，趙世瑜校：《功過格──明清社會的道德秩序》，杭州：浙江人民出版社，1999 年版，第 97 頁。
〔註39〕 注：其中沒有九功，但是有十五過、六十過和八十過的分類。
〔註40〕 〔美〕包筠雅著，杜正貞、張林譯，趙世瑜校：《功過格──明清社會的道德秩序》，杭州：浙江人民出版社，1999 年版，第 75 頁。

格》，還特別叮囑要持誦《準提咒》。準提是佛教觀音部的一尊〔註41〕，佛教認為常誦此咒會有不可思議之功德：「受持讀誦此陀羅尼，滿九十萬遍，無量劫來五無間等一切諸罪，悉滅無餘，所在生處，皆得值遇諸佛菩薩。所有資具隨意充足，無量百生常得出家。」〔註42〕至於世間各種願望，悉皆滿足。「若求長生及諸仙藥，但依法誦咒，即得見觀世音菩薩，或金剛手菩薩，授與神仙妙藥，隨取食之，即成仙道，得延壽命，齊於日月，證菩薩位。若依法誦滿一百萬遍，便得往詣十方淨土，歷事諸佛，普聞妙法，得證菩提。」〔註43〕不僅如此，雲谷還告誡袁黃，誦念此咒需「不動念」。不動念是佛教的一種境界。佛教認為人本性自清靜，只是被妄念所遮，不能自悟。而妄念的來處即是動念，動念生起即是妄念，一旦妄念滅，真如本性自現。這就是《六祖大師法寶壇經》所說的：「若起正真般若觀照，一剎那間，妄念俱滅。若識自性，一悟即至佛地。」〔註44〕做到不動念，也就成了佛道，華嚴經就說：「譬如善巧大幻師，念念示現無邊事。隨眾生心種種行，往昔諸業誓願力，令其所見各不同，而佛本來無動念。」〔註45〕不動念還是佛教的一種修法。憨山德清就曾有這樣的體悟：「古人云：『三十年聞水聲，不轉意根，當證觀音耳根圓通。』初師日坐溪橋，水聲宛然，久之動念即聞，不動念即不聞。一日忽然忘身，音聲俱寂，自此眾響閴然，不復為擾矣。」〔註46〕馬蒂厄說：「信仰如果與道理對立並且脫離了對儀式的深刻意義的理解，就變成了迷信。儀式有一個意義（拉丁文的 ritus 一詞意思也是『端正的行動』）。它要求一種反思、一種靜觀、一種祈禱、一種沉思。」〔註47〕袁黃先是在佛前發願登科，後來又請性空等僧人迴向，並發願求子，又到五台山齋僧迴向。在佛前發願，請僧人迴向，正是提供了一種馬蒂厄所說的反思和祈禱。可見，雲谷禪師實際上是給這個功過體系加入了佛教的修行方法和一套佛

〔註41〕 注：也有說是佛部。

〔註42〕 〔唐〕金剛智譯：《佛說七俱胝佛母準提大明陀羅尼經》卷一，《大正藏》第20冊，第173頁上。

〔註43〕 〔明〕謝於教著：《準提淨業》卷一，《卍新纂續藏經》第59冊，第225頁下～226頁上。

〔註44〕 〔元〕宗寶編：《六祖大師法寶壇經》卷一，《大正藏》第48冊，第351頁上。

〔註45〕 〔東晉〕佛陀跋陀羅譯：《大方廣佛華嚴經》卷八十《入法界品》，《大正藏》第10冊，第442頁下。

〔註46〕 〔明〕福善日錄，通炯編輯：《憨山老人夢遊集》卷五十五，《卍新纂續藏經》第73冊，第853頁上。

〔註47〕 〔法〕讓‧弗朗索瓦‧勒維爾、馬蒂厄‧里卡爾著，陸元昶譯：《和尚與哲學家》，南京：江蘇人民出版社，2005年版，第194～195頁。

教儀式，使其具有鮮明的佛教色彩。這也就是包筠雅所說的：「他（袁黃）對功過格的使用根植於佛教儀式（對佛的祈禱及迴向），而且他也極大地依賴佛教僧侶來指導他對體系的解釋。」〔註48〕

　　第四，雲谷用儒家倫理、經典來論證佛教因果報應等理論的合理性。「用儒家經典證明佛家原理的合法性，是晚明佛教領袖渴望從士人當中吸收新信徒的一種常用手段。」〔註49〕本來儒家就有天人感應的說法，至 12 世紀，「感應」和「因果報應」就經常被交替使用，甚至越來越多的人主張佛教和儒家是一致的。宋眞宗就專門作了《崇釋論》：「釋氏戒律之書，與周、孔、荀、孟，迹異而道同，大指勸人爲善，禁人爲惡。」〔註50〕因此，爲了讓大家都接受功過格，雲谷也將儒家理論與佛教因果報應說相融合。當然雲谷並不是這種做法的始作俑者，佛教傳入之初僧人就已經採用了這種方式，就是所謂的「格義」之法。雲谷先是用「人未能無心，終日爲陰陽所縛，安得無數」的陰陽學說解釋孔先生的命定論，接著抬出《詩》、《書》經典給出「命由我作，福自己求」的觀點。當袁黃提出《孟子》「求則得之」的疑問時，雲谷又從佛教萬法唯心的角度來開導，說如果從心而覓，自然內外雙得。最後，雲谷用《太甲》、《詩》、《易》的理論來論證立命之說：

　　　　《太甲》曰：「天作孽，猶可違，自作孽，不可活。」《詩》曰：
　　　「永言配命，自求多福。」孔先生算汝不登科第、不生子者，此天
　　　作孽，猶可得而違。汝今擴充德行，力行善事，多積陰德，此自己
　　　所作之福也，安得而不受享乎？《易》爲君子謀趨吉避凶，若天命
　　　有常，吉何可趨？凶何可避？開張第一義便說：「集善之家，必有餘
　　　慶」，汝信得及否？

不管雲谷這番解說是否曲解了《尚書》、《詩》、《易》的含義，不可否認的是，他讓袁黃徹底放棄了當初的宿命論，改而信奉雲谷的這番佛教立命說。雲谷用儒家理論來解釋佛教理論，是袁黃之所以能接受其理論的重要原因。再說此時心學興盛，其學說本來就與佛教有千絲萬縷的關係：「故儒釋之學，同時

〔註48〕　〔美〕包筠雅著，杜正貞、張林譯，趙世瑜校：《功過格──明清社會的道德
　　　　　秩序》，杭州：浙江人民出版社，1999 年版，第 91 頁。
〔註49〕　〔美〕包筠雅著，杜正貞、張林譯，趙世瑜校：《功過格──明清社會的道德
　　　　　秩序》，杭州：浙江人民出版社，1999 年版，第 81 頁。
〔註50〕　曾棗莊、劉琳主編：《全宋文》第 13 冊卷二百六十二，上海：上海辭書出版
　　　　　社，合肥：安徽教育出版社，2006 年版，第 144 頁。

丕變，問學與德行並重，相反而實相成焉。」〔註51〕時人甚至直接點明：「佛謂之因果，吾儒謂之報應。」〔註52〕因此，儘管有部分儒家衛道士斥之爲離經叛道，但現在雲谷爲此佛門功過格提供了一層合法的儒家外衣，而這個體系又能提供儒家無法給予的東西，袁黃以及後來的知識分子終於可以拋棄那個沉重的「離經叛道」的罪名，心安理得地接受這套體系，儘管這套「體系的佛教骨架透過蒙在它上面的極薄的儒教表皮依然清晰可見」〔註53〕。

總的說來，雲谷、袁黃之功過格世俗色彩更濃，將關注重心轉到了科舉、財富、長壽等現世物質報償上，這是功過體系走向民間的最重要一步。而推動這個體系運行的內在動力是佛教的因果報應理論，爲了讓更多的人接受這個體系，它採取了穿上儒家「合法」外衣的形式。這就正如有的學者所說：「本來從形式上講，《了凡四訓》是一部『誡子書』性質的家訓著作，這顯然是儒家欲治其國先齊其家傳統的體現，但其勸善的基本理念和做法則是在宣揚佛家的因果報應思想。」〔註54〕

二、袾宏《自知錄》

袾宏（1535～1615），明末四大高僧之一，被推爲蓮宗第八祖，杭州人士，字佛慧，自號蓮池，晚年居雲棲寺，世稱蓮池大師或云棲大師。「他不但是淨土宗的大師，也是華嚴宗的名僧，因此受到兩宗學人的崇奉。」〔註55〕雲棲大師一生命運坎坷，先是小兒夭折，繼而妻子去世，後遵母命娶湯氏，然並不以夫妻之禮相待。二十七歲父親去世，四年後母親也逝去，遂出家昭慶寺，其妻湯氏不久也出家爲尼。雲棲大師後來雲遊四方，遍參知識，曾問法於笑岩、遍融二大師。駐錫雲棲後，將雲棲寺擴展成一方叢林，又廣開放生池、著放生文，提倡戒殺放生。萬曆四十三年（1615），袾宏大師坐化，世壽八十一，僧臘五十。

〔註51〕陳垣撰：《明季滇黔佛教考》，北京：中華書局，1962 年版，第 86 頁。

〔註52〕吳震編校整理：《王畿集》附錄三《中鑒問答》，南京：鳳凰出版社，2007 年版，第 784～785 頁。

〔註53〕〔美〕包筠雅著，杜正貞、張林譯，趙世瑜校：《功過格——明清社會的道德秩序》，杭州：浙江人民出版社，1999 年版，第 110 頁。

〔註54〕肖群忠：《〈了凡四訓〉的民間倫理思想研究》，《雲南民族大學學報》2004 年 1 月，第 21 卷第 1 期，第 20 頁。

〔註55〕中國佛教協會編：《中國佛教》第二輯，上海：知識出版社，1982 年版，第 283 頁。

　　《自知錄》作於萬曆三十二年（1604），其時雲棲大師已經駐錫雲棲寺三十來年。雲棲大師對儒家經典非常熟悉，「年十七，補邑庠，試屢冠諸生，以學行重一時，於科第猶掇之也」。〔註56〕儘管如此，年少的雲棲大師卻對佛道思想很感興趣，「每書『生死事大』四字於案頭，時從遊者日進，即講藝，必折歸佛理」〔註57〕。在那個時候雲棲大師就接觸到了佛道的功過思想，甚至認真研究過《太微仙君功過格》：「予少時，見《太微仙君功過格》而大悅，旋梓以施。」〔註58〕雖然沒有精力去整理、實行，但毫無疑問，《太微仙君功過格》給年輕的雲棲大師留下了深刻的印象。從「今老矣，復得諸亂帙中，悅猶故也」的描述中可以看出，雲棲大師在四處行腳的過程中都帶著此功過格，只是由於「方事禪思，遂無暇及此」〔註59〕。

　　據《自知錄》序言所說，袾宏的《自知錄》是以《太微仙君功過格》為藍本，刪改而成。袾宏還特別交代，這本功過格只適合「中士」所用：

　　　　是《錄》也，下士得之，行且大笑，莫之能視，奚望其能書；
　　中士得之，必勤而書之；上士得之，但自諸惡不作，眾善奉行，書
　　可也，不書可也。〔註60〕

袾宏的意思是，功過格只是一個幫助約束自己言行的工具，上士自然不需要靠此等機制來約束，而下士根本不相信這套說法，自然也沒有用，只有中士適合用它。本來，「佛教並不把它的教義當作必須遵守或反對的信條，而是極力將其作為醫治精神創傷之良藥」。〔註61〕因此，對於此功過格，袾宏大師並沒有把它當作必須遵守和實行的規則，而是勸誡士人勉力行之，「晝勤三省，夜必告天，乃至黑豆白豆，賢智者所不廢也，書之庸何傷」？〔註62〕

〔註56〕　〔明〕袾宏著：《雲棲法匯（選錄）》卷二十五，《嘉興藏》第 33 冊，第 194
　　　　頁中。
〔註57〕　〔明〕袾宏著：《雲棲法匯（選錄）》卷二十五，《嘉興藏》第 33 冊，第 194
　　　　頁中。
〔註58〕　〔明〕袾宏：《自知錄》，袁嘯波編：《民間勸善書》，上海：上海古籍出版社，
　　　　1995 年版，第 182 頁。
〔註59〕　〔明〕袾宏：《自知錄》，袁嘯波編：《民間勸善書》，上海：上海古籍出版社，
　　　　1995 年版，第 182 頁。
〔註60〕　〔明〕袾宏：《自知錄》，袁嘯波編：《民間勸善書》，上海：上海古籍出版社，
　　　　1995 年版，第 182～183 頁。
〔註61〕　Paul Williams: Mahāyāna Buddhism, Routledge, London and New York, 1989,
　　　　p.2.
〔註62〕　〔明〕袾宏：《自知錄》，袁嘯波編：《民間勸善書》，上海：上海古籍出版社，
　　　　1995 年版，第 183 頁。

　　《自知錄》模仿《太微仙君功過格》的分類體系，分為「善門」和「過門」兩大類，下面各列出忠孝類、仁慈類、三寶功德類和雜善類，分別對應不忠孝類、不仁慈類、三寶罪業類和雜不善類。在每一類下面列出了各種項目，各各量化，量化標準同《太微仙君功過格》，從一善（過）到一百善（過），比較繁雜。相比於《太微仙君功過格》，《自知錄》體現出如下特點。首先是佛教色彩濃重，甚至比袁黃之功過格還濃。佛教色彩的體現一方面是通過將功過體系去道教化實現的。在《凡例》中，袾宏就明確提到，他把天尊、真人、神君、符籙、齋醮等道教神靈和事宜都歸入佛教體系，道教天尊、真人等變成了這裡所說的佛教諸天。除此之外，袾宏將那些建立葷血祭祀神祠的行為定為三寶罪業，記五十過，立神像一軀記十過。這就把部分道教宮觀和民間祠堂都包括在內。袾宏還特別提到不能受煉丹術，受者記過三十。這一條就是直接衝著道教煉丹去的。另一方面，袾宏特意列出了三寶功德類和三寶罪業類兩類功過，專門就佛教方面需要努力和注意的方面進行了詳細解說。從整個比重來說，佛教比重佔了整個《自知錄》內容的三分之一，這還沒有包括「仁慈類」中一些關於佛教的項目，比如放生等，也就是說佛教的比重佔了三分之一多。這是從量上來說的。從深度上來說，袾宏把三世因果思想引入了功過格，這就把功過體系從此生延伸到了來世，不停輪迴流轉。「以上休咎，但是花報，若夫來生，即此可知。果報不虛故。」〔註63〕何為「花報」？《淨土資糧全集》有言：「佛言善惡報應有二種，一者果報，今生作善惡業，來世受苦樂報也；二者花報，今生作善惡業，今生即受苦樂報也。」〔註64〕可見所謂「花報」就是現報，此生作業此生受。《太微仙君功過格》和袁黃功過格是一種單線果報的系統，容易被證偽，袾宏將三世因果引入後，這個功過理論就比較能自圓其說了。

　　其次，《自知錄》也是一個三教合一的體系。之前提到袾宏為了突出整個功過體系的佛教化，採取了去道教化的方式。這裡需要注意的是，去道教化並不是把道教因素削掉。把道教神祇納入到佛教神系，並不代表這些道教神祇就具有了佛教內涵，他們只是被安上了一個「諸天」的佛教名號而已，

〔註63〕〔明〕袾宏：《自知錄》，袁嘯波編：《民間勸善書》，上海：上海古籍出版社，1995 年版，第 184 頁。

〔註64〕〔明〕袾宏校正，莊廣還輯：《淨土資糧全集》卷二，《卍新纂續藏經》第 61 冊，第 558 頁上。

本質上他們還是道教的神祇。這就是袾宏所說的：「各隨所宗，無相礙故。」〔註65〕相比於道教，《自知錄》更強調儒家的倫理道德，從袾宏將「忠孝類」放在整個功過格的開頭就可以看出其對儒家倫理的重視。而在「三寶功德類」中，袾宏指出造先聖、賢人君子等像，費錢二百為一善，這裡的先聖指的是堯、舜、周、孔；賢人君子指的是忠臣、孝子、義夫、節婦，這完全就是儒家宣揚的忠孝仁義思想。其他如尊奉師長、敬愛兄弟、賑災濟貧、善待妾婢等也是儒家所宣揚的道德。因此，《自知錄》是一個以佛教為主，重點宣揚儒家倫理，兼及道教思想的功過格體系。

第三，《自知錄》對世俗倫理道德也很重視。「雜善類」（「雜不善類」）幾乎都是有關世俗倫理道德的項目，涉及錢財借貸、日常禮儀、知恩圖報、敬惜字紙、傳播陰私、訴訟官司以及造作野史、小說、戲文用以污蔑善良，甚至穿過於華美的衣服、食美食等等方面，可以說門類齊全、包羅萬象。很顯然，這些「雜善」（「雜不善」）是當時社會狀況的反映，透過它我們可以窺知明末的社會風俗、經濟的發展程度、民眾的心理素質等相關信息。事實上，《自知錄》正是在這樣的社會背景下才出現的，是對當時社會的一種規約，「這一點也證明了《自知錄》的內容更加具備民眾化的特點」〔註66〕。需要注意的是，《自知錄》的這種民眾化很多時候是通過儒家來實現的，因為在傳統的中國社會裏，民眾道德很多時候就是出自儒家倫理。所以楊慶堃就說：「尤其是宋代以後，佛教在入世方面大規模地滲入儒教，並成為中國世俗生活的重要組成部分。」〔註67〕因此，綜合來看，不是很精確地劃分的話，《自知錄》的四個類別中，忠孝類（不忠孝類）、三寶功德類（三寶罪業類）和雜善類（雜不善類）分別代表了儒家、佛教和世俗的倫理道德，而仁慈類（不仁慈類）是三者兼具，道教倫理則夾雜在三寶功德類（三寶罪業類）和雜善類（雜不善類）中。

雲谷、袁黃之功過格和袾宏的《自知錄》是明末佛教功過格的代表，體現了佛教對現實世界的關注，他們提出的功過體系是對社會秩序的再調整，是對治當時社會問題的良藥。正如包筠雅所說：「在一種相信社會秩序和道德

〔註65〕　〔明〕袾宏：《自知錄》，袁嘯波編：《民間勸善書》，上海：上海古籍出版社，1995 年版，第 183 頁。

〔註66〕　〔日〕酒井忠夫著，劉岳兵，孫雪梅，何英鶯譯：《中國善書研究》，南京：江蘇人民出版社，2010 年版，第 376 頁。

〔註67〕　〔美〕楊慶堃著，范麗珠等譯：《中國社會中的宗教：宗教的現代社會功能及其歷史因素之研究》，上海：上海人民出版社，2006 年版，第 257 頁。

秩序是互相滲透的文化中，社會關係廣泛而明顯的變化，自然會讓以維護神
聖傳統爲己任的人感到不安或者疑慮重重。」〔註68〕這裡維護神聖傳統的不
止是儒家，佛教也是其中的一員。在明末社會動盪、思想混亂的大環境下，
佛教給出了自己的措施，正是這一措施在明末清初掀起了一場波及整個社會
的思想運動。

第二節　佛教寶卷

「一般來說，寶卷是明代以來對佛教系統的通俗經典的稱呼。」〔註69〕
酒井忠夫這一論點代表了學界的一般觀點。事實上，從上個世紀二十年代開
始，學界對這個問題的探討就沒有停止過。最早對寶卷進行研究的要數鄭振
鐸先生。上個世紀二三十年代，顧頡剛、向達和鄭振鐸等人就開始收集、研
究寶卷。在《中國俗文學史》中，鄭振鐸指出，隨著「變文」在宋初被禁止，
民間藝人開始在瓦子裏模仿僧人講唱文學，於是有了「小說」、「講史」的出
現。其後禁令鬆弛，僧人講唱的情景也開始出現在瓦子中，這種講唱叫「說
經」、「談經」。而所謂「寶卷」其實就是「談經」的別名。因此，寶卷實際上
是變文的嫡系子孫。「『寶卷』的結構，和『變文』無殊；且所講唱的，也以
因果報應及佛道的故事爲主。」〔註70〕此說得到很多學者的認同，日本學者
澤田瑞穗等就在此說的基礎上，繼而認爲《金剛科儀》是現存的早期寶卷，
由宗鏡禪師（即永明延壽）所作。〔註71〕但一直致力於寶卷研究的車錫倫先
生卻認爲，寶卷另有起源。他認爲寶卷起源於俗講而非變文：「佛教的俗講和
寶卷，都是中國佛教世俗化的產物，寶卷的內容繼承了俗講的傳統，是寶卷
的淵源。」〔註72〕車錫倫認爲：「很可能是這種情況：最早在佛教世俗的法會
道場中產生了這種說唱形式，因其講經似科文，而演唱形式又受懺法的影響，

〔註68〕〔美〕包筠雅著，杜正貞、張林譯，趙世瑜校：《功過格——明清社會的道德
　　　　秩序》，杭州：浙江人民出版社，1999 年版，第 66 頁。
〔註69〕〔日〕酒井忠夫著，劉岳兵，孫雪梅，何英鶯譯：《中國善書研究》，南京：
　　　　江蘇人民出版社，2010 年版，第 446 頁。
〔註70〕鄭振鐸著：《中國俗文學史》，北京：中國畫報出版社，2010 年版，第 391 頁。
〔註71〕參見〔日〕澤田瑞穗：《金瓶梅詞話》所引の寶卷について》，《增補寶卷の研
　　　　究》，東京：國書刊行會出版，1975 年，第 286～290 頁。
〔註72〕車錫倫著：《中國寶卷研究》，桂林：廣西師範大學出版社，2009 年版，第 50
　　　　頁。

特別講究道場的威儀，故定名爲『科儀』。後來，在民間的法會道場中，用同樣的形式說唱因緣故事，則被稱爲『寶卷』。」〔註73〕也就是說寶卷的產生與佛教法事有很大關係，它本身具有懺法的性質。明王源靜在補注《巍巍不動太山深根結果寶卷》時說：「寶卷者，寶者法寶，卷乃經卷。」可見，寶卷就是經卷，故寶卷還有「經」、「眞經」、「寶經」的稱法。事實上，除了以上名稱之外，「科儀」、「寶懺」、「寶傳」、「古典」、「古蹟」、「偈子」等也是指寶卷。「這也說明，最初的寶卷是佛教徒的宗教信仰活動，它們的演唱者不是民間藝人，它們同南宋瓦子裏的『說經』技藝也沒有關係。」〔註74〕

一、各種佛教寶卷

按「寶卷」一名最早出現於元末明初。〔註75〕從其開始出現一直到明末清初，寶卷的數量非常多。特別是到了明晚期，以正德四年（1509）無爲教羅清「五部六冊」的出現爲標誌，各種仿傚佛教和道教經典的民間宗教寶卷大規模出現，形成了出產寶卷的一個高潮，「寶卷的極盛時代是從明正德到清初」。〔註76〕但是好景不長，「清康熙以後，政府取締、鎮壓各地民間教團，民間教派寶卷的發展受到遏制」。〔註77〕此後寶卷雖然時有出現，但宗教色彩已經很少，蛻變成了講唱民間故事的寶卷。基於此，車錫倫先生將寶卷的發展分成了三個階段：「寶卷的發展以清代康熙年間爲界，可劃分爲兩個時期：前期爲宗教寶卷，後期主要是民間寶卷。前期的宗教寶卷又分兩個發展階段：明中葉正德以前是佛教世俗化寶卷發展時期，正德以後是新興民間教派寶卷發展時期。」〔註78〕而這裡所要討論的是正德之前的佛教世俗化寶卷，至於

〔註73〕車錫倫：《中國寶卷的形成及其演唱形態》，《敦煌研究》2003 年第 2 期，第103 頁。

〔註74〕車錫倫：《形成期之寶卷與佛教之懺法、俗講和「變文」》，《民族文學研究》2011 年第 1 期，第 7 頁。

〔註75〕參見《中國寶卷文獻的幾個問題》，車錫倫著：《中國寶卷總目》（代前言），北京：北京燕山出版社，200 年版，第 4 頁。

〔註76〕李世瑜：《寶卷新研》，《文學遺產增刊》第 4 輯，北京：作家出版社，1957年版，第 174 頁。

〔註77〕車錫倫著：《中國寶卷研究》，桂林：廣西師範大學出版社，2009 年版，第 3頁。

〔註78〕車錫倫著：《中國寶卷研究》，桂林：廣西師範大學出版社，2009 年版，第 2～3 頁。

正德之後的民間宗教寶卷和民間寶卷雖然也經常採用佛教理論，但這些寶卷的目的主要是宣講各自教派的教義和修持方法等，與正統佛教已有很大區別，故此不在我們討論之列。換句話說，這裡討論的是明代佛教寶卷。

如上所述，明代寶卷的發展以正德年間為界，分為前後兩期，前期的寶卷主要有關佛教，正德之後民間宗教開始大規模借鑒佛教寶卷，用以闡述各自教派的教義。因此，「明代的佛教寶卷，主要指明正德以前（約公元 1500 年前）產生和流傳於民間的佛教信徒中的寶卷，其中有些可能產生於宋元時期。」〔註79〕而鄭振鐸先生將寶卷分為佛教的和非佛教的兩大類〔註80〕，實際上和這差不多，只是沒有明確將民間宗教這一塊區分出來。如若按照內容來分，佛教寶卷又可以分成佛教經典、教義和說唱因緣故事兩大類，說唱因緣故事又可再細分為菩薩成道故事和民眾修行故事兩類。

明代的佛教寶卷並不多，據車錫倫先生的統計，大約有二十六種，它們分別是：《大乘金剛寶卷》、《彌陀卷》、《金剛卷》、《圓覺卷》、《地藏科儀》、《法華卷》、《心經卷》、《無相卷》、《正宗卷》、《淨土卷》、《無漏卷》、《因行卷》、《睒子卷》、《香山卷》、《昭陽卷》、《王文卷》、《梅那卷》、《白熊卷》、《黃氏卷》、《十世卷》、《五祖黃梅寶卷》、《紅羅寶卷》、《劉香女寶卷》、《佛門取經道場・科書卷》、《念佛三昧徑路修行西資寶卷》和《雪山寶卷》。〔註81〕這二十六種寶卷中的大部分都已經不見傳本，留有傳本的只有《大乘金剛寶卷》、《彌陀卷》、《佛門取經道場・科書卷》、《念佛三昧徑路修行西資寶卷》、《香山卷》、《雪山寶卷》、《黃氏卷》、《劉香女寶卷》、《王文卷》、《五祖黃梅寶卷》、《紅羅寶卷》約十多種。這十種寶卷有些是闡發佛教教理的，有些是宣唱佛菩薩成道故事，還有些是講說民眾修行故事。除了這些之外，有一本據稱是現存最早的寶卷——《目連救母出離地獄昇天寶卷》，「這個寶卷為元末明初寫本，寫繪極精，插圖類歐洲中世紀的金碧寫本，多以金碧二色繪成」。〔註82〕在卷末題識上有「敕旨宣光三年穀旦造弟子脫脫氏施捨」的字樣。「宣光」為北元元昭宗的年號，即明洪武五年（1372）。因此，單從時間上來說，《目連救母出離地獄昇天寶卷》也是明時代的作品。此外，據說是

〔註79〕 車錫倫：《明代的佛教寶卷》，《民俗研究》2005 年第 1 期，第 60 頁。
〔註80〕 參見鄭振鐸著：《中國俗文學史》，北京：中國畫報出版社，2010 年版，第 392 頁。
〔註81〕 參見車錫倫：《明代的佛教寶卷》，《民俗研究》2005 年第 1 期，第 61～64 頁。
〔註82〕 鄭振鐸著：《中國俗文學史》，北京：中國畫報出版社，2010 年版，第 397 頁。

南宋宗鏡編述的《銷釋金剛科儀》在明代也很流行。

除了寶卷之外，還有「宣卷」一說。「所謂『宣卷』，即宣講寶卷之謂。當『宣』卷時，必須焚香請佛，帶著濃厚的宗教色彩，與一般之講唱彈詞不同。」〔註83〕也就是說寶卷和宣卷的區別就在於：寶卷指的是文本，而宣卷側重指宣講，宣講的文本就是寶卷。兩者實際上是一個問題的兩方面。

二、佛教寶卷宣揚的主題

如前所述，寶卷最開始是作爲佛教科儀而出現，僧人在法會道場中講唱佛教理論、因緣故事，發展到後來，民間開始將這一演唱形式用於消遣娛樂。例如在《金瓶梅》中就有大量家庭婦女聽寶卷供消遣的描寫，容後再述。不管是之前作爲科儀而存在，還是後來變成消遣娛樂的形式，宣講寶卷的目的還是爲了宣傳佛教教理教義，吸收信徒，以擴大佛教影響。因爲不管是演釋佛教教理，還是說唱佛教因緣故事，其背後的理論支撐都是佛教因果報應、地獄輪迴等觀念。宣講寶卷就是要將這些理論向世人灌輸。事實上這並非宣唱寶卷的唯一目的，因爲對大部分人來說他們不可能整天念經拜佛，或者出家爲僧爲尼。宣唱寶卷的另一目的，就是勸人爲善。或許更貼切的表達應該是：在不同的場合對不同的人宣唱寶卷，其目的是不一樣的，有勸人念經信佛，也有勸人多行善事。事實上這也是同一問題的不同方面，佛教本身就有勸人爲善的功能，如果有人願意更進一步，那就念經拜佛，甚至剃度出家，兩者並沒有涇渭分明的界限。因此，有學者就說：「而佛家之對俗宣揚，一直是在宣講佛理的同時，自然地擔負起勸導世俗棄惡從善的職任。」〔註84〕鄭振鐸先生也說：「佛教的寶卷在初期似以勸世文爲最多。」〔註85〕

寶卷有一定的說、唱、誦的格式，其形式又分爲白文、佛教傳統歌贊和民間曲調等。白文即散說，就是用押韻的賦體講說因緣故事情節，而歌贊、民間曲調等則主要是用於主人公的表白，以及開頭和最後的總說、勸導。寶卷中很多勸人爲善的唱詞往往就是在歌贊和民間曲調的部分展示出來。如《五祖黃梅寶卷》中勸人爲善的唱詞：「萬事只宣行善好，莫行惡事壞良心。不信但聽黃梅卷，修善白日上天庭。……勸人行善能得福，言人作惡禍臨身。世

〔註83〕鄭振鐸著：《中國俗文學史》，北京：中國畫報出版社，2010年版，第391頁。
〔註84〕陸永峰：《論寶卷的勸善功能》，《世界宗教研究》2011年第3期，第169頁。
〔註85〕鄭振鐸著：《中國俗文學史》，北京：中國畫報出版社，2010年版，第392頁。

人若還勸不動，陰司受苦不超生。」〔註86〕這是一段結尾的唱詞。宣卷人在演唱完因緣故事後，都要作一段總結，將故事作一概述，或者作一些引申，加上勸人為善莫要作惡的勸說。幾乎每種寶卷在最後都要作這樣的勸說。如《雪山寶卷》：「如今幸得成正果，可報君親最重恩。一報天地常覆載，二報日月照臨恩。三報皇王並水土，四報父母養育恩。五報祖師傳心印，六報化度護法恩。七報檀那多陳供，八報八方施主恩。九報九祖生天界，十報三教聖賢恩。在堂大眾增福壽，及早迴心去修行。普勸齋戒去念佛，又勤戒殺與放生。念佛能消三惡業，放生戒殺可延生。」〔註87〕從後面普勸持齋念佛和戒殺放生的唱詞來看，其所面對的觀眾很廣，所給出的承諾也是誘人的：消業和延生。類似的承諾在其他寶卷中也常見到，如《劉香寶卷》：「劉香寶卷初展開，諸佛菩薩降臨來。善男信女虔誠聽，增福延壽得消災。」〔註88〕請諸佛菩薩降臨是寶卷作為科儀的一個重要部分，而聽聞寶卷的善男信女也會因為得到增福、延壽和消災的承諾而產生強烈的宗教感情。這就是 E・涂爾幹所說的：「宗教感情是由社會活動在人的意識中激起的那些使人得到安慰和有所依靠的感受構成的。」〔註89〕

除了在總結時候作一番勸誡之外，寶卷在敘述因緣故事時也會夾雜勸善之言，或者通過主人公的表白，或者通過故事中僧道的宣講。如《劉香寶卷》中，劉香女跟隨眾人前去寺廟聽老尼姑講法，老尼姑在開講之前就先作了一番勸善懲惡的宣講：

> 不敬天地神明、奸盜詐偽、殺生害命、偷騙財物、打僧罵道、欺壓良善、造盡十惡、忤逆滔天之罪，命終之後，魂靈解到陰司，落了油鍋地獄、雪山地獄、刀山地獄、鋸解地獄、活釘地獄、碓搗地獄、石壓地獄、抽腸剜肺地獄、拔舌犁耕地獄。在地獄中受了百千萬劫的苦痛，受罪滿足，然後轉生人世，有變牛馬六畜者，有眼目手腳不全者，有飢寒凍餓者，有百病痛苦者，又遭官刑五傷者，都是前生作惡

〔註86〕《五祖黃梅寶卷》，周燮藩主編，濮文起分卷主編：《中國宗教歷史文獻集成：民間寶卷》第十三冊，合肥：黃山書社，2005 年版，第 663～664 頁。

〔註87〕《雪山寶卷》，周燮藩主編，濮文起分卷主編：《中國宗教歷史文獻集成：民間寶卷》第十冊，合肥：黃山書社，2005 年版，第 79 頁。

〔註88〕《劉香寶卷》，周燮藩主編，濮文起分卷主編：《中國宗教歷史文獻集成：民間寶卷》第十四冊，合肥：黃山書社，2005 年版，第 3 頁。

〔註89〕〔法〕E・涂爾幹著，林宗錦，彭守義譯：《宗教生活的初級形式》，北京：中央民族大學出版社，1999 年版，第 357 頁。

之報。若前世爲人，敬重佛法僧三寶，裝佛貼金、修橋鋪路、齋僧布
施、周濟貧窮、戒殺放生、持齋把素、看經念佛，下世得清福報，成
佛作祖成神；得紅福報，爲官爲相富貴榮華、堆金積玉、兒孫仁孝、
福祿隨心、萬事如意。這些都是前生積善之報。〔註90〕

在此番宣講中，老尼姑從兩個方面講解了佛教業報輪迴的理論：若眾生在世
間作諸惡業，死後定會在各種地獄受盡苦痛，來生轉世爲畜生或身體殘缺之
人，受世間諸苦，不得解脫；如果在世間行諸善行、敬信佛法，來世則得清
福報、紅福報，享盡各種榮華富貴。這番勸懲結合的說教一則是爲了引出下
文，一則是爲了勾起聽眾的興趣。所以老尼姑講完這段後，便有信眾請教何
爲因果，老尼姑再接著宣講。因此，很可能有時候宣卷者在宣講時並沒有固
定要講哪一種寶卷，而是隨著信眾的發問隨機演唱。

而在《大乘金剛寶卷》中，勸善的宣講則是以另外一種方式進行。寶卷
提到明心了潔菩薩看見眾生在秤桿抽腸地獄受其苦報，

善哉菩薩乃問馬面夜叉：「這等罪人，因甚受此罪？」夜叉答言：
「他在陽間訛詐官吏財物，搶奪他人牛馬，眾人共活殺分吃。喜樂
飲酒欺母。」善哉菩薩白佛言：「世尊，一切眾生受罪已盡，可得出
離地獄不？」佛告菩薩：「善哉！眾生出離苦報，還復受形，落在虎
狼之類，五百劫不得出期。」菩薩又白佛言：「眾生受苦，有何方便，
得脫苦輪？」佛言：「若有眾生，能發善心，持齋戒酒，舉誦金剛金
卷，可得人身。」〔註91〕

菩薩見地獄中受苦之眾生，便問夜叉等陰間鬼卒因何如此，鬼卒回答是因爲這些
人在陽間作了各種惡事，故此受諸惡報；菩薩又向佛陀請教此等眾生能否解脫，
佛陀告知須得發善心、行善行、持齋念經，方可轉世爲人。於是，通過諸位菩薩
在各地獄中之所見，以及和眾鬼卒以及佛陀的對話，一幅地獄全景圖便呈現在聽
眾面前。對聽眾來說，這一張張恐怖的地獄畫面不惟是一種恫嚇，更是一種勸誡，
世人若不想在地獄受苦，那今世就得大發善心、廣行善行、多積陰德，來世才能
得人天福報。「由此可見，寶卷在其發展的第一階段，即已具有了勸善功能；並

〔註90〕 《劉香寶卷》，周燮藩主編，濮文起分卷主編：《中國宗教歷史文獻集成：民
間寶卷》第十四冊，合肥：黃山書社，2005 年版，第 4 頁。

〔註91〕 《大乘金剛寶卷》，王見川、林萬傳主編：《明清民間宗教經卷文獻》（第一冊），
臺北：新文豐出版公司，1999 年版，第 88～89 頁。

因為其佛教出身，自然地將此功能的實施與佛教中最為普通民眾接受、信仰的果報、地獄之說糅合，以增加其聳動人心、勸誘規誡之力。」〔註92〕

寶卷所宣揚的善不僅僅是佛教的善，也有儒家色彩的善，這方面表現得最明顯的是《香山寶卷》。妙善公主是妙莊王的三女兒，從小虔誠奉佛，因為沒有遵從父王的意願和兩個姐姐一樣招了駙馬，而是到了白雀寺出家，妙莊王非常憤怒，率兵攻打白雀寺，將僧尼一概燒死在寺內，妙善公主也被殺害。因為虔心信佛，僧尼等都往生淨土，妙善公主則轉生為觀世音，修行於香山。妙莊王多行不義，身染怪病，幸得妙善公主將自身手眼施捨，才得痊癒。在妙善公主的感召下，妙莊王覺悟前行之非，於是出家修行，普度眾生。這是一個宣揚佛教理論和儒家孝道思想的故事。「表彰妙善為宗教而獻身的殉教精神，是這部寶卷的主導思想；同時，他又通過妙善自割手眼為父療疾這種常人難以做出的孝行，適應了中國世俗社會要求的孝道。」〔註93〕因此，妙善公主的故事出現後，就被民間廣泛傳唱，各種改編故事也紛紛出現，「對在中國民間傳播觀音信仰起了很大的作用」〔註94〕。而妙善公主的故事之所以能在中國民間廣泛傳播，並非僅僅是因為其宣揚了佛教勇於犧牲自我的宗教精神，而是它體現了中國傳統的孝道思想，特別是對父親的孝。孝道是中國傳統的倫理核心，一直以來，儒家都在和佛教就後者是否違背中國孝道倫理的問題爭論不休。而佛教則極力地從佛教經典、高僧故事中挖掘佛教孝道的理論，甚至不惜為此偽造提倡孝道的所謂佛教「疑偽經」如《父母恩重經》等，以期調和儒釋之間的關係。高僧大德也紛紛著文闡發佛教孝道思想，北宋契嵩專門寫了一篇《輔教編》的文章，以佛教觀點闡述孝道。而《香山寶卷》即是這一爭論的又一「調味劑」。在《香山寶卷》中，儒家的孝道通過妙善公主施捨手眼救治父王這種方式表現出來。事實上這種方式雖然極端，卻是中國傳統社會極力宣揚的主題。「王祥臥冰」、「郭巨埋兒」等二十四孝故事無一不是以一種極端的方式來表現對父母的孝。妙善公主施捨手眼救父的舉動正好迎合了這種對父母的行孝。而這種行孝最後又統一於感化父親，共同出家修道的佛教倫理之下。因此，《香山寶卷》將儒家孝道和佛教孝道統一起來，又通過一遍遍的宣講將這種觀念作了固化。

〔註92〕陸永峰：《論寶卷的勸善功能》，《世界宗教研究》2011年第3期，第170頁。
〔註93〕車錫倫：《明代的佛教寶卷》，《民俗研究》2005年第1期，第76頁。
〔註94〕車錫倫：《明代的佛教寶卷》，《民俗研究》2005年第1期，第78頁。

　　總之，在因果報應、地獄輪迴等佛教理論的支撐下，寶卷講唱者通過宣講各種佛教故事，將佛教戒殺放生、持齋把素、信佛念經等觀念作了闡發。與此同時，寶卷對諸如孝道等儒家倫理思想也作了宣揚，並將這些儒家倫理與佛教業報輪迴等理論巧妙地結合在一起。甚至可以這麼說，儒家孝道的理論被納入到了佛教業報輪迴的體系當中。因爲「寶卷更貼近信眾的信仰生活，滿足他們的信仰需求」〔註95〕，佛教的基本理論便通過諸如寶卷這些貼近民眾生活的媒介一點點滲透到民眾生活當中。這就像有些學者所總結的：「可以說，從佛教經典到文人小說，再到寶卷傳唱，便是地獄信仰自上而下逐步普及的過程。」〔註96〕其實何止是地獄信仰，佛教其他理論的普及未嘗不是通過類似的方式逐步實現的。

三、寶卷的宣講

　　前面已經論及，寶卷淵源於俗講，最初是在佛教法會道場中講唱，具有懺法的性質。在羅清《五部六冊》之《大乘苦功悟道經》中就有「不移時鄰居家中老母亡故，眾僧宣念《金剛科儀》」的記載〔註97〕。可見宣卷的目的是爲了度亡。在《金瓶梅》中有一段尼姑在西門慶家演唱寶卷的描述：

　　　　月娘因西門慶不在，要聽薛姑子講說佛法，演頌《金剛科儀》。在明間內安放一張經桌兒，焚下香，薛姑子與王姑子兩個對坐，妙趣、妙鳳兩個徒弟立在兩邊，接念佛號。大妗子、楊姑娘、吳月娘、李嬌兒、孟玉樓、潘金蓮、李瓶兒、孫雪娥和李桂姐，眾人一個不少都在跟前圍著他坐的，聽他演誦。……被月娘瞅了一眼，說道：「拔了蘿蔔地皮寬，交他去了，省的他在這裡跑兔子一般。原不是聽佛法的人。」這潘金蓮拉著李瓶兒走出儀門，因說道：「大姐姐好幹這營生，你家又不死人，平白交姑子家中宣起卷來了。」〔註98〕

〔註95〕車錫倫：《寶卷的形成及其演唱形態》，《敦煌研究》2003年第2期，第103頁。

〔註96〕張靈、孫遜：《小說『入冥』母題在寶卷中的承續與蛻變》，《上海師範大學學報》（哲學社會科學版）2012年第2期，第67頁。

〔註97〕參見《五部六冊》，雍正七年合校本，王見川、林萬傳主編：《明清民間宗教經卷文獻》（第一冊），臺北：新文豐出版公司，1999年版，第133頁。

〔註98〕〔明〕蘭陵笑笑生撰：《金瓶梅詞話》第五十一回，香港太平書局，1981年版，第1361～1367頁。

這裡演唱的也是《金剛科儀》。車錫倫先生因此推論：「這也說明，這部科儀一般是在薦亡法會上演唱的。」〔註99〕車錫倫先生的推論依據是這次宣卷的地點與以前不同，是安排在「明間」。但由此就推斷《金剛科儀》是用在法會上演唱的似乎略顯不妥。在《金瓶梅》第四十回有一段月娘和王姑子的對話：

> 月娘道：「這師父是男僧女僧？在那裡住？」王姑子道：「他也是俺女僧也。有五十多歲，原在地藏庵兒住來，如今搬在南首法華庵兒做首座。好不有道行，他好少經典兒，又會講說《金剛科儀》各樣因果寶卷，成月說不了，專在大人家行走。要便接了去，十朝半月不放出來。」月娘道：「你到明日請他來走走。」〔註100〕

王姑子向月娘推薦有薛姑子，說其擅長宣講《金剛科儀》，月娘便有意請去演唱。聯繫到前一段月娘厭惡潘金蓮，說其「原不是聽佛法的人」；潘金蓮出門後抱怨月娘「平白交姑子家中宣起卷來了」的情景，很顯然，潘金蓮並不是因為宣唱的曲目是《金剛科儀》才有如此言語，她指的是整個宣卷活動，而不是宣唱的內容。因此，這裡的《金剛科儀》只是作為當時有名的一個寶卷被指代了其他寶卷，其自身卻並非專門用在度亡儀式上演唱。這恰好也從另一個側面證明，當時確實有在度亡法會上宣唱寶卷的情況。李開先《林沖寶劍記》中就提到林沖岳母去世，妻子張貞娘請僧人為其母度亡：

> （末上白）：「僧家不與俗人同，方便慈悲是本宗。要使一真元不染，須知四大本來空。徒弟何在？」

> （見介，末白）：「娘子、小姐焚香，貧僧宣卷。」〔註101〕

總之，當時度亡儀式上一般是要宣唱寶卷的。

除了在法會儀式上演唱宣卷外，民間也經常將宣唱寶卷作為一種娛樂活動。在《金瓶梅》中，月娘經常邀請尼姑到家裏來宣唱寶卷。書中第三十九、四十、五十一、五十七、八十三、九十五回都有描寫尼姑宣唱寶卷的情形。這些在家婦女閒來無事，一則可以消磨時光，二則這也是對她們空乏的精神

〔註99〕 車錫倫：《中國寶卷的形成及其演唱形態》，《敦煌研究》2003 年第 2 期，第98 頁。

〔註100〕〔明〕蘭陵笑笑生撰：《金瓶梅詞話》第四十回，香港太平書局，1981 年版，第 1057 頁。

〔註101〕〔明〕李開先撰：《林沖寶劍記》卷下，《續修四庫全書・集部・戲劇類》第1774 冊，上海：上海古籍出版社，2013 年，第 298 頁。

生活的一種慰藉。在這些人當中，除了月娘信奉佛教，是出於信仰的需求聽宣卷外，其餘的人都只是爲了打發無聊的閨中生活而已，因爲這幾乎是她們所能接觸到的唯一的精神食糧了。因此，一些大戶人家便請了薛姑子那樣的尼姑，常年住在家裏，隨時宣講。《醒世恒言》中有一個「金海陵縱慾亡身」的故事，就講海陵爲了勾引到貴哥，請女待詔幫忙計劃。

> 女待詔道：「黃昏時候老爺把幅巾籠了頭，穿上一縷衣，只說夫
> 人著婆子請來宣卷的尼姑。從左角門進去，萬無一失。」海陵笑道：
> 「這婆子果然是智賽孫吳、謀欺陸賈，連我也走不出這個圈套了。」
> 〔註102〕

化裝成宣卷的尼姑去偷情，只能說明平時尼姑進出府邸非常頻繁，大家都已經習以爲常了。

　　寶卷的宣講很多時候是在西門慶這樣的大戶人家舉行。儘管如此，寺院仍然是宣卷的主要場所。《劉香寶卷》中劉香女隨眾人去聽老尼姑講說因果，就是在寺廟裏進行的。這種講說一般是逢初一、十五日，或者是佛、菩薩聖日，寺裏僧尼就會宣講寶卷。這成了一種慣例，每當此時，信眾便聚集到寺廟聽師父宣講。《劉香寶卷》中福田庵的老尼姑便是「每逢初一、月半之日，講談佛法因果，勸化世間男女人等」〔註103〕。當然宣講並非都只是限定在初一、十五進行，如前所述，寶卷的一個主要功能是勸善化俗，因此只要時機合適，隨時都可以宣講。宋濂《佛心普濟禪師自緣公塔銘》有載：

> 元季政亂，海上兵動，烽火漲天，三閣與寺皆鞠爲茂草。師盡
> 然傷心，又以興復爲己任，持缽行化聚落中，隨其地建華嚴傳經之
> 會，演說因果。屠沽爲之易業，於是施者四集。〔註104〕

普濟禪師四處行化，所到之處就建立傳經法會，又廣演宣卷，民風爲之一變。像這一類以勸善爲目的的宣卷一般是不會限定在某個特定的時間和地點，甚至演說形式也不嚴肅，是以一種活潑，甚至略帶戲謔的形式進行。王世貞《吳郡北寺重修九級浮屠記》中就記載了一位僧人演說宣卷時的情形：

〔註102〕〔明〕馮夢龍編：《醒世恒言》，海口：海南出版社，1993年版，第393頁。
〔註103〕《劉香寶卷》，周燮藩主編，濮文起分卷主編：《中國宗教歷史文獻集成：民間寶卷》第十四冊，合肥：黃山書社，2005年版，第3～4頁。
〔註104〕〔明〕焦竑輯：《國朝獻徵錄》卷一百十八《釋道》，《續修四庫全書·史部·傳記類》第531冊，上海：上海古籍出版社，2013年，第645～646頁。

> 有山僧性月者，清淨少欲，精勤自勵。……小間即爲廣說因果。
> 辯辭泉湧，或戟雙肘，或翹一足，猿跂鳥掛，踔屬若飛。嘗一傾滑
> 而墜，眾謂立糜碎矣。去地丈許，暫騰而上，尋理舊談，面不改色，
> 乃共咋指，以爲神人。〔註105〕

在僧眾修建寺廟的間隙，性月禪師就爲大家演說因果。其手舞足蹈、文辭泉湧的形象活脫脫就是一現代小品演員，從大家對他讚歎有加的態度上可以看出，這種形式的宣卷是廣受歡迎的。

除了寺廟和大戶人家之外，在村莊公共區、進香途中也會宣唱寶卷。明嘉靖年間徐憲忠《吳興掌故集》卷十二《風土類》有云：「近來村莊流俗，以佛經插入勸世文俗語，什伍相聚，相爲唱和，名曰：『宣卷』。」這種情況之普遍，以至於成了一種風俗。明人黃洪憲也說：「婦女績麻闢纑，紉箴刺繡，精女紅者甚多。然或垂綃戴勝，袚服靚妝，出其閨閣，拈香寺觀中，亦有十五聚群，喧揚佛偈，名曰宣卷，不有屬禁。」〔註106〕可見這種三五成群宣講寶卷的參與者主要是婦女。與前面大戶人家直接把僧尼請到家裏宣卷的情況不同，尋常百姓沒有那麼多財力，就只能聚在一起，大家相爲唱和。民間宗教興起後，這種聚集在一起宣卷的情況就更多了。「近世聚優男女雜坐，墮珥遺簪演劇宣卷，民叫囂無日夜，酗飲腥臊之氣徹天。」〔註107〕除了三五成群聚在一起宣卷，進香途中也會宣唱寶卷。《型世言》中記載萬曆年間，蘇州崑山縣陳鼎彝和妻子周氏往杭州進香，途中遇見親戚，「便把船鑲做一塊，歸家便送些團子、果子過來。這邊也送些烏菱、塔餅過去。一路說說笑笑打鼓篩鑼，宣卷念佛。早已過了北新關，直到松木場，尋一個香蕩歇下」。〔註108〕

宣卷者一般是僧尼。在寺院宣講寶卷者自然是僧尼，被大戶人家請去宣講的也是僧尼，如《金瓶梅》中提到的王姑子、薛姑子等人。馮夢龍《古今小說》中也描寫了和尚被請去宣卷的情形。

〔註105〕〔明〕王世貞撰：《弇州山人四部續稿》卷六十二《文部》，《景印文淵閣四庫全書・集部・別集類》第1282冊，臺北：臺灣商務印書館，1983年，第807頁。

〔註106〕〔明〕黃洪憲撰：《碧山學士集》卷九，《四庫禁燬書叢刊・集部》第30冊，北京：北京出版社，1997年，第269頁。

〔註107〕〔清〕畢振毅撰：《西北之文》卷十一，《山右叢書初編》（十二），太原：山西人民出版社，1986年，第二面。

〔註108〕季羨林等整理出版：《韓國藏中國稀見珍本小說》第五卷《奎章閣藏本型世言》，北京：中國大百科全書出版社，1997年版，第166頁。

這日正值柳翠西湖上游耍剛回，聽得化緣和尚聲口不俗，便教

丫鬟喚入中堂，問道：「師父你有何本事，來此化緣？」法空長老道：

「貧僧沒甚本事，只會說些因果。」〔註109〕

可見，這時期的很多僧尼幾乎是專職宣講寶卷，除此之外，他們別無其他技

能。明人郭勳所輯《雍熙樂府》中有一段唱詞：

看官每笑我滾繡球，你看那，傀儡棚、乾咠和、沒底竿、寒水

磨，這的都是俺樂官家勸人因果，我將這幾般兒比論的並不差訛。

〔註110〕

因此，樂家也加入到宣卷的行列中。

除了僧尼和樂家之外，說書人也是宣卷的一股力量。凌蒙初《二刻拍案

驚奇》就有載：「看官聽說：從來說的書不過談些風月，述些異聞，圖個好

聽；最有益的，論些世情，說些因果，等聽了的觸著心裏，把平日邪路念頭

化將轉來。這個就是說書的一片道學心腸，卻從不曾講著道學。」〔註111〕

本來俗講、變文在宋代就是在瓦子裏被說書人講唱的，寶卷出現後，說書人

自然也會採用這一新的講唱形式。這以上幾類都是相對專業化的寶卷宣講，

此外民間還有業餘的寶卷宣唱者。像前面提到的婦女三五成群宣講寶卷，以

及陳鼎彝和妻子周氏往杭州進香，在船上一路宣卷念佛，就都是民間自發的

寶卷宣講行爲，並沒有僧尼和樂家或說書人的參與。正是因爲這些宣講的非

專業性，造成寶卷在藝術性上的低劣，所以祁彪佳在《遠山堂曲品》中就說：

「演說因果止堪入村姑牧豎之耳，內多自撰曲名，且以北曲犯入南曲，大堪

噴飯。」〔註112〕

總之，宣講寶卷者不僅有僧尼、樂家、說書人，甚至普通民眾都加入到

宣卷的行列；宣講的地點也超出了寺廟的限制，村莊社區、大戶人家也成爲

宣卷的場所；宣卷的目的除了出於信仰的需要和用於度亡外，更多是作爲一

種滿足精神生活的娛樂活動。

〔註109〕〔明〕馮夢龍撰，魏同賢主編：《馮夢龍全集》第一冊，南京：鳳凰出版社，
　　　　2007年版，第435頁。
〔註110〕〔明〕郭勳輯：《雍熙樂府》卷三，《續修四庫全書‧集部‧曲類》第1740
　　　　冊，上海：上海古籍出版社，2013年，第398頁。
〔註111〕〔明〕凌蒙初撰：《二刻拍案驚奇》，海口：海南出版社，1993年版，第183頁。
〔註112〕〔明〕祁彪佳撰：《遠山堂曲品》，《中國古典戲曲論著集成》（六），北京：中
　　　　國戲劇出版社，1959年，第106～107頁。

第三節　善書的刊刻和流行

　　寫作善書並不是目的，將其傳播開來，使更多人受其影響才是最終目的。因此，善書的刊刻和流行就顯得異常重要。本來寶卷的宣講就是善書的一種流通方式，它通過宣卷人將文字材料轉換爲語音向聽眾講說，從而達到傳播的目的。戲劇的搬演也是同樣的道理，只不過戲劇更爲具體生動，觀眾也能親身參與其中，從而增強其感染力。站在受眾者的角度來說，這兩種流通方式都是受眾者被動接受（在戲劇表演中有一些主動參與的成分），從而與主動參與其中的方式相區別開來。善書的刊刻和流通正是信眾主動參與其中的一種方式。這一節是專門對這一情形作介紹，至於寶卷的宣講在前一節已經論述，而戲劇的搬演則放到後面章節再作闡發。

　　佛教將誦持、抄寫經書視爲一種修行法門，向來重視經典的抄寫和流通。《妙法蓮華經》就說：

> 爾時佛告常精進菩薩摩訶薩：「若善男子、善女人，受持是《法華經》，若讀、若誦、若解說、若書寫，是人當得八百眼功德、千二百耳功德、八百鼻功德、千二百舌功德、八百身功德、千二百意功德，以是功德莊嚴六根，皆令清淨。〔註113〕

可見，通過這種抄寫經書的方式也能得到各種殊勝功德。在這種思想的影響下，出現了眾多抄寫經書，甚至抄寫血經的例子。當印刷術流行後，刊刻便逐漸取代抄寫，成爲佛教經典流行的主要源頭。而佛教善書一經出現，便沿襲了佛教抄寫經書的慣例，極力宣揚刊刻、傳抄佛教善書可得善果。雲棲袾宏在《自知錄》之「三寶功德類」下就有關於刊刻、印施大乘經、律、論，以及自己著述編輯正法文字而得善功的記載。

　　遵照葉德輝《書林清話》中的分類，學界一般將古代的刻書機構分爲官刻、坊刻和私刻三類。在《書林清話》中，葉德輝說：「書籍自唐時鏤板以來，至天水一朝，號爲極盛。而其間分三類：曰官刻本，曰私宅本，曰坊行本。」〔註114〕實際上這三類分屬兩種刻書系統，一種是官府系統，即所謂官刻本；另一種是民間系統，私刻本和坊行本即屬此類。而在民間系統中，由於坊行

〔註113〕　〔姚秦〕鳩摩羅什譯：《妙法蓮華經》卷六《法師功德品》，《大正藏》第 9
　　　　　冊，第 47 頁。
〔註114〕　葉德輝著：《書林清話》，北京：中華書局，1957 年版，《書林清話敍》第 1
　　　　　頁。

本是由專門的印書機構如經鋪等印刷，而私刻並非專職印刷書籍的機構，只是偶而爲之，坊刻相比於私刻較爲系統，故此包括葉德輝在內的學者又將其區分開來，由此分成三種刻書機構。在這裡，我們對善書刊刻機構的分類也採用這種分類形式，力圖盡可能準確而詳細地將明代善書的刊刻和流通情況作一論述。

一、官　刻

所謂官刻即是指由政府主導刻印書籍的形式。明朝建立之初，非常重視文化建設，對書籍出版一事尤爲重視。「洪武元年八月，除書籍、田器稅。」〔註 115〕在開國之初，朱元璋就免除了書籍稅和田器稅，爲的就是發展農業和文化。《明史・食貨志》中也記載說：

> 關市之征，宋元頗煩瑣。明初務簡約，其後增置漸多，行齎居
>
> 鬻，所過所止各有稅。其名對象析榜於官署，按而征之，惟農具、
>
> 書籍及他不鬻於市者勿算。〔註 116〕

這種優待政策無疑極大地促進了書籍的編寫、刊刻和流通。

明代官刻機構主要有中央政府和各藩府，中央政府的刻書機構又分爲司禮監和南北二國子監。雖然同爲官方刻書機構，但「綜論明代中央政府的刻書出版，從其盛衰情形來看，大致分爲前後兩期，前期以司禮監刻書爲主……，正統朝以降漸趨寥落，乏善可陳；後期以南北二國子監刻書爲主」〔註 117〕。國子監和司禮監所刻之書是有分別的。《明宮史》記載：

> 司禮監：掌印太監一員，秉筆隨堂太監八九員，或四五員……
>
> 又經廠掌司四員，或六七員，在經廠居住，只管一應經書印板，及
>
> 印成書籍佛藏、道藏、番藏皆佐理之。〔註 118〕

可見，經廠是司禮監下屬的刻書機構，佛教、道教、藏傳佛教以及與此有關

〔註 115〕〔清〕龍文彬撰：《明會要》卷二十六《書籍》，《續修四庫全書・史部・政書類》第 793 冊，上海：上海古籍出版社，2013 年，第 199 頁。

〔註 116〕〔清〕張廷玉撰：《明史》第七冊，北京：中華書局，1974 年版，第 1974 頁。

〔註 117〕張璉著：《明代中央政府出版與文化政策之研究》，潘美月、杜潔祥主編：《古典文獻研究輯刊》（二編）第三冊，臺北：花木蘭文化出版社，2006 年版，第 87 頁。

〔註 118〕〔明〕呂毖撰：《明宮史》卷二，《景印文淵閣四庫全書・史部・政書類》第 651 冊，臺北：臺灣商務印書館，1983 年，第 619 頁。

的經書刊刻都由其專門負責。按司禮監刻書之始似乎是在永樂年間，《明太宗實錄》有載：

> 永樂七年二月……上出示一書，示翰林學士胡廣等……廣等遍覽畢，奏曰：「帝王道德之要，備載此書，宜與《典》、《謨》、《訓誥》並傳萬世，請刊以賜。」上曰「然。」遂命《聖學心法》，命司禮監刊印。〔註119〕

這是現在所知關於司禮監刻書的最早記載。此後，司禮監便掌管了中央政府的出版事務。有學者指出：「明代官刻比前代較為發達，且首開『內府刻書』之先河，由司禮監主持，這和明代倚重宦官有直接關係，他們不僅把持朝政，也掌握了國家主流出版、傳播機構。」〔註120〕事實的確是這樣，繆永禾先生在《明代出版史》一書中說到：「明朝統治者信佛又佞道，多次刻印佛道經書。其中規模最大的『三藏』都是皇太后倡議，後由經廠完成的。刻成後遍賜給國內的佛寺道觀，還送給周邊國家。」〔註121〕有明一代，共刻了五部漢文大藏經，有三部都是官刻，分別刻於南京和北京，都由司禮監完成。有些太監甚至自己出錢刊印藏經，施捨給寺院，鄭和下西洋時就曾施造佛經多部，捐給了寺廟。佛教善書出現後，其刊刻和流通也得到了太監的支持。嘉靖七年版的寶卷《銷釋金剛科儀》，在卷末的題記中就載明了其是由「佛信官尚膳監太監」捐造，與其同時刊造的還有《目連卷》、《彌陀卷》等共十六部寶卷。很顯然這些寶卷的刊造是由司禮監下屬的經廠完成，換句話說，司禮監承擔了明代佛教寶卷的官方刊造事務。以下我們就以仁孝皇后《勸善書》的刊造為例，介紹明代善書的官刻情況。

明仁孝皇后徐氏，是明成祖的皇后，開國元勳徐達的長女。仁孝皇后曾仿《女憲》、《女誡》作《內訓》二十篇，規範後宮言行，

> 復採儒、道、釋嘉言善行，類編《勸善書》示皇太子、諸王，而戒之曰：「積善如登山，久必高；積惡如穿坎，久必陷。」又曰：「為善如夜就旦，漸睹天日；為惡如旦就夜，漸入幽昏明。」〔註122〕

〔註119〕《明太宗實錄》卷八十八，第 1161～1162 頁。

〔註120〕高志忠、溫斌：《明代宦官與圖書刊刻考述》，《圖書館理論與實踐》2012 年第 8 期，第 79 頁。

〔註121〕繆永禾著：《明代出版史》，南京：江蘇人民出版社，2000 年版，第 53 頁。

〔註122〕〔明〕何喬遠撰：《名山藏》卷三十《坤則記》，《續修四庫全書‧史部‧雜史類》第 426 冊，上海：上海古籍出版社，2013 年，第 184 頁。

可見仁孝皇后所作之《勸善書》乃是糅合儒、釋、道三教思想於一體，目的在於勸化世人。焦竑《國史經籍志》之「中宮御製」條下也有「高皇后《內訓》一卷、仁孝皇后《勸善書》二十卷」〔註123〕的記載。「中宮」指皇后，意為這些典籍乃皇后制定。二十卷，說明內容不少。仁孝皇后之《勸善書》內容究竟為何，已不可知，但從以上所引之文字仍可看出，它所謂的「儒、道、釋嘉言善行」很可能就是之前已流行的佛道善書所倡導的內容。因此，儘管此《勸善書》並不完全屬於佛教善書，但這裡我們並不分析其內容，而是就其刊刻情況作一討論，多少也能反映明代官刻佛教善書的一些情況。

如前所述，明代官刻的佛道經典文獻是由司禮監完成，仁孝皇后之《勸善書》也在此刊刻印施。呂毖《明宮史》之「內板書數」條下有載：「仁孝皇后《勸善書》，計十本八百七十六葉。」〔註124〕「內板」即指司禮監所刻之書版。《酌中志》卷十八《內板經書紀略》中說：「凡司禮監經廠庫內所藏祖宗累朝傳遺秘書籍曲，皆提督總其事，而掌司監工分其細也。」〔註125〕在這條記載末尾也有「除古本、抄本、雜書不能開編外，按現今有板者譜列於後，即內府之經書則例也……仁孝皇后勸善書十本八百七十六葉」的記載。可見，仁孝皇后之《勸善書》確由司禮監所刊印。

《勸善書》刊成後，由朝廷頒賜天下，賜給各級政府、學校、各藩王，甚至外國。《皇明大政紀》有載：「七月汾州王貢鍐奏求書籍，上以《勸善書》、《為善陰騭》、《孝順事實》與之。」〔註126〕明王朝將《勸善書》作為一種穩定社會秩序的有力宣傳工具，頒賜給各藩王，希望他們引以為戒，努力為善，莫作非分之想，其政治意圖非常明顯。地方政府也是重點頒賜的對象。明代重典治世，建國之初就制定了《大明律》、《大明令》、《御製大誥》等一系列法律文獻，並將其下發到地方，而《勸善書》往往也和這些律法一道成為頒賜給地方的固定文獻。正德《建昌府志》有載：

> 典籍志，志文也。文志其大者，使足徵焉斯可已，若夫雕刻小

〔註123〕〔明〕焦竑輯：《國史經籍志》卷一《制書類》，《續修四庫全書·史部·目錄類》第916冊，上海：上海古籍出版社，2013年，第284頁。

〔註124〕〔明〕呂毖撰：《明宮史》卷五，《景印文淵閣四庫全書·史部·政書類》第651冊，臺北：臺灣商務印書館，1983年，第658頁。

〔註125〕〔明〕劉若愚著：《酌中志》，北京：北京古籍出版社，1994年版，第157頁。

〔註126〕〔明〕雷禮撰：《皇明大政紀》卷十六，《續修四庫全書·史部·編年類》第354冊，上海：上海古籍出版社，2013年，第186頁。

技，固有不足致詳者也。頒降書二十三：《大明律》、《大明令》、《教民榜》、洪武《禮制》、仁孝皇后《勸善書》、《御製大誥》。〔註127〕這些頒賜似乎是定期或不定期地經常進行，如此才能保證地方常年保有這些文獻，用以化導鄉里。此外，明政府也會將《勸善書》頒發給各地方學校。弘治《偃師縣志》有載：「社學在縣治東，久廢，知縣魏津創建前後房各三間，三十六保各建一所。國朝頒降官書、《御製大誥》、《爲善陰騭》、《孝順事實》、大明仁孝皇后《勸善書》、《五倫書》、《周易大全》。」〔註128〕明政府將《勸善書》與各種律法書頒賜給地方政府和學校，一則是申明法紀，防患於未然，一則是化導民眾，民眾廣行善行，社會秩序自然井然。

在明政府的大力推行下，《勸善書》遍及鄉野，甚至達到了每家一本的地步。葉盛曾經回憶其年輕時候的一段故事，頗能反映當時《勸善書》的普及程度。

> 先是先叔父嘗一日對客，坐讀仁孝《勸善書》。時盛垂髫還自塾中旁立侍，叔父初不知盛之稍有知也。他日復對客，偶及《勸善書》某事，取檢未得。盛即請曰：「在第幾卷第幾板。」果然由是。〔註129〕

主客會面，交流讀書心得，讀的竟然是仁孝皇后之《勸善書》，不能不讓人驚歎其普及程度。值得注意的是，明政府除了將《勸善書》頒賜給地方外，還將其納入國家藏書的體系。《文淵閣書目》之「天字號第一廚書目」條下記載有：「仁孝皇后《勸善書》一部十冊完全、仁孝皇后《勸善書》一部五冊闕。」〔註130〕黃佐《南雍志》記載當地所存之《勸善書》時說，其地有「仁孝皇后《勸善書》五十八套六百一十本（今存者六十一部，每部十本，共計六百一十本。舊志雲五十八套，蓋誤）」。〔註131〕「南雍」即是南京國子監。其收藏的《勸善書》竟多達上百本，數量驚人。這樣，從中央館藏到地方學校，從藩王到平民百姓，如此之大的需求量，只能說明當時司禮監刊印《勸善書》

〔註127〕〔明〕夏良勝纂修：（正德）《建昌府志》卷八第 1 頁，《天一閣藏明代方志選刊》，上海：上海古籍書店，1964 年影印。

〔註128〕〔明〕魏津纂修：（弘治）《偃師縣志》卷一第 17 頁，《天一閣藏明代方志選刊》，上海：上海古籍書店，1962 年影印。

〔註129〕〔明〕葉盛撰：《菉竹堂稿》卷八《書草堂詩餘後》，《四庫全書存目叢書‧集部》第 35 冊，濟南：齊魯書社，1997 年，第 318 頁。

〔註130〕〔明〕楊士奇撰，王雲五主編：《叢書集成初編》：《文淵閣書目》（一），商務印書館，1935 年版，第 5 頁。

〔註131〕〔明〕黃佐撰：《南雍志》卷十七《經籍考》，《續修四庫全書‧史部‧職官類》第 749 冊，上海：上海古籍出版社，2013 年，第 417 頁。

的規模巨大，數量眾多，如此才能滿足全國的需求。

　　當然，除了司禮監刊刻之外，藩王和地方刻書機構也加入到刊刻《勸善書》的行列。李致忠先生在《歷代刻書考述》中論述楚藩刻書時候說：「現知其以正心書院名義刻過《大明仁孝皇后內訓》一卷，《興獻皇后女訓》一卷，此本現藏於北京圖書館。」〔註132〕儘管沒有提到刊刻仁孝皇后《勸善書》，但是既然仁孝皇后的《內訓》也在刻書之列，我們有理由相信，當時極有可能也刻印了《勸善書》，只是限於材料，我們無法明確而已。至於地方刻書機構參與刊刻《勸善書》的情況，我們在後面再提及。

　　需要指出的是，明代地方政府機構裏也存在刻書的情況，但他們是否參與了《勸善書》的刊刻，以及在多大程度上參與其中，由於資料所限，我們並不清楚。

　　總的說來，以仁孝皇后《勸善書》為例，我們看到了明代佛教善書的官刻情況，是以司禮監為主導，各藩王和地方刻書機構偶而參與，由此組成的一套體系。所刻之《勸善書》完工後，會下發到各藩王、各地方政府、各級學校，甚至普通民眾的手中。其他官刻佛教善書也是通過這樣的流程頒賜給全國各地。明刊本《銷釋明證地獄寶卷》卷末有這樣的題記：

　　　　當今皇帝業誠重刊印造，太上說玄天大聖眞武本傳神咒妙經一
　　　藏，請送天下名山福地、宮廟禮祀處所，虔誠供奉用延丕祚者，大
　　　明萬曆四十五年歲次丁巳三月三日印施。〔註133〕

正好印證了我們的前述論證。

二、坊　刻

　　所謂坊刻就是由各種非政府的專門刻書機構，如刻經鋪等來完成刻印的一種形式。蕭東發先生指出：「在政府刻書、私人刻書和書坊刻書三大系統中，坊刻不僅興起最早，分佈最廣，數量最多，而且影響最大。官刻和私刻就是在坊刻的基礎上產生發展起來的。」〔註134〕可見坊刻的歷史相當悠久。至明代，坊刻發展到成熟階段，戚福康先生認為明代的書坊已經達到了古代書坊

〔註132〕李致忠著：《歷代刻書考述》，成都：巴蜀書社，1989 年版，第 231 頁。
〔註133〕《銷釋明證寶卷》，馬西沙主編：《中華珍本寶卷》（第一輯）第三冊，北京：
　　　　社會科學文獻出版社，2012 年版，第 578 頁。
〔註134〕蕭東發著：《中國圖書出版印刷史論》，北京：北京大學出版社，2001 年版，
　　　　第 150 頁。

「可能達到的發展最高水平」〔註135〕。繆永禾先生根據杜信孚先生《明代版刻綜錄》一書，統計出明代坊刻單位共有 400 餘家。〔註136〕儘管只是保守估計，但已經是一個不小的數字。需要指出的是，這些坊刻機構大多集中在安徽、福建、蘇杭以及南北兩京一帶，其他省份的坊刻機構只存在於省會城市，如成都等地。

明代的坊刻業務廣泛，據戚福康先生研究，他們主要刊印出版六類圖書：儒家經典及科考之書、醫書、文人詩集、小說、戲典類書籍、啓蒙讀物和日用類書。〔註137〕這裡儘管沒有把佛教善書列入其中，但毫無疑問，佛教善書也是坊刻的一個業務。事實上，在戲曲類書籍中就有一些是屬於佛教善書的範疇。

如前所述，寶卷是明代佛教善書的重要組成部分，而這些佛教寶卷大部分是坊刻的作品。隆慶年間刊印的《銷釋圓通寶卷》卷末有一段題記：

> 隆慶五年十二月内吉日刊造，板在洪大經鋪印行：圓覺卷上，一萬四千七百五十三字；圓覺卷下，一萬二千六百九十二字；萬曆元年三月十五日刊造：大乘寶卷，一萬九百二十六字；顯性寶卷，一萬一千二百一十六字，（中缺）圓行覺，一萬三千一十三字。
>
> 〔註138〕

這段題記給我們提供了幾條信息，首先是寶卷刊刻的日期，如提到了隆慶五年十二月和萬曆元年三月十五日；其次，刊造的寶卷，有《圓覺卷》、《大乘寶卷》、《顯性寶卷》等；第三，也是我們重點探討的，它指明了刊刻的機構，即洪大經鋪。我們並沒有查閱到關於洪大經鋪的具體情況，但是繆永禾先生的一段話卻給我們提供了一些信息。他在《明代出版史稿》中說到：「再有一種是小規模的佛經書，大都是爲宮中各色人等和社會上信佛的人還願而刻的，幾家『經鋪』大都就做這類營生。」〔註139〕這裡所說的「幾家『經鋪』」指的是他前面提到的北京城內的京都高家經鋪、隆福寺等經鋪。可以想見，洪大經鋪也是如京都高家經鋪的性質一樣，是（甚至可能是專門）刻印佛經，

〔註135〕戚福康著：《中國古代書坊研究》北京：商務印書館，2007 年版，第 161 頁。

〔註136〕繆永禾著：《明代出版史》，南京：江蘇人民出版社，2000 年版，第 62 頁。

〔註137〕參見戚福康著：《中國古代書坊研究》北京：商務印書館，2007 年版，第 251～254 頁。

〔註138〕《銷釋圓通寶卷》，馬西沙主編：《中華珍本寶卷》（第一輯）第三冊，北京：社會科學文獻出版社，2012 年版，第 129 頁。

〔註139〕繆永禾著：《明代出版史》，南京：江蘇人民出版社，2000 年版，第 104 頁。

甚至佛教善書的機構。如果我們聯繫到關於明代佛寺、僧人《請經條例》內容的話，那麼我們的這一推測無疑是正確的。

《金陵梵刹志》文末附錄了明代南京禮部議定的藏經規則，裏面有關於僧人請經，以及與經鋪關係的詳細解說。其《條約》下「領號票」一條是這樣規定的：

> 凡請經僧到，不許經鋪前路截搶，聽其逕投禪堂。管經僧即將號簿一本，付與細查，隨意擇取經鋪，看定紙絹，一同到司呈報，並將樣紙一張，樣段或綾、絹各一尺送驗。果係合式，本司即給請經僧、管經僧、經鋪（經匠與經鋪同票）各號票壹紙，仍再給請經僧印信號簿壹本，及經鋪准造告示，於經殿門首領票後，公同到寺交銀。不許私立合同，私自過付。如未經領票，輒先包攬，經鋪重責枷號，管經僧責治。經鋪能互相出首，即准將經給與攬造。請經僧有自願成造，不用經鋪者，逕自同管經僧（經匠與管經僧同票）領票，不許經鋪習難。每月初一日，各經鋪經匠輪一人具依準結，到司查驗。〔註140〕

這是關於請經僧、寺院和經鋪三者之間關係的一則條約。從中可以看出，經鋪是充當「承包商」的角色。請經僧到寺院請經，寺院隨機選取經鋪，將樣品等呈報有司，有司即給請經僧、管經僧和經鋪號票，經鋪取得准許刊造佛經的告示，請經僧將費用交給寺廟。完工後，雙方憑號票交付，經鋪將佛經上交寺廟驗收，合格即從寺廟領取工費，請經僧憑號票在寺廟處領經，交易完成。需要指出的是，這裡禁止經鋪不經過寺廟私自和請經僧訂立合同，否則將嚴懲經鋪和管經僧。之所以這樣，主要是爲了規範請經行爲，防止經鋪「冒濫指勒」、「將紙充絹用」等損害請經僧利益的情形發生。經鋪和寺院之間的這種承包關係並不是常年維持，往往只是一份合同完成即告結束，下一份合同則重新選擇經鋪。這樣的經鋪數量當有不少，《條約》用「隨意擇取」一詞即揭示了寺廟選擇的範圍是較大的。大部分這種經鋪並非由寺廟開設，《條約》下「定寓所」一條有這樣的記載：「往時經僧寓於經鋪，緇俗相混，殊失清規。」〔註141〕即是說請經僧以前住在經鋪，和俗人混雜在一起有違清

〔註140〕〔明〕葛寅亮撰，何孝榮點校：《金陵梵刹志》，天津：天津人民出版社，2007年版，第736頁。

〔註141〕〔明〕葛寅亮撰，何孝榮點校：《金陵梵刹志》，天津：天津人民出版社，2007年版，第736頁。

規，故寺廟在禪堂增加了房間供請經僧居住。

　　以上是按照合法程序完成造經、請經的一套模板。但既然有數量巨大的經鋪，加上除了請經僧之外民間也需要大量的各種佛教文本，如上文提到的爲還願而刻的佛經等，必然會出現大批沒有也不會按照合法程序進行的請經行爲，這些就不是禮部或寺廟所能約束的了。明代佛教寶卷的刊刻大多就屬於這種情況。明萬曆十二年刊刻的《銷釋圓覺寶卷》卷末的題記是這樣寫的：

　　　　銷釋圓覺寶卷終，板在　　　　鋪印造。〔註142〕

這裡在經鋪前面專門留了空白。之所以出現這種情況，很可能是因爲此寶卷的印版屬於某個寺廟，寺廟將其出租給經鋪，經鋪完成刊印後直接在印刷品上補充本經鋪的名字。由於印版可能租給不同的經鋪，在印版上就空出專門的位置，方便補充。也有可能印版是屬於某個經鋪，經鋪也在做出租印版的生意。不管怎樣，這兩種猜測實質都是一樣，也應該是符合實際情況的。當然也不是所有的坊刻都寫明了經鋪。明代改寫的元代寶卷《佛說紅羅寶卷》卷末有這樣的題記：「佛說紅羅寶卷，書林吳仰泉梓行。」〔註143〕這裡只有「書林吳仰泉梓行」，並沒有刊寫某某經鋪印行。事實上「書林」就是指經鋪或坊刻。繆永禾先生指出：「坊刻所出的書，大都表明『書林』字樣。因爲福建建寧有一個書林鎮，專門從事刻書，因此有了這個名字。」〔註144〕也就是說這個版本的《佛說紅羅寶卷》也是由坊刻完成。也有一些寶卷並沒有載明某某經鋪或書林刊印。如萬曆十二年刊本《銷釋顯性寶卷》卷末題記是這樣的：

　　　　定西侯蔣建元，勳衛蔣承勳，永康侯徐文祥，勳衛徐應坤，安鄉伯張融（？），勳衛張世恩，大（？）人朱門李氏，朱門傳氏，男朱應（？），大（？）人朱門蔣氏，男錦衣衛百戶朱時澤，同工發心重刊印行。〔註145〕

這裡除了發起刊印人之外，並無由哪家經鋪刊刻的記載。從這些發起人的身份來看，都是侯、勳、伯、錦衣衛之類的人物，自然是有身份的人。儘管如

〔註142〕《銷釋圓覺寶卷》，馬西沙主編：《中華珍本寶卷》（第一輯）第一冊，北京：社會科學文獻出版社，2012 年版，第 726 頁。
〔註143〕《佛說紅羅寶卷》，馬西沙主編：《中華珍本寶卷》（第一輯）第七冊，北京：社會科學文獻出版社，2012 年版，第 244 頁。
〔註144〕繆永禾著：《明代出版史》，南京：江蘇人民出版社，2000 年版，第 61 頁。
〔註145〕《銷釋顯性寶卷》，馬西沙主編：《中華珍本寶卷》（第一輯）第六冊，北京：社會科學文獻出版社，2012 年版，第 142 頁。

此，他們以個人名義刊刻寶卷本屬非政府行為，想要在司禮監、工部等國家機構刊刻印刷似也不太可能。他們倒是符合前述繆永禾先生提到的北京城內幾家經鋪的常客——宮中各色人等的身份。因此，儘管沒有載明經鋪或書林，這本《銷釋顯性寶卷》極有可能也是在書坊刊刻完成。實際上這種專刻佛經的經坊是比較多的。明摺本《銷釋牟尼覽集寶卷》卷首有一段經鋪的廣告語：

> 北京老黨六家經鋪，移在正陽門豬市口往東，坐南朝北，門前
> 有白牌黑字，上有金錢為記，便是黨六家。誠心印造佛道諸品經卷，
> 新刊經板，大字高紙，棉緞成裏，不誤主顧，如有請經……〔註146〕

這則廣告語明確告訴我們這家經鋪就是專門印造佛道經典的，最近搬了地址，為了讓老主顧找到新地方，專門在刊刻的寶卷上刊印了這則告示。有學者還提到：「明代洪武年間在杭州眾安橋有一家楊姓刻經鋪，至少刻印過《金剛般若波羅蜜經》等五種經書。」〔註147〕可以想見，類似的佛教善書的刊刻當不在少數。

　　明清時期，市民階層興起，段玉明先生總結說：「明清時期市民社群不僅在數量上大大倍於前代，……而且在結構上遠遠繁於宋元。」〔註148〕在資本主義萌芽的刺激下，這些市民的生活水平有了大幅提升，識字水平明顯提高，對書籍的渴望也愈發強烈。儘管如此，他們的文化水平卻參差不齊，固然有一些是被強行拋入市民社群中的文人學士和沒落官宦，但更多的卻是只認識字的普羅大眾。「他們希望從圖書中認識世界和社會，尋求人生的真諦和倫理準則，解決他們思想、生活、職業上的種種問題，他們是出版業面臨的新的讀者群。」〔註149〕繆永禾先生列舉了六種這些讀者所需要的圖書，其中一種即是「因果報應、勸善、迷信、黃色圖書」〔註150〕。可見，宣揚因果報應的佛教勸善書是市民群體普遍關注的一類圖書，也是出版者著力推出的出版物之一。這些佛教勸善書有小說，也有戲曲。胡應麟曾將小說家分為六種：志怪、傳奇、雜錄、叢談、辯訂、箴規，而「一曰箴規，《家訓》、《世範》、《勸

〔註146〕《銷釋牟尼覽集寶卷》，馬西沙主編：《中華珍本寶卷》（第二輯）第十七冊，北京：社會科學文獻出版社，2012年版，第146頁。
〔註147〕李鵬著：《中國古代圖書出版營銷研究》，北京：學習出版社，2013年版，第157頁。
〔註148〕段玉明著：《中國市井文化與傳統曲藝》，長春：吉林教育出版社，1992年版，第252頁。
〔註149〕繆永禾著：《明代出版史》，南京：江蘇人民出版社，2000年版，第385頁。
〔註150〕繆永禾著：《明代出版史》，南京：江蘇人民出版社，2000年版，第385頁。

善》、《省心》之類是也」〔註151〕。呂天成《曲品》卷下也將傳奇題材概括爲
六個門類：一曰忠孝，一曰節義，一曰風情，一曰豪俠，一曰功名，一曰仙
佛。〔註152〕而忠孝節義、功名和仙佛很多時候是連在一起的。劉天振先生說：
「明清曲選所宣揚的許多倫理規範更確切地說屬於民間日常生活倫理，表達
基層民眾樸素生活理念和爲人處事的規範，……宗教劇搬演的善惡必報、行
善積德故事，等等。」〔註153〕可見勸善本就是明代小說家創作的主題之一，
也是當時戲曲所宣揚的主旋律。在這方面，鄭之珍本《新編目連救母勸善戲
文》的刊刻可以說是極好的例子。

關於鄭之珍作《新編目連救母勸善戲文》的情況，將放在後文再作闡發，
這裡只論述《新編目連救母勸善戲文》的刊刻情況。自《新編目連救母勸善
戲文》編成後，很多書坊都有過刻本，現在所知的明代刻本至少有萬曆十年
（1582）的高石山房本、萬曆年間的金陵富春堂本和晚明或清初的種福堂本
（均藏於北京圖書館，當初鄭振鐸先生也有藏本）。而最早將《新編目連救母
勸善戲文》刊刻出來的是安徽歙縣虯村的黃鋌。

正如鄭振鐸先生所說：「萬曆時代的出版中心，除南北兩京、杭州、建安
諸地之外，新興的主要地方是安徽的歙縣和南直隸的蘇州，這兩個地方的出
版事業突然異常繁榮起來。」〔註154〕特別是安徽徽州地區，以其精美絕倫的
木刻畫成爲中國古代刻書業中的一顆璀璨明珠，鄭振鐸先生用「徽派木刻畫
家們是構成萬曆的黃金時代的支柱。他們是中國木刻畫史裏的『天之驕子』」
〔註155〕一語來稱讚徽派刻工。鄭振鐸先生此語一點都不爲過，明人胡應麟就
說過：「余所見當今刻本，蘇常爲上，金陵次之，杭又次之。近湖刻、歙刻驟
精，遂與蘇常爭價。」〔註156〕由此可見歙縣的刻本在當時就已名動四方。而

〔註151〕〔明〕胡應麟著：《少室山房筆叢》丙部《九流緒論下》，上海：上海書店出
　　　　版社，2001年版，第282頁。
〔註152〕參見〔明〕呂天成撰：《曲品》，《中國古典戲曲論著集成》（六），北京：中國
　　　　戲劇出版社，1959年版，第323頁。
〔註153〕劉天振著：《明清江南城市商業出版與文化傳播》，北京：中國社會科學出版
　　　　社，2011年版，第86頁。
〔註154〕鄭振鐸著：《中國古代木刻畫史略》，上海：上海書店出版社，2010年版，第
　　　　56頁。
〔註155〕鄭振鐸著：《中國古代木刻畫史略》，上海：上海書店出版社，2010年版，第
　　　　96頁。
〔註156〕〔明〕胡應麟撰：《少室山房筆叢》甲部《經籍會通四》，上海：上海書店出
　　　　版社，2001年版，第44頁。

在徽州的刻書行業中，黃氏一族又是其中的佼佼者。吳承恩的《狀元圖考》曾這樣稱讚黃氏刻工：「繪與書雙美矣，不得良工，徒爲災木。屬之剞劂，即歙黃氏諸伯仲，蓋雕龍手也。」〔註157〕

　　黃氏的代表作即是《新編目連救母勸善戲文》，刊於萬曆十年（1582），前述高石山房本指的就是這個刻本。「高石」是鄭之珍的號，鄭氏自稱爲高石山人，《新編目連救母勸善戲文》編成後，鄭之珍將其交由黃鋌刊刻，故稱爲高石山房本。黃氏一族世代爲刻工，子承父業。據《黃氏宗譜》載，黃氏一族從正統年間到清道光年間都有從事刻工者，有名可考者達四百人之多。黃鋌祖父黃（永）晨，父親黃（仕）碧都是從事刻書業，都曾刻過《徽州府志》，後者還刻過《前漢書》、《周書》、《宋書》等正史。黃鋌生卒年不詳，只知道其是黃（仕）碧之長子，卒於北京，除了刻有《新編目連救母勸善戲文》外，還刻有《休寧縣志》、《周禮述注》等書。

　　《新編目連救母勸善戲文》大量運用插圖，整套書共有插圖47幅，幾乎是一齣戲用一張圖。人物和場景的刻畫也較之前細緻，線條流暢、用筆精練、渾樸厚重，與建安派和金陵派早期的作品相似，但更有力。故此，「版畫界認爲，徽刻中的《新編目連救母勸善戲文》是徽派版畫中具有轉折意義的一套插圖」〔註158〕。從此以後，徽派版畫愈來愈精密、纖巧、典雅、富麗。「由這本插圖開始，徽州的版畫大量爲小說、戲劇服務，而且遍及其他各種圖書，數量日多，技藝日精，一發而不可收，放射出燦爛的異彩。」〔註159〕而在善書的刊刻上，插圖也被廣泛應用。有學者指出：「明清時期圖書出版已經嫻熟運用插圖技術，爲了更廣泛地勸誘人們行善，這一時期的善書也普遍以繪圖解說相關觀念，以便即使是不識字的田夫村婦及童孺等也能由觀圖而興起善念，因此出版了諸如《感應篇圖說》、《陰騭文像注》、《陰騭文圖證》、《陰騭文圖說》、《覺世經圖說》等圖說善書。」〔註160〕可以說，這之後的不管是佛教善書，還是道教善書，都普遍採用了插圖的形式，而這些都是在高石山房

〔註157〕〔明〕顧祖訓原編，吳承恩增補，〔清〕陳枚續補：《狀元圖考・凡例》，周駿富輯：《明代傳記叢刊・學林類》第17冊，臺北：明文書局，1991年版，第10頁。

〔註158〕繆永禾著：《明代出版史》，南京：江蘇人民出版社，2000年版，第330頁。

〔註159〕繆永禾著：《明代出版史》，南京：江蘇人民出版社，2000年版，第330頁。

〔註160〕李鵬著：《中國古代圖書出版營銷研究》，北京：學習出版社，2013年版，第130頁。

本《新編目連救母勸善戲文》的影響下出現的。

「富春堂」是金陵唐氏所開設的書坊，有時也作「唐富春」，在萬曆年間非常有名，刻書甚多。「它的歷史似相當悠久，以出版『花欄』（即書框的四周有雕花的或圖案的框欄）的戲曲著名。」〔註161〕富春堂本的全名是《新刻出像音注目連救母行孝戲文》，但在首頁首行則標為《新刻出像音注勸善目連救母行孝戲文》。扉頁的全名分兩行書寫，中間署名「金陵書坊唐氏富春堂梓」。富春堂本的插圖比高石山房本略少，主題幾乎一模一樣，在有些細節的處理上比高石山房細緻，由此，富春堂本應該是在高石山房本的基礎上刊刻而成。需要指出的是，富春堂除了刊刻《新刻出像音注勸善目連救母行孝戲文》外，也刊刻了其他佛教善書。李致忠先生就曾提到：「此外據知富春堂還刻過……《觀世音修行香山記》……等。」〔註162〕《觀世音修行香山記》和前述《香山寶卷》一樣，講述的是觀音菩薩修行的故事。

此外，還有一個版本叫種福堂本。扉頁題名是《出像音注目連救母勸善記》，在「記」字後面有小字體「種福堂梓」的署名。據朱萬曙先生說，這個本子與前述富春堂本是一個本子：「其書名為《出像音注目連救母勸善記》，但首頁首行則標為《新刻出像音注勸善目連救母行孝戲文》，與明金陵富春堂刻本相同，題署也是『金陵富春堂梓』，故而可以確定，這是晚明或清代種福堂翻刻富春堂的本子。」〔註163〕

三、私　刻

繆永禾先生認為：「家刻以文章學術為目的，贈送給親友，主持人大都是文人、官員、布衣，主持人自己出錢。」〔註164〕這裡的家刻實際上是指私刻，範圍也不僅僅局限於文人、官員之間贈送的文章學術類。明代的私刻作品比較多，《嘉興藏》就是由僧人和居士集資刊刻完成的私刻大藏經。私人自己也刊刻佛經。明人貝瓊曾經為一徐姓居士作墓誌銘，其言曰：「年四十有六，即屏妻妾，斷葷肉，以內外事囑二子。日轉《法華經》，積至萬卷，復鋟梓印施

〔註161〕鄭振鐸著：《中國古代木刻畫史略》，上海：上海書店出版社，2010年版，第65頁。

〔註162〕李致忠著：《歷代刻書考述》，成都：巴蜀書社，1989年版，第251～252頁。

〔註163〕〔明〕鄭之珍撰，朱萬曙校點：《皖人戲劇選刊鄭之珍卷：新編目連救母勸善戲文》，合肥：黃山書社，2005年版，卷首之《整理說明》第15頁。

〔註164〕繆永禾著：《明代出版史》，南京：江蘇人民出版社，2000年版，第61頁。

四方，築庵居學佛之徒，松江俗多事佛，而居士尤信之深，常持五戒不衰。」
〔註165〕像這種由信佛的居士自己刊刻佛經的例子在當時是比較多的。

　　佛教善書由於一般較短小，印刷成本低，私人出資刊刻的情況就比較
多。雲棲袾宏大師自己就曾刊印過《太微仙君功過格》，施捨給大眾：「予少
時，見《太微仙君功過格》而大悅，旋梓以施。」〔註166〕非常有意思的是，
當雲棲大師作了戒殺放生文後，其文也被大家廣泛刊刻，施於四眾。他在《雲
棲法匯》中說：「予昔作《戒殺放生文》勸世，而頗有翻刻此文不下一、二
十本。善哉斯世，何幸猶有如是仁人君子在也。」〔註167〕翻刻達二十本之
多，可見其在民間廣受歡迎。這些翻刻應是私人自己刊刻，用於印施或自己
閱讀。《居士傳》就提到，一個名叫黃輝的四川人曾將雲棲的放生文印施給
鄉民：「黃平倩，名輝，四川南充人。萬曆十七年進士，與陶周望同官編修，
並學出世法。中年妻死，不復娶。一夕夢登寶塔，同年友焦弱侯贈一卷書。
視之，乃雲棲戒殺文也。覺而持不殺戒，得俸錢輒買生物放之，刻雲棲文施
諸鄉里。」〔註168〕

　　佛教寶卷也有私刻的情況。繆永禾先生指出：「家刻則往往只署明刊者的
籍貫和姓氏。」〔註169〕也就是說很多刻書的題記上只署明了刊刻者的籍貫和
姓氏，有些甚至只有姓氏，這些刻本大多都是屬於私刻，因爲他們不需要像
經鋪一樣爲自己做廣告，搞營銷。明崇禎十三年摺本《銷釋歸家報恩寶卷》
卷末題記就有這樣的記載：

　　　　萬曆十九年十月吉日刊造寶卷六冊，崇禎十三年三月吉日誘引
　　法門康道泊領各會善信陳善人重刊。〔註170〕
沒有載明經鋪，只記載了刊刻者，當屬於私刻的版本，也許是屬於某個寺院，
也或者是信眾自己刊印。這種由私人出資刊刻寶卷善書的情況有很多。萬曆

〔註165〕〔明〕貝瓊撰：《清江文集》卷三十，《景印文淵閣四庫全書·集部·別集類》
　　　　第1228冊，臺北：臺灣商務印書館，1983年，第497頁。
〔註166〕〔明〕袾宏：《自知錄》，袁嘯波編：《民間勸善書》，上海：上海古籍出版社，
　　　　1995年版，第182頁。
〔註167〕〔明〕袾宏著：《雲棲法匯（選錄）》卷十二，《嘉興藏》第33冊，第29頁中。
〔註168〕〔清〕彭際清述：《居士傳》卷四十二，《卍新纂續藏經》第88冊，第259
　　　　頁上。
〔註169〕繆永禾著：《明代出版史》，南京：江蘇人民出版社，2000年版，第61頁。
〔註170〕《銷釋歸家報恩寶卷》，馬西沙主編：《中華珍本寶卷》（第二輯）第十三冊，
　　　　北京：社會科學文獻出版社，2012年版，第333頁。

三十五年的《無爲清解無字經》題記是這樣的：

> 悟道明心流經普傳妙法無字眞經，邊師父女菩薩、李菩薩、胡
>
> 菩薩、楚菩薩護法刻板印經，寫經李女善人。〔註171〕

這本寶卷是由居士信眾刻板印施。有意思的是，這些居士當中大部分都是女
信眾，說明女性在佛教善書的刊刻上也是一股重要的力量，需要特別加以注
意。需要指出的是，寺院刊刻也是屬於私刻的範疇，因爲他畢竟不以營利爲
目的，而是爲了傳播佛教。繆永禾先生就明確指出：「所謂私刻，實際是由某
寺院主持的。」〔註172〕當然，更多時候是由信眾自己刊刻，刻成後捐給四眾
或者寺院。清康熙二十一年摺本《圓通白衣集福寶懺》卷末題記有這樣一段
記載：

> 奉佛弟子明心刻板印造，圓通白衣集福寶懺一部施於　　　流
>
> 通，祈保平安如意，康熙壬戌年八月吉日主持　　叩。〔註173〕

這本寶卷是由叫明心的佛弟子發願刊刻，施捨流通。這段題記中間有兩處空
白欄，一處在「施於」和「流通」之間，一處在「主持」和「叩」之間。很
顯然，明心用這個板子刊刻了多部《圓通白衣集福寶懺》，施捨給不同的寺院，
捐給某個寺院時，就在這兩處空白欄分別填上這個寺院和主持的名字，以示
恭謹。因爲是專門捐給寺院，這本寶卷的刊刻明顯帶有迴向的意思。

四、手抄本

除了以上三種刊本外，明代佛教善書還有一種流通形式，這就是手抄本。
在印刷術發明之前，書籍的傳播主要靠抄寫；印刷術發明後，書籍的傳播大
部分還是靠抄寫。因爲雕版印刷的費用不低，人們不可能爲一本書而雕刻一
套書板。即使活字印刷出現後，用手抄寫書籍仍然是書籍傳播的主要形式，
因爲一般人並不具備印刷的條件。因此，至少在明清刊本盛行的時期，手抄
本仍然大量存在。有學者總結說：「從形式上看，明清時期的戲曲文本往往是
抄本與刊本並行的。在印刷技術廣泛應用於文學書籍傳播之前，大多數的文
本是依靠抄寫的方式完成的。明清時期雖然印刷技術已有長足的發展，但對

〔註171〕《無爲清解無字經》，馬西沙主編：《中華珍本寶卷》（第二輯）第十六冊，北
京：社會科學文獻出版社，2012年版，第509頁。

〔註172〕繆永禾著：《明代出版史》，南京：江蘇人民出版社，2000年版，第184頁。

〔註173〕《圓通白衣集福寶懺》，馬西沙主編：《中華珍本寶卷》（第二輯）第十三冊，
北京：社會科學文獻出版社，2012年版，第586頁。

於戲曲而言，其手抄本的傳播一直都存在。」〔註174〕其實何止是戲曲文本，其他形式的書籍也是這種情況。程國賦先生的論斷就比較符合實際，他說：「明代抄書成風，抄本廣泛流行，才爲書坊主購買並刊刻抄本提供了可能。」〔註175〕一部文字作品的出現，最開始幾乎都是以手抄本的形式流傳，有一定知名度後，書坊主便依據抄本刊刻，變成刊行本，走向市場。很難想像書坊主不經過抄本階段而直接將創作者的手寫本變成刊刻本，這樣做的風險實在太大。當然對於暢銷作家來說，這個問題便不存在，於是就有書坊主和創作者約稿的情況出現，這在明末以來越來越普遍。當然也有像前述《新編目連救母勸善戲文》一樣，創作者直接交給書坊刊刻的情況。不過這些都不是常態。

受功德觀念的影響，抄寫佛教善書的情況就更多。這裡需要特別指出的是，抄寫的佛教善書都沒有注明抄寫者年代、籍貫、姓名等信息，我們對這些佛教善書的年代一般都不能確定，可能是明代，也可能是後出的。因此，我們這裡是在或然性的基礎上進行討論的。儘管如此，明代存在手抄佛教寶卷的情況是毫無疑問的，我們在或然性基礎上得出的結論在這裡同樣是站得住腳的。

在前述車錫倫先生所說的留有傳本的佛教寶卷中，《紅羅寶卷》即有手抄本傳世。除此之外，在周燮藩主編的《中國宗教歷史文獻集成：民間寶卷》中還有很多手抄本寶卷，如《大悲卷》、《幽冥寶卷》、《十王寶卷》等。由於善書的抄寫和閱讀者多爲下層民眾，文化層次偏低，造成這些手抄本佛教寶卷的質量呈現參差不齊的情況。從藝術角度來說，大部分的手抄佛教寶卷藝術水平低下，甚至毫無藝術水平可言；而從內容上來說，則經常出現錯字漏字的情況。以《大悲卷》來說，錯別字經常出現。如裏面有「男有時女有家」一句，作者將「室」寫成了「時」；「聽父因原」中，作者把「緣」字寫成了「原」字。漏字的情況也有，寶卷裏有一句「不看僧面看佛面，不看魚情看水情」，第三個「看」字被遺漏了，被加在了「不」和「魚」字右側的空隙裏，字體明顯較小；「練成了五色石，能把天甫」中則既有錯字，又有漏字，「了」字遺漏了，是後來加上的；「補（補）」字被寫成了「甫」字。類似的情況在其他手抄本佛教寶卷中也不同程度地存在。

<hr>

〔註174〕倪萍、丁春華：《古代戲曲典籍刊刻及其私人戲曲收藏研究》，《文獻學》2014
　　　　年第 6 期，第 50 頁。
〔註175〕程國賦：《明代坊刻小說稿源研究》，《文學評論》2007 年第 3 期，第 94 頁。

第四節　本章小結

　　由於政治和經濟的雙重原因，明代市民的自覺意識有了明顯提高，追求自由和平等的觀念越來越深入人心，經濟的飛速發展又使他們有能力去行使自己的權利，兩者相互促進，使得原有的社會結構發生了劇烈變動，社會秩序混亂不堪。正如有的學者所說：「隨著晚明禮教藩籬的分崩離析，傳統的等級秩序亦處於風雨飄渺之中，並受到來自各方社會力量的衝擊。」〔註176〕在這種情況下，怎樣將紊亂的社會秩序回歸正常，重建原有的社會倫理，維持「神聖秩序」就成為擺在世人面前的難題。

　　佛教提出的對策，是將自己的道德體系推向社會，在這個過程中又引入儒家、道家以及其他世俗的社會價值，用佛教善的動力推動社會秩序的良性運轉，從而達到各種世俗、非世俗的價值追求。為此，佛教採用了各種形式的推動工具。日本學者石井昌子曾經說：「功過格的出現，標誌著中國人認識到，可用自己的手改變自己的命運，改變吉凶，這是他們精神生活中劃時代的成果。」〔註177〕儘管功過格最早是道門中人使用，但實際上真正配得上這句話的卻是將功過格推廣到整個社會的雲谷禪師和袁黃。特別是後者結合自己的親身經歷，使功過格成為整個社會爭相採用的工具，當時人這樣評價他：「袁黃功過格竟為近世世人之聖書。」〔註178〕由是可見功過格的流行程度。除此之外，寶卷宣講、戲曲傳唱是佛教勸善的又一形式。「當代行為心理學關於人類行為方式的研究表明，人們對其行為方式選擇是受行為結果所左右的：得到報償的行為將趨於重複，收到懲罰的行為將趨於規避；人們總是選擇那些能得到最大報償和最小懲罰，甚至不受懲罰的行為方式。」〔註179〕佛教寶卷和戲文正是這樣，通過對行善之人成佛上天的獎賞，對作惡之人墮入地獄，變成畜生的懲罰，勸誡世人努力行善，切莫為惡。而為了將這種說教發揮到最佳效果，佛教積極地將這些理論刊刻成書，四處流通，也鼓勵世人

〔註176〕陳寶良著：《明代社會轉型與文化變遷》，重慶：重慶出版社，2014年版，第423頁。

〔註177〕〔日〕石井昌子：《道教的神》，福井康順等兼修，朱越利、徐遠和等譯：《道教》第二卷，上海：上海古籍出版社，1992年版，第146頁。

〔註178〕〔明〕張履祥撰：《楊園先生全集》卷五，北京：中華書局，2002年版，第10～11頁。

〔註179〕范軍：《中國地獄傳說與佛教倫理》，《華僑大學學報》（哲學社會科學版）2007年第3期，第96頁。

廣泛傳抄，廣爲閱讀。

　　和儒家發展出一套理學思想，將忠孝節義、禮義廉恥等道德倫理納入其中的做法不同，佛教選擇向後看，從自己原有的東西中尋找資源，又採用了功過格、說唱、戲曲等形式，構建出一套勸善理論體系。這個體系將儒、道兩家的目標追求也涵蓋在內，成爲明清之際改良社會風氣，重建社會秩序的一件有力武器。至於這個體系到底屬於佛教還是儒家，抑或道教，在沒有進行深入詳細的研究之前就下結論是不太妥當的。就像日本學者奧崎裕司在論述「民眾道教」之時所說：「可以從佛教的角度將之作爲民眾佛教進行研討，也可以從儒教的角度將之作爲民眾儒教進行研究。恐怕只有在這些研究工作之後。才能知道，究竟稱之爲什麼才算是最恰當地把握了整體。」〔註180〕這種態度值得我們思考。

　　有學者說：「在某種限定的意義上，觀念的確具有自己獨立於社會環境的生命。」〔註181〕在人心澆薄的明清之際，佛教的「善」猶如一片聖潔的世外桃源，但他並不獨善其身，他將善的觀念推向整個社會，實踐了自己「度眾生」的大乘精神。

〔註180〕〔日〕奧崎裕司：《民眾道教》，福井康順等兼修，朱越利、徐遠和等譯：《道教》第二卷，上海：上海古籍出版社，1992 年版，第 111 頁。
〔註181〕Franklin L, Baumer "Intellectual History and Its Problems," *The Journal of Modern History,* vol.21, no.3（September 1949），p.198.

第三章　明代佛教勸善戲文——以鄭之珍《新編目連救母勸善戲文》為例

　　在與近代西方文化接觸之前，中國自有一套「戲劇」（此處意為表演藝術）體系，他融合了歌、樂、舞、武、雜耍等為一體，與西方意義上的戲劇大相徑庭。這種傳統的「戲劇」並無統一的名稱，一般用「曲藝」來代稱。

> 　　宋元而下，隨著戲劇、樂舞、雜技之類從傳統表演藝術中分衍出去，「曲藝」一詞也就逐漸成了說唱藝術的專稱。儘管如此，已經獨樹一幟的戲劇、樂舞、雜技等等表演藝術仍然與曲藝——說唱藝術藕斷絲連，戲劇之稱「戲曲」，戲劇理論著作之稱《曲律》、《度曲須知》、《南曲入聲客問》，透露出了他們之間的曖昧關係。〔註1〕

　　也就是說，宋元而下直至明清，甚至到近代與西方戲劇接觸之前，中國的戲劇、樂舞、雜技等與說唱技藝實際上並無涇渭分明的區別。因此，中國傳統戲劇無論是理念還是表演形式都有非常鮮明的特色。西方傳統的戲劇有不可違背的「四堵牆」規則，也即在舞臺的左、右和後三面各有一堵牆（通常為實有）將副臺、後臺與表演區分開，除此之外，舞臺前面還有一堵無形的牆將表演者和觀眾隔開，在整個表演過程中，觀眾只是局外人。與此不同，「中國戲劇演員沒有『四堵牆』的觀念，或者說不承認有這麼四堵牆，卻注重於觀眾的直接交流」〔註2〕。因此，相比來說，中國觀眾對戲劇表演的參與

〔註1〕段玉明著：《中國市井文化與傳統曲藝》，長春：吉林教育出版社，1992 年版，第 1～2 頁。

〔註2〕凌翼雲著：《目連戲與佛教》，廣州：廣東高等教育出版社，2011 年版，第 235頁。

度要大大高於西方，觀眾在此過程中所受到的感染和影響也就隨之加深。與此相適應，中國的傳統戲劇因注重與觀眾的互動，他們所關注的是能帶給觀眾什麼，而並非戲劇本身的藝術性。段玉明先生將中國傳統曲藝的特徵歸結爲「影響的深遠化」、「形式的多樣化」、「內容的市俗化」和「場所的市井化」，〔註3〕可以說非常準確地揭示了中國傳統戲劇的開放性和市俗性特徵，這種開放性不僅是指中國傳統戲劇本身融合了多種表演形式，更是指演員和觀眾沒有明確的界線，兩者都可以參與其中。由於這種身臨其境的體驗，觀眾自然會對戲劇所傳達的意思感同身受，而這種感同身受不僅會使他們深入到當下的戲劇角色，更會使他們在世俗生活中以劇中人物的倫理道德來約束自己，從而起到維持社會秩序的作用，畢竟，「維持禮俗的力量不在身外的權力，而是在身內的良心」。〔註4〕目連戲的出現和流傳即是對上述理論的極好闡釋。

目連戲是我國戲劇史上傳承悠久，至今仍然被不斷搬演的連臺大戲，有著「戲曲舞臺上的活化石」的美譽。隨著佛教傳入中國，目連這一佛教人物被賦予新的含義，即救母行孝。這個故事一經形成，旋即被不斷敷衍。先是佛經、變文等的宣揚，接著是被搬上宋代的戲劇舞臺，宋以降便大量出現在話本、小說中，至明代更是出現了統一的劇本。目連救母劇本的出現是目連戲發展到一定階段的產物，說明此時期目連戲急需一套統一的標準，而恰恰是這種需要正表明了此時目連戲的繁榮。將這套標準整理出來的是明末文人鄭之珍，他是「將民間演出的目連戲整理出文字本的第一人」。〔註5〕鄭之珍在民間目連戲演出底本的基礎上，綜合了各種話本、小說故事編成了《新編目連救母勸善戲文》。經此改編後，目連戲的影響益加擴大：「這個劇本自明萬曆以後，被歷代民間出版家刻板翻印，廣爲流傳。」〔註6〕而明代目連戲的演出也見諸各種文獻記載，從官府組織到私人請演，從城市街巷到鄉村聚落，都有目連戲的搬演。這些演出的主旨，既有宗教因素的追求，也有觀賞玩樂的需要，但不管是哪一種，其背後的支撐理念都是佛教因果報應、地獄輪迴等爲主體的一套勸善理論。

〔註3〕參見段玉明著：《中國市井文化與傳統曲藝》，長春：吉林教育出版社，1992年版，第72～127頁。

〔註4〕費孝通著：《鄉土中國》，北京：北京大學出版社，2012年版，第93頁。

〔註5〕凌翼雲著：《目連戲與佛教》，廣州：廣東高等教育出版社，2011年版，第130頁。

〔註6〕凌翼雲著：《目連戲與佛教》，廣州：廣東高等教育出版社，2011年版，第136頁。

第一節　目連故事的演變

目連是歷史上眞實存在的人物。1951 年考古學家曾對孟買以東山奇地方的幾座古塔進行發掘，發現了舍利弗和目連的骨灰石匣，由此證明佛教中的目連這一人物並非虛構。〔註7〕目連是世尊釋迦牟尼的十大弟子之一，又稱「目犍連」、「大目犍連」或者「摩訶目犍連」，梵文名字爲 Mahamaudgalyagana。值得注意的是，「目犍連」、「摩訶目犍連」等名字是梵文的音譯，意譯爲「萊菔」。《維摩經略疏》說：「目連，姓也，名倶律陀。父母無子，從樹乞得仍以爲名。《文殊問經》翻『萊茯根』，父母好食以標子名。」〔註8〕可見「萊茯」是一種可食植物，父母因喜吃此物而以此作爲目連的名字。在佛經中「萊茯」有時候也寫作「萊菔」。《阿彌陀經疏鈔》載：「摩訶目犍連者，摩訶，此云大；目犍連，此云采菽氏，一云萊菔。」〔註9〕可見，萊茯、萊菔、采菽氏都是指目犍連。而「萊菔」在我國古代是指蘿蔔。元照《阿彌陀經義疏》載：「目犍連，《文殊問經》翻『萊茯根』（『萊茯』讀爲『蘿蔔』）。」〔註10〕嘉定《赤城志》也說：「萊菔，俗名蘿蔔，宜於沙地出，黃岩潮際者尤大。」〔註11〕因此，萊菔就是蘿蔔。

一、佛經中的目連

目連是古印度摩揭陀國都城王舍城的婆羅門，生性豪爽，與後來成爲佛陀另一弟子的舍利弗關係很好，兩人出則同遊，入則同止。兩人後來倶因厭棄俗世而出家學道，師從外道刪闍那。在師父去世之後，兩人投奔佛陀，成爲佛陀門下的得力弟子，分別被稱爲智慧第一和神足第一。舍利弗和目連都先於佛陀涅槃，據《增一阿含經》講，目連是被羅閱城的梵志所殺，佛陀因此非常痛心。

〔註7〕　參見凌翼雲著：《目連戲與佛教》，廣州：廣東高等教育出版社，2011 年版，第 17 頁。

〔註8〕　〔唐〕智顗說，湛然略：《維摩經略疏》卷四，《大正藏》第 38 冊，第 612 頁下～613 頁上。

〔註9〕　〔明〕袾宏述：《阿彌陀經疏鈔》卷二，《卍新纂續藏經》第 22 冊，第 628 頁下～629 上。

〔註10〕　〔宋〕元照述：《阿彌陀經義疏》卷一，《大正藏》第 37 冊，第 358 頁中。

〔註11〕　〔宋〕陳耆卿：《嘉定赤城志》卷三十六，中華書局編：《宋元方志叢刊》第 7 冊，北京：中華書局，1990 年版，第 7564 頁。

（一）神足第一的目連

在早期佛教經典中，目連與救母似乎並沒有多大關係，佛經重在宣揚的是他的神通。佛陀門下有十大弟子，各有專長，被稱爲各種第一，目連位列其中，號稱神足第一。《大智度論》載：

> 五百阿羅漢，佛各說其第一，如舍利弗智慧第一，目揵（即「犍」）連神足第一，摩訶迦葉行頭陀中第一，須菩提得無諍三昧第一，摩訶迦旃延分別修多羅第一，富樓那說法人中第一。〔註12〕

可見這些弟子當中，目連是以神通見長。因爲這個原因，目連在佛教中的地位比較高，那些護持佛教、上天入地的活大都由他去完成。《須摩提女經》就說：「時女以偈報曰：『在彼大山上，降伏難陀龍。神足第一者，名曰大目連。』」〔註13〕難陀龍王是幾大龍王之一，生性兇惡，後來被目連降伏，成爲佛教的護法神，須摩提女由是讚頌目連的功德。阿難同爲佛陀的十大弟子之一，號稱多聞第一，對目連也是非常敬佩，他曾經向佛陀建議由目連護法。

> 阿難白佛：「大聖垂恩有尊巍巍，神妙諸天其威洞徹，身形微妙心意巨見，往來周旋不能將護。難既弱劣無神足力離大德鎧，神變所爲不及目連。大目連者，如來諮嗟神足第一，飛到十方無所掛礙，獨可委付護於後事。」〔註14〕

阿難自認神通不及目連，認爲目連飛行十方無所掛礙，護持佛法的重任非目連莫屬。綜合來看，早期佛教對目連神通的渲染主要集中在以下幾個方面：

第一，飛行虛空，無論遠近轉瞬即至。《增一阿含經》中有個故事，講目連去請舍利弗，兩人相互比試神通。這個故事也見於最早來華進行佛經翻譯的安世高所譯的《佛說處處經》中，

> 佛使目揵（即「犍」）連請舍利弗。舍利弗言：「舉我帶恐不能勝。」目揵（即「犍」）連便牽帶，三千大千日月天地悉動，不能令帶起。舍利弗便生意當先往到佛所。目揵（即「犍」）連從後行，先舍利弗至。佛知二人各第一。〔註15〕

〔註12〕龍樹菩薩造，〔後秦〕鳩摩羅什譯：《大智度論》卷五十三，《大正藏》第25冊，第440頁上。

〔註13〕〔吳〕支謙譯：《須摩提女經》卷一，《大正藏》第2冊，第841頁上～中。

〔註14〕〔西晉〕竺法護譯：《諸佛要集經》卷一，《大正藏》第17冊，第756頁下。

〔註15〕〔後漢〕安世高譯：《佛說處處經》卷一，《大正藏》第17冊，第525頁中。

目連將三千大千世界都能撼動，力量非同一般，卻連舍利弗的腰帶都不能牽動，可見舍利弗技高一籌。可比起神足來，舍利弗卻遠遠落在後面。

　　第二，於六道中隨意往來。天、人、阿修羅、地獄、畜生、惡鬼，是爲六道，目連能於六道中隨意前往。《佛說雜藏經》云：

　　　　佛弟子諸阿羅漢，諸行各爲第一，如舍利弗智慧第一，樂說微妙法；目連神足第一，常乘神通至六道，見眾生受善惡果報，還來爲人說之。〔註16〕

目連經常於六道之中代佛說法，教化眾生，爲眾生講說果報因緣。佛經中特別提到目連能在天道和地獄中隨願來往。三十三天又叫忉利天，是佛教欲界第二重天，位於須彌山頂，中央爲帝釋天，爲三十三天之主，佛陀曾在忉利天爲母親摩耶夫人說法。當佛陀不在四大部洲的時候，阿難便充當了四部眾與佛陀之間的信使。《增一阿含經》云：

　　　　是時，阿難問四部眾曰：「誰能堪任至三十三天問訊如來？」阿那律曰：「今尊者目連神足第一，願屈神力往問訊佛。」是時，四部之眾白目連曰：「今日如來在三十三天，唯願尊者持四部姓名，問訊如來！又持此義往白如來：『世尊在閻浮裏內世間得道，唯屈威神還至世間！』」目連報曰：「甚善！諸賢！」是時，目連受四部之教，屈申（應爲「伸」）臂頃，往至三十三天，到如來所。〔註17〕

伸臂曲臂之間目連即從閻浮提趕到忉利天。目連能上至忉利天，也能下至地獄。《增一阿含經》云：

　　　　是時，尊者大目揵（即「犍」）連聞瞿波離命終，便至世尊所，頭面禮足，在一面坐。斯須退坐，白世尊曰：「瞿波離比丘爲生何處？」世尊告曰：「彼命終者生蓮花地獄中。」是時，目連白世尊曰：「我今欲往至彼地獄，教化彼人。」……。是時，尊者大目揵（即「犍」）連如力士屈申臂頃，從舍衛沒不現（即「見」），便至蓮花大地獄中。當爾時，瞿波離比丘身體火燃，又有百頭牛，以犁其舌。爾時，尊者大目揵（即「犍」）連在虛空中結跏趺坐，彈指告彼比丘。〔註18〕

〔註16〕〔東晉〕法顯譯：《佛說雜藏經》卷一，《大正藏》第17冊，第557頁中。

〔註17〕〔東晉〕瞿曇僧伽提婆譯：《增一阿含經》卷二十八，《大正藏》第2冊，第706頁下。

〔註18〕〔東晉〕瞿曇僧伽提婆譯：《增一阿含經》卷十二，《大正藏》第2冊，第603頁中。

目連不聽世尊的勸告，堅持到地獄度化瞿波離比丘，後果被瞿波離奚落一番。

第三，隨意變化。佛經中對目連的描述，有時候稱神足第一，有時候稱神通第一，前者重在說其行動迅速，後者重在講其飛騰虛空、隨意變化，其實神足也是神通的一種。對目連隨意變化的描述見於各種經典，《佛說忠心經》就說：「佛右面比丘，名曰目連，神通妙達，智如虛空；隨時變化，權智並行；普還濟眾，數如恒沙；諸天稽首，靡不師仰。」〔註19〕此外，《出曜經》、《撰集百緣經》以及《法苑珠林》等都有對目連神通的大量描寫。

在這些早期的佛經中，均沒有提到目連入冥間救母的事情。而真正將目連與救母聯繫在一起的是《佛說盂蘭盆經》。

（二）作為孝子的目連

孝是佛教特別提倡的一種美德，「佛經裏提到的孝行典範，最著名的莫過於睒子和目連故事」，〔註20〕前者講供養盲父母，後者講救母出地獄。對中國人來說，影響最大也最熟悉的是目連救母故事。

目連起初並沒有和救母扯上關係。在佛教故事中，似乎有關於目連母親落入地獄後被拯救的記載，但拯救者並非目連。上個世紀二十年代，德國人勒柯克在吐魯番發現了回鶻文本《彌勒會見記劇本》。五十年代以來，在新疆又陸續發現了回鶻文和吐火羅文 A 本的多種《彌勒會見記劇本》寫本。在《彌勒會見記劇本》中，有入冥間拯救目連母親的情節，「在這個故事中，救出目連母親的並非目連本人，而是摩利吉和天佛」〔註21〕。但值得注意的是，回鶻文的《彌勒會見記劇本》是根據吐火羅文轉譯，而吐火羅文則是從印度文（可能是梵文）編譯過來，「也就是說，吐火羅文並不逐字逐句地忠實於印度文原本」。因此，季羨林先生說：「我的總印象是，《彌勒會見記》是一部七拼八湊的作品。裏面許多組成部分來源不一。」〔註22〕因為沒有發現印度文原本，摩利吉救目連母親出地獄的故事到底出自哪裏就不得而知，但可以肯定的是，目連母親淪落地獄是印度早有的故事，至於是誰去拯救，似乎還沒有統一的說法。到了《佛說盂蘭盆經》的時候，目連就作為入冥間救母的孝子

〔註19〕〔東晉〕竺曇無蘭譯：《佛說忠心經》卷一，《大正藏》第 17 冊，第 550 頁上。

〔註20〕陳觀勝著，趙紅譯：《中國佛教中的孝》，《敦煌學輯刊》1988 年第 1、2 期，第 131 頁。

〔註21〕朱建明：《目連戲芻議》，《黃梅戲藝術》1996 年第 4 期，第 107 頁。

〔註22〕季羨林：《吐火羅文〈彌勒會見記〉譯釋》，《季羨林文集》，南昌：江西教育出版社，1998 年版，第 31～32 頁。

正式登場。非常有意思的是，1923 年在吐魯番出土了據說是馬鳴所作的梵文寫本《婆羅德婆提‧補特羅婆羅加蘭拿》，講述的是舍利弗和目犍連皈依佛陀的故事。實際上，這就是馬鳴的《舍利弗傳》。張弓先生根據任半塘先生的推斷認為：

> 如果任先生的推斷不誤，那麼，在中古時代，演述舍利弗和目
> 犍連皈依故事的漢譯劇本，應當首先演出於中國北方的佛寺舞臺
> 上；而且這部漢譯劇本，可能是中國最早的目連故事劇。〔註23〕

　　儘管《舍利弗傳》中並無目連救母的情節，但「神通第一」的目連作為佛陀十大弟子之一受到劇作家和世人的喜愛是無可置疑的。從《舍利弗傳》到《彌勒會見記劇本》在西域是否有一個過渡，值得探究。不管怎麼說，明確把目連和救母聯繫在一起的是《佛說盂蘭盆經》。

　　《佛說盂蘭盆經》又叫《盂蘭盆經》，「他被學者們認定是我國漢族地區有目連救母故事的開端」。〔註24〕《佛說盂蘭盆經》並不長，全文只有800 多字。講述目連得了神通之後，想度化父母，報答養育之恩，卻發現亡母墮落在餓鬼道中。目連用神通以缽盛飯端給母親，母親欲食之時，飯即化為火炭，不得食。目連傷心欲絕，便向佛陀請教。佛陀告以目連，當於七月十五日眾僧自姿之時，以甘美食物盛於盆中，以百味五果、香油錠燭、床敷臥具等供養十方眾僧，才能解救母親出離地獄。目連按照佛陀指點供養眾僧，終於救得母親脫離苦海。經文最後告誡世人，應常常念憶父母之恩，於每年七月十五日作盂蘭盆供養僧眾，報答父母，以至七世父母的慈愛之恩。

　　可以說這篇經文是專門講目連救母故事，主人公只有目連，就連佛陀也只是一個陪襯，至於目連母親甚至都沒有交代姓啥名什。因此，經文的主旨是勸誡世人要念父母恩，要供養僧眾，要在七月十五日作盂蘭盆。相比於後來的目連故事，這只是一個非常大概的框架，但這個框架卻構建了後面所有目連救母故事的基礎。

　　《佛說盂蘭盆經》向來被認為是西晉竺法護所譯，但在唐初之前此經的譯者是誰並沒有明說，直到《開元釋教錄》才將其歸於竺法護名下。加之此經所宣揚的孝道與中國傳統倫理關係緊密，在當時所譯經典的類型中確實略

〔註23〕張弓著：《漢唐佛寺文化史》，北京：中國社會科學出版社，1997 年版，第 873 頁。
〔註24〕凌翼雲著：《目連戲與佛教》，廣州：廣東高等教育出版社，2011 年版，第 18 頁。

顯突兀，因此，關於此經的眞偽問題一直存在爭議。〔註25〕但不管其是眞是偽，對於我們所要論述的目連和救母的關係，其實並無多大關涉。不管是印度人所作，抑或中國人所述，目連最終都變成了救母出地獄的孝子。

佛教最後能把目連和救母出地獄聯繫在一起，或許是與之前提到的佛經對目連神通的渲染有關。如前文所述，佛經對目連神通的渲染主要集中在飛行虛空、穿行六道和隨意變化這三點上。既然目連母親淪落地獄是印度早有的傳說，而目連又能於六道之中見眾生受善惡果報，那麼目連在地獄中見到母親受苦就變得順理成章了。偏巧目連又是神通第一，那麼安排目連拯救自己母親出地獄也當是情理之中的事情。這種安排不僅符合目連神通第一的身份，也利於宣傳佛教的善（在這裡是孝），更容易與中國儒家所宣揚的「孝道」結合在一起（如果承認《佛說盂蘭盆經》是由中國人所寫的話），從而被中國社會所接受。因此，不管之前是由摩利吉還是佛陀去拯救目連母親，最終都會被目連所取代，從而演變成被大家所接受和喜歡的「目連救母」。

在此經文的影響下，中土陸續出現了很多以目連救母爲故事的經。附錄於東晉不知何人所譯的《佛說報恩奉盆經》也是專門講目連救母出地獄之事。事實上此經應該爲《佛說盂蘭盆經》的異譯本，甚至就是《佛說盂蘭盆經》，因爲除了個別字不一樣外，全文只比《佛說盂蘭盆經》少了幾句話，將之視爲《佛說盂蘭盆經》同本異出應該不會有多大問題。唐代般若翻譯的《大乘本生心地觀經》也有關於目連救母的記載，該經卷三《報恩品》說：「神通第一目犍連，已斷三界諸煩惱。以神通力觀慈母，見在受苦餓鬼中。目連自往報母恩，救免慈親所受苦。」〔註26〕另外，《佛說盂蘭盆經》影響深遠，歷代對其進行注釋的不乏其人，唐宗密和明智旭都對其進行過注疏。

至此，目連實現了從早期佛教神通第一的超人到《盂蘭盆經》救母孝子的華麗轉身。這個轉身不僅僅是個人身份角色的轉變，更重要的是他爲兩種文化的交流構建了一個橋樑，通過這個橋樑，佛教理念和中國社會倫理找到了一個契合點，也正是通過這個橋樑，佛教逐漸融入中國社會當中，並最終被其接受。這正如劉傑所說：「《佛說盂蘭盆經》中孝道思想的出現，正是佛

〔註25〕 如朱建明認爲此經爲中國人所寫，見《目連戲芻議》，《黃梅戲藝術》1996年第4期，第106～107頁；陳允吉則認爲是來源於印度，見《〈目連變〉故事基型的素材結構與生成時代之推考——以小名「蘿蔔」問題爲中心》，《佛教與中國文學論稿》，上海：上海古籍出版社，2010年版，第163頁。

〔註26〕 〔唐〕般若譯：《大乘本生心地觀經》卷三，《大正藏》第3冊，第302頁中。

教爲了適應當時政治環境和社會思想而採取一種調和手段的結果。」〔註27〕

二、變文中的目連

　　敦煌藏經洞開啓以前，人們還不知道什麼是變文，直到1900年王道士在無意中發現敦煌藏經洞，變文才逐漸走進人們的視野。儘管目前學術界對「變」到底意何指還有「改變」和「神變」的爭論，但對於變文卻基本達成共識，即變文和變相一樣，是由佛經故事敷衍，經過藝術想像加工，創造出的一種新形式，畫叫做變相，文即是變文。變相在唐武則天的時候就已經出現，變文的產生當與此差不多同時，「因此可以這樣說，最遲到七世紀的末期，變文便已經流行了」。〔註28〕變文和唱導關係密切，有學者甚至認爲變文就是唱導者宣唱的記錄本。〔註29〕但事實上，說變文是源於唱導或許更準確。〔註30〕因爲兩者畢竟還是有很大不同，「講經文以闡說義理爲主，而唱導文以宣唱事緣爲主」。〔註31〕

　　這些敦煌變文現分別藏於倫敦大不列顛博物館、巴黎國家圖書館和北京圖書館，胡適、鄭振鐸、王重民等學者曾先後將倫敦、巴黎的敦煌卷子抄寫、影印回國進行整理，其中王重民、向達等後來還集成了《敦煌變文集》一書出版。《敦煌變文集》收錄了三篇關於目連的變文，分別是《目連緣起》、《大目犍連冥間救母變文並圖一卷（並序）》和《目連變文》。

（一）《目連緣起》

　　《目連緣起》全文3500多字，遠遠超過《佛說盂蘭盆經》。文中講說青提夫人家室富有，但生性慳貪，好殺牲畜。自丈夫死後，青提夫人和兒子蘿蔔便相依爲命，蘿蔔敬重三寶，常布施齋僧。後來蘿蔔外出經營，將家中錢

〔註27〕劉傑：《宋前目連故事的流變及其文化闡釋》，《敦煌學輯刊》2009年第1期，第118頁。

〔註28〕向達：《敦煌變文集引言》第4頁，王重民、周一良、向達等編：《敦煌變文集》，北京：人民文學出版社，1984年版。

〔註29〕周紹良、白化文編：《敦煌變文論文錄》，上海：上海古籍出版社，1982年版，第401頁。

〔註30〕周紹良、白化文編：《敦煌變文論文錄》，上海：上海古籍出版社，1982年版，第327頁。

〔註31〕李小榮著：《變文講唱與華梵宗教藝術》，上海：上海三聯書店，2002年版，第53頁。

財分爲三份，囑咐母親將其中一份施於貧困者。青提夫人自兒子走後，天天宰殺，並追打僧人和孤老。蘿蔔歸家後，親提夫人跟他說自己常行善事，責怪蘿蔔輕信他人閒話，併發下咒誓，如若自己說謊就將於七日內命終，墜入阿鼻地獄。不幾日親提夫人身亡，蘿蔔傷心欲絕，爲母守三年孝，累七修齋。爲報母恩，蘿蔔出家爲僧，得神通第一，取名爲大目連。目連以神通觀父親生於天上，母親卻墜入阿鼻地獄，便求救於世尊，借得錫杖和鉢盂，前往地獄營救母親。話說地獄黑壁千刃、鐵城四圍、刀山劍樹、銅柱鐵床充於其間，銅柱烙身、鐵犁耕舌、銅汁灌口、沸湯煎煮，痛苦無間。目連見母親深受如此痛楚，內心煎熬，便以鉢盂盛飯和瓊漿奉給母親，豈料瓊漿化爲銅汁，香飯變成猛火。目連無奈，只得返回求救於世尊。世尊告知目連須供養香花於妙盆，獻於三世諸佛、十方聖賢。目連照辦，親提夫人得以出離地獄，轉生爲王舍城一條狗。世尊更教以目連請僧四十九，鋪設道場，六時禮懺，行道放生，轉念大乘。親提夫人最終得以脫離狗身，轉生天上。變文最後做了一番勸誡，奉勸世人以目連、董永、郭巨、王祥等爲榜樣，廣行孝道。

　　相比於《佛說盂蘭盆經》，無論是在人物形象、故事情節，還是場景設置方面，《目連緣起》都要豐滿得多。在人物方面，目連母親有了名字，叫青提夫人，但是並沒有提到她信佛。目連也有了俗名，甚至還提到了目連父親（儘管還沒有姓名）。對於目連的俗名，前文曾提及在宋代佛經常有將目連之名譯爲「萊菔」者，萊菔就是蘿蔔。因此，很可能變文就是將這一不常用的名作爲目連出家前的名字。除了以上三者外，《目連緣起》還設置了牛頭、獄卒等形象，這些形象的設置成爲後來地獄一整套管理班子的發軔。在故事情節方面，對目連家庭的描繪，對青提夫人所作所爲的描述，以及對入地獄救母曲折反覆的描寫，都是對《佛說盂蘭盆經》故事的極大擴充，情節更加豐富，也更符合社會生活。而在場景設置上，最重要的就是對地獄的初步描繪。《佛說盂蘭盆經》幾乎沒有對地獄有過描寫，一句話就帶了過去。而在《目連緣起》中，卻設置了諸如刀山劍樹、銅柱鐵床、鐵犁耕舌、沸湯煎煮等場景。這種設置是與變文中「奉勸聞經諸聽眾，大須布施莫因循，託若專心相用語，免作親提一會人」的說教相適應的。如果說在《佛說盂蘭盆經》中主要是奉勸世人爲善爲孝的話，那麼《目連緣起》則開始加入懲戒的情節。儘管主題和分量仍然是以勸善爲主，但已經開始了從一味勸善到勸懲結合的轉變。值得注意的是，世尊最後教導目連要「行道放生，轉念大乘」，似乎是在暗示這

個故事的興起是大乘佛教徒所爲，由此表明目連救母故事的創作背景是大乘佛教興起並與小乘佛教相互發難之時。

（二）《大目犍連冥間救母變文並圖一卷（並序）》

《大目犍連冥間救母變文並圖一卷（並序）》（簡稱《變文》）相比於《目連緣起》內容又更加豐富，字數超過一萬。我們還是按人物形象、故事情節和場景設置三個方面來比較。

首先在人物形象的設計上，《變文》中目連的父親有了簡單的出場。他名字叫輔相，死後生於天宮，和目連有過簡單的交流，告訴目連其母亡後墜入地獄。《變文》對佛的描寫也增多，除了兩次教目連以救母之法，還親自率領阿難、天龍八部等前往地獄解救眾生，將地獄化爲淨土。除此之外，目連在地獄巡遊中還見到了閻羅大王、地藏菩薩、太山都尉、五道將軍、各種獄卒（獄主、業官、都官、善惡童子、羅刹夜叉、牛頭馬面等）以及萬千亡靈，可以說《變文》對各色人物都有涉及。更重要的是，《變文》對目連和青提夫人的刻畫更加細緻、豐富，充滿人情味。目連一路歷經艱辛，尋母不得，想到一路所見各種地獄慘狀母親都曾經歷，不禁心如刀絞，及至母子相見，卻又不能拯救，更是徹骨傷心，昏厥於地。而《變文》對青提夫人的描寫更是精彩。如青提夫人聞獄主叫喊不敢應答，只是怕獄主將其解往別處受苦；又如目連將飯鉢獻與母親，青提夫人又生慳貪，「左手障鉢，右手團飯」，生怕他者搶奪。通過這些描寫，呈現在我們面前的不再是一個出家僧人和一個地獄冤魂，而是一個救母心切的孝子和一個感情眞實的世俗母親。

在場景設置上我們同樣以對地獄的描繪來說明。目連得孤魂野鬼指點經鬼門關找到閻羅大王，由後者接引到地藏菩薩前，地藏菩薩吩咐業官、善惡童子、太山都尉等協助查找目連母親。經指點，目連經奈何橋至五道將軍處，後來又經歷了刀山劍樹、銅柱鐵床、阿鼻地獄等。對阿鼻地獄的描寫尤其詳細，不僅不厭其煩地羅列了各種刑具和受刑慘狀，而且一層一層地描述阿鼻地獄的情形。比起《目連緣起》中描寫的地獄，可謂是有過之而無不及。

在故事情節設計上，《變文》雖然沒有描寫目連母親亡故前的所作所爲，但是對後面的情節安排可謂煞費苦心。目連上天尋父，經指點入地獄救母，經歷一層層地獄，看到各種亡靈。《變文》不僅詳細描寫目連所經各地獄的慘狀，更是安排由各種亡靈交代自己身前所爲，才落得如今下到地獄的情形，

中間還不忘加上諸如「寄語家中男女道，勤令修福救冥災」的勸誡。對目連救母的過程，《變文》的設計也是別有深意。不僅安排兩次入地獄救母，還要極力刻畫目連爲母親到世間化齋飯，到王舍城南盛清水，總之是極盡曲折之能事。

上述設計，無非是要塑造出一個更加不懼艱辛的孝子，一個更眞實的母親和一個更貼近世俗生活的地獄。貼近世俗生活並不是說這個地獄不恐怖，恰恰相反，它比什麼任何地方都可怕，只是說這個地獄是世俗生活中每個人最後都可能進去的地方。《變文》不厭其煩地講述每層地獄的各種恐怖，是要告誡世人，在世之時須得努力行善，休得作惡，否則最後下到地獄受各種折磨的就是自己。如果說《目連緣起》實現了從勸善到勸善懲惡的轉變的話，那麼《大目犍連冥間救母變文並圖一卷（並序）》則重在懲惡，是以懲惡來勸誡世人。其中雖然不乏奉勸世人爲善的說教，但這些說教是建立在之前的恐嚇基礎上的。

從各方面來看，《大目犍連冥間救母變文並圖一卷（並序）》都是一篇非常成功的作品。「《目連緣起》和《大目犍連冥間救母變文》，在結構、語言、描述手法和人物對話各方面，比當時出現的傳奇小說毫不遜色，是用韻文和散文交錯寫成的傳奇文學，是我國較早出現的成熟的說唱文學。」〔註32〕這種成熟的文學形式首先受到廣大知識分子的歡迎。

> 詩人張祜未嘗識白公，白公刺蘇州，祜始來謁。才見白，白曰：「久欽籍，嘗記得君款頭詩。」祜愕然曰：「舍人何所謂？」白曰：「鴛鴦鈿帶拋何處，孔雀羅衫付阿誰，非款頭何邪？」張頓首微笑，仰而答曰：「祜亦嘗記得舍人目連變。」白曰：「何也？」祜曰：「上窮碧落下黃泉，兩處茫茫皆不見，非目連變何邪？」遂與歡宴竟日。
> 〔註33〕

張祜和白居易互相戲謔，竟用了「目連變」的典故，由此可以想像目連故事的社會影響。這種影響還擴及到普通民眾。變文

> 以人世凡塵爲故事起帶，敷演人、神、鬼三人世界，將一個虛

〔註32〕 凌翼雲著：《目連戲與佛教》，廣州：廣東高等教育出版社，2011年版，第75頁。

〔註33〕 〔唐〕孟棨等著：《中國文學參考資料小叢書》第二輯《本事詩 本事詞》，上海：古典文學出版社，1957年版，第23頁。

　　無縹緲的迷離故事改變成一個鬼神夾雜、奇異浪漫的傳奇故事，從

而貼近了人世生活，為眾多的觀眾所喜愛。〔註34〕

不僅如此，《大目犍連冥間救母變文並圖一卷（並序）》對後來目連故事發展的影響也非常深遠。陳允吉先生說：「敦煌變文寫卷之目連冥間救母變文，是我們目前所能見到該傳說故事最早的書面記載，也是唐五代後繁多紛眾續出目連作品的共同祖本。」〔註35〕把它作為最早的書面記載未免太靠後，但說它是以後目連作品的祖本則當之無愧。後來的目連故事大體上都沒有超出《大目犍連冥間救母變文並圖一卷（並序）》所構建的框架，最多是在細節上加入非佛教的因素，使之更貼近世俗生活，更具人性。

　　宋代開始，變文演變成雜劇開始登上戲劇舞臺，而目連戲是其中非常重要的一種。由於至今沒有發現宋元時期的戲劇劇本，對於目連救母故事的具體情況就不得而知。「現在所能見到的最古老的目連戲劇本，是明萬曆七年（1580）左右的鄭之珍《新編目連救母勸善戲文》。」〔註36〕

第二節　《新編目連救母勸善戲文》內容及宣揚主題

　　儘管對宋元時期目連故事的發展演變情況不清楚，但基於宋元話本小說等的迅速發展，目連戲在搬演過程中當會吸收其他因素，由此才能形成連續演出七八天甚至半個月的大戲。這些新加入的劇情大多與主題相關，也有部分與主題關涉不大，由此便形成了長短不一、劇情各異的各種目連戲版本。劇本多樣是目連戲發展到一定程度的表現，但劇情各異的各種劇本也成為目連戲進一步發展的障礙。這樣，統一的目連戲劇本的出現就成為一種「時代的需要」。迎合這種「時代需求」，實現目連戲劇本統一的是鄭之珍的《新編目連救母勸善戲文》。劉禎先生認為：「鄭之珍《勸善戲文》是明初中葉及宋元目連戲蓬勃演出的必然產物，是整個明代目連戲演出興盛的標誌。」〔註37〕

〔註34〕劉禎著：《中國民間目連文化》，成都：巴蜀書社，1997年版，第15～16頁。

〔註35〕陳允吉著：《〈目連變〉故事基型的素材結構與生成時代之推考——以小名「蘿蔔」問題為中心》，《佛教與中國文學論稿》，上海：上海古籍出版社，2010年版，第158頁。

〔註36〕凌翼雲著：《目連戲與佛教》，廣州：廣東高等教育出版社，2011年版，第117頁。

〔註37〕劉禎著：《中國民間目連文化》，成都：巴蜀書社，1997年版，第49頁。

一、鄭之珍及《新編目連救母勸善戲文》

《新編目連救母勸善戲文》編於萬曆十年（1582）〔註38〕，又名《勸善記》，分上中下三冊，共100齣，由明末文人鄭之珍編撰。鄭之珍（1518～1595），字汝席，號高石，自稱高石山人，生於安徽省祁門縣渚口清溪鄉。〔註39〕在胡天祿為《新編目連救母勸善戲文》寫的跋文中，說鄭之珍少有異才，冠諸士人，學通古今，在鄉里威望較高，里人有不能解決的糾紛都去找他，鄭之珍無不使之渙然冰釋。〔註40〕上個世紀八十年代在清溪發現了鄭之珍墓和《清溪鄭氏家譜》，裏面有關於鄭之珍更詳細的介紹，其中包括一直沒搞清楚的生卒年月。後來朱萬曙先生更是在上海圖書館見到了《祁門清溪鄭氏家乘》，裏面有關於鄭之珍的傳記，傳記由鄭之珍的女婿葉宗泰所寫。根據此傳記我們知道，鄭之珍出生的時候，其兄剛剛去世，全家悲喜交加，將其寄養於鄰居家裏。鄭之珍眼睛有病，早晚看不清楚，上學時候靠聽同學讀書來學習，儘管如此，卻比別人更早熟悉功課。鄭之珍後來跟從多人學習《禮記》、《春秋》，過目不忘，天資聰穎；但由於眼疾，終於沒能考取功名。鄭之珍娶妻汪氏，夫妻和睦，育有兩男兩女。他好義廣交，性善嫉惡，睦鄰恤貧。《安徽通志》載其

> 弱冠補邑庠，性至孝，善視父母，在諸生中英氣勃勃。自負文武材，喜談詩，兼習吳歈宋詞奧旨，一於調笑中發之。既困於場屋，不獲伸其志，乃思以言救世。〔註41〕

可以看出，鄭之珍不僅聰明過人，自負文武全才，而且孝敬父母，心憂天下。關於鄭之珍生平更詳細的介紹，可參考朱萬曙先生的《〈祁門清溪鄭氏家乘〉所見鄭之珍生平資料》一文。〔註42〕

〔註38〕關於此劇本的編寫年代，有不同的說法。參見李小榮著：《變文講唱與華梵宗教藝術》，上海：上海三聯書店，2002年版，第255頁；凌翼雲著：《目連戲與佛教》，廣州：廣東高等教育出版社，2011年版，第117頁。

〔註39〕關於鄭之珍的生平，曾存在不同的說法，參見倪國華、陳長文、趙蔭湘：《鄭之珍籍貫及生卒年考略》，《戲曲志訊》1986年第6期，第5～7頁。

〔註40〕參見〔明〕鄭之珍撰，朱萬曙校點：《皖人戲劇選刊鄭之珍卷：新編目連救母勸善戲文》，合肥：黃山書社，2005年版，第503頁。

〔註41〕〔民國〕安徽通志館輯：《安徽通志藝文考》，（民國）《安徽通志稿157卷》，民國二十三年（1934）鉛印本，第10522頁。

〔註42〕參見朱萬曙：《〈祁門清溪鄭氏家乘〉所見鄭之珍生平資料》，《文學遺產》2004年第6期，第132～135頁。

關於目連戲文的編撰，鄭之珍自己在序言中說：

> 敷之以聲歌，使有耳者之共聞。著之象形，使有目者之共睹。
> 至於離合悲歡、抑揚勸懲，不惟中人之能知，雖愚夫愚婦，彌不悚
> 惻涕洟感悟通曉矣，不將爲勸善之一助乎。〔註43〕

戲文能看，戲曲能聽，中人以上者通過閱讀戲文，於劇中悲歡離合則能感同
身受；鄉野匹夫村婦等愚人則聽聞戲曲，於其中抑揚勸懲之事悚惻涕洟。鄭
之珍認爲這都有助於勸善懲惡。而陳昭祥在《序》中也引用鄭之珍的話說：

> 吾聞之先王之教人也，莫深於孝。故即目犍連救母事兒編次之，
> 而陰以寓夫勸懲之微旨焉。……使夫觀之者不曰此戲劇也，而曰吾
> 何以置吾父母於天堂而不滅度之，吾何以懺悔吾罪戾而毋鬼獄吾
> 也。此豈不有潛移默奪之者也。」〔註44〕

在勸善懲惡的主旨下，鄭之珍力圖讓觀眾覺得不是在看戲劇，而是在看自
己，也就是前文所說的用劇中人物的倫理道德來要求自己。朱萬曙先生則進
一步指出，鄭之珍之所以選取目連故事編成戲本，「首先是對包括父母在內
的祖先的孝敬」。〔註45〕目連是佛教裏救母出地獄的孝子，對於佛教和儒家
來說，這種孝都是一種善，兩者並不衝突，故能得到觀眾的喜愛：「此戲由
於最貼近民間、具有濃鬱的民間風情，因而家喻戶曉，廣受觀眾歡迎，歷代
久演不衰。」〔註46〕可見，面對世情澆薄，鄭之珍編撰《新編目連救母勸善
戲文》的目的就是勸善化俗。觀鄭之珍一生，多次科考均落舉，且落舉的原
因並非實力不濟，而是身有頑疾。這種巨大的落差使得以夫子自比的鄭之珍
耿耿於懷，他常對人說：「予不獲立功於國，獨不能立德、立言以垂訓天下
後世乎！」〔註47〕因此，作爲儒家知識分子的鄭之珍雖然不能居廟堂之高，
卻「位卑未敢忘憂國」，於是立志以立言、立德的方式垂訓天下後世，實現

〔註43〕〔明〕鄭之珍撰，朱萬曙校點：《皖人戲劇選刊鄭之珍卷：新編目連救母勸善
　　　　戲文》，合肥：黃山書社，2005 年版，第 1 頁。
〔註44〕〔明〕陳昭祥：《〈勸善記〉序》，〔明〕鄭之珍撰，朱萬曙校點：《皖人戲劇選刊
　　　　鄭之珍卷：新編目連救母勸善戲文》，合肥：黃山書社，2005 年版，第 502 頁。
〔註45〕朱萬曙：《〈祁門清溪鄭氏家乘〉所見鄭之珍生平資料》，《文學遺產》2004 年
　　　　第 6 期，第 134 頁。
〔註46〕葉長海、張福海著：《〈插圖本〉中國戲劇史》，上海：上海古籍出版社，2004
　　　　年版，第 236 頁。
〔註47〕〔明〕胡天祿：《〈勸善記〉跋》，〔明〕鄭之珍撰，朱萬曙校點：《皖人戲劇選刊
　　　　鄭之珍卷：新編目連救母勸善戲文》，合肥：黃山書社，2005 年版，第 504 頁。

儒家知識分子以天下爲己任的理想。

而對於目連戲自身的發展來說，由於之前的目連戲要麼沒有劇本，要麼劇本各不統一，使得各地目連戲差別很大。自鄭之珍編撰《新編目連救母勸善戲文》後，這種局面得到了一定程度的改變。由於《新編目連救母勸善戲文》自寫成後就被刻印出版，而各民間劇本由於各種原因散失之後，「藝人只好從木刻本中找來補缺，從這點看，鄭本對民間目連戲的保存、流播，起了良好的作用」。〔註48〕

二、《新編目連救母勸善戲文》的內容

《新編目連救母勸善戲文》分爲上中下三冊，名爲一百齣，實際上共一百零四齣，這多出的四齣是：「《善人昇天》寫目連的父親傅相去世；《擒沙和尚》寫白猿護送目連往西天途中的一場戰鬥；《觀音生日》和《僧背老翁》。」〔註49〕如前所述，《大目犍連冥間救母變文並圖一卷（並序）》成爲後來眾多目連作品的共同祖本，《新編目連救母勸善戲文》正是在這個祖本的基礎上不斷豐富敷衍而成。故事仍然是圍繞目連而展開，目連全家信佛，父親早逝，母親在外人的教唆下，遣子目連外出經商，趁機開葷，並攆走僧侶孤老等。目連回家後，母親對開葷一事堅決否認，並立下咒誓，後果然墜入地獄。爲了救母，目連往西天拜佛，修成神通，下到地獄救出母親，一同上昇天庭。相比於《大目犍連冥間救母變文並圖一卷（並序）》（一下簡稱《變文》），《新編目連救母勸善戲文》（以下簡稱《戲文》）增加了不少內容，由此也才能構成一本一百多齣的大戲。

首先看人物的設置。《新編目連救母勸善戲文》在以目連爲中心的基礎上，對其父親和母親的刻畫也非常細緻。在《變文》中目連父親叫輔相，似乎是在目連還沒降生之時便去世，後來目連上天尋找父母的時候與其有過簡單交流。而在《戲文》中目連父親的戲份增加了很多。他叫傅相（與「輔」音同字不同），平日持齋信佛，樂善好施，被賜予「義官」。所謂「義官」，《東岩詩文集》有載：「次年春，復大疫……獨吾潘君時英，素知尙義，周貧恤

〔註48〕凌翼雲著：《目連戲與佛教》，廣州：廣東高等教育出版社，2011年版，第136頁。

〔註49〕凌翼雲著：《目連戲與佛教》，廣州：廣東高等教育出版社，2011年版，第121頁。

匱，不遺餘力，有司嘗奉詔旌爲『義官』。」〔註50〕地方志也有很多關於封「義官」的記載：

> 呂斌字旻質，永嘉人，富而好義，凡窮民死無斂者必同以棺槨。成化丙午，歲饑，代納通都戶口鹽米。弘治初，於海壇江次造渡船以濟往來，渡口創館舍以泊商旅，復循渡伐石礮路二千餘丈。他若石奧東岸上塘大壩接等橋、樂清館、頭塘路一十餘里咸獨力樂成，費用穀食動計數千。初循例寇帶尋出穀賑濟。弘治辛酉，奉敕旌爲「義官」。〔註51〕

可見，「義官」是政府爲了表彰那些爲社會做了善事的非官宦人士，賜予他們的一種榮譽封號，有了「義官」的封號就可以參與地方事務，在地方上也比較有聲望。傅相能被賜予「義官」，說明傅相的善行非常廣大，得到了統治者的嘉獎。《戲文》著重介紹了傅相齋僧齋道、博施濟眾、感化強盜和臨終囑託目連幾件事情。通過這些描寫，呈現在我們面前的傅相不再是一個空洞的名詞，而是一個非常虔誠的佛教徒，他持家有道、教子有方、行善積德、奉佛好施。

《變文》對目連母親的刻畫已經非常細緻，《戲文》則將其進一步豐滿。《變文》中目連母親只是叫青提夫人，並不信佛；在《戲文》中則有了姓名，叫做劉青提，也叫劉四眞，因被贈「安人」稱號，故平日裏就稱劉安人。「安人」也是一種榮譽稱號，封給那些有德的婦女，如：「太安人之謂也，古者尊老非直尊其年而已，有德焉。」〔註52〕古者尊稱有德的年老婦人爲「太安人」，相應地，「安人」則指年輕的有德婦女：「太保顧文康公……。初公爲論德，有安人之誥；爲侍讀，有宜人之誥。」〔註53〕顧文康公的夫人被封爲「安人」，歸有光由此說他（們）是有德的。由此可見，目連母親起初也是一位有德的婦女。《戲文》開始還講到劉氏（即目連母親）見丈夫（傅相）齋僧齋道，也積極布施尼姑、道姑。甚至在丈夫去世後，兄弟劉賈前來勸其開葷之初，劉

〔註50〕　〔明〕夏尚樸撰：《東岩詩文集》卷三，《景印文淵閣四庫全書・集部・別集類》第1271冊，臺北：臺灣商務印書館，1983年，第29頁。

〔註51〕　〔明〕鄧淮修、王瓚、蔡芳纂：胡珠生校注：(弘治)《溫州府志22卷》卷十二，《溫州文獻叢書》第三輯，上海：上海社會科學出版社，2006年，第332頁。

〔註52〕　〔明〕歸有光撰：《震川集》卷十四，《景印摛藻堂四庫全書薈要》第421冊《集部・別集類》第74冊，臺北：世界書局，1988年，第228頁。

〔註53〕　〔明〕歸有光撰：《震川集》卷十二，《景印摛藻堂四庫全書薈要》第421冊《集部・別集類》第74冊，臺北：世界書局，1988年，第189～190頁。

氏也是堅決反對，直到劉賈搬出傅相未及六旬便喪的論調，劉氏才改變初衷，決定開葷。相比於《變文》的一帶而過，《戲文》對目連母親由信佛到開葷的描寫無疑是更符合情理的。甚至普通觀眾都可能會有這種想法，即傅相一生持齋信佛卻早喪，那還不如開葷，由此也就對劉氏多了一分理解。劉氏為了開葷，把兒子支出去經商，約定第二年即回。目連走後，劉氏旋即廣開殺戮。但轉眼一年已過，兒子沒回來；三年過去，兒子還是沒歸家，劉氏不由得「行思坐想，朝朝暮暮，空成悲戚」，於是重新掛起神像，懺悔前罪，祈求兒子能早日平安歸來。此時的劉氏已經不是那個開葷殺戮、肉饅齋僧、攆走僧道、追打孤老的「十惡不赦」的惡婦，而是一個念子心切的母親，一個為了能見到兒子情願捨棄開葷，誠心悔過的母親。相信觀眾看到此景也會對劉氏多一分同情和諒解。最感人肺腑的是《三殿尋母》一齣中對目連母親訴說婦女三大苦的描寫。劉氏從婦女十月懷胎講到育兒成長，從送兒上學講到為兒娶妻，再講到死後為兒女受諸多苦楚。「目連戲劉氏的苦難和不幸，是那個時代廣大勞動婦女苦難和不幸的象徵，『三大苦』則是這種苦難和不幸的高度概括。」〔註54〕所以劉氏的這番傾訴，直講得眾人「珠淚琳」、「心痛悲」、「涕淚滂」。這已經不再是劉氏一個人的聲音，而是天下婦女、為母親者的共同呼聲，這呼聲不唯能獲得觀眾的共鳴，也能得到世人的理解。通觀全劇，《戲文》所塑造的劉氏本是一個虔誠信佛的婦女，由於沒有經受住誘惑而拋棄信仰，墮入地獄受苦，後經目連拯救得以上昇天庭。這樣的安排顯然比《變文》中的一帶而過更符合大眾口味，也更利於勸善化俗。畢竟，像傅相和目連那樣的聖人世上並不多。既然大家都是和劉氏一樣的普通人，同樣有七情六欲，同樣對信仰有所動搖，那世人看劉氏就如同在看自己一般，對於自己的信仰就不會再有所動搖，也會去積極行善，至少不去為惡。

《戲文》除了重點刻畫目連一家外，還塑造了很多《變文》中沒有的人物，如劉賈、金奴、益利、曹氏等。劉賈是劉氏的弟弟，金奴是婢女，益利是管家，曹氏是目連的未婚妻。劉氏開葷是弟弟劉賈慫恿的結果，劉氏遣子經商也是劉賈的主意，毀齋房、拆橋亭更是劉賈一手所為。《戲文》把劉氏開葷的罪過都加在了劉賈身上，「從塑造人物角度來看，劉賈正是劉氏由罪人——母親的替罪羊」。〔註55〕婢女金奴也曾教唆劉賈慫恿劉氏開葷。金奴平日裏

〔註54〕劉禎著：《中國民間目連文化》，成都：巴蜀書社，1997年版，第110頁。
〔註55〕劉禎著：《中國民間目連文化》，成都：巴蜀書社，1997年版，第116頁。

本就對整天持齋把素心有不滿，她趁傅相去世，劉賈來拜望劉氏之際教唆劉賈。兩人一拍即合，上街買牲口，並以各種殘忍的手段宰殺。金奴實是劉賈的幫兇。益利是傅家的管家，對傅家一直忠心耿耿，跟隨目連外出經商，歷盡艱辛，在目連西天拜佛的時候，更是把傅家管得井井有條。而曹氏作為目連的未婚妻，雖未過門，卻堅持不另嫁，甚至遁入佛門以明其志。後兩者與前兩者形成鮮明對比，前兩者是惡的代表，後兩者是善的化身，《戲文》勸善懲惡的意圖非常明顯。除此之外，《戲文》還塑造了許許多多人物，傅家鄰居、曹氏一家、思凡的和尚和尼姑、後來信佛的強盜；觀音、玉帝、白猿精、沙和尚；閻王、判官和各種鬼卒等等，可以說人物非常豐富，涵蓋了人間、天庭和地獄的各類角色。

　　再來看《戲文》對場景的設計。《戲文》對場景的選擇主要集中在目連家裏、西行路上和地獄三個方面。凌翼雲先生做過統計：「這 104 齣戲中，寫天上的場次最少，只有 7 齣；寫地獄的戲次之，有 20 齣；寫人間的戲最多，有 77 齣。」〔註 56〕可見，《戲文》的重心是放在描寫人間這方面。《戲文》上卷描寫的主要場景是目連家裏，中卷描寫的主要場景是西行路上，下卷描寫的場景是地獄。目連家裏和西行路上都是對人間的描寫，因此，實際上整個《戲文》也就是圍繞著人間和地獄來展開。目連家裏是整個故事的起始點，傅相齋僧齋道、周濟孤貧、命終昇天；劉賈、金奴慫恿劉氏開葷、燒毀僧房橋亭；劉氏棄齋開葷、大開殺戮、攆走僧道；目連勸母行善等都是發生在這裡。目連家裏實際上就是世俗社會的一個縮影。西行路上是講述目連為了拯救母親而前往西天拜佛的經歷，經過了黑松林、寒冰池、火焰山、流沙河等地，可謂歷經千辛萬苦，幸得白猿精和觀音菩薩的幫助，目連才順利抵達西天。地獄是《戲文》重點設置的場景之一。在《一殿尋母》這一齣中，《戲文》借用判官鬼使的口把十殿閻王、十八重地獄詳細羅列了出來。這十八重地獄名稱各不相同，刑具各有特色，如刀山劍樹、鐵床血湖、油鍋銅柱、火車湯鑊、寒冰黑風和定身畜產等。比起《變文》中的地獄描寫，這裡的地獄更加具體豐富，也更陰森恐怖。在《戲文》後面的安排中，目連下到地獄救母，趕到第一殿時母親已被送往第二殿，趕到第二殿時母親已被送往第三殿，如此一直到十殿，而這十殿的情形和前面的總說是一脈相承的。值得注意的是，《戲文》並沒有講到目連在第九殿地獄時的情況。在《一殿尋母》中說第九殿地

〔註 56〕凌翼雲著：《目連戲與佛教》，廣州：廣東高等教育出版社，2011 年版，第 122 頁。

獄是都市王掌管的寒冰黑風地獄，爲什麼《戲文》沒有關於目連遊此地獄的描寫？對此，凌翼雲說：

> 看過祁劇演出後，才弄明白，這場戲只有三句臺詞，而鄭之珍那個時代還沒有「場記」的辦法，三句臺詞是無法記下一場精彩啞劇的。因而，他沒有辦法將這齣戲整理入劇本。〔註57〕

事實是否如是不得而知，但極有可能如凌翼雲先生所說，並不是鄭之珍主觀上忽略了此一情節，而是客觀上無法完成，唯此才能解釋爲什麼鄭之珍會把這麼重要的一處省略掉。

在故事情節設計方面，《戲文》在很多地方借鑒了當時小說、戲劇的故事情節。比如西行拜佛一段，關於這段故事，日本學者倉石武四郎認爲：「這麼地，這一段底許多記事，都是《西遊記》底翻案。不，實（是）在叫蘿蔔去西天便已是翻《西遊記》的案：這是無可疑的事。」〔註58〕確實，無論是白猿精被戴上金箍護送目連往西天，還是觀音點化目連，抑或是過流沙河收服沙和尙，都不能不讓人想起《西遊記》的情節，《戲文》與《西遊記》確實存在莫大的關係。又比如目連尋遍地獄都不見母親，母親已經變爲狗身投胎，於是目連又回陽間尋找，在狗（目連母親）的帶領下，目連見到了未婚妻曹氏。按倉石武四郎的說法，這下卷目連和曹氏相見的場景也是翻案：

> 下卷末煞，由打獵場的狗引導會見定婚過的人這一節，也要使我們覺得是翻案劉智遠《白兔記》的。在《白兔記》，別了母親的兒子，十六歲上，出去打獵，在鄰近處迷了路；正在追趕著忽地間出來的白兔，偶然在井邊發見了倒著在的女子，去救她，一看正是自己的生母。〔註59〕

不管是否是翻案《白兔記》，《戲文》的這一安排倒也是符合「中國劇本終局底要素的團圓」（倉石武四郎語）的。除此之外，《戲文》還增加了很多《變文》所沒有的情節，如之前提到的劉氏開葷、目連西行，以及曹氏出家，還有民間早已流傳的和尙、尼姑下山等。

〔註57〕凌翼雲著：《目連戲與佛教》，廣州：廣東高等教育出版社，2011年版，第122頁。

〔註58〕〔日本〕倉石武四郎著，汪馥泉譯：《〈目連救母行孝戲文〉研究》，鄭振鐸編：《中國文學研究》下冊（小說月報第十七卷號外），1927年版。

〔註59〕〔日本〕倉石武四郎著，汪馥泉譯：《〈目連救母行孝戲文〉研究》，鄭振鐸編：《中國文學研究》下冊（小說月報第十七卷號外），1927年版。

三、《新編目連救母勸善戲文》宣揚的主題

鄭之珍在《序》中說，孔子昔年作《春秋》而亂臣賊子懼，並不是這些亂臣賊子懼怕權勢，而是他們內心還有「道」。「然道能懼者猶為中人之資。若夫中人以下，愚夫愚婦懵焉，而莫之懼者尤眾也。況世變江河，日不逮於古者乎！」所以鄭之珍編了《勸善記》三冊，使中人和愚夫愚婦都能感悟通曉，「不將為勸善之一助乎」！〔註60〕因此鄭之珍《新編目連救母勸善戲文》宣揚的主題就是善。但到底什麼是善，葉宗春在《敘〈勸善記〉》中說：

> 感傳相之登假，則勸於施布矣；感四真之幽因，則勸於悲慈矣；
> 感益利之報主，則勸于忠勤矣；感曹娥之潔身，則勸於烈節矣；感
> 蘿蔔之終慕，則勸於孝思矣。〔註61〕

簡而言之，這裡所說的「善」就是儒家一直宣揚的忠、孝、節、義。故此，在《過奈何橋》一齣中，作者直接喊出：「原來忠臣、孝子、節婦，俱是為善之人、拼死一身輕似葉，高名千古重如山。」《戲文》中儒家這套忠、孝、節、義是建立在佛教因果報應和地獄輪迴觀念之上的，換句話說，如果沒有佛教的教理教義做支撐，儒家這套忠、孝、節、義的理論將變得和宋明理學家的說教那般空洞無力。

（一）儒家忠、孝、節、義

忠的代表是目連和益利，前者是忠於君主，後者是忠於主人。眾所周知，目連是作為佛教孝的典型例子被推出來，從而與中國儒家的孝道相融合。但在中國傳統社會中，忠和孝從來都是合在一塊的。「君君、臣臣、父父、子子」，所謂「國之體也」（《管子》），君、臣、父、子各自做到自己的本分，國家自然安定和諧，臣於君是為忠，子於父是為孝。所以《太玄經》說：「故有宗祖者則稱乎孝，序君臣者則稱乎忠。」對此，范望注解到：

> 言玄包羅於天地，揔綜於萬物，有祖宗父子之道，君臣夫婦之
> 義。此特復言忠孝者，聖人之德無以加於孝乎，非孝子不得為忠，
> 忠臣必出乎孝子之門，忠孝莫能兩舉，故又別而言之，以見于忠孝

〔註60〕 〔明〕鄭之珍撰，朱萬曙校點：《皖人戲劇選刊鄭之珍卷：新編目連救母勸善戲文》，合肥：黃山書社，2005 年版，第 1 頁。

〔註61〕 〔明〕鄭之珍撰，朱萬曙校點：《皖人戲劇選刊鄭之珍卷：新編目連救母勸善戲文》，合肥：黃山書社，2005 年版，第 500 頁。

之大義也。〔註62〕

可見忠臣即是孝子，孝子必為忠臣。《戲文》講到目連因為孝道而被封為刺史時，也把此番道理重複了一遍：

> 朕惟臣子之道，忠孝一理；天人之際，感應一機。為子而孝可格天，為臣必忠能報主。此古人所以求忠臣於孝子之門，征人事於天道之應也。（《蘿蔔辭官》）

《戲文》後面借用縣官的口也說：「夫孝始於事親，終於事君。故曰：『孝者所以事君也。』」（《蘿蔔辭官》）所以，儘管《戲文》沒有直接說目連忠君，但目連很顯然已被視為忠君的典型。

益利的忠是另外一種，即對主人的忠。劉禎先生認為：「益利是忠的典型，但他的忠非『報主』之『忠』所能概括，已超越了封建論理所要求忠孝節義之『忠』，益利之忠，是忠誠、忠厚、忠勤之忠，保持和體現了勞動人民的思想品質和生活作風。」〔註63〕劉禎先生此語已超越了時代的局限，未免拔高了益利。事實上，在「普天之下莫非王土，率土之濱莫非王臣」的古代社會，臣下即是君王的家僕，古代社會後期臣下便有自稱為「奴才」者。因此，益利之忠於主人與臣下之忠於君王，實質上是一樣的，兩者並沒有多大差別。益利作為傅家管家，一直兢兢業業、任勞任怨，把傅家管理得井井有條，隨目連外出經商之時也是將目連照顧得很周到，在遇到劫匪時甚至要用生命來保護目連。作為對益利忠心的表彰，《戲文》最後封他為仙宮掌門大使，和目連等人同列天曹。

孝的代表是目連自不必多說，節的代表是曹氏。曹氏是目連定了親的未婚妻，目連為了救母與其退了婚約。按說婚約既退就無所謂為誰守節，但曹氏卻不這麼認為。她說目連退婚「蓋彼因救母以修行，非棄其妻而不顧，兒當為夫以全節，助救其母而靡他」。面對段公子的求婚和繼母的逼婚，曹氏堅決拒絕，說：「忠臣不事二君，烈女豈嫁二夫！」（《求婚逼嫁》）為了全節，曹氏最後落髮為尼，並助目連救度母親。作為對曹氏的褒獎，《戲文》最後封她為蕊宮貞烈仙姬。

義的代表是十友。十人本是金剛山上土匪，幸得觀音菩薩點化，與目連

〔註62〕〔漢〕楊雄撰，〔晉〕范望注：《太玄經》卷十，《景印文淵閣四庫全書・子部・術數類》第 803 冊，臺灣商務印書館，1983 年，第 99 頁。

〔註63〕劉禎著：《中國民間目連文化》，成都：巴蜀書社，1997 年版，第 120 頁。

結為兄弟，往西天拜佛修行，修成後扶助目連為母超生。

　　忠、孝、節、義，都是儒家所特別推崇的美德。在善惡二元的對立中，它們都是善，因此《戲文》不僅一次說四者其實是同一的。《過奈何橋》一齣中，講上等之人從金橋上過，何為上等之人？答曰孝子忠臣烈婦。而《過昇天門》一齣中則直接表示：「緣來曰忠曰孝曰節，雖其稱名不同，然而盡忠盡孝盡節，究其為善則一。」《戲文》之所以如此費盡心機地塑造忠臣、孝子、節婦，是因為鄭之珍對當下的世道已經失望，人心不古、大道不存，這點他在《序》中已經說明，而在《戲文》中作者也呼喊：「因此上為臣的死忠，為子的死孝，為妻的死節，把頹敗綱常撐住了。」（《過奈何橋》）

（二）佛教因果報應

　　因果報應是印度宗教都具有的觀念，最開始在奧義書中出現，是婆羅門教的基本觀念，佛教把它吸收過來成為自己的基本理論。《中阿含經》之《長壽王品》就說：「若有此則有彼，若無此則無彼，若生此則生彼，若滅此則滅彼。」〔註64〕同經《業相應品》更是說：

> 爾時，世尊告諸比丘：「隨人所作業則受其報。如是，不行梵行不得盡苦，若作是說，隨人所作業則受其報。如是，修行梵行便得盡苦。所以者何？若使有人作不善業，必受苦果地獄之報。云何有人作不善業，必受苦果地獄之報？謂有一人不修身、不修戒、不修心、不修慧，壽命甚短，是謂有人作不善業，必受苦果地獄之報。

〔註65〕

所以，善業善報，惡業惡報是佛教的鐵定規律。然而現實生活中常有善人得惡報，惡人得善終的例子。對此，東晉慧遠作了《三報論》來解釋，

> 經說業有三報：一曰現報，二曰生報，三曰後報。現報者，善惡始於此身，即此身受。生報者，來生便受。後報者，或經二生三生百生千生，然後乃受。受之無主，必由於心，心無定司，感事而應，應有遲速，故報有先後。〔註66〕

〔註64〕　〔東晉〕瞿曇僧伽提婆譯：《中阿含經》卷二十一，《大正藏》第1冊，第562頁下。

〔註65〕　〔東晉〕瞿曇僧伽提婆譯：《中阿含經》卷三，《大正藏》第1冊，第433頁上。

〔註66〕　〔東晉〕慧遠撰：《三報論》，〔梁〕僧祐撰：《弘明集》卷五，《大正藏》第52冊，第34頁中。

三報說使佛教的因果報應理論更加系統和完整，影響深遠。而《新編目連救母勸善戲文》的理論支撐就是佛教這套因果報應。

在《戲文》中，善人昇天，惡人下地獄成爲整個故事背後的金科玉律。《過奈何橋》一齣中，鬼使就說得很明白：

> 我老爹掌管三河，曰金河、銀河、耐河。河上三橋，曰金橋、銀橋、奈河橋。上等樂善之人金橋上過，中等爲善之人銀橋上過，下等不善之人從耐河橋過。過不得跌下來，陷在河中，鐵犬銅蛇殘其骨肉，又發業風，吹成活鬼，解往前途。非爲我老爺樂意如此，只爲人心分善惡，故將橋道別安危。

因此，之前提到的忠、孝、節、義的代表，目連、益利、曹氏、十友以及傅相等人最後都同列天曹，逍遙快活。劉氏雖開葷，最後也昇天，並被封爲勸善夫人。《戲文》之所以如此安排，劉禎先生認爲是劉氏的開葷只是不被佛教所容，在儒家卻算不上大逆不道。〔註67〕儘管如此，劉氏也還是必須先得經過十八重地獄的洗練才能被解救。其他的僧尼道士、善男信女也都超脫地獄，轉世爲人，永享富貴。而那些爲惡之人，不僅要經歷地獄的重重折磨，之後還得轉生爲畜生，以報在世時所欠之債。劉賈教唆劉氏開葷毀僧房、橋亭，死後墮入地獄，受盡折磨，只因生前曾欺騙他人，後來轉生爲驢以還前債。劉賈的幫兇金奴死後也墜入地獄，飽受刀山劍樹、銅柱鐵鍋之苦。背師下山的尼姑轉世爲母豬；逃走下山的和尚來生變爲禿驢。至於那些姦夫淫婦、惡母刁媳、盜賊兇犯等也無不落入地獄，轉生爲畜生。

以上這些報應，以慧遠的三報說觀之，則幾乎都是現報和生報。現報和生報不僅講究報應的時效性，還講究報應的準確性，也即是《戲文》中所說的「試將地獄重重問，往來古今放過誰」（《二殿尋母》）和「善事無微不錄，惡者有過難逃」。（《五殿尋母》）儘管劉氏開葷殺生，但畢竟曾經做過一些善事，因此當劉氏在孤恓埂遇見曾經施捨過的貧兒，後者感念其當初的善行，用魂轎抬著劉氏過了孤恓埂。可見就算是惡人，只要曾經做過善事也都會有善報。而對於那些冤死的鬼魂，《戲文》也會爲他們平反，並將真兇繩之以法。陳葵英的婆婆沈氏與人通姦，逼迫陳氏輕身，反誣陳氏。閻王查明真相，將沈氏捉拿至陰間，送陳氏上天街。鄭庚夫被後母王氏算計，以致冤死，閻王查明後將王氏捉拿至鐵圍城中，受諸苦楚，而將孝子鄭庚夫送上天庭。當現

〔註67〕劉禎著：《中國民間目連文化》，成都：巴蜀書社，1997年版，第69頁。

實充滿不平卻又無法改變時，宗教就會在另外一個世界構築一個公平的理想世界，那些在現實中為惡卻沒有得到懲治的惡人都在此得到了應有的懲罰。報應的準確性還指生前所欠何物，來生還以何物相報。程氏將耕牛典當，又不給債主耕牛，並上弔自殺圖賴債主埋葬，閻王判其來生變牛還債；劉氏殺狗齋僧，又辱罵李公為老狗，脫離地獄後就轉為狗身。甚至劉賈變為驢時，《戲文》怕世人不明就裏，還專門在驢背刻上「劉賈所變」四個大字，佛教果報不爽的用意非常明顯。這樣猶覺不夠，《戲文》甚至直接奉勸世人為善莫為惡，如「人有善願天必從」、「善惡到頭終有報，只爭來早與來遲」、「人惡人怕天不怕，人善人欺天不欺」、「勸君莫做虧心事，黑臉閻王放過誰」、「生前身犯法，死後躲無門」、「萬事勸人休碌碌，舉頭三尺有神明」等滿篇可見。

（三）佛教地獄輪迴

對地獄的描寫是整個目連救母故事的一大特色，這個特色在《新編目連救母勸善戲文》中顯得更加突出。正如劉禎先生所說：「目連戲表現了人間、天宮和地獄『三世』，其間地獄情狀的描述又佔了很大的比重，在中國戲曲發展史上是鮮有的事例。」〔註68〕前面提到，《目連緣起》實現了從勸善到勸善懲惡的轉變，《大目犍連冥間救母變文並圖一卷（並序）》由於對地獄的詳細描寫而重在懲惡，綜觀《新編目連救母勸善戲文》可以說是延續了《變文》以懲惡為重的安排，並重點刻畫了十殿地獄。因此，《戲文》中的地獄是最完備、最系統的。

中國人對地獄的塑造非常粗淺，先秦時期似乎就只有模糊的「幽都」觀念。「東漢時期，中國出現了南北兩大鬼都和鬼王的傳說──北方的泰山鬼府和泰山府君，南方的豐都鬼獄和豐都大帝。」〔註69〕相比於佛教發達的地獄文化，中國這兩大鬼文化都顯得太過單薄。因此，當佛教傳入中國之後，其地獄文化對中國的鬼文化產生了巨大的衝擊，中國的「幽冥世界已不再是一個空泛的概念，而當包含了六道輪迴、地獄救贖等一系列佛教觀念在內」。〔註70〕自此以後，佛教牢牢佔據了這個死後的地下世界，以其系統的地獄觀念對中國社會產生了深遠影響，《新編目連救母勸善戲文》所塑造的十殿閻王、十八重地獄就是這種影響的突出表現。而在這個影響的過程中，有一部經起了非常重要的促進作用，這就是《佛說十王經》。

〔註68〕劉禎著：《中國民間目連文化》，成都：巴蜀書社，1997年版，第71頁。
〔註69〕段玉明：《從出土文物看巴蜀早期佛教》，《四川文物》2008年第3期，第71頁。
〔註70〕段玉明：《從出土文物看巴蜀早期佛教》，《四川文物》2008年第3期，第70頁。

　　《佛說十王經》真正發生影響當是中晚唐之後。〔註71〕《佛說十王經》講說一切眾生都會隨善惡業流轉生死、受苦受樂，修善則得佛道，修惡則會在地獄十王處受到審判。關於此經的具體情況我們在前面已經論述，此不贅述。《佛說十王經》中的地獄十王被此後《玉曆至寶鈔》的「十獄十王」地獄系統繼承下來並作了補充，「如每殿之下附設十六小地獄，新增望鄉臺、醞忘臺、轉劫所、枉死城、血污池等」。〔註72〕後面的《地獄寶卷》，「地獄遊記」，甚至《大目犍連冥間救母變文並圖一卷（並序）》等變文都是由以上兩者伸發出來。而到鄭之珍編撰《新編目連救母勸善戲文》的時候，則將之前已經非常嚴密的地獄構劃作了一總結，並以戲劇的形式完整地呈現出來。

　　《戲文》中呈現的地獄比之以前的構劃又更細密。如在地獄十殿之前還有所謂五道關口，《過昇天門》一齣中關主就說：「自家掌管五關，前此四關，憑咱為之剖決；後來十殿，自此作其根源。善者自昇天門入，竟登天堂；惡者從鬼門關行，即墜地獄。」而所謂的五關就是：金錢山、滑油山、望鄉臺、奈河橋和昇天門。實際上地獄就是專門接管那些過了五關後需受懲罰的亡靈，在《一殿尋母》一齣中，秦廣王就自述：「上接五關鬼犯，下為九獄根源。」也就是說眾生命終後，亡靈會依次從金錢山到昇天門，善人在此昇天，惡人從此墜入地獄。五關和十殿形成一個緊密結合的體系。換句話說，五關可以看成是對亡靈到底是善是惡的檢驗關口，經過這五關的檢驗，善者升入天堂，惡者墜入地獄繼續接受懲罰，直到轉生為畜生，繼續輪迴。且看《過金錢山》一齣，鬼使唱到：「上等好善之人，從金錢山過；中等為善之人，從銀錢山過；生前雖是貧寒，從此有錢受用。下等為惡之人，從破錢山過；生前雖則富貴，到此有錢不得受用了。」從這裡開始，這套地獄體系不僅開始了對亡靈的善惡審判，也由此開始了對世間種種不平的破斥和重置，世間貧困的善人從此過上富貴的生活，世間富貴的惡人到此卻有錢無處使。這種對世間不平的重置不僅體現在物質層面，也體現在精神層面。望鄉臺是為亡靈設置用來與在世親人感應的平臺，亡靈通過此平臺聽聞親人的哭泣，受用僧道的追薦。但是「臺以望鄉為名，乃為善人而設。若惡人到此，依然難見家鄉」（《過望鄉臺》）。既然不可見，設齋醮就沒有意義，亡靈無法受用，就連親人痛哭也無

〔註71〕參見段玉明：《佛教與中國近世勸善運動》，李利安主編：《佛教與當代文化建設學術研討會論文集》（第二編），西安：西北大學出版社，2013年版，第16頁。

〔註72〕段玉明：《〈玉曆至寶鈔〉：究係誰家之善書？》，《宗教學研究》2004年第2期，第35頁。

法耳聞。在某種層面上，這種精神上的恐嚇遠比肉體上的折磨更具威力。所謂「人之將死，其言也善」，大凡爲惡之人從踏入陰間那刻起對世間種種惡業就已心生悔意，而此刻卻連最後的一點念想都因世間種種而被打滅，此種震懾力不可謂不大。既然這五關是甄別善惡的關口，那何爲善何爲惡，其標準是什麼？通過金河、銀河和奈河上設置的金橋、銀橋和奈河橋，善人、惡人一目了然。忠臣、孝子、烈婦爲上等爲善之人；僧尼道士、善男信女爲中等爲善之人，前者從昇天門登天堂，後者也再生人世，永享富貴。其餘者爲下等不善之人，從鬼門關進入地獄輪迴。值得注意的是這裡區分上等人和中等人的標準，前者因「生來氣節高奇」，故「人品當居第一」；而後者「只因命限犯災危，發願廣施陰德」，只能排在二等。作者本能地將忠臣、孝子、烈婦列爲上等善人，並說這是天理昭然，而將廣施陰德的僧尼道士、善男信女列爲二等，說他們是命犯災危，其儒家知識分子的立場不言而喻。

　　上述五關過完之後，惡人就進入了十殿地獄。在《一殿尋母》一齣中，判官將地獄各殿的情況作了一總說。

> 　　且論十殿大王，分理一十八重地獄，第一殿秦廣王，管的是刀山劍樹。第二殿楚江王，管的是磨磨碓舂。第三殿宋帝王，管著鐵床血湖。第四殿午官王，管著油鍋銅柱。五殿閻羅天子尊，鐵圍城中有業鏡。六殿變成大王，掌阿鼻獄裏無青天，鋸身獄、刮舌獄。七殿太山王，所掌無差，湯鑊刑、火車刑。八殿平等王，所施捨有準。至於都市王之九殿，所理的是寒冰黑風。若輪轉王之十重，所司者是定身畜產。

《戲文》除了將「初江王」寫作「楚江王」、「閻魔王」寫作「閻羅天子」、「五道輪轉王」寫作「轉輪王」之外，其餘都和《佛說十王經》一樣，可見此處的地獄十王是直接繼承自《佛說十王經》。十王各掌十殿，分列於東西南北中五個方向，又有十八重陰司，亦分列於五個方向。亡靈從第一殿開始經受各種酷刑，一直到第十殿轉生爲畜生，還到世間再次輪迴。

　　從《目連緣起》、《大目犍連冥間救母變文並圖一卷（並序）》開始，目連故事對地獄的構劃就越來越細緻，至《新編目連救母勸善戲文》時則將整個佛教地獄系統完整呈現出來。十王十殿掌管十八重地獄，每重地獄各有不同的刑具和酷刑，從刀山劍樹到湯鑊刑、火車刑，一如前述。《戲文》對每一殿的描寫並不是隨意爲之，它也遵循一定的模式。首先是著力渲染地獄的恐怖。

每殿地獄都有獨特的刑具，如刀山劍樹、磨磨碓舂、鐵床血湖、油鍋銅柱、鋸身獄、刮舌獄、湯鑊刑、火車刑等。這些刑具單看名字就足以令人膽寒，更無遑呈現之以戲劇。每到一地獄，《戲文》都會將此地獄的恐怖以各種形式展示給各亡靈。如亡靈到第一殿，獄主便吩咐鬼使道：「鬼使，將這廝丟在刀山碎剮，劍樹凌遲。」到第二殿，獄主也說：「可將伊，萬斤銅磨磨成粉，千斤鐵碓舂作泥。」第三殿獄官道：「手下，好著力，打斷賊奴筋，使那做賊的大加警。」有時候獄主是以自述的方式來展現地獄的恐怖。如三殿獄官自述道：「但有收監鬼犯，一惟王命是遵，鐵床上火炙其膏油，血湖中水淹其骸骨。」七殿中鬼使唱道：「鋸梁正正無偏，無偏；鋸齒個個剛堅，剛堅。二人忙把鋸來牽，鋸你做兩半邊。」有時候是以亡靈之口來述說，如在第四殿鬼犯就說：「見油鍋嚇得我膽戰，這般哭教我如何受？滾鍋油煎得人沉又浮。也都是生前造惡，到今日反不如個豬和狗。」有時候是由他者介紹此地獄慘狀，如七殿獄主向目連介紹八殿情況時說：「他那裡夜魔城黑洞洞六月寒，又更有火車刑赤烈烈恁樣慘。重一重密密的都是貔猴閘，路一路緊緊的盡是虎豹關。」通過不同角度和不同手法，一個陰森恐怖的地獄形象便呈現在世人面前。

其次，《戲文》在渲染地獄恐怖的同時不忘進行勸人為善的說教。設置陰森恐怖的地獄並非《戲文》的最終目的，當然也不是佛教的最終目的。在《一殿尋母》中，判官就自述說：「刑名雖備，刑實期於無刑；法網雖詳，法乃所以止法。但願天多生善人，個一個不墜地獄；又願人多行善事，件一件莫犯天條。使十殿雖設，千古常空。」也就是說地獄的設立表面上是為了止惡，其最終目的卻是宣揚善行。所以，《戲文》在對下到地獄的亡靈進行審判之時總要先來一番勸誡。如第二殿楚江王就唱道：「掌陰司生殺權，審陽間善惡編。生前誰惡誰為善，白白明明在眼前。為善的天使延，為惡的地獄淹。求無陰府諸愆也，須在陽間種福田。」（《二殿尋母》）明白指出要想不在陰間受諸苦，那就得在世間多行善事，廣種福田。綜合起來看，《戲文》中的說教其實大部分都是圍繞儒家忠孝節烈來展開。如勸人要忠孝的有：「論人身生長乾坤內，父母恩天地齊。養孩兒費盡心和力，長成當報爹和娘。」（《一殿尋母》）「公婆索個媳婦，費盡心機，為媳婦者須當孝順公姑，才是道理。」（《一殿尋母》）「奉勸世間人子聽，及時行孝養親闈。孝順還生孝順自，簷水點滴不差移。」（《三殿尋母》）「人生俯仰間，君父恩何極。臣子報君親，當盡心和力。」（《七殿見佛》）這些都是勸誡兒女媳婦要及時行孝，報父母恩，報君王恩。勸人

要節烈的有：「李氏女子，在家從父，出嫁從夫，理之常也。爲何私與外人通
姦，反把親夫謀死？」（《二殿尋母》）「夫妻匹配，天生作對，況兼七世同修，
今世共諧連理。」（《二殿尋母》）《戲文》把是否具備這些德行作爲人和動物
的區別：「人爲萬物之靈，若爲人不念爹娘苦，比著禽獸存心反不如。」（《三
殿尋母》）「人生天地間，所以異於禽獸者，以其有禮義廉恥也。」（《五殿尋
母》）像這種對不忠不孝之人的唾棄在《戲文》中隨處可見，如：「爲臣的賣
國欺君，甘心降賊；爲妻的失節忘夫，甘心再適。噯！眞是無羞恥。嗟！這
便是禽獸與蠻夷。……。那不忠不良之人呵，比蠻夷尚不如，視禽鳥當知愧。
因此上要扶人紀，剛剛決決，忘身殉理。」（《曹氏剪髮》）《戲文》也勸人要
修佛修道，「歎長江後浪催前浪，這地獄誰能免一場。奉勸善男信女呵，除非
是作善修齋福自昌。」（《三殿尋母》）除此之外，《戲文》還勸人要端正做人，
如：「勸世人，大家警省，切莫使歪心。」（《二殿尋母》）「爲人在世，須循道
理，各宜本分營生，豈可損人利己。」（《二殿尋母》）總之，《戲文》所極力
闡發的是這樣的中心思想：「忠臣不事二君，烈女豈嫁二夫！蓋君猶天也，夫
亦天也，二之則不是矣。卻不道一天自誓，方是個烈女忠臣。」（《求婚逼嫁》）

　　再次，《戲文》在渲染地獄恐怖的同時總要對亡靈的自白和悔過進行描
述。亡靈下到地獄一般都會坦白自己的罪行，即使有些有所隱瞞或有所冤枉，
業鏡也會使之昭然於「地下」，於是就有了亡靈的「自白書」。「世上爲人子者
不孝爹娘，我就是個樣子了！」（《一殿尋母》）「做媳婦的不敬公婆，我就是
個樣子了！」（《一殿尋母》）「列位，我爲富不仁難脫罪，爲仁不富是良謀。」
（《五殿尋母》）有些「自白書」不僅坦白了亡靈的罪行，更表達了亡靈此刻
的無奈。「歎生前用心狠毒，到陰司有誰搭救？」（《四殿尋母》）「生前起了青
天，青天；死後解入黃泉，黃泉。鋸身罪大苦難言，今到此枉埋冤。」（《七
殿見佛》）而更多的則是表達亡靈對世間所犯罪行的悔恨。「悔吾行與誓相違，
豈料我陽間過失，陰府詳知。」（《二殿尋母》）「悔前生做事不思忖。」（《二
殿尋母》）「自恨當初行事錯，今朝追悔總成空。」（《五殿尋母》）「追悔，兒，
悔當初苦不相依，到今日反多相累。」（《六殿見母》）「世人非不畏青天，私
欲迷時念即遷。來到陰司遭折挫，空成追悔自埋冤。」（《八殿尋母》）

　　佛教因果報應和地獄輪迴思想構成《戲文》懲惡勸善的內在依據，在這
個體系的運轉下，佛教懲惡勸善的功能才能有效發揮作用。這樣，《戲文》對
亡靈在地獄的描寫實際上就是按「作惡──懲惡──勸善──自白──悔過

——轉生」這樣的模式來進行。這個模式所揭示的含義，即是亡靈因在世間作惡而墜落地獄，面對地獄的恐嚇和勸善，亡靈對自己在世間的所為心生悔恨，轉生為畜生後，一方面將前世的孽債償還，一方面努力行善以造善業，以便來生獲得善果。而正如淩翼雲先生所說的那樣：「編劇者全力以赴地在宣揚忠、孝、節、義（烈），又讓忠、孝、節、義（烈）服從於信佛敬佛，歸根結底是宣傳釋迦佛法力無邊。」〔註73〕《戲文》對忠、孝、節、義（烈）的宣揚要發生效用，必須得建立在佛教因果報因和地獄輪迴的體系上。換句話說，這裡宣揚的儒家忠、孝、節、義（烈）思想只是佛教懲惡勸善體系下的一個附加內容，如把它換成任何其他善的內容同樣可行。

第三節　目連戲的搬演

　　俗講和變文盛行的唐代經濟繁榮、文化昌盛，唐人更以其博大的胸懷廣泛吸收周邊各種文化，進而在歌舞、繪畫、音樂等方面都有了長足的進步。而佛教於此時也迎來了第三次譯經的高潮，更由此形成了幾大宗派，影響逐漸擴大，寺廟也成為世人遊玩的場所。「唐代地方尤其州府治所的佛寺，往往有百戲、雜技戲場，或稱為民間擊技的搏擊場。」〔註74〕這些戲場定期或不定期地舉行各種活動，前往觀看者人數頗巨。「楚州龍興寺前的戲場，每日中午有戲弄演出，觀者不下三萬人。」〔註75〕甚至到中唐以後，寺院已經開始修建永久性的舞臺，專門用於表演歌舞和戲曲。這些條件「為我國戲曲這一綜合藝術的成形準備了充分條件」。〔註76〕而隨著大唐帝國的土崩瓦解，貴族社會一去不返，平民社會興起，以前只在皇家劇場或寺廟高牆內表演的戲曲歌舞隨之走上街頭。在這種趨勢下，中國的戲劇迅速形成，並經宋元的演變，至明清開出累累碩果。目連戲從宋代開始被搬上舞臺，至明代更被頻繁搬演於大江南北，這不僅是對中國戲劇發展史的最好闡釋，也是佛教勸善化俗功能作用於世間的絕好體現。

〔註73〕淩翼雲著：《目連戲與佛教》，廣州：廣東高等教育出版社，2011年版，第123頁。

〔註74〕張弓著：《漢唐佛寺文化史》，北京：中國社會科學出版社，1997年版，第869頁。

〔註75〕張弓著：《漢唐佛寺文化史》，北京：中國社會科學出版社，1997年版，第870頁。

〔註76〕淩翼雲著：《目連戲與佛教》，廣州：廣東高等教育出版社，2011年版，第97頁。

一、明以前的目連戲演出

　　目前發現的關於目連戲演出的最早記載是孟元老的《東京夢華錄》。事實上，這也是目前發現的中國大型雜劇演出的最早記錄。《東京夢華錄》是孟元老隨宋室南渡後追憶北宋都城東京開封府的著作，記載了自宋徽宗崇寧年間到宣和年間（1102～1125）的東京市民日常生活。在此書的第八卷「中元節」一段中，作者描繪了當年中元節的盛況：

> 　　七月十五日，中元節，先數日市井賣冥器、靴鞋、襆頭、帽子、金犀假帶、五彩衣服，以紙糊架子盤遊出賣。潘樓交州東西瓦子，亦如七夕。要鬧處亦賣果食、種生、花果之類，及印賣《尊勝目連經》。又以竹竿斫成三腳，高三五尺，上織燈窩之狀，謂之盂蘭盆，掛搭衣服冥錢在上焚之。構肆樂人，自過七夕，便般（搬）《目連救母》雜劇，直至十五日止，觀者增倍。〔註77〕

東京的風俗是過完七夕，民間藝人就開始在構肆搬演《目連救母》，一直到七月十五日中元節才結束。而在盂蘭盆節期間，和各種冥器、花果一起售賣的還有《尊勝目連經》。可見，目連戲的演出在中元節是一項非常重要的活動，而印賣的《尊勝目連經》實際上不僅向市民介紹了劇情，有戲劇腳本的意思，更是在向世人宣揚孝道，有勸人為孝、勸人為善的用意。由於沒有具體的演出情況記載，我們無法獲知演出的內容，但是能連續搬演七八天說明其內容已經非常豐富，形式也應頗具完備。前文曾述及唐時寺院的戲場演出時常有數萬人前往觀看，那自然可以想像將場地搬到市井繁華之處後演出的盛況，無怪乎孟元老要用「觀者增倍」這樣的話了。能形成這樣的規模自然不是一朝一夕所能達到的，說明至少在孟元老之前東京很可能就已經開始在中元節搬演目連戲。只是限於資料缺乏，目前我們無法確定此種風俗究竟起於何時。或許宋真宗禁演變文講唱的政策刺激了目連表演向另外一個方向發展，即由以說唱為主轉為不斷增加變相，最終完全走向雜劇。不管怎樣，從目連變文到目連雜劇的演變過程中，五代至北宋初是最關鍵的時期，是目連雜劇的形成期。凌翼雲先生曾這樣評價北宋東京的目連戲演出：

> 　　因而，北宋汴梁勾肆樂人的《目連救母》演出，是一次偉大的、有歷史意義的創舉。它把「變文」搬演成「雜劇」，為戲曲藝術的出

〔註77〕〔宋〕孟元老撰，鄧之誠注：《東京夢華錄》，北京：中華書局，1982年版，第211～212頁。

現開拓出一條道路，也為戲曲藝術奠定了基礎。〔註78〕
孟元老記載的東京中元節的目連戲不可能只演出一次，它應當不斷地在民間搬演。這種年復一年的演出不僅刺激了一種新的戲曲藝術的產生，更使得目連救母的孝道故事深入人心。

之後關於目連救母故事搬演的記載甚少。元末陶宗儀在《南村輟耕錄》中曾提到有《打青提》的劇目，〔註79〕明人沈德符在《萬曆野獲編》中也提到《目連入冥》的劇目。後者評論目連劇時說：

> 他如《千里送荊娘》、《元夜鬧東京》之屬，則近粗莽，《華光顯聖》、《目連入冥》、《大聖收魔》之屬，則太妖誕，以至《三星下界》、《天官賜福》種種吉慶傳奇，皆係供奉御前，呼嵩獻壽，但宜教坊及鐘鼓司肆習之，並勳戚貴瑞輩賞之耳。〔註80〕

《大聖收魔》大概就是後來《西遊記》中孫悟空收服各種妖魔之事。沈德符說它和《目連入冥》都太妖誕，或許是因為它們都是講述神靈鬼怪之類吧。這些劇是由教坊演給皇室和官宦之類觀看，用於祝聖和祝壽。除此之外，元末明初無名氏也有雜劇《目連救母》。在這個劇本中，觀音作為故事的主角之一進入到目連故事中，這點可從劇名後「發慈悲觀音度生，行孝道目連救母」的題目看出來。

二、明代的目連戲演出

朱元璋重於法治，建國後頒佈了《大明律》，其中專門對雜劇戲文的演出作了詳細規定。《大明律》「搬做雜劇」條載：

> 凡樂人搬做雜劇戲文，不許裝扮歷代帝王后妃、忠臣烈士、先聖先賢神像，違者杖一百，官民之家容令裝扮者與同罪。其神仙道扮及義夫節婦、孝子順孫、勸人為善者不在禁限。〔註81〕

這項關於雜劇演出的法律規定實際上是比較寬鬆的，只要不裝扮帝王后妃、

〔註78〕凌翼雲著：《目連戲與佛教》，廣州：廣東高等教育出版社，2011年版，第115頁。

〔註79〕〔元〕陶宗儀撰：《南村輟耕錄》，北京：中華書局，1959年版，第311頁。

〔註80〕〔明〕沈德符撰：《萬曆野獲編》，上海古籍出版社編：《明代筆記小說大觀》（三），上海：上海古籍出版社，2005年版，第2580頁。

〔註81〕〔明〕申時行等修，趙用賢等纂：《大明會典》卷一百七十《刑部十二》，《續修四庫全書‧史部‧政書類》第792冊，上海：上海古籍出版社，2013年，第98頁。

先聖先賢等的神像即可。而其專門提出的不在禁限的幾項，如孝子、義夫節婦、勸人為善等目連戲都具備，因此，入明後目連戲的搬演迅速呈現出百花齊放、百家爭鳴的局面。

　　明末清初西周生的《醒世姻緣傳》是一部反映明代社會生活的長篇白話小說，描寫從明英宗正統年間（1436～1449）到明憲宗成華（1465～1487）之後的社會世態。其第五回「明府行賄典方州　戲子恃權驅吏部」中講到正統年間有一班蘇州戲子到華亭縣唱戲。

　　　　九月間，適然有一班蘇州戲子，持了一個鄉宦趙侍御的書來託
　　　晁知縣看顧。晁知縣看了書，差人將這一班人送到寺內安歇，叫衙
　　　役們輪流管他的飯食。歇了兩日，逐日擺酒請鄉宦，請舉人，請監
　　　生，俱來賞新到的戲子。又在大寺內搭了高臺，唱《目連救母記》
　　　與眾百姓們以玩賞，連唱了半個月，方才唱完。這些請過的鄉紳舉
　　　監，挨次獨自回席，俱是這班戲子承應。唱過，每鄉宦約齊了都是
　　　十兩，舉人都是八兩，監生每家三十兩，其餘富家大賓共湊了五百
　　　兩，六房皂快共合攏二百兩，足二千金不止。〔註82〕

從這個故事我們可以得到以下信息。首先，這是一次由政府牽頭，地方豪紳出資，專業戲班擔演的演出，演出劇目似乎只有《目連救母記》。其次，明初的目連戲已經發展到了相當程度，連演十五天才結束。再次，目連戲的演出時間已經很隨意，突破了只在中元節搬演的限制。

　　自明太祖朱元璋將勸人為善的戲劇排除在禁演範圍之外後，很可能目連戲就成為戲班的經典劇目，也是民間戲劇演出的最主要節目，甚至可能是像《醒世姻緣傳》中的那樣目連戲是唯一的演出劇目。如此，則戲班在走南闖北的巡演過程中，當常常搬演目連戲。因為像這種動輒花費幾千金的演出費用並不是個人所能承受，而只能像《醒世姻緣傳》中所描述的那樣由地方官員、鄉紳富家共同承擔。地方官府在選取劇目之時自然是首選「勸人為善」的劇目，一則不違法律，二則可以勸善化俗，進而達到穩定社會秩序的目的。這樣，目連戲就成為隨時隨地都可以演出的劇目，只要有人請就搬演，不再局限於某一時間。相應地，由於沒有在中元節這個神聖的時間搬演，民眾對目連戲的態度也就不是嚴肅和神秘的，所以作者使用「玩賞」一詞。像這樣

〔註82〕〔明〕西周生撰，黃肅秋點校：《醒世姻緣傳》，上海：上海古籍出版社，1981
　　　　年版，第63～64頁。

的演出在明初當是比較盛行。但時間如此長和花費如此巨大的搬演並不是每個地方都能承受，因此萬曆年間鄭之珍就將其縮減為三晝夜，〔註83〕此後的目連戲演出大多是按照鄭之珍確定的三晝夜演畢。明末祁彪佳就說目連戲「全不知音調，第效乞食瞽兒沿門叫唱耳。無奈愚民佞佛，凡百有九折，以三日夜演之，轟動村社」。〔註84〕祁彪佳對目連戲自有偏見，卻無意中告訴了我們目連戲的影響，演出持續時間正是三晝夜。

明末小說家王同軌在其《耳談類增》講了一個故事，主人公商鴻臚被冤鬼纏生，後來搬演目連戲才得以痊癒。

> 商鴻臚為賢，寓長安邸，畜鴨數頭，令蒼頭鄭義日收其蛋。忽一日少蛋二枚，令甦。日中，方與客博忘喚義起。至晡，義渴甚，飲水患肚瀉死。死時與其儕曰：「主人以二蛋死我，必報之。」自是頻作祟，凡三遷以避之而祟不已，則乞量移刺六安，而守劉君庭芥故人也，甚相歡。入衙忽仆地，因張目作義聲曰：「主人以二蛋殺我，今避至此謂我不能來乎？我不能從舟，從陸來候久矣。今須日供我二大鴨，他物稱是，飽我則去，不然捉見閻羅王。」其家唯唯設供，而病拘攣如故。劉公以其病奏部使，許暫歸。及歸而義已在家，且曰：「主母莫怪，我主人心毒故從至此。我見閻羅王，已謂我無罪，許我託生黃岩黃某家為男，而暫來也。家能以盛席款我，仍演目連戲三晝夜勸世人作善，則我恨消去矣。」從之，演戲畢而商病亦旋已。〔註85〕

僕人冤死後化為厲鬼作祟於商鴻臚，後者百般掙脫不得，乃聽從冤鬼的吩咐，以盛席款待，搬演三日目連戲才得解脫。此次演出的本子未必就是鄭之珍所編定的新本，但從其連演三日的情況來看，無疑是受了鄭之珍的影響。這裡的目連戲演出，一方面實際上是演給死人看，有解冤和超度亡靈的意思，另一方面也是演給活人看，奉勸世人為善莫作惡，這和傳統的在中元節搬演目連戲是同樣的用意。湘西瀘溪縣浦市鎮舊時曾有一塊崇禎四年（1631）的石碑，碑文寫道：

〔註83〕注：鄭之珍《新編目連救母勸善戲文》下卷結束之時有「目連戲願三宵畢，施主陰功萬世昌」的詩句。

〔註84〕〔明〕祁彪佳撰：《遠山堂曲品》，《中國古典戲曲論著集成》（六），北京：中國戲劇出版社，1959年，第114頁。

〔註85〕〔明〕王同軌撰：《耳談類增》卷四十九，《續修四庫全書·子部·小說家類》第1268冊，上海：上海古籍出版社，2013年，第302頁。

　　　　浦興古寺為闤市禮佛聖地，每年中元節，內修盂蘭盆會，超度
　　殤歿亡魂，使生輪迴天界，免得孤魂流離，俾建善姓。因果圓滿之
　　日，高掛郗氏幢幡，預期演四十八本目連戲曲，忠孝節義，普結善
　　緣。〔註86〕

碑文說得很清楚，演出目連戲作為中元節的重要活動，一方面是超度亡魂，
另一方面是勸人為善。此外，此處的目連戲演出似乎還有祛病驅邪的意義。
經過搬演目連戲，作祟的冤鬼消去，病人痊癒。有意思的是，救母出地獄的
目連在明人看來似乎是可以起死回生、延年益壽或治癒疾病的菩薩。明初余
學夔《北軒集》卷八有《處士胡志存墓誌銘》：

　　　　母倪氏構奇疾，百方莫療，乃用浮屠目連法以延母壽。即出寢
　　別室，散齋三年，誓不禦酒肉，茹素食淡，斷絕滋味，每夕籲天欣
　　忱求愈母病，不逾期，母疾遂瘥。〔註87〕

為祈求母親身體痊癒而學目連持齋把素三年，和為祛病而搬演目連戲，實質
是一樣的，都是借目連來治病。借用神聖時間的理論，「每一個宗教節日和宗
教儀式都表示著對一個發生在神話中的過去、發生在『世界開端』的神聖事
件的再次現實化」，〔註88〕那麼後者實際上是通過搬演目連救母（在這裡它是
一種宗教儀式）來重現目連入地獄救母的神話場景，既超度了亡靈，又解救
了病人。而前者實際上是通過苦行將自身聖化，

　　　　人只要努力使自己與世俗分離，就能使自身聖化。一個真正的
　　苦行主義者是一個超越於眾人之上的人，他通過齋戒、守夜、退省
　　和靜思，總而言之，通過自我剝奪，而不是通過積極的虔誠行為（如：
　　祭獻、犧牲、祈禱等），就能獲得特別的聖性。〔註89〕

通過持齋把素將自身聖化，就如同目連能拯救母親出地獄一般，自然能拯救
母親於病痛。因此，儘管時間並不是中元節或者其他特殊的日子，但通過演
出目連戲或扮演目連角色仍可以回溯到目連救母時的那個神聖時間，進而救

〔註86〕轉引孫文輝：《鬼節‧湖南民俗‧目連戲》，《藝海》2007年第2期，第29頁。

〔註87〕〔明〕余學夔撰：《北軒集》卷八《處士胡志存墓誌銘》，《四庫未收書輯刊》
　　　　第五輯第17冊，北京：北京出版社，2000年，第221頁。

〔註88〕〔羅馬尼亞〕米爾恰‧伊利亞德著，王建光譯：《神聖與世俗》，北京：華夏
　　　　出版社，2001年版，第32頁。

〔註89〕〔法〕E‧杜爾幹著，林宗錦、彭守義譯：《宗教生活的初級形式》，北京：中
　　　　央民族大學出版社，1999年版，第343頁。

人於危難。與此相比，《醒世姻緣傳》中的演出就不同，它是專門演給活人看，其目的並不是爲了拯救，因而失去了神聖性，它只是寓教於樂，於「玩賞」之中勸人爲善。

總體來看，關於明代目連戲演出的記載是比較多的。明末祁彪佳曾記錄了一次鄉村搬演目連戲的場景。

> （五月）三十日作疏，喜捨以志懺過發願之意。先一日，舟中草數語，至是足成之，得王金如先生書，言劉宛穀托一僧修三界路欲予護持。予出晤，其僧已至寓山，與三宜師季超兄談於通霞臺，即宿於靜者軒。連日暑極，是晚柯村又演目連戲，竟夜不能寐。〔註90〕

儘管祁彪佳未載明柯村這次搬演目連戲持續了一晚還是三晝夜，但有一點非常肯定，即這次演出的時間比較隨意，是在五月二十九日晚上。很可能像前文提及的《醒世姻緣傳》一樣，柯村的這次目連戲也是由地方官府出面請外地戲班來搬演。明末清初的姚廷遴也記載了明末的一次目連戲演出：

> 崇禎十七年甲申，十七歲，春多雨，三月隨叔祖往杭州。時因葺城董羽宸開府浙江，爲任內舊未完叔祖任內事，經月而返。周浦做目連戲。〔註91〕

這次目連戲的演出時間大概在崇禎十七年四月，時間也比較隨意。其時，李自成已進入北京，崇禎皇帝於四月二十五日自縊於煤山。但蘇杭一帶遠離京城，消息不暢，並無家國危亡的危機感，故還有心思搬演目連戲。此外，雍正年間的《江華縣志》記載了萬曆年間某地因搬演目連戲引發火災的事情：

> □□□（應爲「萬曆八」）年庚辰，十一月初三日，新南門因扮演目連大戲，偶然火起，延燒老南門、串樓、文廟、縣治、鼓樓、儀門、城隍廟所、官廳及街坊房屋一百五十餘間，亦異事也。〔註92〕

這次目連戲的演出時間是十一月初三，也不是特殊的日子。

對明代目連戲的搬演記錄最詳細的是張岱，他在《陶庵夢憶》中非常詳盡地記錄了當時徽州戲班搬演的一場目連戲。

〔註90〕〔明〕祁彪佳撰：《祁忠敏公日記》，《北京圖書館古籍珍本叢刊》第 20 冊，北京：書目文獻出版社，2000 年，第 795 頁。

〔註91〕〔清〕姚廷遴撰：《上浦經歷筆記》，《北京圖書館藏珍本年譜叢刊》第 79 冊，北京：北京圖書館出版社，1999 年，第 120 頁。

〔註92〕〔清〕鄭鼎勳修，蔣琛纂：（雍正）《江華縣志》卷十，《故宮珍本叢刊》第 156 冊，海口：海南出版社，2001 年，第 372 頁。

余蘊叔演武場搭一大臺,選徽州旌陽戲子剽輕精悍、能相撲跌打者三四十人,搬演目連戲,凡三日三夜。四圍女臺百什座,戲子獻技臺上,如度索舞絙、翻桌翻梯、觔斗蜻蜓、蹬壇蹬臼、跳索跳圈、竄火竄劍之類,大非情理。凡天神地祇、牛頭馬面、鬼母喪門、夜叉羅刹、鋸磨鼎鑊、刀山寒冰、劍樹森羅、鐵城血澥,一似吳道子《地獄變相》,爲之費紙筍者萬錢,人心惴惴,燈下面皆鬼色。戲中套數,如《招五方惡鬼》、《劉氏逃棚》等劇,萬餘人齊聲吶喊。熊太守謂是海寇卒至,驚起,差衛官偵問,余叔自往復之,乃安。臺成,叔走筆書二對,一曰:「果證幽明,看善善惡惡隨形答響,到底來那個能逃?道通晝夜,任生生死死換姓移名,下場去此人還在。」一曰:「裝神扮鬼,愚蠢的心下驚慌,怕當真也是如此;成佛作祖,聰明人眼底忽略,臨了時還待怎生?」真是以戲說法。〔註93〕

這場目連戲也是由官府請戲班搬演。從表演的形式來看,所用的劇本當不是鄭之珍本,而更多是採用了百戲的形式。這些雜技表演無疑增加了戲劇的觀賞性和刺激性,「既恐懼、緊張,又痛快、愉悅,情緒強烈」〔註94〕。但從演出持續時間來看,連演三晝夜當是受到鄭之珍本的影響,鄭之珍確定的三晝夜演完目連戲的原則顯然被以後各戲班和劇本繼承下來。劇中各地獄情狀是通過紙紮技藝來表現,由於形象逼真讓人恐懼,因此「人心惴惴,燈下面皆鬼色」。儘管專門搭建了戲臺,但是戲臺並不是目連戲的唯一舞臺,演員經常穿梭於臺上和觀眾之間,甚至觀眾也參與到表演之中,演員和觀眾之間並沒有「四堵牆」。魯迅先生在寫家鄉紹興的目連戲演出時,非常形象地描述了觀眾參與目連戲演出的情況,一群孩子扮成鬼卒拿著鋼叉跑到墳場,將鋼叉刺進墳墓,拔叉回戲臺,大喊一聲後將鋼叉投釘在臺板上,意思是將鬼魂請過來看戲了。〔註95〕其他地方的目連戲在表現《劉氏逃棚》等劇目時,演員也會經常穿梭在觀眾中,觀眾也會幫助尋找逃走的劉氏,大家邊追邊喊,場面異常熱烈。儘管張岱沒有細描這場戲中觀眾參與其中的情況,但是從後來的目連戲演出中仍然可以窺見當時觀眾的角色。很顯然觀眾也是扮演了追劉氏

〔註93〕 〔明〕張岱著,蔡鎮楚譯注:《陶庵夢憶》,長沙:嶽麓書社,2003年版,第204～205頁。

〔註94〕 劉禎著:《中國民間目連文化》,成都:巴蜀書社,1997年版,第151頁。

〔註95〕 參見魯迅著:《且介亭雜文末編‧附集》,《魯迅全集》第六集,北京:人民文學出版社,1958年版,第498～504頁。

的鬼卒，無怪乎就出現了萬餘人齊聲吶喊，讓太守誤以為是海寇竄入的情景了。值得注意的是在戲臺四周還專門搭建了供婦女觀看的「女臺」，這個區域男子是不能進入的。蓋古時男女有別的觀念日深，經宋明理學家宣揚之後更是發展成對「死節」的提倡（這在目連戲中也有體現），而看戲是婦女少有的可以與外界交流的機會，因此有專門的區域提供給婦女。即使如此，至清乾隆五十六年，仍然有一批人以「婦女雜沓，自夜達旦」〔註96〕和「悖禮亂常、傷風敗俗」〔註97〕的理由禁止演唱夜戲。

　　此次目連戲演出的目的除了供玩賞之外，也有勸人為善的意思。從張岱蘊叔為此次目連戲寫的兩幅對聯來看，「果證幽明，看善善惡惡隨形答響，到底來那個能逃」非常準確而形象地揭示了目連戲的深層蘊意，即目連戲所宣揚的就是佛家的因果報應、如影隨形、絲毫不爽思想。事實上，這也是所有目連戲演出的目的，不管是在中元節，還是在一個隨意的日子搬演，其背後總有宣揚佛法無邊、善惡報應、勸善化俗的意思。而「裝神扮鬼，愚蠢的心下驚慌，怕當真也是如此」則和鄭之珍「不惟中人之能知，雖愚夫愚婦，彌不悚惻涕洟感悟通曉矣，不將為勸善之一助乎」的寫作目的一致。中人以上自不用勸誡，中人以下見果報如此不爽，自然恐慌萬狀、心有餘悸，行惡者自會有所收斂，欲行惡者自會懸崖勒馬。所以張岱感歎說這是以戲說法。

第四節　本章小結

　　由於目連救母故事的廣泛傳播，明清時期目連身份出現了兩種趨向：一者是將目連等同於地藏菩薩，二者是將目連本地化。首先，明清時候目連或被視為地獄之主，和地藏菩薩合二為一。目連神通第一，上天入地，無所不能，將母親從地獄中拯救出來，更度化了地獄中的眾多亡靈（在鄭本《戲文》中是佛祖度化），所以明代《三教源流搜神大全》就說目連死後即在地獄做了地藏王菩薩，「這恐怕是迄今為止最早有關地藏與目連同一關係的記載」。〔註98〕此後，

〔註96〕《中國方志叢書‧華中地區‧第二二一號》之《紹興府志》，據〔清〕李亨特總裁，平恕等修，清乾隆五十七年刊本影印，臺北：成文出版社，中華民國六十四年（1975），第491頁。

〔註97〕《中國方志叢書‧第八十號》之《廈門志》，據〔清〕周凱修，凌翰等纂，清道光十九年刊本影印，臺北：成文出版社，中華民國五十六年（1967），第324頁。

〔註98〕尹富著：《中國地藏信仰研究》，成都：巴蜀書社，2009年版，第294頁。

明人多有將目連等同於地藏菩薩者。陳繼儒《婁江報本寺塑西方景疏》載：

　　　報本寺僧永齡，夙有戒行，緇俗皈依，今於本寺西南舊址垂建

　　大殿，塑西方景，使善者頓生信心，塑十王像，使惡者頓改舊習。

　　即此一念非目連地獄不空不願成佛者耶？〔註99〕

這裡，發「地獄不空，誓不成佛」大願的不是地藏菩薩，而是目連。其次，
目連被大量本地化。這裡的本地化不是指中國化，而是地方化。其表現就是
出現了眾多自稱為目連故鄉的記載。湖南舊傳有目連其人：「目連，舊傳本縣
康樂鄉長沙沖人，事父孝，歿而為佛，莫知所終云。」〔註100〕很有意思的是
這裡是說目連「事父孝」，而在《湖廣圖經志書20卷》中卻說是「事母孝」。
〔註101〕此外，陝西有目連山，浙江有目連洞，四川射洪還有目連墓。其實這
些都是附會，反映了人們對目連的敬仰，更是對善，對孝道的追求。

　　目連沒有以其神通第一的角色，而是以救母出地獄的孝子身份在中國社
會站穩了腳跟，其後即被作為佛教和儒家都認可的孝的代表被廣泛傳頌。它
的故事被變文講唱者一遍遍說唱，被戲劇表演者一年年演繹，被忠臣孝子們
一次次提倡，被普通老百姓一再借鑒。而戲劇以情景再現的模式，通過營造
氣氛、觀眾參與等方式逼真地將目連故事演繹得入木三分。因此，自將目連
故事變成目連戲之後，目連戲就成為年年必演、常演不衰的戲劇，並以其頑
強的藝術生命力延續幾百年，以至今天。在這個過程中，明代鄭之珍的《新
編目連救母勸善戲文》無疑發揮了舉足輕重的作用。他對之前的目連戲做了
一個總結，將目連戲文本化，演出內容程序化，演出時間固定化，使其能更
好地傳承下去。所以當鄭之珍編定好《新編目連救母勸善戲文》後，「好事者
不憚千里求其稿，謄寫不給，乃繡之梓，以應求者」〔註102〕。可見《新編目
連救母勸善戲文》的影響之巨。到清代，康熙年間目連戲被引入宮廷演出，
將真馬、活象、活虎搬上戲臺，熱鬧驚險，可謂空前絕後。乾隆年間，張照

〔註99〕　〔明〕何偉然，丁允和選，陸雲龍評：《十六名家小品》卷二，《四庫全書存
　　　　目叢書·子部》第378冊，濟南：齊魯書社，1995年，第725頁。

〔註100〕　〔明〕徐學謨纂修：（萬曆）《湖廣總志98卷》卷七十五，《四庫全書存目叢
　　　　書·史部》第196冊，濟南：齊魯書社，1995年，第294頁。

〔註101〕　〔明〕薛綱纂修，吳廷舉續修：（嘉靖）《湖廣圖經志書20卷》卷十二，《日本
　　　　藏中國罕見地方志叢刊》上冊，北京：書目文獻出版社，1991年，第1026頁。

〔註102〕　〔明〕胡天祿：《〈勸善記〉跋》，〔明〕鄭之珍撰，朱萬曙校點：《皖人戲劇選刊
　　　　鄭之珍卷：新編目連救母勸善戲文》，合肥：黃山書社，2005年版，第504頁。

在《新編目連救母勸善戲文》的基礎上，將目連戲擴充成 10 本 240 出的連臺大戲——《勸善金科》。「他把目連故事發生的時間、地點，移到我國的唐朝；又把顏真卿（封魯國公）、段秀實（官至司農卿）兩位忠臣的故事牽扯進去」〔註103〕，更加凸顯了目連故事中的忠孝思想。由於宮廷的帶頭搬演，目連戲在民間進一步普及，其用途也逐漸擴大，在禳災避禍、科儀打醮，甚至喪葬的時候民間都搬演目連戲。

鄭之珍並沒有把《新編目連救母勸善戲文》當成一件文學作品，他自己說：「詞華不及《西廂》豔，但比《西廂》孝義全。」〔註104〕對此，日本學者倉石武四郎頗有微詞：

> 欣喜目連劇底盛行，同時不可不考慮的，是他底墮落。原本，實演的戲劇要維持藝術的獨立，是很困難的；在很多時候，看屈服於看客底希望之前。例如，即是作者有文藝的理想但為要教給世人以和這不會有關係的勸善行孝，不能不拋去自己底主張，這是中國劇底通有性，也是所以不深刻的原因。〔註105〕

實際上，倉石武四郎和鄭之珍（或者說中國劇作家）的出發點是不同的，前者考慮的是藝術性，而後者是為了表達自己的意思。就像《三殿尋母》中獄官對劉氏所說的：「只為世人不信神明，幸你兒子孝行純篤，把你解去，使他來尋，一則成他大孝之名，二則可為萬世人子救親之法。」鄭之珍編撰《戲文》的目的是勸孝，勸善懲惡實際上是《戲文》的唯一目的，而並非倉石武四郎所說的不會有關係。在將目連故事搬上舞臺的時候，每搬演一次，實際上就是對在場所有人都進行了一次形象生動的勸善。《戲文》一直在樹立一個道德楷模，作為世人行孝為善的標杆：「為只為世人蚩蠢，不孝爹娘，不敬神明，故教他尋母到幽冥，把重重地獄都遊盡。傳與世人，救親的當以他為憑準。」（《傅相救妻》）

於重重地獄中，惡鬼被各種鬼卒追趕，亡靈在地獄中告白和悔過，受各

〔註103〕凌翼雲著：《目連戲與佛教》，廣州：廣東高等教育出版社，2011 年版，第 138 頁。

〔註104〕〔明〕鄭之珍撰，朱萬曙校點：《皖人戲劇選刊鄭之珍卷：新編目連救母勸善戲文》，合肥：黃山書社，2005 年版，第 322 頁。按，《南陵縣志》中說此句乃王陽明語，但卻沒有在《王陽明全集》中搜尋到。

〔註105〕〔日〕倉石武四郎著，汪馥泉譯：《〈目連救母行孝戲文〉研究》，鄭振鐸編：《中國文學研究》下冊（小說月報第十七卷號外），1927 年版。

地獄中刀山劍樹、鋸磨鼎鑊、鐵城血澥等酷刑的折磨。當目連一層接一層地在地獄中尋找母親的時候，實質上也是讓觀眾一遍遍地經歷這些地獄的可怕陰森，而當如此恐怖的場景真實地呈現在觀眾面前時，相信任何人都會有所畏懼，也會對自己的日常行為有所反思。平時作惡之人自會有所收斂，平日為善之人則當加倍精進。這對佛教理論來說不啻是一種極好的傳播方式。

　　佛教以系統完善的地獄構劃將中國社會引入到豐富的地下世界，對中國人來說，從此死亡不再是結束，而是一個新的開始。這個新的開始會是什麼樣，每個人都有一個美好的願景，於是佛教善惡觀念和因果報應的理論就介入進來。善有善報惡有惡報，如影隨形絲毫不爽，當這些觀念與地獄中的各種恐怖聯繫起來後，一個以懲惡為主的佛教勸善體系實際上就已經發揮了作用。而將這套體系以戲劇的形式呈現出來，其勸善化俗的作用無疑是發揮得最直接和最有效的。

第四章　明代佛教放生

　　放生成爲一種習俗是在佛教傳入中國之後。佛教業報輪迴思想帶給中國人完全不同的倫理觀念，衝擊和豐富了中國傳統的倫理思想。六朝時期，隨著經典續出，佛教逐漸興盛，影響日深，出現了一股上至帝王，下到士紳皆好放生的潮流。梁武帝曾下令禁止宗廟、郊廟祭獻犧牲，代之以麵和蔬果，甚至禁止太醫用生靈爲藥；北魏獻文帝也禁止用犧牲祭天地宗社；北齊文宣王蕭子良不僅禁止境內屠殺牲口，自己還受戒不食肉。〔註1〕對於放生，文宣王蕭子良更是極爲推崇。〔註2〕此外，名士謝靈運、陸法和等也喜好放生。〔註3〕隋唐以降，放生更是作爲一項重要的活動得到帝王的支持。隋文帝下詔，令天下正、五、九月及六齋日，不得殺生。〔註4〕智者大師依《金光明經》創立放生之法，置放生池，「是爲放生儀軌之始」。〔註5〕唐高祖下詔令正、五、九月及十齋日，不得行刑、殺生、捕釣；武后崇信佛教，禁斷天下屠釣。〔註6〕唐肅宗乾元二年（759），「詔天下立放生池，凡八十一所，顏眞卿撰碑」。〔註7〕宋眞宗時，令天下州郡各置放生池，廢棄之放生池悉與興復，

〔註1〕參見〔宋〕志磐撰：《佛祖統紀》卷五十二，《大正藏》第49冊，第455頁下。

〔註2〕〔隋〕杜臺卿撰：《玉燭寶典》卷五，《續修四庫全書・史部・時令類》第885冊，上海：上海古籍出版社，2013年，第61頁。

〔註3〕參見〔梁〕沈約撰：《宋書》第六冊《謝靈運傳》，北京：中華書局，1974年版，第1770頁；〔唐〕李百藥撰：《北齊書》第二冊《陸法和傳》，北京：中華書局，1972年版，第429頁。

〔註4〕參見〔宋〕志磐撰：《佛祖統紀》卷五十二，《大正藏》第49冊，第455頁下。

〔註5〕段玉明主編：《佛教與民俗》，北京：宗教文化出版社，2014年，第71頁。

〔註6〕參見〔宋〕志磐撰：《佛祖統紀》卷五十二，《大正藏》第49冊，第455頁下。

〔註7〕〔宋〕志磐撰：《佛祖統紀》卷五十二，《大正藏》第49冊，第455頁下。

「無池之處,沿江淮州郡近城五里,並禁漁捕」。〔註8〕慈雲遵式並奏請西湖為放生池,於四月八日佛誕節放魚鳥為真宗祝壽。〔註9〕另一高僧天台四明知禮經年踐行佛誕放生以祝聖壽,得到仁宗高度褒獎。〔註10〕「於是,佛誕放生祝壽順理成章地納入了誕節慶賀的內容之中,佛誕、人誕重疊合一。」〔註11〕至此,放生活動從一種個人行為逐漸演變成一種歲時宗教民俗,在原有的佛教特色的基礎上更融入了為帝王祝壽的政治色彩,歷代帝王均相沿不廢,並極力推崇。及至明代,民間社會的放生活動更是遍及全國,放生時間、放生地點、放生組織等也都超出了原來的規模和範圍。

第一節　明代佛教戒殺放生的理論支撐

　　與儒家不同,佛教將動物抬到很高的地位,它們和人一樣同屬「有情眾生」。佛教的眾生分為十種,即所謂的「四聖六凡」:佛、菩薩、緣覺、聲聞是為四聖;天、人、阿修羅、餓鬼、畜生、地獄是為六凡。可見這裡的眾生是超越了人類並包括一切生命的寬廣範疇。這十種眾生依據自己的行為業力獲得相應的果報,善業得善報,惡業得惡報。佛和菩薩雖然已是覺悟者,但同樣會受到果報的感召。《大智度論》就列舉了佛所受到的九種罪報,如食馬麥、迸木刺腳、乞食不得、頭痛三日等。〔註12〕可見佛教因果報應法則適用於一切眾生,無一能逃脫。所以《佛說興起行經》就說:

> 佛語舍利弗:「汝觀如來,眾惡已盡、諸善普具,諸天、龍、神、帝王、臣民、一切眾生,皆欲度之,尚不能得免宿世餘殃,況愚冥未得道者?」〔註13〕

儘管如此,佛、菩薩所受到的業報和六道眾生所受的業報有很大不同。因為已經覺悟,佛、菩薩不會再在生死輪迴中流轉,而六道眾生因為自己的善惡業力卻依然流轉於六道之中,或為餓鬼,或為畜生,或為天人。這樣,在這

〔註8〕〔宋〕志磐撰:《佛祖統紀》卷五十二,《大正藏》第49,第455頁下。
〔註9〕參見〔宋〕志磐撰:《佛祖統紀》卷五十二,《大正藏》第49冊,第455頁下。
〔註10〕參見〔宋〕志磐撰:《佛祖統紀》卷五十二,《大正藏》第49冊,第455頁下。
〔註11〕段玉明主編:《佛教與民俗》,北京:宗教文化出版社,2014年,第73頁。
〔註12〕參見龍樹菩薩造,〔後秦〕鳩摩羅什譯:《大智度論》卷九,《大正藏》第25冊,第121頁下。
〔註13〕〔後漢〕康孟詳譯:《佛說興起行經》卷二,《大正藏》第4冊,第17頁中～下。

三世二重的因果中，天、人、畜生、餓鬼等只是不同的生命形式，實質是一樣的。由此，佛教徒對於動物就如對待自己的身體一樣，不肯也不得輕易毀傷、殺戮，並進一步發展成護生、放生，甚至勸人放生，從而實現了由不造惡業到努力造善業的轉變。

一、佛經中的戒殺放生

　　戒殺，是佛教五大戒之一。《雜阿含經》說：「何等戒具足？謂善男子不殺生、不偷盜、不邪淫、不妄語、不飲酒，是名戒具足。」〔註14〕可見，殺生和偷盜、邪淫、妄語、飲酒一樣都是佛教徒必須禁斷的戒律。在這五戒中，戒殺排在第一，是佛教的第一大戒。《大智度論》說：

> 以是故，佛說十不善道中，殺罪最在初；五戒中亦最在初。若人種種修諸福德，而無不殺生戒，則無所益。何以故？雖在富貴處生，勢力豪強而無壽命，誰受此樂？以是故，知諸餘罪中，殺罪最重；諸功德中，不殺第一。世間中惜命為第一。何以知之？一切世人，甘受刑罰刑殘烤掠以護壽命。〔註15〕

殺罪不僅在五戒中是重罪，在十不善道中也是重罪，所以就算一個人修了再多的福德，只要犯了殺罪，一切都免談，不僅壽命縮短，死後還會墜入餓鬼道、畜生道，甚至下到地獄受無盡之苦。佛教裏面的殺不僅指殺害他人，還指自殺、勸別人殺等，《分別善惡業報經》說：

> 佛告長者子言：「……復次殺業，然有十種：一自手殺，二勸他殺，三慶快殺，四隨喜殺，五懷胎殺，六勸墮胎殺，七酬（應為「仇」）怨殺，八斷男根殺，九方便殺，十役他殺；如是十種獲短命報。」
>
> 〔註16〕

可見佛教對殺的分類非常之詳細，將墮胎、斷男根等都歸入其中，犯此等罪者，壽命短促。既然動物和人一樣都是有情眾生，那這裏的殺罪，自然也包括殺害動物，理論上當也包括動物殺害人。

　　佛教並非如耆那教那般實行嚴格的戒殺主義，對那些誤殺、不得已而殺

〔註14〕〔劉宋〕求那跋陀羅譯：《雜阿含經》卷四，《大正藏》第 2 冊，第 23 頁中～下。

〔註15〕龍樹菩薩造，〔後秦〕鳩摩羅什譯：《大智度論》卷十三，《大正藏》第 25 冊，第 155 頁中～下。

〔註16〕〔宋〕天息災譯：《分別善惡業報經》卷一，《大正藏》第 1 冊，第 896 頁下。

的行為，佛教也並不把它當做罪業。《正法念處經》說：

> 有五因緣，雖是殺生，無殺罪業。所謂道行無心傷殺蠕蟻等命，
> 若擲鐵等，無心殺生而斷物命；醫師治病，為利益故；與病者藥，
> 因藥命斷，醫無噁心；父母慈心，為治故打，因打命終；燃火蟲入，
> 無心殺蟲，蟲入火死。如是五種，雖斷生命，不得殺罪。〔註17〕

以上五種殺生，在佛教看來並無罪業，因為這些殺生要麼是出於無心，要麼
是出於慈悲心，與《分別善惡業報經》中所說的十種殺大不相同。儘管如此，
畢竟也還是殺了生，因此不管是有心殺還是無心殺，都是佛教徒所不願意看
到的，他們總是小心翼翼地避免殺生。佛教徒不殺生，不吃肉，走路會注意
腳下，甚至喝水時也會注意水中是否有小蟲。佛陀時代佛教徒用一種叫做「水
羅」的工具過濾飲用水，以免不小心將水中的小蟲吞食。水羅有方羅、法瓶、
君持、酌水羅和衣角羅等多種，種類雖多，原理卻是一樣的，大概是用密絹
繫住取水瓶口，放入水中將瓶裝滿。〔註18〕密絹的作用就是將小蟲過濾掉，
以免其進入瓶中被誤飲。水羅成為每個佛教徒都必須具備的器物，隨身攜帶：
「水羅是六物之數，不得不持。」〔註19〕這種水羅有另外一個名字，叫放生
器，大概取名自將水中小蟲放生之意。這種放生器在印度盛行已久，在中國
大約是唐之後才開始流行起來。義淨法師南遊印度，回國後曾介紹過這一濾
水工具：

> 觀蟲濾水是出家之要儀，見危存護乃悲中之拯急。既知有蟲，
> 律文令作放生器者，但為西國久行，人皆共解。東夏先來未識，故
> 亦須委其儀，若不具陳，無由曉悟。〔註20〕

可見在義淨法師的時代，中國的「放生器」似乎還未廣泛流行。

不殺生只是不造殺業，這對於尋求解脫的佛教徒來說顯然不夠，不僅需
要不造惡業，還要努力造善業，於是出現了主動放生的做法。《法界次第初門》
說：

> 但十善有二種，一止，二行。止則但止前惡，不惱於他；行則
> 修行勝德，利安一切。……一不殺生，即是止善，止前殺生之惡行，

〔註17〕 〔元魏〕瞿曇般若流支譯：《正法念處經》卷一，《大正藏》第17冊，第2頁中。
〔註18〕 參見〔唐〕義淨譯：《根本說一切有部毘奈耶雜事》卷五，《大正藏》第24冊，第225頁下。
〔註19〕 〔唐〕義淨撰：《南海寄歸內法傳》卷一，《大正藏》第54冊，第208頁中。
〔註20〕 〔唐〕義淨撰：《護命放生軌儀法》卷一，《大正藏》第45冊，第902頁上。

善者當行放生之善也。〔註21〕

這裡不殺生實際上就是一種善，佛教稱其爲「止善」，而放生之善，佛教稱其爲「行善」。佛教徒不僅要實現「止善」，還要達到「行善」。所以《佛說灌頂經》就說：「是故我今勸諸四輩，造續命神幡，然（應爲「燃」）四十九燈，放諸生命，以此幡燈、放生功德，拔彼精神令得度苦，今世後世不遭厄難。」〔註22〕放生具有殊勝的功德，可使今生後世免遭劫難。故此，歷代帝王都熱衷放生，一如前述。在此影響下，民間也興起了放生活動。北涼曇無讖所譯《金光明經》載：

> 當此之時，溫州一郡所養雞、豬、鵝、鴨肉用之徒咸悉放生，
> 家家斷肉，人人善念，不立屠行。爰及比州鄰縣，聞此並起淨行，
> 不止一家。〔註23〕

可見，南北朝時期斷肉放生已成爲一種民間風尚。

降及明代，各高僧大德對佛教戒殺的理論也是大力宣揚。雲棲袾宏是明代佛教四大師之一，也是佛教戒殺放生的積極倡導者。在《雲棲法匯》中，雲棲大師闡述了佛教戒殺的理論。

> 孔明藤甲之捷，燒諸洞蠻悉成煨燼。其言曰：「吾雖有功於國，
> 損吾壽矣。」世人咸知殺人爲罪矣，而於牛羊犬豕等日就庖廚，則
> 恬然不知怪，寧思薄乎云爾，烏得無罪？禮云：「君無故不殺牛，大
> 夫無故不殺羊，士無故不殺犬豕。」世人咸知殺畜之大者爲罪矣，
> 而於蝦蜆螺蛤等一下著以千百計，則恬然不之怪，寧思薄乎云爾，
> 烏得無罪？噫！據含靈皆有佛性，則蟻與人一也，何厚薄之足云？
> 如其貴欺賤、強陵（應爲「凌」）弱，則人可殺而食也，亦何厚薄之
> 足云？梵網稱凡有命者不得故殺，其旨深哉。〔註24〕

雲棲大師舉諸葛孔明藤甲之役燒殺諸蠻，感歎陽壽折損的例子，說世人皆知殺人爲大罪，《禮記》也有君王、大夫、士人等無故不殺牛、羊、豬、狗的記載，但世人對於蝦蜆螺蛤之類卻隨意殺戮，並不以爲罪，這是沒有道理的。

〔註21〕〔隋〕智顗撰：《法界次第初門》卷一，《大正藏》第46冊，第669頁下～670頁下。

〔註22〕〔東晉〕帛尸梨蜜多羅譯：《佛說灌頂經》卷十二，《大正藏》第21冊，第536頁上。

〔註23〕〔北涼〕曇無讖譯：《金光明經》卷四，《大正藏》第16冊，第359頁上。

〔註24〕〔明〕袾宏著：《雲棲法匯（選錄）》卷十三，《嘉興藏》第2冊，第43頁下。

佛教講眾生皆有佛性，螞蟻、蝦蜆等物和人都是有情眾生，殺此物就如同殺人一般，罪過極大。雲棲大師用《梵網經》中「凡有命者不得故殺」的話，告誡世人不得輕易殺生。

這樣佛教就從單純的戒殺上升到護生、放生，由不造惡業到努力造善業，由自己身體力行到勸誡他人也共同遵守，一起踐行。在雲棲大師等高僧大德的倡導下，明代社會興起了一股戒殺放生的熱潮，這股熱潮的出現首先得益於一批戒殺放生文的盛行。

二、明代佛教戒殺放生文

早在南宋時期，真德秀就對佛教放生作出過積極評價：「浴佛放生，譏訶時俗陋妄，尤為有補世教。」〔註25〕真德秀認為佛教戒殺放生是對儒家倫理的重要補充，對世俗各種陋習有糾正改過的作用。這種推崇戒殺放生的觀念在明代得到進一步深發和細化，各高僧大德、居士信眾等紛紛著文闡發佛教戒殺放生的殊勝功德。方弘靜說：「佛戒殺生善矣，可以誨侈於味者。」〔註26〕非常現實地指出戒殺放生對那些追求口腹之欲的人來說有勸誡作用。綜合起來看，明代佛教戒殺放生的積極倡導者主要以下幾類人：高僧大德、佛教信徒和文人學士。

明代積極推行戒殺放生的高僧以雲棲袾宏為代表。雲棲大師不僅廣開放生池，建立放生會，制定會則，將放生活動組織化、常規化，還著了《戒殺放生文》。在《戒殺文》中，雲棲大師從佛教因果報應的理論出發，指出殺生造了極大的惡業，死後必下地獄，又列舉地獄各種恐怖，刀山劍樹、鑊湯爐炭，痛苦無間，歷盡地獄，方得轉生為牛馬豬羊，生生世世輪迴六道之中；而在《放生文》中，雲棲大師細數歷史上各位聖人大德放生的善行，如成湯、子產、釋迦、智顗、延壽、孔愉、屈師、曹溪等，最後說：「施皆有報，事匪無徵，……多祉萃於今生，餘慶及乎他世。」〔註27〕可見，雲棲大師是基於佛教因果報應理論，從勸和懲兩個方面，用佛教和中國傳統歷史人物故事作為佐證，勸請世人戒殺護生。在他的影響下，一批高僧也不遺餘力地將戒殺

〔註25〕〔明〕董斯張輯：《吳興藝文補》卷二十三，《續修四庫全書‧集部‧總集類》第 1678 冊，上海：上海古籍出版社，2013 年，第 550 頁。

〔註26〕〔明〕方弘靜撰：《千一錄》卷八，《續修四庫全書‧子部‧雜家類》第 1126 冊，上海：上海古籍出版社，2013 年，第 228 頁。

〔註27〕袁嘯波編：《民間勸善書》，上海：上海古籍出版社，1995 年版，第 52 頁。

放生作為弘法的重要部分。憨山德清就曾說：

> 故曰：「蠢動含靈，皆有佛性。以性即佛，故殺生者即為殺佛。
>
> 非曰殺佛，然殺生者無慈悲心，即為斷佛種性矣。」〔註28〕

眾生皆有佛性，殺生就是殺佛。不僅如此，殺生者更是在斷自己的佛種性，在滅自己的慈悲心，所謂慈悲心，其實就是不殺之心。對此，紫柏真可也說：「夫殺機一動，不惟殘賊同靈，寔則自斷命根。作如是想，何待佛出齒臼然後戒殺哉？」〔註29〕殺生其實是在自斷命根，也就是自斷佛性，自斷慈悲心。根據佛教因果報應的理論，惡業必得惡報，而殺業又是所有惡業中最重的，是故殺業的惡果最重。

> 五濁惡世，缺陷眾生，舉足動步，無不是業；招因帶果，無不
>
> 是苦。而殺生一事則猶業中之業、苦中之苦也。〔註30〕

因此，要想轉惡向善就得戒殺放生，所謂：「止惡行善，莫急於戒殺；轉毒為慈，莫善於放生。」〔註31〕不殺生是佛教的大戒，殺生即是破戒，而在明人的觀念裏，不僅殺生是破戒，見死不救、不行放生也是破戒。

> 十方諸佛憐憫眾生如子，今見人殺佛之子，力可救而坐視不救，
>
> 雖不食其肉，亦名大破齋矣。《戒經》有三種淨戒：攝律儀戒，無惡
>
> 不斷即諸惡莫作也；攝善法戒，無善不積即眾善奉行也；饒益有情
>
> 戒，無生不度即普救一切眾生也。若不能放生救眾生苦即名大破戒
>
> 矣。〔註32〕

破戒的範圍從殺生到見死不救，再到不放生，從中可見明人對戒殺放生的重視，這實際上也反映了佛教從被動守戒到主動造福的轉變。不僅如此，明人甚至將放生一事與佛教修行果位聯繫起來，認為放生可以達成佛果。

> 好生之德，普涵於九界；放生之功，直圓於佛果。〔註33〕

〔註28〕〔明〕福善日錄，通炯編輯：《憨山老人夢遊集》卷四十《放生文》，《卍新纂續藏經》第73冊，第759頁中。

〔註29〕《紫柏尊者全集》卷十五，《卍新纂續藏經》第73冊，第274頁中。

〔註30〕弘瀚彙編，弘裕同集：《無異元來禪師廣錄》卷三十二，《卍新纂續藏經》第72冊，第369頁中。

〔註31〕弘瀚彙編，弘裕同集：《無異元來禪師廣錄》卷三十二，《卍新纂續藏經》第72冊，第369頁中。

〔註32〕〔明〕宗本集：《歸元直指錄》卷二，《卍新纂續藏經》第61冊，第481頁上。

〔註33〕弘瀚彙編，弘裕同集：《無異元來禪師廣錄》卷三十二，《卍新纂續藏經》第72冊，第369頁中。

> 則菩提涅槃，便可向放生一事中薦取，豈世間功德所能彷彿哉？
> 〔註34〕

如同淨土宗專念「阿彌陀佛」即可往生極樂世界一般，明人認為專在放生一事上下工夫，同樣可以達到涅槃境地，成就無上果位。雲棲袾宏就說：

> 若更能隨力放生，遇物買救，不論微形細命，但能脫死全生，或向念佛數聲，為之加持化度，此種功德，更是難量，先前速獲富貴壽考之休，臨終並得淨土往生之報。斯言之不謬，勉而行之。
> 〔註35〕

這並不是某位高僧一時的興起之言，它反映的是一種普遍的社會追求，明代放生池的大量開鑿，放生會的普遍建立，放生活動的頻繁舉行正是這一社會追求的真實反映。

信徒居士也積極倡導戒殺放生。福建左布政使蔡善繼在《福山禪院放生池募建佛閣疏》中就列舉了修建放生池、廣行放生的六大益處，包括斷肉食、破慳吝心、惡業消除、善業增長等。〔註36〕儒家本來就有「老吾老以及人之老，幼吾幼以及人之幼」的說法，這種推己及人的觀念和佛教眾生平等的理念非常相似，而後者的對象比前者要寬廣得多，擴展到了有情眾生。明代佛教信眾居士一般都有著深厚的儒學功底，他們很自然地將儒家和佛教的類似觀念結合起來。

> 我觀眾生，當其臨命無不慘痛，而況此蛙捧頭乞命，冤聲曁天，汝自不聞。仁者睹之淚如鯁鯁，況忍利刀，酷相屠害。汝之前身亦復現此，汝曾不知，以此一飽。如遇慧眼，哀汝如蛙。汝亦革囊，欲持文字自鳴於蛙，等無有異。汝欲自鳴，殺彼鳴者，第一喪福。蛙作因緣，汝心忽開，不忍下著，耳開眼值欲求生趣。以是緣故，福隨慈生。〔註37〕

看到別的動物受苦，會想到自己前世或許也是同類，也就不忍心加以殺害。這種感同身受的體驗實際上超越了不同宗教的界限，只不過儒家沒有所謂前

〔註34〕 弘瀚彙編，弘裕同集：《無異元來禪師廣錄》卷三十二，《卍新纂續藏經》第72冊，第369頁中～下。

〔註35〕 袁嘯波編：《民間勸善書》，上海：上海古籍出版社，1995年版，第53頁。

〔註36〕 參見〔明〕董斯張輯：《吳興藝文補》卷四十，《續修四庫全書·集部·總集類》第1679冊，上海：上海古籍出版社，2013年，第381～382頁。

〔註37〕 〔明〕董斯張撰：《靜嘯齋遺文》卷四《募放生疏》，《續修四庫全書·集部·別集類》第1381冊，上海：上海古籍出版社，2013年，第622頁。

世的觀念，只注重今生，而佛教的這種感同身受則超越今世和同類罷了。儒家所要護持的是仁愛之心，是想成就仁者、聖人，而佛教所要護持的是慈悲之心，是要積累資糧，獲得福報，成就佛果。當然，也並不是所有的信眾居士都將佛教的理論與儒家的思想相融合。

> 上帝好生惡殺，如此世人既無貞白功行，又事非利濟，關切死
> 生，必不得已，而割截生命，恣縱口腹，自造地獄，受無量苦，啜
> 其何及？夫睚眥之憤，有受必反，況斷彼命厭我貪快，果報不爽，
> 必相償復，又何疑哉？〔註38〕

雖然儒家也提倡好生惡殺，但作者更是想通過佛教因果報應的理論來勸說世人莫要殺生，否則必將墜入地獄，受無盡苦痛，果報無差，昭昭不爽。

文人學士也加入到勸誡放生的行列中。受到佛教變文、講唱文學等的影響，明清時期的文學作品大都會將佛教因果報應學說作為整個作品的理論支撐，或者至少也會在文章開頭或結尾處來一段生硬的因果報應說教。如《壽禪師兩生符宿願》開頭即是一番關於放生的勸誡：

> 「羽毛鱗介眾生靈，莫任貪饕縱血腥。好把飛潛勤釋放，勝如
> 念佛禮金經。」此一首詩勸人放生之作。天地間極不好的是殺生，
> 陰府惟此罪為最重，極大的功德莫過於放生。若人肯放生，便生生
> 世世永不墮輪迴、地獄、餓鬼、畜生之苦，永不受刀兵、水火、殺
> 害之災，在世得輪王福，富貴、功名、子息種種如意，壽命延長，
> 死後定生西方極樂國土。佛、菩薩決無說謊誑人之理，一字非虛，
> 信受奉行。〔註39〕

這裡也是把放生抬到很高的地位，勝過禮佛念經。書中說若有人行放生之事，不僅不會墮落地獄，不受餓鬼、畜生、刀兵、水火之苦，還能求富貴得富貴，求功名得功名，求子息得子息，壽命延長，死後更能往生西方極樂世界。這番勸誡和無異元來大師所說的放生能達於涅槃，成就佛果一致，也就更能證明明人對放生確實情有獨鍾。比之佛經來說，小說由於其通俗易懂，受眾廣泛，對社會的影響尤其廣泛。放生既然具有如此不可思議的功德，那這番誘人的說教自然能打動不少人，就算是不信佛教的人讀到此處相信也會有所觸動。

〔註38〕〔明〕方應祥撰：《青來閣初集》卷八，《四庫禁燬書叢刊‧集部》第40冊，
　　　　北京：北京出版社，1997年，第677頁。
〔註39〕〔明〕周清原著：《西湖二集》，北京：華夏出版社，2013年版，第81頁。

　　除了文學作品外，明人還在歌曲唱詞中將勸誡放生的觀念融入其中。如
《六十種曲》中就有很多關於戒殺放生的唱詞：

　　　　但見盡忠報國、孝親敬兄、放生救命皆是善人，但有貪贓壞法
　　官吏、忤逆兒男、害人利己、好殺傷生皆是惡人。〔註40〕

　　　　十惡者，貪、嗔、癡、殺、盜、淫、妄言、綺語、兩舌、惡口。
　　戒去十惡便是十善。十善還有止、作二義，既止其惡，還行其善，
　　如止貪行布施，止殺行放生之類，上善生天，中善生人，十惡三途，
　　極惡地獄。〔註41〕

歌曲宣揚佛教善人生天，惡人下地獄的因果報應理論。何為善，何為惡？答
曰：好殺傷生是惡，止殺放生是善，放生救命是善。

　　這樣，從僧人到居士，從文學到詞曲，從教內到教外，戒殺放生成為明人
普遍宣揚的善行。不管是僧人、居士，還是文人、詞曲作者幾乎都是從佛教眾
生平等、輪迴轉世和因果報應的理論出發，來闡揚佛教戒殺放生的理論支撐。
正如為霖道霈禪師在《普勸念佛放生文》中所說的那樣：「放生者非放他生，乃
放自己多生。六親眷屬，以渠無始劫來，曾與我互為父子兄弟諸親，但改形易
報，不復相識故也。」〔註42〕因為沒有解脫，無始以來，有情眾生不停地輪轉
於六道中。今世所放之魚蝦諸生靈，或許正是自己曾經的父子兄弟。而對自身
來說，放生也是為自己積累福德，是免受地獄之苦，成就佛果的寶貴資糧。

三、明代佛教放生儀軌

　　宋代慈雲遵式奏請西湖為放生池，於四月八日佛誕節為真宗祝壽，為放
生活動加入了一層政治色彩。為適應每年一度盛大的放生活動，將放生程序
規範化，慈雲遵式專門製了《放生慈濟法門》。〔註43〕這是一個關於放生儀式
的規範文本，由敘由章、咒水章、請加章、歸依章、稱佛章、說法章、懺悔
章構成，敘述了放生所要經歷的步驟。另一位積極提倡放生的高僧天台四明

〔註40〕〔明〕謝讜撰：《四喜記》上，〔明〕毛晉輯：《六十種曲》，《續修四庫全書·
　　　　集部·戲劇類》第 1771 冊，上海：上海古籍出版社，2013 年，第 79 頁。
〔註41〕〔明〕屠隆撰：《曇花記》下，〔明〕毛晉輯：《六十種曲》，《續修四庫全書·
　　　　集部·戲劇類》第 1773 冊，上海：上海古籍出版社，2013 年，第 426 頁。
〔註42〕〔清〕道霈撰，太泉錄：《普勸念佛放生文》，《為霖道霈禪師餐香錄》卷二，
　　　　《卍新纂續藏》第 72 冊，第 631 頁下。
〔註43〕參見〔宋〕遵式述：《金園集》卷二，《卍新纂續藏經》第 57 冊，第 810 頁中。

知禮也作有《放生文》。〔註44〕《放生文》和《放生慈濟法門》一樣也是關於放生儀軌的文本。在《放生文》中，四明知禮將放生的過程分爲以下幾步：稱念諸佛菩薩名號、授與三皈依法、稱念寶勝如來十號功德、講說十二因緣，最後加上懺悔和放生人的願望。從以上兩個放生儀軌文本可以看出，宋代的放生儀式大約分爲念誦佛菩薩稱號、三皈依、說法和懺悔幾部分。

經明代雲棲大師的提倡後，放生活動日漸頻繁，放生會逐漸增多，參與放生的人也不斷增加。爲進一步規範放生活動，雲棲大師參考前賢所作，也制定了一套放生儀軌。按雲棲大師自己的說法，他制定的放生儀軌是參考了四明知禮的《放生文》，並稍作修改，使其簡便易行。當初慈雲遵式和四明知禮在制定放生儀軌後，並沒有將其規定爲必須遵守的規範，

> 上來雖曰七章，辭理廣略之失，兩俱未詳，或有可取請用者，更自斟酌，但不失大綱即得。也應知不事文章，但順慈濟之理，直寫胸間常用之語耳，讀者勿起譏誚之毀也。〔註45〕

也就是說，慈雲遵式和四明知禮所制定的放生儀軌是一個開放的範式，實行過程中可以根據需要增減，只要大意符合即可。雲棲大師在四明知禮的《放生文》後面加了兩點內容：「後增代彼求願往生，又增華嚴迴向品文結之，意取先生阿彌陀佛極樂世界，後入毗盧遮那華藏玄門也。」〔註46〕也就是祈願所放之生靈能夠往生阿彌陀佛極樂世界和毗盧遮那華藏性海。所謂極樂世界，即是「由彼界中諸有情類，無有一切身心憂苦，唯有無量清淨喜樂，是故名爲極樂世界」。〔註47〕而「毗盧遮那華藏玄門」是指法身佛毗盧遮那之法性，是如來藏心的妙莊嚴海，因其廣大無邊，如同大海，故名毗盧性海，也就是法性界、佛性界。於此世界之眾生，個個得道，成就無上正等正覺。慈雲遵式說：「第八果報殊勝者生蓮華藏海，受法性身，湛然常住，無生無滅，以念念趣薩婆若海，成無上菩提。」〔註48〕《妙法蓮華經玄義》也說：「故蓮華藏海通至涅槃之後。」〔註49〕所以，「毗盧遮那華藏玄門」是指人人都成了

〔註44〕　參見〔宋〕宗曉編：《四明尊者教行錄》卷一，《大正藏》第46冊，第863上～864頁上。

〔註45〕　〔宋〕遵式述：《金園集》卷二，《卍新纂續藏經》第57冊，第10頁中。

〔註46〕　〔明〕袾宏著：《雲棲法匯（選錄）》卷十，《嘉興藏》第32冊，第756頁上。

〔註47〕　〔唐〕玄奘譯：《稱讚淨土佛攝受經》卷一，《大正藏》第12冊，第348頁下。

〔註48〕　〔宋〕遵式述：《金園集》卷一，《卍新纂續藏經》第57冊，第1頁下。

〔註49〕　〔隋〕智顗說：《妙法蓮華經玄義》卷十，《大正藏》第33冊，第809頁下。

佛的境界。雲棲大師在放生文中增加往生極樂世界和毗盧遮那華藏玄門，是希望眾生不僅能了無憂苦，還能成就佛果。這實際上也是前文述及的明人認為放生可以直達佛果觀念的反映。

雲棲大師制定的放生儀軌程序如下：先於放生處放置香案，設楊枝淨水等，誦大悲咒一遍，以淨水灑向生靈；稱念十方諸佛菩薩，授與三皈依，宣念寶勝如來十號功德；宣說十二因緣；代願往生西方極樂世界；念誦華嚴迴向妙章；誦《往生咒》三遍。應該說這套程序與慈雲遵式和四明知禮所制定的放生儀式並無多大差別。那雲棲大師所定的程序簡單易行在何處呢？首先是念誦經咒的次數減少。四明知禮之《放生文》在放生之前需念誦即默誦穢跡真言一十七遍，〔註50〕而雲棲大師之放生文只需念《大悲咒》一遍；在念誦十方諸佛菩薩和寶勝如來十號功德時，四明知禮之《放生文》需要念唱三遍，後者只需一遍；其次是簡化了不相關的經文，直抒胸臆。如在宣念寶勝如來十號功德和十二因緣之時，雲棲大師去掉了對這兩者的解說，直接宣念其內容；第三，「又暑天，初次生到，照此式念誦即放，後續至者續放。但念《大悲咒》一遍，《往生咒》三遍，稱念阿彌陀佛放之，不必等齊，久久遲延，以致損壞生命。後更有續至者，亦復如是。」〔註51〕也就是說這套程序只需在放生初始宣講一遍，後到的放生者只需念《大悲咒》、《往生咒》和阿彌陀佛即可放生。

相比於慈雲遵式和四明知禮的放生儀軌，雲棲大師制定的放生儀在程序上確實要簡單得多，所花的時間也比較少。就像雲棲大師自己說的那樣，這樣做的目的是為了保護生靈。烈日當空、酷暑難擋，如果程序太過複雜，所花時間過長，很可能還沒開始放生，生靈早已奄奄一息，這與放生的初衷無異於南轅北轍，不僅不是放生，倒是殺生了。雲棲大師自己也在《放生文》中說：「若隔宿買而來朝始放，或清晨買而午後猶存，必待陳設道場，會集男女，遷延時久，半致死亡。如是放生，虛文而已。」〔註52〕所以，雲棲大師制定的這套程序一般只是適合有組織、成規模的放生活動，單個的放生行為大多不會照此儀軌實行，大部分只是隨買隨放，至多念誦阿彌陀佛而已。而在實際放生過程中，雲棲大師的放生儀軌也進一步得到簡化，就算是有組織

〔註50〕〔宋〕宗曉編：《四明尊者教行錄》卷一，《大正藏》第46冊，第863頁中。
〔註51〕〔明〕袾宏著：《雲棲法匯（選錄）》卷十《放生儀》，《嘉興藏》第32冊，第756頁上。
〔註52〕〔明〕袾宏著：《雲棲法匯（選錄）》卷十一，《嘉興藏》第32冊，第760頁下。

的放生活動後來也往往在念《往生咒》或阿彌陀佛後即放之。事實上，雲棲大師也是建議速速放生，對儀式化的東西倒不是特別在意：「生能放，雖是善功，但濟色身，未資慧命。更當稱揚阿彌陀佛萬德洪名，諷誦大乘諸品經典。然雖如是，但凡買生火急須放，諷經不便，只以念佛相資。」〔註53〕放生的同時需要念佛誦經，這是增長慧命所必須的，否則即失去佛教放生的宗教意義；但是念經耗時太長，生靈卻急需活命，雲棲大師便主張在誦經不便的情況下，只需稱念阿彌陀佛即可。可見，雲棲大師的重心是在全物命，而並非是古板、機械地完成一套儀式。

第二節　明代佛教放生實踐

隋唐之前，放生只是一種個人的行為，而自唐肅宗和宋真宗詔令天下州縣各置放生池開始，放生漸漸成為一種有組織的行為，甚至是一種國家行為。加之慈雲遵式和四明知禮將放生與祝聖聯繫起來，並制定了一套放生儀軌後，放生便逐漸成為一種每年都定期舉行的活動，以致演變成為歲時民俗。經過元末明初的戰亂紛爭，明代中前期的佛教給人萎靡不振的印象，這一時期的佛教放生活動處於低潮，放生池荒廢，世人甚至不知有放生一事。但經過明末雲棲大師等一批高僧的提倡，明代的放生活動一時間呈現井噴狀態，放生池大量開鑿，放生會大量建立，放生時間頻繁，放生地點多樣，這些都體現出明代佛教與其他時期佛教的不同特點。明末佛教放生之所以能在短時期恢復並發展成頗具規模的活動，除了佛教高僧大德的積極提倡之外，還與這一時期興起的居士佛教有很大關係。明代在家居士形成了一種佛教研究的風氣，袁宏道、虞淳熙、屠隆、馮夢禎、陶望齡等一大批居士都對佛教有相當的理解，「這些居士對明末佛教之復興起著很大的作用」。〔註54〕這些居士裏有很多人參加到雲棲大師組織的放生會中，有些甚至自己組建放生會，定期或不定期舉行放生活動。應該說他們對明代佛教放生起了非常重要的促進作用。而這時期廣泛流行的通俗小說和戲曲唱詞卻以另一種方式影響到更廣大的社會群體。如前所述，民間社會受到小說、戲曲中勸人戒殺放生觀念的影響，或多或少會將這種觀念付之行動，從而體現為個人的放生行為。儘管

〔註53〕〔明〕袾宏著：《雲棲法匯（選錄）》卷十一，《嘉興藏》第32冊，第760頁下。
〔註54〕中國佛教協會編：《中國佛教》第一輯，上海：知識出版社，1980年版，第119頁。

目前無法客觀估計這種影響究竟有多大，但無可懷疑的是明末的佛教放生是一種非常普遍的社會現象。當然在放生過程中也會不可避免地出現一些問題，如佛教與儒家觀念的衝突，是否有必要設置放生池，名爲放生實際卻成了殺生等，其中有些問題甚至比較尖銳。儘管如此，仍然不能抹殺明末佛教放生的積極作用。

一、放生池

　　放生池爲智者大師依據《金光明經》中「流水長者子」的故事所創立。此後唐宋兩代帝王均有下詔令天下州郡置放生池，可見其時全國放生池的數量當不在少數。然經元末明初的戰亂以及僧門的凋敝，明時很多放生池都疏於管理，要麼廢棄不用，要麼湮沒無聞，甚至被土豪強佔。蔡善繼曾說：

> 按郡志，我湖放生池不下數十所，迄今湮沒無聞。將高岸爲谷，
> 闆殫爲河，抑豪貴強有力者因之以爲利，遂令清泠之淵化爲沸湯，
> 功德水變爲苦海。〔註55〕

這種境況並非一地之特列。西湖爲慈雲遵式向眞宗奏請爲放生池之地，宋時幾乎每年都會在這裡舉行盛大的放生祝聖活動，如今竟也「法久而敝，實亡名存」。〔註56〕不僅如此，世人對西湖放生一事竟然也一無所知。

> 歲在乙未春，余（祩宏）演《圓覺》於佛國山之南屏。南屏故
> 有池當其三門，時主會諸名公捐資贖而出之，植蓮其中，斷漁業，
> 人由是知放生池爲武林舊事。〔註57〕

由此可見，至少在明初至明中葉，放生池幾乎荒廢，放生一事也幾近遺忘。日本學者夫馬進指出：「在他（指雲棲祩宏）開始勸說人們放生的時候，杭州的人們已經將杭州在宋代曾大設放生池一事忘卻了。」〔註58〕

　　正如前文所述，祩宏於淨慈寺種植蓮花，斷漁業，世人由是知放生一事。放生池的復興，放生一事的重提，功勞最大者當屬祩宏大師。隆慶五年（1571）

〔註55〕〔明〕董斯張輯：《吳興藝文補》卷四十，《續修四庫全書・集部・總集類》第 1679 冊，上海：上海古籍出版社，2013 年，第 381 頁。

〔註56〕〔明〕釋大壑撰：《南屏淨慈寺志》卷一，杭州：杭州出版社，2006 年版，第 23 頁。

〔註57〕〔明〕釋大壑撰：《南屏淨慈寺志》卷一，杭州：杭州出版社，2006 年版，第 23 頁。

〔註58〕〔日〕夫馬進著，伍躍、楊文信、張雪峰譯：《中國善會善堂史研究》，北京：商務印書館，2005 年版，第 128 頁。

雲棲大師行腳至雲棲山，遂於此結茅安居，不久即成一方叢林。雲棲大師極力推崇戒殺放生，著戒殺放生文，廣開放生池，除了贖淨慈寺前「萬工池」為放生池外（即前文所提之事），其八十誕辰之時又增加了「上方」、「長壽」兩池以為放生，「歲費計百餘金。山中設放生所，救贖飛走諸生物牣於中，眾僧減口以養之，歲約費粟二百石」。〔註59〕不僅設立放生池，更設置了放生所以安置諸種飛走生物。由此帶動了西湖放生的復興，從宋以來的西湖放生祝聖活動由此得到恢復。在雲棲大師的影響下，各地紛紛開始復興、新建放生池。

　　雲棲大師的弟子仰山居士和無無居士「復於郡城之南，古所謂普度庵者鑿池焉，廣十畝，奉佛棲禪之室靡不肇始」。〔註60〕福山禪院石機禪師和當地薦紳、孝廉文學等「仿傚顏魯公遺躅，創立放生池於城西之草蕩漾池，周遭數十畝，大小相錯，山水盤旋，堤防堅固，網罟莫加」。〔註61〕顏魯公即顏眞卿，唐肅宗詔令天下置放生池八十一所，命顏眞卿撰碑記之。可見福山禪院設置放生池時也是想盡可能需找古蹟，作為依據。上述兩例放生池的修建是在原址的基礎上新開鑿而成，土地當是自有。通過這種形式修建的放生池數量應該不少，面積也很樂觀，屠隆就有「新開百畝放生池，十丈荷花淨碧漪」的詩句。〔註62〕而有一些放生池的修建則是如雲棲大師開設「上方」、「長壽」、「萬工池」一樣，通過贖買、募化而來。詩人方弘靜就說：「近有募田為放生池。」〔註63〕還有一些放生池是信眾捐舍田地、池塘而成，如大悲庵。

　　　　庵之左為菜圃，圃之側為環池一方，舊為顧給諫地。給諫騎箕
　　後，其太君馬暨諸令嗣所喜捨以輔庵之勝。〔註64〕

由此我們看到，倘若寺廟有地，那一般就地修建放生池；如若寺院狹小，或

〔註59〕〔明〕福善日錄，通炯編輯：《憨山老人夢遊集》卷二十七，《卍新纂續藏經》
　　　　第73冊，第656頁中。

〔註60〕〔明〕陶望齡撰：《歇庵集》卷十，《續修四庫全書・集部・別集類》第1356
　　　　冊，上海：上海古籍出版社，2013年，第370頁。

〔註61〕〔明〕董斯張輯：《吳興藝文補》卷四十，《續修四庫全書・集部・總集類》
　　　　第1679冊，上海：上海古籍出版社，2013年，第381頁。

〔註62〕〔明〕董斯張輯：《吳興藝文補》卷六十，《續修四庫全書・集部・總集類》
　　　　第1680冊，上海：上海古籍出版社，2013年，第167頁。

〔註63〕〔明〕方弘靜撰：《千一錄》卷八，《續修四庫全書・子部・雜家類》第1126
　　　　冊，上海：上海古籍出版社，2013年，第228頁。

〔註64〕〔明〕范鳳翼撰：《范勳卿詩文集》卷一，《四庫禁燬書叢刊・集部》第112
　　　　冊，北京：北京出版社，1997年，第302頁。

沒有空地，則通過贖買或募捐的方式修建放生池。這樣，經眾多僧人、居士的倡建，明末放生池遍佈各地。儘管我們沒有對這一時期的放生池作過統計，但是數量當不會少，李長祥《放生池記》就說：「江南人好生緇衣之徒，因鑿池名放生池，每縣必數處。」〔註65〕可見數量之大。

值得注意的是，明代放生之地並非只囿於放生池。如雲棲大師於山中設立放生所一樣，放之於山也是一種途徑，「即戒殺，即放生，是日始放二鹿於毗山他所」。〔註66〕此外，溪水、河流、湖澤也是放生之處。明鄔叔敬好放生，

　　（楚）俗好啖蝦蟆，得者輒折其股，蓋患其逸也。處士（即叔
　敬）恒購其無傷者而投之澤中，其仁心愛物多此類也。〔註67〕

小雲棲僧俗將鳥雀等放飛空中，而將「水之類投皇城金水河中，網罟笱餌所希至」。〔註68〕周清原《西湖二集》則記載了一個故事，說一韋姓書生騎一蹇驢至洛陽橋，見漁翁賣黿，於是以所騎蹇驢抵換得黿，將之放生水中。故事背景雖是唐代，反映的卻是明時境況。水生之類放於就近水澤之中，禽鳥類則隨買隨放。如上面提到的鄔叔敬，見「有羅禽鳥為市者即買而縱之」。〔註69〕故此，有人即認為：「人苟有心於濟物者，隨處而可以行生生之事，亦隨處而可以得生生之言。」〔註70〕放生之事，時時處處都可為之，何必拘泥於一地一池。明人安世鳳更是反問道：「何地不可放生？」〔註71〕事實上，當初雲棲大師設放生池之時，很多人就提出過疑問：放之池中不如投諸江湖。總之不管怎樣，明人放生的地點是靈活多樣的。

〔註65〕〔明〕李長祥撰：《天問閣文集》卷二，《四庫禁燬書叢刊・集部》第 11 冊，北京：北京出版社，1997 年，第 190 頁。

〔註66〕〔明〕虞淳熙：《放生名位幽贊錄序》，〔明〕董斯張輯：《吳興藝文補》卷三十九，《續修四庫全書・集部・總集類》第 1679 冊，上海：上海古籍出版社，2013 年，第 337 頁。

〔註67〕〔明〕過庭訓撰：《鄔叔敬》，《本朝分省人物考》卷六十八，《續修四庫全書・史部・傳記類》第 535 冊，上海：上海古籍出版社，2013 年，第 104 頁。

〔註68〕〔明〕劉侗，於奕正撰：《帝京景物略》卷四，北京：北京古籍出版社，2000 年版，第 154 頁。

〔註69〕〔明〕過庭訓撰：《鄔叔敬》，《本朝分省人物考》卷六十八，《續修四庫全書・史部・傳記類》第 535 冊，上海：上海古籍出版社，2013 年，第 104 頁。

〔註70〕〔明〕陳際泰撰：《已吾集》卷四，《四庫禁燬書叢刊・集部》第 9 冊，北京：北京出版社，1997 年，第 625 頁。

〔註71〕〔明〕安世鳳撰：《放生池》，《墨林快事》卷十，《四庫全書存目叢書・子部》第 118 冊，濟南：齊魯書社，1995 年，第 400 頁。

二、放生會

　　放生會的設立，同樣肇始於雲棲大師。居士陶望齡說：「雲棲大師創放生會於武林，鑿上方、長壽二池以棲水族。」〔註72〕可見雲棲大師開鑿放生池的同時，也設立了放生會。其實放生會和放生池兩者是互相關聯的，設立放生會自然需要有固定的場所來放生，相反，開鑿放生池同樣也需要有一定的組織或個人來維繫。放生會設立後，定期或不定期舉行放生活動。至會期日，社友各自攜帶活物來聚，巡遊「上方」、「萬工」、「昭慶」等放生池，念佛放生；或者沒有活物可帶，則隨喜銀兩作爲會費。放生會有詳細的會約、社約，對會費繳納、聚會時間、齋飯飲食、放生流程等都有說明。放生會甚至對在聚會放生期間缺席、早退如何處理都有涉及：「是日以事不至，明注帖下，令人持贖生之金投會首，免分金；去會所近，不終事而去者，罰銀五分。」〔註73〕對於遠道而來、萍水相逢之社友，放生會也做了細緻的安排。可以說，事無鉅細，放生會皆有規定。除了相約放生，佛誕、聖誕，大德生日等特殊時間，放生會也舉行聚會：

　　　　放生社起甲午歲，今年丙午盟還締。首事大小兩司馬，繪圖祝
　　壽增一例。……雲棲大雲覆猊座，雨花散後都稱賀。賀師六十因放
　　生，圖書滿輪牛腰大。此因蓮公種福田，竭力迎師啓法筵。〔註74〕

可見，放生會並非僅僅只是放生，平日裏也舉行講經說法等活動。

　　雲棲大師所創之放生會影響很大，彙集了當時眾多社會名流、士紳文人，如汪道昆、王爾康、馮夢禎、虞淳熙、王畿、張元忭、管志道、陶望齡等都參與其中。不僅如此，有些在朝官員也加入到雲棲大師的放生會中。巡撫福建都察院右僉都御史金學曾，「時與諸宰官與蓮池大師結放生社於西湖之三潭」。〔註75〕

　　在雲棲大師的倡導下，各地的放生會如雨後春筍般建立起來。先是雲棲

〔註72〕〔明〕陶望齡撰：《歇庵集》卷十，《續修四庫全書·集部·別集類》第 1356
　　　　冊，上海：上海古籍出版社，2013 年，第 370 頁。

〔註73〕〔明〕虞淳熙撰：《勝蓮社約》，《虞德園先生集》卷二十二，《四庫禁燬書叢
　　　　刊·集部》第 43 冊，北京：北京出版社，1997 年，第 499 頁。

〔註74〕〔明〕釋大壑撰：《壽筠泉六十》，《南屏淨慈寺志》卷八，杭州：杭州出版社，
　　　　2006 年版，第 234 頁。

〔註75〕〔明〕徐象梅撰：《兩浙名賢錄》卷二十，《續修四庫全書·史部·傳記類》
　　　　第 542 冊，上海：上海古籍出版社，2013 年，第 602 頁。

大師的高足仰山居士和無無居士「歸而倡其會於鄉人，趨者日眾」。〔註76〕陶望齡也曾爲一個放生會作過序：

> 芝亭張子雲來王子與諸善友，以萬曆辛丑仲夏朔創放生會於城
> 南，因書雲棲大師放生文會稽之首，覆命鄙言贅於末簡。〔註77〕

可見這個放生會的創立是直接受到雲棲大師的影響，其理論基礎也是來自云棲大師的放生文。德清行腳過安徽潛山，曾見其地佛法興盛，放生會規模可觀：

> 予往過皖城，觀其俗多奉佛，盡由宰官吳公身以倡之，家喻戶
> 曉，洋洋佛國之風矣！可鏡湛公奉雲棲法舉放生社，置恆產以常轉
> 無盡大悲法輪。〔註78〕

此放生會也是直接仿照雲棲大師放生之法而成。像這種放生會還有很多，「福山禪院石機師倡道東南，主盟蓮社」；〔註79〕方應祥等有通和橋庵放生會；〔註80〕翰林院修撰澹園先生焦公，「尤且倡行義事，助發善因，置掩骼之園，啓放生之社，可謂澤及枯骨，恩沾異類矣」；〔註81〕無異元來禪師「率諸善友，創此社（放生社）於報恩大刹」。〔註82〕德清在廣東，見當地風俗用犧牲祭祀，於是導之以佛教。

> 粵俗固好殺，遇中元皆以殺生祭先。至時，市積牲如積薪，甚
> 慘也。予因作「盂蘭盆會」，講孝衡鈔勸。是日齋僧放生用蔬祭，從
> 者甚眾。自後凡喪祭大事、父母壽日或祈禳，皆拜懺放生齋素。未
> 幾，則放生會在在有之，爲佛法轉化之一機也。〔註83〕

〔註76〕〔明〕陶望齡撰：《書普度庵新鑿放生池卷明》，《陶文簡公集》卷十，《四庫禁燬書叢刊·集部》第 9 冊，北京：北京出版社，1997 年，第 483 頁。

〔註77〕〔明〕陶望齡撰：《放生辨惑》，《陶文簡公集》卷十，《四庫禁燬書叢刊·集部》第 9 冊，北京：北京出版社，1997 年，第 485 頁。

〔註78〕〔明〕福善日錄，通炯編輯：《憨山老人夢遊集》卷二十五，《卍新纂續藏經》第 73 冊，第 643 頁中。

〔註79〕〔明〕董斯張輯：《吳興藝文補》卷四十，《續修四庫全書·集部·總集類》第 1679 冊，上海：上海古籍出版社，2013 年，第 381 頁。

〔註80〕〔明〕方應祥撰：《放生會原啓》，《青來閣二集》卷十，《四庫禁燬書叢刊·集部》第 78 冊，北京：北京出版社，1997 年，第 559 頁。

〔註81〕〔明〕顧起元撰：《翰林院修撰澹園先生焦公墓表》，《遁園漫稿·庚申》，《四庫禁燬書叢刊·集部》第 104 冊，北京：北京出版社，1997 年，第 209 頁。

〔註82〕弘瀚彙編，弘裕同集：《無異元來禪師廣錄》，《卍新纂續藏》第 72 冊，第 369 頁中。

〔註83〕〔明〕福善日錄，通炯編輯：《憨山老人夢遊集》卷五十四，《卍新纂續藏經》第 73 冊，第 841 頁下。

當地風俗不僅從殺生祭祀轉向齋素放生，更出現了眾多放生會，這其中德清的功勞不可抹殺，其他各地的放生會以及雲棲大師的放生文也起了一定的作用。

　　值得一提的是，在放生會中還有一種放生錢。所謂放生錢，大概是放生會或寺廟裏專門用來放生的款項，由社友繳納或信眾布施而來。雲棲大師創立放生會之時就立下放生規約，「是日所費世財專爲放生」。〔註84〕對社友的罰款也充作放生錢，「罰金會首貯，贖生明載於籍，當罰不罰，罰會首。如其數匿不贖生，罰如數。罰金即投會首，遲五日倍罰」。〔註85〕不管是舍友繳納的會費，還是放生之日的布施，甚至對社友的罰金都是用作放生之事。這大概就是放生錢的由來吧。各地的放生會隨之紛紛仿傚，「聞余鄉亦有放生會，每朔望納錢於櫃，至會期多買羽水二族放之」。〔註86〕這種向放生社繳納的錢是專門用來贖買活物以放生的。明人吳本泰有詩曰：「螺子魚苗載滿船，群公齊施放生錢。就中贊佛還私祝，願結西湖世世緣。」〔註87〕可見在放生之日，施主們都會施錢贊佛，祈求佛法保祐。這些錢「長充放生用，濟宏識、發宏誓願等，供無邊怖，鴿獲安窮魚永樂」。〔註88〕除了放生之日，平日裏信眾也會向寺廟、放生會施捨錢財以作放生之用。梅守箕有詩道：「六時趺坐六時眠，一榻蕭蕭自可憐。省得杖頭沽酒費，朝朝勾作放生錢。」〔註89〕詩人整天打坐，省下的酒錢就施爲放生錢了。除此之外，民間也有一種放生錢。明代曲子有一齣《尋親記》，講主人翁一家被姦人陷害，妻離子散，歷經坎坷，最終夫妻母子團圓。中間有一段主人翁周羽身陷困境，被差役誘騙，迫不得已向人借錢的對話。

　　　　生（周羽）：有什麼門路？若有就依你。

　　　　丑（差役）：前村張敏員外廣放生錢，你何不去借些來？

　　　　生：我與他平生不曾識□，他怎麼肯借與我？

〔註84〕　〔明〕虞淳熙撰：《勝蓮社約》，《虞德園先生集》卷二十二，《四庫禁燬書叢刊‧集部》第 43 冊，北京：北京出版社，1997 年，第 499 頁。

〔註85〕　〔明〕虞淳熙撰：《勝蓮社約》，《虞德園先生集》卷二十二，《四庫禁燬書叢刊‧集部》第 43 冊，北京：北京出版社，1997 年，第 499 頁。

〔註86〕　〔明〕張大復撰：《放生》，《聞雁齋筆談》卷四，《北京圖書館古籍珍本叢刊‧子部‧雜家類》第 67 冊，北京：書目文獻出版社，2000 年版，第 950～951 頁。

〔註87〕　〔明〕吳本泰撰：《吳吏部集》，《四庫禁燬書叢刊‧集部》第 84 冊，北京：北京出版社，1997 年，第 322 頁。

〔註88〕　〔明〕胡我琨撰：《錢通》卷二十八，《景印文淵閣四庫全書‧史部‧政書類》第 662 冊，臺北：臺灣商務印書館，1983 年，第 759 頁。

〔註89〕　〔明〕梅守箕撰：《梅季豹居諸二集》卷八《贈錢叔達》，《四庫未收書輯刊》第六輯第 24 冊，北京：北京出版社，2000 年，第 539 頁。

丑：他只要利錢，不□生□。〔註90〕

所謂張員外的放生錢，實際上就是高利貸了。這與寺院、放生會之放生錢已
是大不相同。

三、放生時間和放生種類

自從慈雲遵式奏請西湖為放生池，於四月八日佛誕節放生為真宗祝壽，
並經四明知禮不斷踐行後，佛誕節放生就成為歷代相沿的習俗，四月八日也
就成為每年放生的最重要時刻。明人費元祿有《佛誕日放生》詩：「融風拂首
夏，陽景逗餘春。大地修禪誦，西方誕聖人。林棲旋駭翮，川縱得安鱗。願
借迷津筏，同登法乘輪。」〔註91〕可見佛誕放生仍然是明人的一大盛事。除
了佛誕之外，一些重要的節日明人也會放生，如正旦。由於有趙簡子正旦放
生以示恩的故事，明人也喜歡在這天放生。如張大復就說：「正旦放生，人兢
（竟）逐之。」〔註92〕初一、十五也是放生的日子。明戲曲家李日華在日記
中曾記載了自己放生的事情，「三月朔日與賀伯闍釀錢放生於楞嚴寺」，「（六
月）十五日赴三塔放生會，午後雨」。〔註93〕此外，八日也可以放生。劉侗在
《石鐙庵》裏講到：「紳衿緇素，月八日就此放生。」〔註94〕由此可見，明人
對放生時間的選取是比較多樣的。

事實上，雲棲大師創立放生會的時候，在會約中就規定了每月進行放生
的時間：「期以每月六齋日。」〔註95〕所謂「六齋日」，指的是「月八日、二
十三日、十四日、二十九日、十五日、三十日」。〔註96〕「六齋日」之外還有

〔註90〕〔明〕范受益撰：《尋親記》上，〔明〕毛晉輯：《六十種曲》《續修四庫全書·
集部·戲劇類》第 1768 冊，上海：上海古籍出版社，2013 年，第 358 頁。

〔註91〕〔明〕費元祿撰：《甲秀園集》卷十，《四庫禁燬書叢刊·集部》第 62 冊，北
京：北京出版社，1997 年，第 306 頁。

〔註92〕〔明〕張大復撰：《放生》，《聞雁齋筆談》卷四，《北京圖書館古籍珍本叢刊》
第 67 冊，北京：書目文獻出版社，2000 年版，第 951 頁。

〔註93〕〔明〕李日華著：《味水軒日記校注》，上海：上海遠東出版社，1996 年版，
第 177 頁。

〔註94〕〔明〕劉侗，於奕正撰：《帝京景物略》卷四《西城內》，北京：北京古籍出
版社，2000 年版，第 154 頁。

〔註95〕〔明〕虞淳熙撰：《勝蓮社約》，《虞德園先生集》卷二十二，《四庫禁燬書叢
刊·集部》第 43 冊，北京：北京出版社，1997 年，第 499 頁。

〔註96〕〔後秦〕鳩摩羅什譯：《摩訶般若波羅蜜經》卷十二，《大正藏》第 8 冊，第
310 頁下。

「十齋日」之說，即在「六齋日」的基礎上加上初一、十八日、二十四日、二十八日。因此，前面提到的初一、初八、十五放生之事實際上都包括在這「十齋日」中。雲棲大師規定每月「六齋日」放生並非想當然而來，當初隋文帝就曾下詔在六齋日不得殺生，唐高祖也曾下令於十齋日不得行刑、殺生、捕釣。佛家為什麼會在「六齋日」或「十齋日」的時候戒殺放生，其理論根源在哪？《增一阿含經》云：

> 比丘當知，或有是時，八（應為六）日齋日，四天王遣諸輔臣，
> 觀察世間，誰有作善惡者？何等眾生有慈孝父母、沙門、婆羅門及
> 尊長者？頗有眾生好喜布施、修戒、忍辱、精進、三昧、演散經義、
> 持八關齋者？具分別之。〔註97〕

佛教認為，在這六天中四大天王及其輔臣將會考察世間。而《大般若波羅蜜多經》則說：

> 是善男子、善女人等於六齋日讀誦、宣說如是般若波羅蜜多，
> 是時四大王眾天乃至淨居天，皆來集會此法師所，聽受般若波羅蜜
> 多。是善男子、善女人等由於無量大集會中讀誦、宣說甚深般若波
> 羅蜜多，便獲無量無數無邊不可思議、不可稱量殊勝功德。〔註98〕

由此，在「六齋日」宣講、讀誦佛經會有不可思議之殊勝功德。這正如《大智度論》所說：「有一日戒，六齋日持，功德無量。」〔註99〕在這種恐嚇和獎勵並重的機制下，「六齋日」放生就是順理成章的事情了。雲棲大師對這種機制很是欣賞，他說：「佛言天以六齋日考察人間善惡。世書亦云司命灶神每月晦日上天白人罪福。噫！可不畏歟？」〔註100〕將佛教的理念與中國傳統思想相結合，為更好發揮佛教戒殺放生的勸善功能，雲棲大師可謂煞費苦心。

　　一個月六天甚至十天放生不可謂不多，但實際情況卻遠沒這麼簡單。明人放生大多時候很隨性，隨見隨買隨放，較少受時間和地點的限制，如前文提到的韋姓書生和鄔叔敬。韋姓書生騎蹇驢至洛陽橋，見漁翁賣黿，即買而

〔註97〕〔東晉〕瞿曇僧伽提婆譯：《增一阿含經》卷十六，《大正藏》第2冊，第125
　　　　頁中。

〔註98〕〔唐〕玄奘譯：《大般若波羅蜜多經》卷四百三十七，《大正藏》第7冊，第
　　　　200頁下。

〔註99〕龍樹菩薩造，〔後秦〕鳩摩羅什譯：《大智度論》卷十三，《大正藏》第25冊，
　　　　第159頁中。

〔註100〕〔明〕袾宏著：《雲棲法匯（選錄）》卷二十一，《嘉興藏》第33冊，第147
　　　　頁下。

放之；鄔叔敬「平生不溺釋氏，顧獨好放生，有羅禽鳥爲市者，即買而縱之」。
〔註101〕兩者都是路過，並沒有挑選固定的日子。有的放生組織甚至在會約中
就規定，放生只看個人隨心，不定地點、時間：

> 會不集眾、不拘期、不定地，但一月中以兩日出門，隨心、隨
> 便、隨時，或扁舟、或徒步，收各生物放之，盡願而止，不論多少，
> 能十日、五日、間日行之尤妙，此則量力發心，難一切定也。〔註102〕

由此我們可以發現，固定的集體組織如放生會等，以及多人相約放生的臨時
組織等，爲統一行動的方便，大多選擇「六齋日」、「十齋日」等特殊的時間
放生，且大多都有固定的場所（也有例外）；而單個人的放生則沒有時間和地
點的限制，隨時隨地都可能放生。

至於放生種類，最常見者當爲禽鳥和魚蝦兩族。放生池的大量存在，即
可說明放生的主要物種爲魚蝦之類。不僅放生會等組織會定期前往放生池放
生，單個人也常常參與其中。袁宗道好佛，

> 又念世間浮解，恐無益於將來，更作小小功德，所分大官餐錢
> 即買魚蝦鱉鱔放入金水池中，每入門內侍都不問，但云：「此袁家放
> 生人也。」〔註103〕

即是放入池中，所放之物自然是魚蝦之屬了。而事實上，明人偏好放生魚蝦
並非因爲有大量放生池的存在，明人放生魚蝦有更深層次的原因。明萬曆首
輔朱國幀認爲：

> 物惟魚爲最苦，生在水中，不沾人不粒（應爲「一粒」）之費，
> 不惹人一葉之棲，鹹澹不相入，溪澗不相雜，江湖不相容，亦可已
> 矣！而釣之網之籪之，鸕鶿啄之，毒藥斃之，取者百計，逃者無門。
> 至孕子之魚千千萬萬、變化無窮，其類甚多，其族甚盛，故當以放
> 魚爲重。而魚有子者即死，其子粒不見鹹尚可活，須剖而放之。以
> 吹及禽鳥至蟛蛤螺螄之類，放之亦與魚同功。〔註104〕

〔註101〕〔明〕過庭訓撰：《鄔叔敬》，《本朝分省人物考》卷六十八，《續修四庫全書‧
　　　　史部‧傳記類》第 535 冊，上海：上海古籍出版社，2013 年，第 104 頁。
〔註102〕〔明〕朱國幀撰：《放生約》，《朱文肅公集‧約》，《續修四庫全書‧集部‧別
　　　　集類》第 1366 冊，上海：上海古籍出版社，2013 年，第 284 頁。
〔註103〕〔明〕袁宗道撰：《白蘇齋類集》卷十六，《續修四庫全書‧集部‧別集類》
　　　　第 1363 冊，上海：上海古籍出版社，2013 年，第 365 頁。
〔註104〕〔明〕朱國幀撰：《放生約》，《朱文肅公集‧約》，《續修四庫全書‧集部‧別
　　　　集類》第 1366 冊，上海：上海古籍出版社，2013 年，第 284 頁。

認爲魚蝦命運甚苦，故應以放生魚類爲重。此論能否代表明人的普遍觀念不得而知，但至少也是明人放生觀念的一種反映。由於放生禽鳥對環境的要求較低，故此，禽鳥也是放生的主要物種，此不贅述。

明人放生的物種遠不止以上兩類。同是萬曆首輔的沈一貫回憶說：「我姊好佛，母用雞豚蚌蛤魚蟹之屬，亦廣放生之義爲姊千百歲祝云。」〔註105〕可見也有人將雞豬及魚類一起放生的。郭亮翰在《問奇類林》中更是認爲：

> 至於蚤虱蚊蚋，形雖微小便輕殺之；至於蛇、蝮、蜂、蠍，偶
> 然現前未曾傷人，勿謂螫毒便輕殺之；至於籠養飛鳥、繫閉走獸，
> 爲其音聲形狀可以悅吾耳目，爲我玩樂，令彼憂愁，又何不仁也？
> 若放之山林使得自在，何異罪囚得脫牢獄？〔註106〕

將蚤虱蚊蚋、蛇蝮蜂蠍同飛禽走獸同等看待，認爲蛇蝮蜂蠍之類並未傷人，將之放於山林可也。不可輕易妄殺蛇蝮蜂蠍這種觀念其實並不是單個人的看法，雲棲大師在《戒殺文》中就有論說：「以至蜂、蟻、蛇、蟆之類，或無害於己，勿一切妄殺。」〔註107〕由此看來，明人幾乎是無物不可放生。

當然，放生蛇蠍之屬畢竟有些極端，放生豬、牛、羊、雞者也只是少數，明人放生最多的還是飛禽和魚蝦兩族。明人王世性解釋說：「其放魚蝦而不放雞犬者，蓋內典六道，雞犬等爲定殺業，魚蝦等爲不定殺業故也。」〔註108〕對此解釋得更詳細明白的是《慈心不殺放生文》：

> 問：「放生固爲慈悲，云何不放雞、鵝、豬、鴨、牛、羊等，偏
> 放鰍、鱔、禽、魚、螺蜆之類耶？」答：「世間有二種畜生，一者受
> 決定殺果，如雞、鵝、牛、羊等是也。緣其前世決定不信因果歡喜，
> 決定行殺無懺悔心故，今世爲畜生受決定殺果，無所逃而待烹矣，
> 雖遇放生之人亦不能救之矣；二者受不定殺果，如禽魚等是也。緣
> 其前世雖作惡業，或出於不得已，或殺已生悔故，今世爲畜生受不

〔註105〕〔明〕沈一貫撰：《長潭姊王太孺人八十壽序》，《喙鳴詩文集》卷三，《續修四庫全書·集部·別集類》第 1357 冊，上海：上海古籍出版社，2013 年，第 171 頁。

〔註106〕〔明〕郭良翰輯：《問奇類林》卷二十六《好生》，《四庫未收書輯刊》七輯第十五冊，北京：北京出版社，2000 年，第 522 頁。

〔註107〕袁嘯波編：《民間勸善書》，上海：上海古籍出版社，1995 年版，第 52～53 頁。

〔註108〕〔明〕王士性撰，呂景琳點校：《廣志繹》，北京：中華書局，1981 年版，第 8 頁。

> 定殺果，若遇好殺之人必遭烹殺，若遇慈悲之人，臨死亦得活也。」
〔註109〕

定業和不定業之說本爲佛教基本理論，但將雞、鵝、豬、鴨、牛、羊等歸爲受定殺果故，而將鰍、鱔、禽、魚、螺螄之類歸爲受不定殺果故，恐是中國人的發明。究其原因，大概是中土雞、鵝、豬、鴨、牛、羊等是圈養或放養的家畜，某種程度上是財富的象徵，或至少是財富的一部分，不可能爲了放生而捨棄財產；再者這些動物要麼體形較大，要麼沒有合適的放生地點，將其放生也不切合實際；而放生魚蝦等花費不大，也有比較適合的場所。

四、放生中出現的問題

放生池的大量開鑿，放生會的普遍建立，放生人群的成倍增長，以及放生活動的頻繁舉行，隨之而來的是一系列問題的出現。這些問題主要集中在這幾點：是否該置放生池；放生何物；是放生還是殺生。

首先在關於放生池的設置上，設立之初就有人對此提出過疑問。明代文學家王思任的《放生池》一詩很形象地說明了這個疑問：

> 食少魚難養，地少魚難葬。天寒瘦尚可，風暖膏將漲。一自囚紅水，何年逃碧浪？本爲放生名，反得速死謗。大哉慈悲言，不取亦不放。〔註110〕

本來魚活得好好的，把它投到放生池後，失去自由不說，還早早死掉了。對此，雲棲大師用聚民於城以禦賊寇的比喻來解釋，認爲目前放生於池中只是爲了防止釣殺，只要假以時日，疏通、擴大放生池，放生於池中和江河湖海就是一樣的了。想法固然不錯，但實際情況並非如雲棲大師所願。以西湖爲例，「西湖舊有放生池，大不數畝，天暑水泛，所放之生僵浮水面，螺蚌殼積底數尺，是囚生非放生也」。〔註111〕池小魚多，超出了池子所能承載的範圍，實爲囚禁而非放生也。而這種情況卻並非孤例。李長祥記載了江南人的放生

> 今放之於是池，吾爲之苦焉。又水少無食，彼此相食；又種類不一，無因聚處；又水以泥濁不比清流；又鱗甲之敗無復完好。放

〔註109〕〔明〕宗本集：《歸元直指集》卷二，《卍新纂續藏經》第61冊，第481頁上。

〔註110〕〔明〕王思任撰：《謔庵文飯小品》卷二，《續修四庫全書‧集部‧別集類》第1368冊，上海：上海古籍出版社，2013年，第83頁。

〔註111〕〔明〕沈長卿撰：《沈氏日旦》卷十二，《續修四庫全書‧子部‧雜家類》第1131冊，上海：上海古籍出版社，2013年，第594頁。

　　之者益不暇惜，但放之。〔註112〕

池水渾濁、鱗甲敗壞，甚至彼此相食，其狀甚慘。儘管這樣，世人卻不以爲
然，

　　　　　放畢，相率而拜於佛之前，得意以退，以爲吾今日之有此陰德
　　事矣，吾必有福焉，吾子孫必大。自是而放生益漸增之多。〔註113〕

不僅世人沒有意識到，出家僧人也難以理解。張岱見放生池中魚蝦苦痛萬狀，
欲開樊放生，卻「深恨俗僧難與解釋耳」。後來到雲棲寺，「見雞鵝豚殺共牢
飢餓，日夕挨擠，墮水死者不計其數」。張岱向蓮池大師建議，「亦謂未能免
俗，聊復爾爾」。〔註114〕可見，雲棲大師還是覺得放生於池中好些。儘管雲棲
大師的初衷是防止盜賊釣殺，有時候結果卻適得其反。方弘靜就說：

　　　　　夫欲放生，則臨淵而捨之可也，而畜之池何爲？毋乃以共佞佛
　　者之庖，池中物不將爲肆中枯乎。名曰放生，實以周利。以佛號者
　　大率然矣。又市上游手無藉者，一髡其首而衣食有裕，充滿閭巷，
　　此皆悍狠。一有警則持竿而呼，在在可烏合也。〔註115〕

慶春廢水門前的橫河爲放生池：

　　　　　其中諸仁者競載魚鱉螺蚌之屬，來依藻於切，可千萬億命矣。
　　沿城隙地槀骨叢冢起，則饑疫殍殣之骸也。萬曆庚寅，熙南使便道
　　歸舍，一夕聞魚唪然，炬照河色遍白，蓋魚腹，云盡毒死。〔註116〕

池乾魚枯、無賴釣殺、意外毒死，結果竟是一樣，若放之於江海，命運未必
如此。故此有人主張：「放生者，最上放於江海；其次放於湖河；最下放於池
沼。」〔註117〕

　　其次，「佛教以天、人、畜、生、餓鬼等『眾生』爲倫理行爲的主體」，

〔註112〕〔明〕李長祥撰：《天問閣文集》卷二，《四庫禁燬書叢刊・集部》第11冊，
　　　　北京：北京出版社，1997年，第190頁。
〔註113〕〔明〕李長祥撰：《天問閣文集》卷二，《四庫禁燬書叢刊・集部》第11冊，
　　　　北京：北京出版社，1997年，第190頁。
〔註114〕〔清〕張岱撰，馬興榮點校：《陶庵夢憶・西湖夢尋》，北京：中華書局，2007
　　　　年版，第181頁。
〔註115〕〔明〕方弘靜撰：《千一錄》卷八，《續修四庫全書・子部・雜家類》第1126
　　　　冊，上海：上海古籍出版社，2013年，第228頁。
〔註116〕〔明〕虞淳熙撰：《萬慶春水門新壩始末略》，《虞德園先生集》卷二十二，《四
　　　　庫禁燬書叢刊・集部》第43冊，北京：北京出版社，1997年，第487頁。
〔註117〕〔明〕沈長卿撰：《沈氏日旦》卷十二，《續修四庫全書・子部・雜家類》第
　　　　1131冊，上海：上海古籍出版社，2013年，第594頁。

〔註118〕認爲畜生和人一樣都是六道之中不斷輪迴的眾生，也都會得到解脫。因此，有人就認爲，既然魚和豺狼虎豹等都是畜生，爲什麼就只能放生魚，而不可以放生其他動物呢？前文也曾述及有人將蚤虱蚊蚋、蛇蝮蜂蠍、飛禽走獸一起放生。這種略顯極端的放生自然引起很多人的不滿，明代學者姚旅就說：「今持慈悲之說者，即虎狼毒螫之物皆欲放生。愚人則可，賢者可嗟。」〔註119〕不分類別地加以放生只能是愚蠢之人的行爲，賢明之士自不可爲之。沈長卿更提出了具有「人本」色彩的建議：「意先從貧民放起，先從貧士放起，先從奴婢放起，先從本家骨肉放起，而以其餘暇放魚、鳥、蝦蟬、鱉螺等生可也。」〔註120〕很顯然，這種出自儒家立場的觀點與佛教放生理念不盡相同。

第三，既然要放生，就得先贖生，就得先捕捉生，由此形成一種利益鏈，結果反而因此殺更多生。明人姚舜牧曾講到放生鳥和捕捉鳥之間的利益關係，平日裏捕鳥者只有三兩人，「一聞嚴養齋有放生之意，黏鳥者至二十餘人，是所取逾於所放也，何爲哉？若魚鱉螺鱔之類，放者眾則取者愈多，放得則已半斃矣」。這一捕一放之間，一半的生物早已斃死，「以是爲宜放不宜放乎」？〔註121〕而將此種現象描述得更生動形象的是李長祥，

> 先此之一日，土人之逐利者各相謂放生矣，於是漁人取魚，取魚之勇百倍往者，其不素業漁亦貪取之。其不能於大水則於一溝一瀆之水取之，蓋取其小者矣。童稚之子垂釣喧嘩水岸上，百十爲群。即田畝之一勺水亦有擾之者，是又並其猶小者亦取之。而貧子乞兒窮搜廣澤深蒲，毒草破壞膚肉不顧焉。其所取之物大約半生半死，死之有可食者以歸食之，其不可食者棄之地。及是之日其死者則又已十之七八，隨死隨棄之地，道路之間皆是矣。嗚呼，是物之厄也哉！〔註122〕

觀此情景，真不知道是在放生還是殺生了。對這種利益鏈分析得最深刻的是

〔註118〕方立天：《中國佛教倫理思想論綱》，《中國社會科學》1996年第2期，第99頁。

〔註119〕〔明〕姚旅著，劉彥捷點校：《露書》卷二，福州：福建人民出版社，2008年版，第47頁。

〔註120〕〔明〕沈長卿撰：《沈氏日旦》卷十二，《續修四庫全書·子部·雜家類》第1131冊，上海：上海古籍出版社，2013年，第594頁。

〔註121〕〔明〕姚舜牧撰：《來恩堂草》卷十三，《四庫禁燬書叢刊·集部》第107冊，北京：北京出版社，1997年，第208頁。

〔註122〕〔明〕李長祥撰：《天問閣文集》卷二，《四庫禁燬書叢刊·集部》第11冊，北京：北京出版社，1997年，第190頁。

明代文學家胡震亨：「今人作放生會固是勝因，然聞風捕物相售，亦多損物命，見欺漁獵之子。」〔註123〕放生會不僅造成物命損傷，還直接威脅到漁夫獵戶的生計。

除了在捕放之間出現生命死傷外，在放生過程中也會造成魚蝦大量死亡。沈長卿說：「更可笑者待社友齊集始放，社有要人暑月遲至，鱗羽等斃者已過半矣。」〔註124〕鑒於此，雲棲大師在制定放生儀軌之時便特意將繁瑣的儀式作了簡化。

由此，自放生伊始，各種問題就伴隨而來，這些問題表面上是對放生物種及放生地點的爭執，實際上卻反映了不同信仰、不同學說、不同理念之間的衝突。而這種爭執實際上也是一種磨合，更確切地說，是儒家和佛家在更深層次問題上的交流和融合。

第三節　明代佛教放生感應故事

在《宗教的本質》一書中，費爾巴哈對宗教做了一番討論，認爲宗教是解決各種對立和矛盾的一套系統。

> 宗教的前提，是意志與能力之間、願望與獲得之間、目的與結果之間、想像與實際之間、思與是之間的對立或矛盾。……破除這個矛盾或對乃是宗教的意圖和目的。〔註125〕

在費爾巴哈的世界裏，宗教是溝通理想和現實、殘缺與完美之間的橋樑。通過這個橋樑，現實中的不足都變爲宗教裏的完滿，現實中的醜惡都化爲宗教裏的美善。在這個意義上，宗教其實更是一種許諾，只要按照它的要求去做，信眾所有的願望都能得到實現。這種許諾具有現世性和來世性交織的特質，也即它是由可以實現和永遠無法實現的兩部分組成。宗教起初的關注重心是在現世性上，畢竟這種看得見結果的，有效性的許諾對人們來說是最具誘惑力的。隨著宗教領地的日益縮小，宗教不得不被迫將重心轉移到對來世的關

〔註123〕〔明〕胡震亨撰：《讀書雜錄》卷上，《續修四庫全書‧子部‧雜家類》第 1132 冊，上海：上海古籍出版社，2013 年，第 390 頁。

〔註124〕〔明〕沈長卿撰：《沈氏日旦》卷十二，《續修四庫全書‧子部‧雜家類》第 113 冊，上海：上海古籍出版社，2013 年，第 594 頁。

〔註125〕〔德〕費爾巴哈著，王太慶譯：《宗教的本質》，北京：商務印書館，2010 年，第 32 頁。

注上。這種轉移必將影響其傳播的有效性,因此,宗教一方面不遺餘力地對自己還能實現的那部分許諾大加宣揚,另一方面則極力構建永遠無法實現的來世許諾,構劃出諸如天國、來世等一整套系統,力圖讓世人相信確實存在這樣的一個死後世界。

佛教以其龐大的地獄和諸佛菩薩系統構建了一個豐富的「死後」世界,這個世界成爲佛教對信眾的最重要許諾,善人昇天或進一步成佛、菩薩,惡人則下地獄,轉生爲餓鬼、畜生輪迴於六道。可以說,佛教的誘惑力很大程度上就在於對佛、菩薩、諸天等神靈及天上世界的描繪上。儘管如此,佛教並沒有放棄對現世性許諾的重視。長壽、富貴、中舉、陞官,這些與佛教教理教義看似無多大關涉的世俗追求卻正是佛教所著力關注的方面。慧遠則進一步將這些許諾總結爲「三報論」,在這裡現世性的許諾可以看成是現報,來世性的許諾則是生報和後報,前者可以實現,能夠看到,後者則無法親見。

放生作爲佛教的重要活動之一,其目的是通過放生物命,從而祈求神靈滿足自己對現世和來世的各種願望。而佛教也適時地作出回應,宣稱放生定會得到善報。雲棲大師在《放生文》中「施皆有報,事非無徵」條下注解到:

> 諸放生者,或增福祿,或延壽算,或免急難,或起沉痾,或生天堂,或證道果,隨施獲報,皆有證據。然作善致祥,道人之心豈望報乎?不望報而報自至,因果必然,辭之亦不可得耳。放生者宜知之。〔註126〕

可見善有善報果非虛言。但有意思的是雲棲大師一再告誡放生之人不應該有獲得善報的心理,強調善業必得善果,雖不望報,但善報必至。從雲棲大師列舉的放生善果來看,包括了世俗的福祿壽喜和出世的修證道果,也就是上面提到的現世性許諾和來世性許諾,放生不僅具有獲得各種現世利益的世俗功能,也有能證道解脫的終極意義。在這套說教的影響下,各種放生感應故事便應運而生。

在中國傳統的觀念裏,健康長壽、金榜題名、功名富貴兼具一直是人生成功的重要標誌,佛教自然不會放過在這幾方面做足文章的機會。因此,當佛教放生成爲一種「時尚」之後,必然會和這些扯上關係,於是放生便可長壽,便可陞官,便可富貴,便可免於急難。

〔註126〕〔明〕袾宏著:《雲棲法匯(選錄)》卷十一,《嘉興藏》第 32 冊,第 760 頁中。

一、長壽

早在北魏時期翻譯的《雜寶藏經》中就有沙彌救螞蟻得長命的故事。這個故事在《經律異相》、《譬喻經》等經典中都有記載，情節差別不大。明代雲棲大師曾將其加以演繹，《淨土資糧全集》載：

> 昔有沙彌侍一尊宿，尊宿知其命盡，令還家省母，囑云：「七日當返。」欲其終於家也。七日返，師怪之，入三昧勘其事，乃還家時見群蟻困水中。作橋渡之，蟻得不死，由此高壽。〔註127〕

沙彌本該於七日之後命終，卻因爲救群蟻於水中而得享高壽。這裡的救生實質上就是放生了，同樣的故事在雲棲大師的著作中也能尋到。《雲棲法匯》卷11 載：「屈師於元村遇一赤鯉，買放之。後夢龍王延至宮中，謂曰：『君本壽盡，以君救龍，增壽一紀。』」〔註128〕前面是救螞蟻，這裡是救鯉魚（或者龍），所救對象不同，結果卻是一致的，即都增加了壽命。

明代醫家李豫亨在其《推篷寤語》一書中非常形象地記載了某人因放生愛物而壽命延長的故事。

> 陳元植初有家道，好行陰騭，禽獸亦蒙其惠。每將食於高原之上，百鳥逢見必飛鳴前後，或來逼其坐隅。元植甚憫之，禽獸亦不畏懼。一夕夢有綠衣人，長三尺餘，巾帶備具，以一物與元植，且謂之曰：「爾有陰德及物，爾壽命短促，以此物延爾壽。」覺後飲食加增於常。年九十九歲，一旦，袖有一物投地，化爲緋衣人拱立於前曰：「君壽不逾四十，爲有陰功，是以延爾壽，今須歸常理。」倏然不見。元植與子孫訣別而終。世傳放生可以延壽，此亦可驗云。〔註129〕

夢中見綠衣小人以一物相贈，從此食欲大增，身體康泰，最後又被緋衣小人將所贈之物索取走，於是壽終正寢。故事並沒有點明所贈之物到底爲何，只說此物可以延壽。很顯然綠衣小人贈送的就是壽命，和前面龍王贈予屈師壽命一紀是同樣的意思。只是爲了讓故事看起來更形象生動，不至於那麼空乏，也更能讓人信服，故事便以具體的一物代替壽命，物在壽命在，物去壽命盡。

〔註127〕〔明〕袾宏校正，莊廣還輯：《淨土資糧全集》卷四，《卍新纂續藏經》第61冊，第577頁下。

〔註128〕〔明〕袾宏著：《雲棲法匯（選錄）》卷十一，《嘉興藏》第32冊，第759頁下。

〔註129〕〔明〕李豫亨撰：《推篷寤語》卷四《原教篇下》，《續修四庫全書·子部·雜家類》第1128冊，上海：上海古籍出版社，2013年，第346～347頁。

類似的故事在明人著作中到處可見。這些故事都有一些共同的特點,首先是主人公愛物惜命、喜好放生。這些故事中的主人公有些是長時期踐行放生,有些只是偶而爲之,有些甚至只放過一次生,但這都不影響其受到善報的結局。其次,都強調主人公本該壽命短促,只因放生而得以延壽。不管是沙彌應於七日後命終,還是屈師本該壽盡,抑或陳元植壽命原本不過四十,故事所要凸顯的正是這些人壽命本來短促,卻因爲放生物命、廣行陰騭、積累陰德而得到延長。故事最後特別通過尊宿、龍王、綠衣人之口向世人宣告:放生可以延壽,此言不虛。值得注意的是,因爲這種愛物惜命的觀念與儒家觀念相符,從而也得到了儒家的認可。

> (巡撫福建都察院右僉都御史金子魯學曾)時與諸宰官與蓮池大師結放生社於西湖之三潭,遊舫所到,飛走游泳之物無不爲之迴翔者,其仁心感物有如此。卒年七十有九,有司以聞,賜祭葬,恩蔭如例。〔註130〕

地方官金學曾與雲棲大師等於西湖設立放生會,不僅以高壽正寢,並得到有司的嘉獎,賜予祭葬,恩蔭後代。

佛教宣稱放生不僅能長壽,甚至還會讓人死後昇天,成神成佛。《雲棲法匯》有載:

> 張提刑常詣屠肆,以錢贖物放之。後臨終時,語家人言:「吾以放生,積德深厚,今天宮來迎,當上生矣。」安然而逝。〔註131〕

像這種非常直白地宣稱放生能使人上至天宮的故事,和前文提到的無異元來等高僧所提倡的放生可達涅槃的思想是一脈相承的。

二、功名富貴

金榜題名是儒家知識分子的終身追求,因爲隨之而來的便是榮華富貴、拜相封侯。葡萄牙人曾德昭曾對明代士子中舉後的情形有過精彩描述:「這些人一旦獲得學位,就變得偉大。尊貴,極受尊敬;同時,我不知道他們怎麼會突然富有起來。從此以後,他們不再步行,而是騎馬或乘轎。」〔註132〕爲

〔註130〕 〔明〕徐象梅撰:《兩浙名賢錄》卷二十《經濟》,《續修四庫全書·史部·傳記類》第542冊,上海:上海古籍出版社,2013年,第602頁。

〔註131〕 〔明〕袾宏著:《雲棲法匯(選錄)》卷十一,《嘉興藏》第32冊,第759頁下。

〔註132〕 〔葡〕曾德昭著,何高濟譯:《大中國志》,北京:商務印書館,2012年版,第68頁。

此，無數學子寒窗苦讀，數十年如一日，只求有朝一日能榜上有名。爲拉攏這批儒家知識分子，佛教宣稱自己能幫助儒家知識分子實現夢想，辦法之一就是放生。與之前提到的沙彌救蟻得長命的故事相類似的有宋郊救蟻得功名的故事，這個故事後來也被雲棲大師加以改編。

> 宋郊、宋祁兄弟也，俱應試。郊嘗見群蟻爲水所浸，編竹橋渡
> 之，蟻得不死。時有胡僧睹其面，驚曰：「公似曾活數百萬命者。」
> 郊以活蟻對。僧曰：「是已。公弟當大魁多士，然公亦不出弟下。」
> 後唱名，祁果首選。朝廷謂不可以弟先兄，改祁第十，以郊爲第一
> 也。〔註133〕

本來宋郊只是考中第十名，卻被朝廷以「不可以弟先兄」的理由提升爲第一，這就與之前胡僧的預言吻合，宋郊之所以能從第十升到第一，是因爲曾救群蟻於水中。這個故事對儒家知識分子的衝擊完全可以想見，本來科舉排名取決於文章的優劣，但當佛教放生可左右科舉排名的觀念滲入到知識分子頭腦中後，相信儒家知識分子是再也無法安心於「兩耳不聞窗外事，一心只讀聖賢書」的。

除了功名，富貴一事亦可在放生當中求取。《雲棲法匯》載：

> 孔愉本一卑官，亦曾放龜，龜浮水中，頻回首望愉，然後長逝。
> 後愉以功當侯，鑄印時印上龜紐，其首回顧。毀而更鑄，鑄之數四，
> 模直首偏，回顧如舊。鑄者大怪，以告愉。愉忽憶放龜之時，龜首
> 回顧，恍然悟封侯者放龜之報也。〔註134〕

楊寶幼時，見黃雀爲鴟搏墜地，復爲螻蟻所困，取而畜諸笥中，給以黃花，瘥乃放去。夜夢黃衣童子拜謝，贈玉環四枚，曰：「我王母使者，荷君濟命，願君子孫潔白，位列三公，亦如此環矣。」後四世貴顯。〔註135〕

這兩個故事都見於干寶的《搜神記》。孔愉年少時行經余不亭，見有人賣龜，便買而放之，後來以功封爲余不亭侯；楊寶幼時見一黃雀爲鴟和螞蟻圍困，便將其帶回家餵養，後夢見黃衣童子來謝，其兒子、孫子、曾孫、玄孫都位及三公。雲棲大師將這兩個故事收入放生文中，作爲放生得善報的例

〔註133〕〔明〕袾宏校正，莊廣還輯：《淨土資糧全集》卷四，《卍新纂續藏經》第61冊，第577頁下。

〔註134〕〔明〕袾宏著：《雲棲法匯（選錄）》卷十一，《嘉興藏》第32冊，第759頁中～下。

〔註135〕〔明〕袾宏著：《雲棲法匯（選錄）》卷十一，《嘉興藏》第32頁，第760頁上。

子。動物報恩的故事在中國和印度都早已有之，但當佛教將其納入到自身的因果報應系統當中後，動物報恩的故事無疑便抹上了一層佛教色彩。或者可以這樣說，佛教的因果報應理論以其系統性和豐富性，已經將中國傳統的動物報恩故事攝入其中，中國傳統的動物報恩成為佛教因果報應理論的一部分。如果以慧遠「三報論」來比附，則中國傳統的動物報恩大略屬於現報和生報。所以，以中國原有的動物報恩故事來論證佛教放生的有效性，不僅不會引起儒家知識分子的反感，相反會引發一定程度上的共鳴。這對擴大佛教影響力，吸引更多人參與到放生事業中，甚至加入佛教信眾團體無疑具有促進作用。

像這種放生得富貴的觀念在明時非常普遍。周清原在《西湖二集》中記載了兩個放生得善報的故事。韋丹見洛陽橋有人賣黿，便購得放生。路遇一算卦先生，將其帶至一處府第，一老者上前下拜，自言乃韋丹前日所放之黿。為表達救命之恩，老者告知韋丹所詢問之一生官祿，並贈予稀世珍寶。韋丹將獲贈之珍寶賣得百萬錢，竟以致富，其一生之命運也與老者所言絲毫無差，韋丹的兩個兒子也都官至高位。另一個故事講李進勁賣魚為生，某日將一大船魚販賣至三山浦，卻聽得船艙內有誦經聲，細聽竟是諸魚所誦。李進勁於是將整船魚全部放生，並祈願如他日有難，望諸魚能相救，從此改業為販賣柴火。一日李進勁販柴至江心，遇大風將船吹翻，連人帶柴盡數落入江中。李進勁腳上踩著漂浮物才幸免於難，至岸邊才發現所踩之物竟是成群的大魚。李進勁失了財物，正愁苦不堪時，卻在蘆荻叢中拾得黃金三四斤之多。不久即見一白衣人立於江上，告訴李進勁其之所以得保性命又得金子，全因當初所放生之魚來報恩。

如前面提到的孔愉和楊寶的故事一樣，這些故事都具有非常明顯的六朝志怪小說的風格，前兩者甚至就是《搜神記》中的故事。這些故事看似是中國傳統的儒家故事，但實際上整個六朝志怪小說都是在佛教的影響之下興起的。對此，魯迅先生早就做過論斷，朱恒夫先生也說：「我認為，佛教對六朝志怪小說的興起起了決定性的作用，它是佛教徒發明的推廣佛教的一個重要工具。」〔註136〕朱恒夫先生認為六朝志怪小說是當時的佛教徒為了傳播佛教而編撰並大力傳佈的。這樣的話，貿然將看似是中國傳統的儒家故事歸為

〔註136〕朱恒夫：《六朝佛教徒對志怪小說興起的作用》，《明清小說研究》2001 年第 1 期，第 108～109 頁。

本土故事，而將佛教排除在外的做法就顯得很不妥當了。正如朱恒夫先生所說，六朝志怪小說中的很多故事實際上是由佛教徒借用中國傳統人物敷演而成，也即在真實的傳統歷史人物身上加上諸多靈異事件，將其世俗化，「讓人們感到似乎那些靈異之事確實曾發生過，也隨時可能會在自己的身上發生」。〔註137〕所以當故事以孔愉因放龜而封侯，楊寶因救雀而顯貴，韋丹因放龜而致富，李進勁因放魚而得金的形式出現時，人們一般不會去懷疑故事的真實性，進而甚至會加入到放生的行列中，或者至少也會抱著「寧可信其有不可信其無」的心態去踐行放生。這樣佛教就不僅吸引了儒家學子的注意力，也將市民階層吸收了過來。

三、免於急難

如前所述，動物報恩本是印度和中土都早已有之的故事類型，但當佛教進入中國後，為更好傳播並擴大佛教的影響，佛教信徒便編撰了各種各樣的報恩故事，如前面提到的贈予壽命、財富、官位等。其中有一些報恩故事就相對於比較簡單，如張鳳翼《夢占類考》中「被甲者前訴」條有載：

> 曹魯公好放生，以至蜆蛤之類無所不放。一日夢被甲者數百人前訴，既寤而問其家，乃有惠蛤蜊數甕者，即遣人放之。夜復夢被甲者來謝。〔註138〕

這個故事也見於邵雍的《夢林玄解》。像這種情節簡單的報恩故事因為容易給人不可考的印象，故在整個報恩故事中並不占很大數量。數量相對較多的報恩故事除了之前提到的幾類之外，救人於急難是其中很重要的一類。

曾官至明南京兵部尚書的張時徹在《芝園集》中記載了一個平時喜好放生的處士，在危難關頭被蝦蟇所救的故事。

> （鄢處士）平生不溺釋氏，顧獨好放生，有羅禽鳥為市者，即買而縱之。俗好啖蝦蟇，得者輒折其股，蓋患其逸也。處士恒購其無傷者而投之澤中，其仁心愛物多此類也。邑有澄江，忽洪水彌漫，處士欲渡，已舟矣。適故人呼之，登岸握手夷，猶有兩蝦蟇戲於橋

〔註137〕朱恒夫：《六朝佛教徒對志怪小說興起的作用》，《明清小說研究》2001年第1期，第123頁。

〔註138〕〔明〕張鳳翼編：《夢占類考》卷六，《續修四庫全書・子部・術數類》第1064冊，上海：上海古籍出版社，2013年，第564頁。

畔，諦視久之。已欲復渡，而舟已先發中流敗矣。里中人益咄嗟興
歎，謂處士修德行義報若此也。〔註139〕

鄔處士對佛教並沒有特別的感情，並不沉迷於佛事，只是平日裏常常放生而
已。即使是這樣，在危難關頭同樣得到蝦蟇的幫助，並最終脫離危險。這個
故事之所以與眾不同，就在於特別強調了主人公「平生不溺釋氏」，只喜好放
生。這實際上就直接駁斥了放生只是佛教徒之事的觀念，同時告訴世人，放
生能得善報也不是佛教徒的專利，只要行放生，任何人都能得善報。由此，
戒殺放生的行爲就超出了佛教範圍，變成全社會都積極參與的運動。明代社
會之所以如此盛行放生活動，與這種觀念應該有很大關係。

動物報恩，救人於危難，這種危難可以是自然災害，也可以是人爲禍患。
明天啓年間翰林編修陳仁錫在《無夢園初集》中就記載了台州刺史因放生而
逃過殺頭之罪的經歷。台州臨海，居民捕魚爲業。藩海大師慈悲，於其地設
立放生池，勸請世人戒殺護生。刺史計誋非常支持，請大師宣講《金光明經》，
並於其地增設放生池三十六處，漁人由是改行。計誋任期滿返回京城，卻因
犯法理當問斬，計誋便祈求藩海大師能相救，晚上即夢見一大群魚吐沫在自
己身上，第二天朝廷竟特赦了計誋的罪行。中午時分，有祥雲集於修禪寺頂，
一群黃雀嘈嗻棲居在簷上，半日方去。藩海大師揭示說這是魚化身爲黃雀前
來報恩。類似的故事在明代地方志中也有記載。萬曆年間的《青浦縣志》記
載說正德年間一僧人被謀財，並差點被害命，幸得群魚報警，才得幸免於難。

（老僧）出家泖塔院，自建廚房五間，日買水族放生。有漁人
窺其多貲，謀縛網中將投之水，忽有魚躍入漁船。偶遇巡船中人，
見魚呼買，漁人不應，巡人強躍入船。聞網中有聲，啓視之，一老
僧也。巡人欲執送官，老僧慈悲不肯，拜懇釋之。至冬取決獄吏，
老僧無以報之，佛前常跪誦《法華經》。後代巡審錄，恍見一僧跪前
番，問獄吏，因告其故，乃得放還。〔註140〕

在這兩個故事中，一個是當朝命官，一個是出家僧人，前者儘管可能沒有直
接參與放生，但是請法師講《金光明經》，設立放生池三十六所，這是更大的

〔註139〕〔明〕張時徹撰：《鄔處士傳》，《芝園集》卷三十七，《四庫全書存目叢書‧
　　　　　集部》第82冊，濟南：齊魯書社，1997年，第231頁。
〔註140〕〔明〕王圻纂：《青浦縣志8卷》第三冊第95頁，萬曆25序刊（〔日本〕國
　　　　　立國會圖書館藏），http://dl.ndl.go.jp/info:ndljp/pid/2605563，2015-03-05。

功德；而後者則每天買水族放生，是佛教放生的積極踐行者，兩者都在危急關頭被動物解救。

　　明代是中國封建社會君權高度集中的時代，「以文字獄鉗天下之口，以錦衣衛禁天下之行，以宦官姦佞亂天下之政」。〔註141〕在這種情況下，不僅普通人言行舉止受到限制，連各級官吏的行為也受到監視，「明清時期政府官員的沉浮比以前任何朝代都要劇烈」。〔註142〕從劉基、宋濂到胡惟庸、李善長，從解縉、康海到方孝孺、李夢陽，這些開國元勳、當朝大員無一不是從聲名顯赫的地位一下子淪落到戴罪之身，甚至身首異處的慘狀。朝中大員尚且如此，地方官吏的境況就更不用說了。這種朝不保夕的危機感是明代官員普遍具有的心態，當他的身份從掌權者變成階下囚的時候，所能祈求的恐怕也只有神靈了。陳仁錫本人就曾被魏忠賢誣陷下獄，幸得有人暗中相助才免遭不測。因此，台州刺史計訒的遭遇恐怕並非虛構，只是有計訒這樣好運的人恐怕只是少數了。不管怎樣，在動盪不居的官場中，在命運叵測的宦海裏，官員需要神靈護祐的心理非常強烈。當掌握權力的官員加入到放生活動當中的時候，其對佛教放生活動的影響就不僅僅是修建幾十所放生池那麼簡單，更重要的是他給世人樹立了一個榜樣，所謂「上有所好，下必從之」，民間對佛教放生的熱情自然有增不減。像計訒這樣熱衷放生的明代官員不在少數，如前面提到的陶望齡、馮夢禎、金學曾等，都積極開建放生池，設立放生會。如此，則明代官員對當時佛教放生運動的興起無疑起了某些促進作用。

四、沉冤得雪

　　除了以上幾種之外，還有一種報恩類型，即是放生人在身遭不測之後，動物協助官府查出真凶，沉冤得雪。李豫亨《推篷寤語》裏有這樣一個故事：

　　　　人之處世，善惡由心。善事如江海潮波，來無形影，去無根源；
　　　　惡有速報，如天地產物，是處皆應，可不慎之，聊記近事一。僧人
　　　　以印經至南都，頗攜重貲，偶贖水雞放生，為漁者所窺，引之曠地，
　　　　從後一擊而斃。漁者以其貲十之一首於官，云自道中拾得，官遂給
　　　　之去。既而其僧徒繼至蹤跡之，傳言有一屍環蹲，水雞晝夜叫號，

〔註141〕段玉明著：《中國市井文化與傳統曲藝》，長春：吉林教育出版社，1992年版，
　　　　第258頁。
〔註142〕段玉明著：《中國市井文化與傳統曲藝》，長春：吉林教育出版社，1992年版，
　　　　第249頁。

> 或其人也，訪之良是。聞於官，官曰：「必前日首銀者也。」擒之，
> 不假訊而服，遂抵罪。夫漁之盜貲得自遊僧，自謂人莫予覯矣，孰
> 知水雞無知之物乃復為之雪，其必有宰是者矣。噫，善惡之速報也
> 如是。〔註143〕

作者在開篇就直接點明了記載這個故事的初衷，就是為了宣揚佛教善有善
報，惡有惡報，來去無形，絲毫不爽的果報思想。僧人偶然買水雞放生，
卻被漁者窺見攜有大量財物，後者覬覦錢財，將僧人殺害，奪其錢財。水
雞圍聚在屍體旁晝夜鳴叫，官府終將兇手抓獲。儘管故事的主角是僧人，
但這種身份並不具有特別的意義。正如前面論述的一樣，任何人只要踐行
放生，都能夠獲得善報，所以故事所要凸現的是「偶贖水雞放生」。前面也
早已論述過，不管是長期踐行放生，還是偶而放生一次，都無妨善報的獲
得。之所以如此強調，是因為對於放生，大部分人只能偶而為之，不可能
長期堅持，更不可能像前文中提到的老僧那樣做到日日贖買放生。而佛教
不會因此就將大部分人排除在善報範圍之外，那樣既不符合佛教教義，也
不利於佛教的傳播發展。

同樣的故事在《續文獻通考》中也有記載。明王圻《續文獻通考》「蝌蚪」
條下記載了這樣一件事：

> 紹興郡丞張公佐治擢金華守，去郡至一處，見蝌蚪無數，夾道
> 鳴噪，皆昂首若有訴。公異之，下與步視，而蝌蚪皆跳躑為前導。
> 至田間，三屍疊焉。公有力，手挈二屍起，其下一屍微動。湯灌之，
> 逡巡間復活，曰：「我商也，道見二人肩兩筐適市，皆蝌蚪也。意傷
> 之，購以放生。二人復曰：『此皆淺水，雖放人必復獲。前有清淵，
> 乃放生地也。』我從之。至此，不虞斧出，遂被害。二僕有腰纏，
> 求之不獲，必解金與購，而累累者見，故誘至此，並殺而奪金也。」
> 丞命急捕之，人金皆得，以屬（應為「囑」）其守石公昆玉一訊，皆
> 吐實。抵死，腰纏歸商。〔註144〕

這個故事和前面水雞報恩的故事如出一轍，只是主角變成了商人。商人為主
角的這類故事在明代特別多，周清原在《西湖二集》中便講了一個曲折離奇

〔註143〕 〔明〕李豫亨撰：《推蓬寤語》卷四《原教篇下》，《續修四庫全書‧子部‧雜
家類》第1128冊，上海：上海古籍出版社，2013年，第344頁。
〔註144〕 〔明〕王圻撰：《續文獻通考》卷八十三《節義考》，《續修四庫全書‧史部‧
政書類》第763冊，上海：上海古籍出版社，2013年，第405頁。

的動物報恩故事。

> 一徽客到於富陽，道旁見一黏鳥鵲之人，竿上縛著二鵲。二鵲
> 見徽客，不住悲鳴，有求救之意。徽客甚是哀憐，把二分銀子付於
> 黏竿之人，買此二鵲放生。徽客不老成，一邊打開銀包之時，其中
> 銀兩甚多，散碎者不計其數，當被驢夫瞧見，遂起謀害之心。走至
> 將晚幽僻之處，便把徽客從驢上推將下來，用石塊打死，埋於道旁，
> 取其銀包而去，竟無人知其事。怎知那二鵲感放生之恩，一直飛到
> 按察使堂上。周爺正在坐堂之時，那二鵲直飛到案桌邊悲鳴不已，
> 似有訴冤之意。皂隸趕起又飛將下來，其聲甚是悲哀。周爺分付（應
> 爲「吩咐」）二鵲道：「汝莫不有冤枉之事申訴？如果有冤枉可飛到
> 案桌之上鳴叫數聲。」二鵲果然飛到案桌上鳴叫數聲，頭顛尾顛。
> 周爺又分付（吩咐）二鵲道：「果有冤枉，吾命皂隸隨汝去。」就叫
> 一個皂隸隨二鵲而去。二鵲果然通靈，一路飛鳴，似有招呼之意。
> 直到富陽謀死處飛將下來，立於土堆之上，鳴噪不住。皂隸扒開土
> 來一看，果有一個謀死屍首，頭腦打碎，身邊卻有馬鞭子一條。皂
> 隸取了這條馬鞭來，報與周爺。周爺夜間睡去，見一人披頭散髮跪
> 而哭道：「小人的冤家非桃非杏非坐非行，望爺爺詳察。」說罷而去。
> 次日坐堂，想這一條馬鞭定是驢夫謀死失落之物，即命富陽縣盡將
> 驢夫報名查數。富陽縣將驢夫名數送來，中有李立名字，周爺見了
> 悟道：「非桃非杏非坐非行，非李立而何？」登時把李立拿來。李立
> 見了周爺，不打自招，承果係謀死，追出原銀，已用去一半。問成
> 死罪，徽客屍首著親屬埋葬。有詩爲證：「二鵲感恩知報冤，急來堂
> 上亂鳴喧。若無此位靈神道，誰洗千年怨鬼魂？」〔註145〕

這個故事比之前的兩個故事都離奇，不僅有動物的報恩，還有死者的託夢。
而鳥鵲似乎除了不會說人話之外，其他所有人能做的它都能；死者託夢之時
並不告訴真凶的姓名，還非得弄一個猜字謎般的文字遊戲。正如前面所說，
之所以把故事講成這樣，一則是增加故事的趣味性，二則是增加故事的「真
實性」，讓世人感到這個故事是真實發生的，從而對佛教因果報應深信不疑。

　　商人成爲明清時期放生果報故事的主角有其特別的歷史背景。在資本主
義萌芽的衝擊下，明清時期的商品交流異常活躍，商人活動頻繁，出現了以

〔註145〕　〔明〕周清原著：《西湖二集》，北京：華夏出版社，2013年版，第379頁。

地方為單位的商人集團，如徽商、閩商、陝商等。商人的地位也逐漸提高，明初人們尚不知商賈之業，但到明中後期，「一些發跡的商人，成了部分人的理想形象」。〔註146〕舊有的社會道德標準發生轉變，評價一個人成功的標準唯有金錢。明伍袁萃《林居漫錄》有載，

> 武林人傳時，落魄無賴，投織造孫瑭處為奴，而巧猾奸詭，為孫瑭所倚。凡操縱出內，悉以聽之，故富至數百萬。初縉紳皆醜之，而今則樂與為朋矣。即地方監司亦多與往來，宴飲饋遺，恬然無復廉恥之色。〔註147〕

一個落魄無賴，因善於鑽營而成為百萬富豪，縉紳、官員等「社會精英」先是厭惡，到後來竟然不顧廉恥爭相與其交往，世態之炎涼，不得不讓人感歎人心不古。在這種社會思潮下，便出現了人人為商的局面，明人邱濬就說：

> 今夫天下之人不為商者寡矣，士之讀書將以商祿，農之力作將以商食，而工而隸而釋氏而老子之徒，孰非商乎？吾見天下之人不商其身而商其志者比比。〔註148〕

所以，可以說至明中後期工商業者遍佈城市和鄉村。但商業的性質決定了商人必須奔波於全國各地，將貨物變成資本。明小說中有很多反應商人拋妻離子遠行他鄉的故事，《蔣興哥重會珍珠衫》中的興哥本為襄陽人，常年往廣東做買賣；《玉堂春落難逢夫》中的沈洪，本為山西平陽府商人，千里迢迢到北京販馬；《喬彥傑一妾破家》中的喬俊是杭州商人，往東京賣絲，又買胡桃、棗子等回杭州販賣。明代的交通樞紐比前代有很大進步，「形成了以北京、南京及各省會、重要工商城市為中心的交通幹線，還有遍及城鄉的一般交通線路」。〔註149〕為方便商人出行，社會上還出現了專門為商人制定的各種指南，如《天下水陸路程》、《士商要覽》、《士商類要》、《客商一覽醒迷》等。這些行商指南內容豐富，包羅萬象，不僅有地圖指南，還有行商注意事項，包括哪裏有旅館，哪裏有什麼貨物，出門須帶哪些東西，哪些地方需要提防哪些

〔註146〕張晉清主編：《明代後期社會轉型研究》，北京：中國社會科學出版社，2008年版，第321頁。

〔註147〕〔明〕伍袁萃撰：《林居漫錄·別集》卷六，《續修四庫全書·子部·雜家類》第1172冊，上海：上海古籍出版社，2013年，第177頁。

〔註148〕〔明〕邱濬撰，丘爾谷編：《重編瓊臺稿》卷十，《景印文淵閣四庫全書·集部·別集類》第1248冊，臺北：臺灣商務印書館，1983年，第205頁。

〔註149〕張晉清主編：《明代後期社會轉型研究》，北京：中國社會科學出版社，2008年版，第219頁。

人，甚至哪裏有妓院之類都有記載。儘管如此，商人常年漂泊在外，總有很多不確定因素，也會碰到很多意外，甚至被謀財害命。因此商人不僅需要各種萬寶全書，也需要冥冥之中的神靈護祐。各種放生果報故事之所以選擇商人作爲主角原因也就在此了。

總體來說，明代佛教放生果報故事數量眾多，類型多樣，反映了明代社會對放生活動的重視。至清代有人專門集成《放生殺生現報錄》一書，宣揚佛教因果報應理論，勸請世人戒殺護生。此書託名爲清初學者、思想家江永所集，但經學者考證，應該是江永族孫江謙所爲。〔註150〕此書主要選取了明清時期各地傳說的放生殺生得現報的故事，分成「放生善報」和「殺生惡報」兩部分，集成 127 條善惡果報故事，其中「放生救物」部分，作者分成「延壽」、「愈疾」、「免患」、「得子」、「得智」幾個方面。可以說，《放生殺生現報錄》是有關佛教戒殺放生因果感應錄的匯總。

馬克思有過一段關於宗教的精彩論述：「宗教裏的苦難既是現實的苦難的表現，又是對這種現實的苦難的抗議。宗教是被壓迫生靈的歎息，是無情世界的感情，正像它是無精神活力的制度的精神一樣。」〔註151〕當現實中的苦難無法得到消除，人們的願望無法達成滿足時，宗教總會在另一個維度提供一套讓人心理平衡的機制，於是現實中的惡人下到地獄，善人升至天堂。故此，當放生人財物被劫、身遭不測之後，便有了死者託夢、動物報警，最終擒得兇手的報應機制。在這個層面上說，動物報恩的故事不僅僅有勸人放生，勸人爲善的意蘊，更有警示惡人，勸誡世人切莫爲惡的意思。

第四節　本章小結

放生之事本不爲佛教所獨有。早在佛教傳入之前，放生就已在中國流行。《列子》有載：

> 邯鄲之民以正月之旦獻鳩於（趙）簡子。簡子大悅，厚賞之。
>
> 客問其故，簡子曰：「正旦放生，示有恩也。」〔註152〕

〔註150〕參見徐道彬：《〈放生殺生現報錄〉考辨》，《中國典籍與文化》2013 年第 1 期，第 112～119 頁。

〔註151〕《馬克思恩格斯選集》第一卷，北京：人民出版社，1995 年版，第 2 頁。

〔註152〕〔春秋戰國〕列子著，景中譯注：《列子・說符篇》，北京：中華書局，2007 年版，第 275 頁。

同樣的事情在《呂氏春秋》中也有記載：

> 湯見祝網者置四面，其祝曰：「從天墜者，從地出者，從四方來者，皆離（罹）吾網。」湯曰：「嘻，盡之矣，非桀其孰爲此也。」湯收其三面，置其一面，更教祝曰：「……吾取其犯命者。」漢南之國聞之曰：「湯之德及禽獸矣。」〔註153〕

可見，遠在先秦時期中國就有放生的說法，但是這種放生的理論基礎卻值得探究。湯認爲置四面網是夏桀那種殘暴之人才做出來的事情，於是收其三面，其他人由此讚歎湯寬厚仁慈，恩及禽獸。可見，這種放生是一種道德上的需求。趙簡子更是直白地說出放生是爲了顯示自己有恩，即有德。何爲「恩」？《晏子春秋》載：

> 景公問晏子曰：「國如何則可謂安矣？」晏子對曰：「下無諱言……上有禮於士，下有恩於民；地博不兼小，兵強不劫弱；百姓內安其政，外歸其義，可謂安矣。」〔註154〕

這裡「恩」（惠）是一種上對下的道德關懷。湯和趙簡子，一個是君主，一個爲大夫，他們的放生更多是一種象徵，身份上的象徵和道德意義上的象徵。這種放生的理論基礎是基於對自己身份地位的權力要求，和對臣民及禽獸之關懷的道德需求，是一種「老吾老以及人之老」的道德推衍。推而廣之，是基於對物命的憐憫和恩惠而爲之。既然放生是一種道德需求，那就不可能形成一種社會風氣。

在佛教裏，放生自有一套綿密的體系。佛教將天、人、畜生、餓鬼等六道「眾生」作爲承受業報的主體，不斷輪迴轉生，《入楞伽經》云：

> 我觀眾生輪迴六道，同在生死共相生育，迭爲父母兄弟姊妹，若男若女中表內外六親眷屬，或生餘道善道惡道常爲眷屬。〔註155〕

因此眾生即是我，我即是眾生，放生也就是放我們自己。所以《梵網經》說：

> 若佛子，以慈心故行放生業。一切男子是我父，一切女人是我母，我生生無不從之受生。故六道眾生皆是我父母，而殺而食者，即殺我父母，亦殺我故身。〔註156〕

〔註153〕〔戰國〕呂不韋門客編撰，關賢柱等譯注：《呂氏春秋全譯》卷十一，貴陽：貴州人民出版社，1997年版，第314頁。

〔註154〕〔春秋戰國〕晏嬰撰，李萬壽譯注：《晏子春秋全譯》，貴陽：貴州人民出版社，1993年版，第182～183頁。

〔註155〕〔元魏〕菩提流支譯：《入楞伽經》卷八，《大正藏》第16冊，第561頁中。

〔註156〕〔後秦〕鳩摩羅什譯：《梵網經》卷二，《大正藏》第24冊，第1006頁中。

佛教放生的理論基礎即出於此。「根據業報思想，現世之鳥獸蟲魚或為過去之父母先祖，這為中國傳統的放生觀念注入了宗教理論，遂使此習俗迅速推廣開來。」〔註157〕這與傳統中國的放生理念形成鮮明對比，

> 中國傳統觀念，尤其是儒家思想認為「人為萬物之靈」，視人為萬物的中心，人高於禽獸，很難認同善惡道德標準能夠適用於禽獸，人類以外的動物也能獲得解脫。〔註158〕

相比於中國傳統觀念，佛教的放生由於有宗教理論作為依託，就更有系統性，更有說服力，更具操作性，也就更能得到推廣。

由此，從戒殺到放生，到放生池的大量開鑿，再到放生組織的普遍出現以及放生儀軌的簡化，佛教放生從理論走向實踐，並不斷完善。這個過程的完全實現應該說是在明清時期，特別是明代雲棲大師設置放生池，創立放生會並簡化放生儀軌，由此帶動僧俗兩屆廣泛地參與到放生活動當中。而通過大量放生感應故事的宣揚，放生得善報的觀念日益深入人心，成為一種普遍的社會觀念。這樣，在不經意間，放生活動成為一種廣泛參與的民間風俗，而佛教勸善化俗的功能也在潛移默化中得到了強化。

〔註157〕段玉明：《佛誕放生的來龍去脈》，《中國宗教》2012 年第 2 期，第 40 頁。

〔註158〕方立天：《中國佛教倫理思想論綱》，《中國社會科學》1996 年第 2 期，第 99 頁。

第五章　明代佛教勸善運動的影響

　　作爲中國近世社會勸善運動的重要組成部分，佛教勸善運動在中國近世社會留下了濃墨重彩的一筆。佛教有一整套綿密的勸善體系，這套體系通過對六道輪迴，特別是地獄輪迴的張揚，達到勸善懲惡、重塑社會倫理價值、規範道德之目的。這套系統從佛教進入中國後就不斷嘗試與中國社會相結合，經過不斷試探，最終在中國社會站穩了腳步，找到了適合其生存發展的空間。從唐宋到明清，在中國近世社會經歷的兩次社會轉變中，這套系統的作用不斷顯現，並逐漸加深。明清之際，社會道德秩序混亂，有學者這樣形容當時的狀況：「這是一個道德是非被完全倒置的宇宙，一個儒家父權社會秩序徹底崩潰的世界。」〔註1〕在這次社會轉變中，佛教勸善運動充當了重建社會道德秩序的主角。明代是佛教勸善運動發展的高潮期，其勸善懲惡的倫理機制不僅在意識形態方面引領了當時的社會思潮，在社會實踐方面更是充當了開拓者的角色。可以這樣說，明代的佛教勸善運動不僅影響了有明一代，也波及到後來的社會。

　　自宋到明，特別是到明末清初，佛教勸善運動似有過一段沈寂，但與其說這段沈寂是佛教勸善運動走向衰落的徵兆，倒不如說這是其尋求更好發展的再次醞釀。從雲棲大師著戒殺放生文，重開西湖爲放生池，佛教勸善運動即迎來了一個新的開始。與此同時，佛教因果報應、地獄輪迴等觀念被越來越多的人認識、認同，各種文學作品也將因果報應等理論作爲其必備的因素，這又進一步宣傳了佛教因果報應、地獄輪迴的勸善理論。正像有的學者所說

〔註1〕　〔美〕黃衛總著：張蘊爽譯：《中華帝國晚期的欲望與小說敘述》，南京：江蘇人民出版社，2012 年版，第 147 頁。

的：「中國民間關於輪迴、關於報應、關於地獄天堂、菩薩、鬼神的許多認識，往往不是直接來自佛典，而是得自文學作品，特別是小說、戲曲和講唱文學的。」〔註2〕因此，可以這麼說，明代佛教勸善運動的發展使越來越多的文學作品將目光放在因果報應、地獄輪迴等佛教理論上，而這些作品又對民間社會形成了巨大影響。通過文學作品這種媒介，佛教勸善懲惡的理論在不經意間得到了普及和強化。

不僅如此，明代佛教勸善運動在社會實踐方面也影響了當時的社會，這方面主要體現在對慈善事業的啓發上。自云棲大師廣開放生池，組建放生會以來，不僅佛教居士群體廣爲倣仿，道教和儒家士大夫也紛紛組織同樣性質的放生會，開展放生、救濟等慈善活動。這些慈善活動涉及面頗廣，從救濟棄嬰，到救助孤貧傷殘，施捨藥物、米粥、棺材等，可以說涵蓋了一個人從出生到老死的方方面面。誠然，這些慈善事業的開展並不必然全是明代佛教勸善運動影響下的產物，因爲有些慈善活動從唐宋之前即已開始，這點我們在前面章節中已經論述。但不可否認的是，明代佛教勸善運動確實啓發了這一時期的眾多慈善活動，或者可以說，這些慈善活動在明代佛教勸善運動的帶動下發展出了一個高潮，如放生、施粥、施棺、掩骼等。

還需要指出的是，在明代佛教勸善運動的影響下，中國傳統倫理的缺陷進一步得到彌補，並被賦予新的內涵。中國傳統理論也有因果報應的說法，所謂的「積善之家必有餘慶，積不善之家必有餘殃」。但是這種觀念卻不得不經常面對行善得惡和作惡得善的現實，從而陷入無法自圓其說的尷尬。不管是報應只及於自身，還是所謂承負理論，其一生一世和長生久視的時間局限注定其無法圓滿解決上述矛盾，但這種矛盾在佛教那裡卻能得到很好的解決。佛教三生的觀念將生命歷程延續到無限，輪迴不止，善惡有報的命題在三生三世的流轉中得以成立。對此，有學者就曾這樣總結：「印度佛教的生命觀，有前生今生來生，生生世世百千萬劫輪迴不已；中土的生命觀，只有今生今世，一生一世。印度佛家的生命觀是開放的、輪迴的、延伸無已的，中土儒家的生命觀是封閉的、有限的、今生休止的，道家的生命觀是直線的、單向延續的、長生久住的。」〔註3〕在三世流轉的理論下，佛教因果報應、六

〔註2〕 孫昌武著：《佛教與中國文學》，上海：上海人民出版社，2007年版，第199頁。
〔註3〕 俞曉紅著：《佛教與唐代白話小說研究》，北京：人民出版社，2006年版，第353～354頁。

道輪迴等思想在民眾心中一步步得到固化，成為其日常行為的道德標尺，這個過程實際上就是社會倫理、道德秩序的重塑。

第一節　對民間善會善舉的影響

如前所述，自佛教傳入中國後，從六朝開始一直到隋唐，放生成為一種相沿不斷的傳統，在《法苑珠林》、《太平廣記》等書中記載著大量關於放生的例子。放生成為中國人記錄自己言行的一大素材，「他們手邊有足夠的有關釋放動物的作品，這似乎暗示著一種持續了幾世紀的不曾間斷與更改的傳統」〔註4〕。但正如我們之前曾提到過的，在雲棲大師開始放生活動之前，當時並沒有其他人或組織進行相關的活動，在西湖這個曾經風光一時的皇家放生之地，人們竟然對此地曾有過如此輝煌的歷史遺忘甚久。直到明代後期雲棲袾宏著《戒殺放生文》，重開西湖為放生池，這種傳統才又在明代得到了延續。雲棲大師的放生活動不僅包括著放生文、開鑿放生池，也建立放生會，從而將放生變成長期固定的活動。在雲棲大師的影響下，各地開始大規模重建和興建放生池，組建放生會。明末放生會的建立可以說是一種普遍性的活動，日本學者夫馬進在《中國善會善堂史研究》中描述了此一時期民間放生會的盛況，這些放生會的設立地點涉及到吳江、常熟、桐城、紹興、北京、番禺、崑山、南京等地。〔註5〕可以想見，各地的這些放生會也是經常組織放生活動的。

明代佛教放生會的蓬勃發展對儒家產生了深刻影響，儒家也成立了類似的社會組織，這裡我們以同善會為例來作說明。同善會是明清時期比較活躍的一個慈善組織，日本學者夫馬進說：「同善會無疑是一個善會，而且是最具代表性的善會，對後代出現的各種善會產生過巨大的影響。」〔註6〕同善會最早由楊東明於萬曆十八年（1590）在虞城成立，其後，高攀龍等也於萬曆十二年（1614）在無錫成立了同善會。從時間上來說，楊東明的同善會成立要比雲棲大師的放生會要早，後者組織的上方善會成立於萬曆二十八年

〔註4〕〔美〕韓德林著；吳士勇，王桐，史楨豪譯：《行善的藝術》，南京：江蘇人民出版社，2015 年版，第 7 頁。

〔註5〕參見〔日〕夫馬進著，伍躍、楊文信、張雪峰譯：《中國善會善堂史研究》，北京：商務印書館，2005 年版，第 129 頁。

〔註6〕〔日〕夫馬進著；伍躍、楊文信、張學鋒譯：《中國善會善堂史》，北京：商務印書館，2005 年版，第 79 頁。

（1600）年。儘管如此，同善會的活動卻是受到了放生會的影響。一者是因為虞城同善會雖然成立在先，但並沒有組織什麼活動，同善會眞正開始活動是在高攀龍等人成立了無錫同善會之後。二者是因為放生會的普及程度和影響力遠遠超過同善會。於崇禎四年（1631）組織了嘉善同善會的陳龍正就說：「僧家合放生會，入者甚多。」〔註7〕他在同善會的演講中多次提到佛教放生會的情況：

> 又近來僧家每每合做放生會。凡有善心的，也欣然樂從。如今這會，救濟活人，扶持好人，尤覺親切。人人聽些好言語，說些落實的故事，看些現在的陰騭報應，連那愛物的心，自然也觸動了，一應鳥獸魚蟲，自然也會愛惜。幾曾見眞實做好人的恣口殺生，這會（同善會）卻是放生會的源頭。〔註8〕

陳龍正這番話的核心是「這會卻是放生會的源頭」。但是他不得不面對這樣的現實，即他在前面說的「僧家合放生會，入者甚多」和「又近來僧家每每合做放生會。凡有善心的，也欣然樂從」。而不管是「救濟活人」，還是「陰騭報應」，特別是愛惜「鳥獸魚蟲」，都是佛教勸善運動的主要內容，陳龍正的這番話恰好揭示了其時佛教放生會的影響非同一般。而其強調同善會是放生會的源頭只不過是希望將傾向於放生的人拉攏過來，加入到同善會中而已。這就正如夫馬進先生所說：「雖然陳龍正強調同善會的原創性，甚至主張『這會（同善會）是個放生會的源頭』，即同善會才應該是放生會的源頭，但是必須指出，同善會的普及明地受到了放生會普及的影響。這也就是說，同善會的創始雖然早於放生會，但是它在普及的過程中卻受到了放生會的很大影響。」〔註9〕梁其姿先生更是非常明白地指出：「明末同善會是有意識地模仿當時極為流行的放生會，而放生會即直接來自在家釋教組織的傳統。」〔註10〕因此，當時包括同善會在內的各種善會的成立者都極力強調儒家和佛教在慈善方面的一致性。組織了放生社的兩淮鹽運使周亮工（1612～1672）就說到：「故夫推以及物，即推

〔註7〕〔明〕陳龍正撰：《幾亭外書》卷二，《續修四庫全書・子部・雜家類》第1133冊，上海：上海古籍出版社，2013年，第294頁。

〔註8〕〔明〕陳龍正撰：《幾亭全書》卷二十四《同善會一講》，《四庫禁燬書叢刊・集部》第12冊，北京：北京出版社，1997年，第171頁。

〔註9〕〔日〕夫馬進著；伍躍、楊文信、張學鋒譯：《中國善會善堂史》，北京：商務印書館，2005年版，第156頁。

〔註10〕梁其姿著：《施善與教化：明清時期的慈善組織》，北京：北京師範大學出版社，2013年版，第37頁。

己及人之驗也。儒與釋同一義也。」〔註11〕這種態度既反映了當時儒家和佛教的融合，就像夫馬進說的那樣：「放生會和同善會盛行的時代是佛儒混合的時代，是佛儒僧俗士庶舉世共倡『生生』的時代。」〔註12〕這種態度同時也是對佛教放生活動蓬勃發展的一種妥協。

不僅如此，放生會還影響到了道教。道教也開始組織放生會，「定陽放生社，係純陽祖師主壇。予捧誦機語，篤信佩服，自古及今三教合者，自呂祖外無聞焉」。〔註13〕「三教合者」一語即揭示了此會社的建立是受到佛教的影響無疑。

明代放生會的蓬勃發展使得放生逐漸成爲一種民俗民風。以杭州西湖爲例，「迨萬曆甲午，雲棲蓮師說經淨慈，卻米放生，於是都人士女、縉紳學士負緡發廩，獻果稱花，聲齊祝聖於空中，跡雜遊人於湖上」〔註14〕。不僅在放生日，就是在平時，西湖也是一處世人爭相前往遊玩的好去處。「春時遊舫如鶩，至其地者百不得一。其中佛舍甚精，複閣重樓，迷禽閣日，威儀肅潔，器缽無聲。」〔註15〕遮天蔽日的飛禽，不是因爲放生，很難相信會有這番景象。而「放生嘉會」更是成爲杭州的一大景色，稱爲「錢塘十勝」之一。

可以想見，西湖放生的勝景在其他地區也同樣存在。因此，有學者這樣描述當時的放生情境：「明末袾宏寫的《戒殺放生文》，對近四百年深具影響力，形成民間的『戒殺運動』。」〔註16〕

第二節　對明清小說的影響

之所以將明清小說作爲明代佛教勸善運動影響下在社會思想變化方面的

〔註11〕〔清〕周亮工著：《賴古堂集》卷十五，《續修四庫全書・集部・別集類》第1400冊，上海：上海古籍出版社，2013年，第452頁。

〔註12〕〔日〕夫馬進著：伍躍、楊文信、張學鋒譯：《中國善會善堂史》，北京：商務印書館，2005年版，第138頁。

〔註13〕〔明〕沈長卿撰：《沈氏日旦》卷十二，《續修四庫全書・子部・雜家類》第1131冊，上海：上海古籍出版社，2013年，第593頁。

〔註14〕〔明〕費元祿撰：《甲秀園集》卷三十七，《四庫禁燬書叢刊・集部》第62冊，北京：北京出版社，1997年，第553頁。

〔註15〕〔清〕張岱撰，馬興榮點校：《陶庵夢憶・西湖夢尋》，北京：中華書局，2007年版，第181頁。

〔註16〕游子安著：《善與人同：明清以來的慈善與教化》，北京：中華書局，2005年版，第170頁

代表，是基於前述孫昌武先生所說的，中國民間對佛教的認識大多是通過文學作品，特別是小說、戲曲等形式而不是佛典。在因果報應、地獄輪迴等勸善理論的宣揚方面，佛教勸善運動和民眾之間需要一個媒介來溝通，民眾才能更好地認識到佛教宣揚的勸善懲惡到底怎麼做，這個媒介就是文學。在諸多文學作品中，又數小說最能體現佛教善惡果報的思想。對此，有學者論述到：「研究中國文學史，我們會發現，在各類文學體裁中，小說反映善惡果報思想最為普遍，也最為集中。無論是文言小說，還是白話小說，勸善懲惡，因果報應的故事比比皆是，數不勝數。一些小說的主題甚至可以用『勸善』或『勸善懲惡』來概括。」〔註17〕因此，在某個層面上說，明清時期的小說幾乎可以算是佛教勸善懲惡思想的宣傳員。

佛教傳入中國之初，最先受到影響的是上層統治階級，文人士大夫在自己信仰之餘，也摘取佛教故事，創作文學作品，宣傳佛教理論，擴大佛教影響。開始時這種創作還只是摘取佛教故事，並加以敷演成為宣揚佛教因果報應的各種靈驗故事。至唐宋以來佛教勸善運動興起之後，以俗文學為代表的新文學形式在前述摘取佛教故事的基礎上，又加強了佛教勸善懲惡的勸誡。從文學藝術的角度來說，這種平白直敘的說教並無多大價值，但站在佛教勸善運動的立場看，這種直白的勸誡方式卻往往能收到很好的效果。隨著佛教勸善運動的進一步深入，人們對佛教的理解不斷加深，佛教因果報應、地獄輪迴等理論便逐漸成為文人創作文學作品的主題和內容，以佛教因果報應理論為內結構的形式逐漸成為小說的一種普遍模式。在這三種形式中，第一種自魏晉時期就已出現，後在佛教勸善運動中被沿用；第二種隨著佛教勸善運動的興起而逐漸成為一種模式；第三種則可以算是佛教勸善運動影響下在文學作品方面的產物。

一、各種果報靈驗故事

隨著佛教進入中國，從東漢安世高等來華僧人開始，經三國兩晉時期眾多高僧的不懈努力，佛經被大規模翻譯出來，佛教思想被越來越多人所認識。佛典一經大量翻譯，便對中國文學形式產生深遠影響，以至於這一時期的志怪小說具有明顯區別於前代的特點，帶有濃厚的佛教宣教色彩，被魯迅

〔註17〕杜凌：《中國古代小說中的善惡果報思想》，《雲南師範大學學報》（哲學社會科學版）1990年第2期，第47頁。

先生稱之爲「釋氏輔教書」。魯迅先生非常明確地指出了志怪小說受印度佛教影響的情況：「此外還有一種助六朝人志怪思想發達的，便是印度思想之輸入。」〔註18〕這種影響體現在志怪小說用印度故事、佛教理論來充實自身，筆者在前文就曾引用了魯迅先生的話，證明魏晉以來文人常常於有意無意中借用佛教故事。文人的創作成爲一種導向，在潛移默化中影響了當時的社會思潮。

吳維中先生將魏晉南北朝志怪小說分爲兩類：道教志怪和佛教志怪，《搜神記》、《博物志》以及《漢武故事》等是道教志怪類型。「與道教志怪的情況類似，佛教志怪也可以分爲兩類。一種是《宣驗記》《冥祥記》《觀世音應驗記》《冤魂志》等專『記經像之顯效，明應驗之實有，以震聳世俗，使生敬信』的志怪書。……另一類是《搜神後記》《幽明錄》《靈鬼志》等混有較多一般迷信傳說和道教、巫術傳說的佛教志怪。」〔註19〕可見，這裡的佛教志怪和魯迅先生所稱的釋氏輔教書大體是一致的。佛教有一套完整的教理教義，「爲了起到警醒世人止惡行善的宗教效果，佛家構設了天堂與地獄世界，宣說行善則昇天，行惡則墮地獄」〔註20〕。釋氏輔教書，或者佛教志怪書所吸取的正是佛教這方面的思想。其時出現的釋氏輔教書非常多，前面已經論述過魯迅先生曾經考證了現存輔教書的數量，而當時的數量當遠遠大於此。《法苑珠林》有載：

> 所以教流震旦六百餘年，崔赫周虞三被殘屛，禍不放踵，殃及己身，致招感應之征，善惡之報。……古今善惡禍福徵祥，廣如《宣驗》《冥祥》《報應》《感通》《冤魂》《幽明》《搜神》《旌異》《法苑》《弘明》《經律異相》《三寶》《徵應》《聖蹟》《歸心》《西國行傳》《名僧》《高僧》《冥報》《拾遺》等，卷盈數百不可備列，傳之典謨，懸諸日月，足使目睹，唐（當）猜來惑。故經曰：「行善得善報，行惡得惡報。」易曰：「積善之家必有餘慶，積惡之家必有餘殃。」信知善惡之報影響相從，苦樂之征猶來相剋。余尋傳記四千有餘，故簡靈驗各題篇末，若不引證邪病難除，餘之不盡，冀補茲處。〔註21〕

〔註18〕魯迅著：《中國小說史略》，合肥：安徽人民出版社，2013年版，第213頁。

〔註19〕吳維中：《志怪與魏晉南北朝宗教》，《蘭州大學學報》1990年第2期，第112頁。

〔註20〕俞曉紅著：《佛教與唐五代白話小說研究》，北京：人民出版社，2006年版，第349頁。

〔註21〕〔唐〕道世撰：《法苑珠林》卷五，《大正藏》第53冊，第303頁中。

從《法苑珠林》統計的結果來看，當時的輔教書當有幾十上百種。這些輔教書都是記敘佛教靈驗、果報故事，讓人明感應之征，知善惡之報。所選取的故事大多直接出自佛典，「如《宣驗記》中的鸚鵡『入水沾羽，飛而灑之』，精勤救火的寓言，本來是佛本生故事，見漢譯《雜譬喻經》等佛典；《冥祥記》中的《漢明帝夢見神人》、《朱士行西行求法》等故事，是從佛教史事傳說演化來的」〔註22〕。

需要指出的是，在這些感應故事中，有一種感應故事特別受青睞，這就是觀世音感應故事。觀世音菩薩大慈大悲救苦救難是《法華經》、《華嚴經》、《觀無量壽經》，特別是《妙法蓮華經》之《觀世音菩薩普門品》等佛教經典中記述的故事，隨著這些經典的譯出，社會上逐漸形成了專門的觀世音菩薩信仰。有人專門收集觀世音菩薩的故事而成感應集，宣揚觀世音信仰，比較著名的有三種版本。首先是劉宋時期署名為「宋尚書令北地傅亮字季友撰」的《光世音應驗記》，下有內容七條。在序中，傅亮寫到：

> 右七條，謝慶緒往撰《光世音應驗》一卷十餘事，送於先君。余昔居會土，遇兵亂失之。頃還此竟（境），尋求其文，遂不復存。其中七條具識事，不能復記餘事，故以所憶者更為此記，以悅同信之士云。〔註23〕

可見，這是謝慶緒寫成後轉交給傅亮之父，後來散失，傅亮憑藉記憶錄存的，原來有十條，傅亮只追憶了七條。其後又有署名為「宋太子中舍吳郡張演字景弘撰」的《續光世音應驗記》十條，其序曰：

> 右十條。演少因門訓，獲奉大法，每欽服靈異，用兼棉慨。竊懷記拾，久而未就。曾見傅氏所錄，有契乃心。即撰所聞，繼其篇末，傳諸同好云。〔註24〕

張演是受到傅亮的影響作此應驗記的。第三種是署名為「齊司徒從事中郎吳郡陸杲字明霞撰」的《繫觀世音應驗記》。他在序中這樣說：

> 杲幸邀釋迦遺法，幼便信受，見經中說觀世音，尤生恭敬，又睹近世書牒及智識永傳其言，威神諸事，蓋不可數。……今以齊中

〔註22〕孫昌武著：《佛教與中國文學》，上海：上海人民出版社，2007 年版，第 200 頁。

〔註23〕董志翹著：《〈觀世音應驗記〉三種譯注》，南京：江蘇古籍出版社，2002 年版，第 1 頁。

〔註24〕董志翹著：《〈觀世音應驗記〉三種譯注》，南京：江蘇古籍出版社，2002 年版，第 28 頁。

興元年，敬撰此卷六十九條，以繫傅、張之作，故連之相從，使覽者並見。若來哲續聞，亦以綴我後。〔註25〕

此應驗記也是受到之前應驗記的影響而創作，共六十九條，相比前述兩種數量大大增加。創作這些應驗記的目的主要是宣揚佛教，特別是觀世音信仰，其作者也大多是佛教徒，如前述三種觀世音應驗記的作者就都是虔誠的佛教徒。孫昌武先生說：「這些作品的作者（實際上是記錄者）都是佛教徒；其取材多來自口頭傳說，這與古『小說』的『街談巷語，道聽途說』的『從殘小語』形態相同；而作品內容則是宣揚《法華經》中的觀音信仰的。」〔註26〕值得注意的是，當時人創作這些應驗記、志怪小說等很可能並非如今人寫小說一般，而只是記載「事實」而已，這就像魯迅先生所說的：「但須知六朝人之志怪，卻大抵一如今日之記新聞，在當時並非有意做小說。」〔註27〕因此，對於他們來說，包括觀音應驗記等在內的志怪故事並不是一種虛構的假說，而是實實在在發生的事情。

不僅是釋氏輔教書，就是所謂的道教志怪也有明顯的佛教影子。以《搜神記》為例，雖然學者將其歸為道教志怪，但其中也有很多觀念受到佛教影響。「佛教神話也叫佛教鬼話，主要表現為死而復生神話、鬼魂神話、地獄神話等，這三種神話在《搜神記》中都有記錄。」〔註28〕而其所記載的各種人與動物的故事，看似是中國傳統的故事主題，卻也受到佛教的影響。「在《搜神記》所載的動物報恩故事中，有的是中國的傳統傳說，如隋侯珠故事在先秦就已經盛傳；然而，大部分確實佛教影響下的產物，劉守華先生曾舉出過許多具體例證。」〔註29〕「由此可見，佛教對於志怪小說的影響，不僅表現在宗教意識方面，亦表面在形象的塑造，情節的移用等藝術方面。」〔註30〕

〔註25〕董志翹著：《〈觀世音應驗記〉三種譯注》，南京：江蘇古籍出版社，2002年版，第59頁。

〔註26〕孫昌武著：《佛教與中國文學》，上海：上海人民出版社，2007年版，第200頁。

〔註27〕魯迅著：《中國小說史略》，合肥：安徽人民出版社，2013年版，第214頁。

〔註28〕閆德亮：《試論〈搜神記〉中的佛教神話》，《中州學刊》2010年11月第6期，第205頁。

〔註29〕王青：《論中古志怪作品在民間故事類型學中的價值》，《南京師大學報（社會科學版）》2003年3月第2期，第159頁。

〔註30〕姜光斗：《論魏晉志怪小說與佛教》，《南通師專學報》1994年6月第2期，第12頁。

　　魏晉時期這種志怪小說對後世的影響較大，降及唐宋仍然有一些作品在仿造它。「再唐人底小說，不甚講鬼怪，間或有之，也不過點綴而已。但也有一部分短篇集，仍多講鬼怪的事情，這還是受了六朝人底影響。」〔註31〕在這方面，《法苑珠林》堪稱代表。《法苑珠林》中關於感應的篇章借鑒了歷史、筆記、小說、典故等百家之書，當然也包括前述魏晉南北朝時期的志怪小說，以證明佛教感應之不虛。有學者這樣評價它：「《法苑珠林》完成了佛教神話的中土化與體系化，是佛教神話在中國的發展總結，它豐富了中國的神話寶庫。」〔註32〕與此類似，宋人所集《太平廣記》一書也明顯受到佛教的影響，書中廣泛收集了各種果報感應故事。

　　自宋而下，佛教勸善運動興起，特別是明代佛教勸善運動開始後，這種通過果報感應故事來宣傳佛理的形式被一再借用。本來，佛教善惡果報思想與中國傳統的倫理思想之間存在著某些方面的差異，但兩者在勸人為善方面卻是同一的。因此，文人士大夫吸取佛教故事，將其改編再創造成各種文學作品不僅為普通民眾所喜聞樂見，同時也是統治階級所希望看到的。只要將中國傳統儒家倫理所提倡的道德標準融入其中，同樣也能起到教化民眾的作用。「封建倫理道德的教化一經與佛家因果報應的說教相結合，便形成在中國封建社會中影響極大的善惡果報思想。封建倫理道德，充當了善與惡的是非標準，而因果報應之說，又大大加強了封建倫理道德教化的威懾力量，使這種教化更加深入人心，收到封建統治階級所期待的效果。」〔註33〕如果說這種做法在魏晉時期還沒有被統治者所普遍認可的話，那麼經過唐宋時期佛教的發展，以及帝王對佛教的重視，至明清時期統治者則自覺採取了將佛教倫理和封建倫理道德相結合的策略，這從明初統治者提倡的各種道德勸善政策上就可以看出來。需要特別指出的是，儘管唐宋之前中土文人就開始在文學創作中引用佛教故事，並完成了印度佛教神話的本土化，但並沒有在當時社會中形成特別的影響。個中原因除了印刷術的普及程度不夠，只有少部分人能接觸到這些作品外，恐怕還有如魯迅先生指出的緣由，他說：「唐人小說單本，至明什九散亡；……迨嘉靖間，唐人小說乃復出，書估往往刺取《太平

〔註31〕魯迅著：《中國小說史略》，合肥：安徽人民出版社，2013年版，第218頁。
〔註32〕閆德亮：《試論〈搜神記〉中的佛教神話》，《中州學刊》2010年11月第6期，第207頁。
〔註33〕杜淩：《中國古代小說中的善惡果報思想》，《雲南師範大學學報》（哲學社會科學版）1990年第2期，第47頁。

廣記》中文，雜以他書，刻爲叢集，眞僞錯雜，而頗盛行。……蓋傳奇風韻，明末實彌漫天下，至易代不改。」〔註34〕也就是說，魏晉至唐宋的這些文學作品到明代大部分都散失殆盡，到嘉靖年間又才重新出現在社會上。因此，明末的文學創作又紛紛從志怪小說、傳奇故事中吸取營養。雲棲大師倡導放生，其所著《戒殺放生文》就大量引用了魏晉南北朝的志怪小說和唐宋傳奇故事，清代人專門收集各種放生果報故事而成的《放生殺生現報錄》一書，其大部分故事來源是志怪小說和傳奇故事。除此之外，明清之際的各種筆記小說，如《聊齋誌異》、《閱微草堂筆記》等也都取材於此。因此可以說，正是明代佛教勸善運動將這個曾經中斷的傳統接續起來，並將其推向民間。在這個意義上，我們可以說，明代佛教勸善運動再一次完成了佛教神話故事的本土化。

從佛教故事中吸取果報感應故事，是魏晉南北朝時期文人創作的來源之一，也是時人思想觀念的一種反映。這種形式被明代佛教勸善運動所吸取，成爲佛教勸人爲善的一種理論工具。這種工具在明代佛教勸善運動中得到很好發揮，它通過對志怪小說和傳奇故事的再現，從而推動了魏晉南北朝志怪小說的傳承和發展。

二、直接在小說中談佛教勸善理論

雖然從廣義上來說，佛教是一種勸善的宗教，但眞正將勸善理論和說教大量運用在文學上，卻是在唐宋之後的佛教勸善運動，特別是明代佛教勸善運動的影響下才開始的。重建符合平民社會的倫理道德，體現在佛教方面是勸善運動的興起，體現在文學上則是俗文學的出現，而俗文學又是在勸善運動的背景下產生。魯迅先生曾說：「以意度之，則俗文之興，當由二端，一爲娛心，一爲勸善，而尤以勸善爲大宗。」〔註35〕直接指出俗文學的興起主要是因爲勸善的需要。有學者說：「俗文學有勸善懲惡的作用，所以常常演述因果報應的故事，闡明報應不爽的思想。」〔註36〕這和魯迅先生的說法是一致的，是一個問題的正反兩個方面。

〔註34〕魯迅著：《中國小說史略》，合肥：安徽人民出版社，2013 年版，第 139 頁。
〔註35〕魯迅著：《中國小說史略》，合肥：安徽人民出版社，2013 年版，第 67 頁。
〔註36〕中國佛教協會編：《中國佛教》（五），北京：中國社會科學出版社，2004 年版，第 38 頁。

　　士族社會以精英文化爲主導，這一時期的佛教走的是上層路線，其談玄論法的形式自然不適合平民社會。平民社會的特點是世俗化，佛教經典的世俗化表現之一即是各種勸善說教。因此在敦煌變文中，在講完因緣故事後，一般都有勸人爲善的誡說。如在《目連緣起》中，在講說目連救母畢，就有這樣一段講經文：

　　　　奉勸座下弟子，孝順學取目連，二親若也在堂，甘旨切須侍奉。

　　父母忽然崩背，修齋聞法酬恩，莫學一輩愚人，不報慈親恩德。六

　　畜禽獸之類，由懷乳哺之恩，況爲人子之身，豈不行於孝順。〔註37〕

在這段說教後面，變文還列舉了董永、郭巨等中國傳統的善行人物，以增強說服力。因爲「社會上受佛教思想薰染最多的是一般人民群眾，因而俗文學受佛教的影響比正統文學更廣泛、更深遠」〔註38〕。而這種直接勸人爲善的說教形式不僅影響了時人的思想觀念，對以後的文學形式也產生了影響。

　　宋代話本小說，「其取材多在近時，或採之他種說部，主在娛心，而雜以懲勸。」〔註39〕這種勸懲的表現之一即是將上述變文形式做了繼承。宋元話本的主旨是勸善，這從話本的開始和結尾的勸誡語中可以直觀地看出。《陳可常端陽仙化》講僧人可常被歌女新荷誣陷，可常被屈打成招，後來事情水落石出，可常卻已圓寂。話本最後說這是可常前世的宿債，今生轉世來還。在話本的結尾有這麼幾句：「從來天道豈癡聾？好醜難逃久照中。說好勸人歸善道，算來修德積陰功。」這是說因果報應不爽，勸人要修善積福。《李公子救蛇獲稱心》將此番理論說得更直白：

　　　　勸人休誦經，念甚消災咒？經咒總慈悲，冤業如何救？種麻還

　　得麻，種豆還得豆；報應本無私，作了還自受。

　　　　這八句言語，乃徐神翁所做，言人在世，積善逢善，積惡逢惡。

　　古人有云：積金以遺子孫，子孫未能守；積書以遺子孫，子孫未必

　　能讀；不如積陰德於冥冥之中，以爲子孫長久之計。

〔註37〕 王重民、周一良、向達等編：《敦煌變文集》，北京：人民文學出版社，1957
　　　　年版，第711頁。

〔註38〕 中國佛教協會編：《中國佛教》（五），北京：中國社會科學出版社，2004年版，
　　　　第37頁。

〔註39〕 魯迅著：《中國小說史略》，合肥：安徽人民出版社，2013年版，第71頁。

此番言語，將佛教因果報應、積善去惡的道理說得清晰透徹、簡單明瞭。話本甚至指出，念經持咒相比於行善積德來說都是可以忽略的。這顯然是受當時佛教世俗化的影響，我們在前文也曾提到明清時期有主張行放生一事即可上升佛道的觀念，在注重行善積德這方面兩者是一致的。《小水灣天狐詒書》中，話本奉勸世人好行善行。

> 說話的，那黃雀銜環的故事，人人曉得，何必費講！看官們不知，只爲在下今日要說個少年，也因彈了個異類上起，不能如彈雀的恁般悔悟，甘把個老大家事，弄得七顛八倒，做了一場話柄，故把銜環之事，做個得勝頭回。勸列爲須學楊寶這等好善行仁，莫效那少年招災惹禍。正是：得閉口時須閉口，得放手時須放手。若能放手和閉口，百歲安寧有八九。

像這樣的說教在宋元話本中可謂比比皆是。

宋元話本的這種形式在明清小說中得到了繼承。在明代佛教勸善運動的影響下，明清小說將宋元話本勸人爲善的說教發揮到極致，不僅在小說開頭和結尾處做一番勸誡，就是在文中也處處看到勸人爲善的勸誡。如《任孝子烈性爲神》中說：「種瓜得瓜，種豆得豆。天網恢恢，疏而不漏。」而在《宋小官團員破氈笠》中則將後半句改成：「種瓜得瓜，種豆得豆。勸人行好心，自作還自受。」這種因果報應的說教隨處可見。《蔡瑞虹忍辱報仇》中說：「善有善報，惡有惡報，若還不報，時辰未到。」《計押番金鰻產禍》也說：「善惡到頭終有報，只爭來早與來遲。」在《張廷秀逃生救父》中則增加爲：「善惡到頭終有報，只爭來早與來遲。勸君莫把欺心使，湛湛青天不可欺。」《蔣興哥重會珍珠衫》說：「殃祥果報無虛謬，咫尺青天莫遠求。」《計押番金鰻產禍》道：「勸君莫害非常物，禍福冥中報不虛。」這些都是告誡世人因果報應之不虛，只有行善積德才能轉惡爲善，證得善果。於是在《施潤澤灘闕遇友》中就有這樣的說教：「多少惡念轉善，多少善念轉惡。勸君諸善奉行，但是諸惡莫作。」《呂大郎還金完骨肉》中說：「善惡相形，禍福自見。戒人作惡，勸人爲善。」《薛錄事魚服證仙》也有「須知作善還酬善，莫道無神定有神」的勸誡。《裴晉公義還原配》中更是說到：「官居極品富千金，享用無多白髮侵。惟有存仁並積善，千秋不朽在人心。」不僅如此，在明清小說的序言中一般也要將勸善懲惡的寓意再三強調，以凸顯小說寓教於文的積極意義。如在《禪眞逸史》中，作者一再申明：「處處咸伏勸懲，在在都寓因果，

實堪砭世，非止解頤。」〔註40〕而在《海遊記》的序言中也有「表其樂以酬善」，「彰其醜以懲惡」的表述。《平山冷燕》序文中說到：「以耳目習近之事，寓勸善懲惡之心。」《拍案驚奇》凡例則直接點明：「是編主於勸誡，故每回之中三致意焉。」而《今古奇觀》的序言中「其善者知勸，而不善者亦有所慚惡悚惕，以共成風化之美」的說法則集中表明了明清小說的主旨，即通過小說的敘述和勸誡，使善者行善，惡者止惡，以達到改變社會風氣，重塑社會道德的目的。

三、將佛教勸善理論變成小說的主題內容

從佛教傳入中國，雖然自魏晉南北朝時期中土文人就開始借用佛教故事，但這種借用只是一種簡單的拿來主義，真正將佛教相關理論用活，運用於文學創作，變成文學主題是在俗文學出現以後。「中國俗文學作品的大部分題材與佛教都或多或少地有些關係。」〔註41〕這是因為經過兩晉南北朝的傳播和普及，佛教的基本教義已經為越來越多的人通曉。「『因果報應』作為一種觀念的存在，在我國至遲唐宋以後就不只是一種宗教的教義，一種傳統的思想，或是我國文藝崇尚教化的一種表現了。在眾多人的心目中，它已經成為對自己命運認識的一種思想觀念。」〔註42〕在這種情況下，俗文學將佛教題材作為其創作的主題是再自然不過的事情，像前面提到的目連故事就是典型的代表。目連故事經過唐宋以至明清的發展，變成影響中國後期倫理思想的一大主題，堪稱佛教與中國社會相互影響的經典例子。宋元話本繼承及發展了俗文學的佛教特色，將佛教因果報應的思想與話本小說緊密結合，有學者這樣評價：「可以說宋元話本的主旨便是『因果報應』的勸誡，即所謂『勸善』。」〔註43〕這種充滿佛教勸善的話本小說與俗文學一樣，是順應時代而生的。平民社會的崛起必然要求俗文學、話本小說之類適合其需要的文學形式出現。因此，「從某種意義上說，話本小說中充斥著的『因果報應』觀念，就

〔註40〕《禪真逸史》凡例，朱一玄編：《明清小說資料選編》上，天津：南開大學出版社，2012年版，第356頁。

〔註41〕中國佛教協會編：《中國佛教》（五），北京：中國社會科學出版社，2004年版，第36頁。

〔註42〕劉興漢：《「因果報應」觀念與中國話本小說》，《吉林大學社會科學學報》1997年第5期，第33頁。

〔註43〕劉興漢：《「因果報應」觀念與中國話本小說》，《吉林大學社會科學學報》1997年第5期，第29頁。

是佛教經義世俗化」〔註44〕。這種佛教經義世俗化的表現有很多，如將其通過戲曲、繪畫等形式呈現出來，而話本小說中凸顯的因果報應思想只是其世俗化的一種形式。

「然而，果報作爲一種普泛的小說內結構，主要是在明清時期才變得日益明細突出。人們一定注意到，不少唐宋傳奇話本只是到了明清以後，爲當時的小說家重新輯錄、整理、改編、加工，果報思想才大大突出（不獨是添加進去的說教因素），且成爲小說的內部基因。」〔註45〕這是筆者一再強調的主題。如果說宋元話本開啓了佛教主題向中國文學滲透的一扇窗口，那麼明清小說則是這種趨勢的大爆發。我們在前面一再強調明末清初社會道德的失序動盪，這種失序是對中國傳統倫理道德的背離和拋棄，確切地說是對中國傳統儒家倫理學說的拋棄。這種拋棄來得非常迅猛，以至於儒家士大夫來不及重建一種適合這個社會的倫理道德標準。這樣，整個社會便陷入了一種「道德眞空」的境地。這個眞空急需塡補，而佛教自然成爲最好的選擇。於是佛教因果報應、地獄輪迴等思想便成爲明清小說取法的對象。對此，美國漢學家黃衛總先生有過一段精彩的評述：

> 小說中關於道德腐化和墮落的紛繁故事都有力地突顯著作者爲這一無道德權威可依的世界而深感焦慮。這一源自對儒家經典中道德學說之有效性喪失信心的焦慮，在很大程度上引發了小說作者對佛教因果報應觀念的熱衷。小說作者將它作爲一種抑制手段，來遏制因人們不可控制的欲望而引發的「道德混亂」。如果人們不能被「教」而從善（這一觀點與孟子人性本善的信念和正統理學的認知正相牴觸），至少他們可以被「嚇」而爲善，這也許就是爲什麼小說中有那麼多有關惡有惡報的慘痛故事。儒家道德秩序的瓦解所遺留的空缺急需塡補，而小說所找到的塡補內容就是於十七世紀已成爲大眾道德文化有機組成部分的因果報應佛教教義。在一個被邪惡所控的世界中，毫無正義可言，言行無所可本（儒家教義已變得沒有意義），因果報應這一概念便提供了一個心理上急需的安慰：正義終會得到伸張，不在今生，便在來世。一個沒有做過一件惡事卻遭受

〔註44〕 劉興漢：《「因果報應」觀念與中國話本小說》，《吉林大學社會科學學報》1997年第 5 期，第 29 頁。

〔註45〕 謝偉民：《因果報應：中國傳統小說的一種內結構模式》，《社會科學輯刊》1988年第 5 期，第 111 頁。

艱難困苦的人一定曾作惡於前生。事實上，當因果報應的理論被引
進中國後，它就變成了一個關於遲延性爭議的理論表述。〔註46〕
因此，可以說明清時期的幾乎每一部小說或多或少地都有佛教因果報應、
地獄輪迴等思想。以三言為例，《閒雲庵阮三償冤債》、《月明和尚度柳翠》、
《明悟禪師趕五戒》、《鬧陰司司馬貌斷獄》、《遊酆都胡母迪吟詩》、《梁武
帝累修成佛》、《老門生三世報恩》等等篇章或者藉以佛教故事為題材，或
以佛教三世輪迴、地獄果報等理論為主線，其主旨都是宣揚因果報應。他
者如《說岳全傳》、《三寶太監下西洋》、《紅樓夢》，甚至《肉蒲團》等也都
具有明顯的佛教色彩，而《西遊記》則完全可以視為一部佛教小說，其影
響至今不衰。

在地獄果報方面，雖然中國人自佛教傳入之時便開始接觸地獄之說，但
早期文人對地獄之說是有所保留的。臺靜農先生說：「李唐文學雖多傳奇，到
了中晚唐之際始有以地獄為題材的，足見從六朝至唐末有修養的文人，都不
願接受外來的地獄說。」〔註47〕中國人真正普遍接納地獄觀念是在唐宋以降，
特別是《玉曆至寶鈔》盛行之後。前文已經述及，《玉曆至寶鈔》將中國傳統
的陰司觀念和佛教地獄學說作了一次總結，以後的中國社會對地獄的描述基
本上沒有超過它。萬晴川先生提到：「而明清小說中關於地獄的描寫，也多抄
襲《玉曆至寶鈔》，如《濟公全傳》第一百五十回張士芳夢遊地獄的描述。」
〔註48〕由此，《玉曆至寶鈔》作為佛教勸善運動的理論指導，對明清小說的影
響之大可見一斑。

而從明清小說的內結構──因果報應這方面來說，有幾部小說可以作為
代表，首先是《金瓶梅》、《玉嬌李》和《續金瓶梅》。《金瓶梅》的內在結構
和《紅樓夢》、《肉蒲團》等小說差不多，主人公西門慶荒淫無度，有一妻三
妾，後來又納潘金蓮、李瓶兒為妾，私通春梅。西門慶、李瓶兒、潘金蓮、
春梅先後死去，西門慶的遺腹子孝哥被和尚感化，出家為僧。這已經可以算
是一種因果報應的結局了，但世人猶覺不夠，於是有了《玉嬌李》和《續金
瓶梅》的出現。《玉嬌李》現已不存，按沈德符的說法，此書也是《金瓶梅》
作者所作。

〔註46〕〔美〕黃衛總著；張蘊爽譯：《中華帝國晚期的欲望與小說敘述》，南京：江
蘇人民出版社，2012年版，第152頁。
〔註47〕臺靜農：《佛教故實與中國小說》，《東方文化》1975年第1期，第1193頁。
〔註48〕萬晴川：《明清小說與善書》，《中國古籍與文化》2009年第1期，第30頁。

　　中郎又云尚有名《玉嬌李》者，亦出此名士手，與前書各設報
　　應因果，武大後世化爲淫夫，上蒸下報，潘金蓮亦作河間婦，終以
　　極刑，西門慶則一駿憨男子，坐視妻妾外遇，以見輪迴不爽。〔註49〕

《續金瓶梅》和《玉嬌李》一樣將《金瓶梅》中的人物命運作了一反轉，以
證輪迴報應不虛。對此，魯迅先生就說：

　　從此以後世情小說，就明明白白的，一變而爲說報應之書——
　　成爲勸善的書了。這樣的講到後世的事情的小說，如果推演開去，
　　三世四世，可以永遠做不完，實在是一種奇怪而有趣的做法。但這
　　種古代的印度卻是曾經有過的，如《央掘魔羅經》就是一例。〔註50〕

像這種續寫前書，將人物命運按因果報應的法則來安排的事在這時期非常
多，其目的正如魯迅先生所說，就是勸善。

　　另外一種代表可以說是《醒世姻緣傳》。《金瓶梅》和《玉嬌李》以及《續
金瓶梅》是將人的兩世因果分別在兩本書中完成，而《醒世姻緣傳》則是將
主人公兩世的命運集中在一本書中。相比於前三者，《醒世姻緣傳》的故事情
節更完整，也更能說服觀眾。全書一百回，前二十二回寫晁源作惡多端，虐
待妻子計氏、與人通姦，又射殺狐仙，後來晁源被殺。從二十三回開始則是
轉世之後的故事。晁源轉世爲狄希陳，計氏轉世爲其妾童寄姐，狐仙轉世爲
其妻薛素姐，晁源受到童寄姐和薛素姐的各種殘忍虐待。《醒世姻緣傳》受到
《金瓶梅》的影響，同時也是對《金瓶梅》的一種回應。「《醒世姻緣傳》對
《金瓶梅》複雜回應的一個重要方面就是其通過對因果輪迴極爲詳細的展示
來更爲徹底地貫徹報應不爽的觀念。只有借助因果報應的邏輯，小說中的許
多關鍵情節才可能被理解。而且，小說還不斷提示讀者這個觀念的重要性。」
〔註51〕這種因果報應的思想很顯然是文章的主旨，也是作者的刻意安排。在
此書凡例之後有這樣一段文字：

　　原書本名「惡姻緣」，蓋謂人前世既已造業，所世必有果報；
　　既生噁心，便成惡境，生生世世，業報相因，無非從一念中流出。
　　若無解釋，將何底止，其實可悲可憫。能於一念之惡禁之於其初，

〔註49〕上海古籍出版社編：《明代筆記小說大觀》第三冊，上海：上海古籍出版社，
　　　　2005年版，第2854頁。
〔註50〕魯迅著：《中國小說史略》，合肥：安徽人民出版社，2013年版，第233頁。
〔註51〕〔美〕黃衛總著；張蘊爽譯：《中華帝國晚期的欲望與小說敘述》，南京：江
　　　　蘇人民出版社，2012年版，第136頁。

> 便是聖賢作用，英雄手段，此正要人豁然醒悟。若以此供笑談，
> 資狂僻，罪過愈深，其惡直至於披毛戴角，不醒故也。余願世人
> 從此開悟，遂使惡念不生，眾善奉行，故其為書有裨風化將何窮
> 乎！因書凡例之後，勸將來君子開卷便醒，乃名之曰《醒世姻緣
> 傳》。

小說作者以佛教因果輪迴、果報不爽的法則告誡世人當及時醒悟，務必諸惡
莫作，眾善奉行。本書作者具有一種拯救道德危機，重塑社會倫理價值的使
命感。黃衛總先生指出：

> 從權宜之計的迫切性和人們需要道德是非判斷的可循性的角度
> 來闡釋，則小說對因果的強調可以被理解為作者為迅速瓦解的現存
> 道德秩序找尋另一種倫理模式的奮力嘗試。對這位對其所處時代的
> 道德狀況頗為悲觀的小說作者來說，《醒世姻緣傳》的報應結構無疑
> 是極其必要的：它提供了一個穩固的道德制高點，由這點出發作者
> 才敢於面對小說所揭露和譴責的種種道德敗壞的可怕事件。這部小
> 說需要以某種方式在紛繁複雜的違抗傳統準則（諸如來自傳統儒家
> 的訓導）的社會現象之上構建一種新的道德模式。從這個意義上來
> 說，當其他意識形態都無法對萬惡的世界作出解釋時，因果報應的
> 的確確是可以找到的最佳解決方式。〔註52〕

這段話是對《醒世姻緣傳》的極佳注解，也同樣適用於當時的其他眾多類似
作品。反映了明末清初士人對失序的社會倫理的憂思，以及對重建社會倫理
道德的探索和選擇。

第三節　對慈善事業的啓發

何為慈善？在中國傳統的典籍中，「慈」和「善」是兩個不同的概念。所
謂「慈」，是指長輩對晚輩的關愛。《子夏易傳》有載：「上讓下敬，父慈子孝，
人之性也，君子明之善而勸也。」〔註53〕因此，「慈」是關於家庭倫理的道德
規範，特別是指父母長輩對子女的關愛。《道德經》有言：「大道廢，有仁義；

〔註52〕〔美〕黃衛總著；張蘊爽譯：《中華帝國晚期的欲望與小說敘述》，南京：江
　　　蘇人民出版社，2012年版，第155頁。
〔註53〕〔周〕卜商撰：《子夏易傳》卷五，《景印文淵閣四庫全書‧經部‧易類》第7
　　　冊，臺北：臺灣商務印書館，1983年，第70頁。

智慧出，有大偽；六親不和，有孝慈；國家昏亂，有忠臣。」〔註54〕六親之間，子女對父母要孝，父母對子女的關愛就是慈。而「善」則是吉祥的意思，這點我們在前文已經述及。

而把「慈」和「善」連在一起使用則是在佛教經典中。《長阿含經》卷6有載：「有智者遠逃叢林，依倚坑坎，於七日中懷怖畏心，發慈善言：『汝不害我，我不害汝。』」〔註55〕《眾許摩訶帝經》卷6也說：「其聚落內有二童女：一名難那；二名難那麼羅。身色端正，心性慈善。」〔註56〕而《佛本行經》卷4《現大神變品》更是說：「佛以慈善，教化一切；爲人說法，不以貢高。」〔註57〕在佛教中，「慈善」是一種平等對待眾生的德行和心性。《中論》卷3《觀業品》中有言：

> 「人能降伏心，利益於眾生。是名爲慈善，二世果報種。」人有三毒，爲惱他故生行，善者先自滅惡，是故說降伏其心利益他人。利益他者，行布施、持戒、忍辱等不惱眾生，是名利益他，亦名慈善福德，亦名今世後世樂果種子。〔註58〕

可見，佛教認爲以布施、持戒、忍辱等精進善行利益眾生，爲今世後世種下善樂種子，就叫慈善。慈善是佛教提倡的清淨善行之一。是故，《佛說大迦葉問大寶積正法經》中就說：「復有十種口業清淨。何等爲十？一者言音美好，二者所言慈善，……十者如佛說言，如是十種口業清淨。」〔註59〕這裡是專指說話要慈善，也即是口業清淨行。當它以布施、忍辱等行爲表現出來時，就變成了待人接物的一種德行；而將這種德行推及到他人，甚至六道眾生，就是我們現在所說的慈善事業了。所以說，佛教的慈善是自內心而發，外化爲各種善行，而又特別重視慈善心的培養。就正如《本事經》卷2《一法品》

〔註54〕〔魏〕王弼注，樓宇烈校釋：《老子道德經注校釋》，北京：中華書局，2008年版，第43頁。

〔註55〕〔後秦〕佛陀耶舍，竺佛念譯：《長阿含經》卷六，《大正藏》第1冊，第41頁上。

〔註56〕〔宋〕法賢譯：《眾許摩訶帝經》卷六，《大正藏》第3冊，第949頁中。

〔註57〕〔宋〕釋寶雲譯：《佛本行經》卷四《現大神變品》，《大正藏》第4冊，第88頁上。

〔註58〕龍樹菩薩造，梵志青目釋，〔姚秦〕鳩摩羅什譯：《中論》卷三《觀業品》，《大正藏》第30冊，第21頁中～下。

〔註59〕〔宋〕施護譯：《佛說大迦葉問大寶積正法經》卷五，《大正藏》第12冊，第216頁中。

中所說：「一切福業事，比慈心解脫。於十六分中，亦不能及一。於一有情所，能修慈善心。其福尚無邊，何況於一切。」〔註60〕

很多時候，佛教又特別提倡「慈」。《大寶積經》卷41《無量品》中說：

> 復次童子，我今更說大慈之相。童子當知，此慈無量，能護自身。此慈如是。發起他利，於無諍論，慈最第一。慈能除斷忿恚根栽，慈能永滅一切過失，慈能遠離諸有愛纏。此慈如是。但見眾生清淨勝德，而不見彼有諸愆犯。慈能超越熱惱所侵，慈能生長身語心樂。慈力如是。不爲一切他所惱害，慈性安隱，離諸怖畏，慈善根力隨順聖道。〔註61〕

可以說，「慈」具有斷除煩惱的功能。在佛教中，「慈」又和「悲」經常合用。《發菩提心經論》卷 1《勸發品》說：「復次菩薩發心，慈悲爲首。菩薩之慈無邊無量，是故發心無有齊限等眾生界。」〔註62〕《增一阿含經》卷 47《放牛品》也說：「如來所說言教，必然不疑，愍念群生，所濟無量，大慈、大悲，兼化愚惑。」〔註63〕可見慈悲在佛教中是最重要的利他之德行。那麼何爲慈悲？《大智度論》卷 27《序品》中說：

> 大慈與一切眾生樂，大悲拔一切眾生苦；大慈以喜樂因緣與眾生，大悲以離苦因緣與眾生。譬如有人，諸子繫在牢獄，當受大罪；其父慈惻，以若干方便，令得免苦，是大悲；得離苦已，以五所欲給與諸子，是大慈。〔註64〕

因此，可以這麼說：「所謂『慈』就是以慈愛之心，給予人幸福；所謂『悲』就是以憐憫之心，拔除人的痛苦。」〔註65〕由此可以說佛教就是慈悲的宗教。《佛說觀無量壽佛經》就說：「諸佛心者大慈悲是，以無緣慈攝諸眾生。」

〔註60〕〔唐〕玄奘譯：《本事經》卷二《一法品》，《大正藏》第 17 冊，第 670 頁中。

〔註61〕〔唐〕菩提流志譯：《大寶積經》卷四十一《無量品》，《大正藏》第 11 冊，第 235 頁下～236 頁上。

〔註62〕天親菩薩造，〔後秦〕鳩摩羅什譯：《發菩提心經論》卷一《勸發品》，《大正藏》第 32 冊，第 509 頁上。

〔註63〕〔東晉〕瞿曇僧伽提婆譯：《增一阿含經》卷四十七《放牛品》，《大正藏》第 2 冊，第 805 頁中。

〔註64〕龍樹菩薩造，〔姚秦〕鳩摩羅什譯：《大智度論》卷二十七《序品》，《大正藏》第 25 冊，第 256 頁中。

〔註65〕周中之：《慈善倫理的文化血脈及其變革》，《東南大學學報（哲學社會科學版）》2015 年第 6 期，第 25 頁。

〔註 66〕是故，佛教對「慈悲」非常重視：「一切諸佛法中，慈、悲為大；若無大慈、大悲，便早入涅槃。」〔註 67〕因此，「慈」和「悲」實際上一個意思。日本學者道端良秀說：「我們把慈和悲作同一意思來解，可說慈悲即憐憫。」〔註 68〕在這個意義上說，「慈」就是「悲」，「悲」就是「慈」。「慈悲」是佛教慈善的最重要理論。「佛的這種慈悲精神貫穿其全部教義，成為佛教徒投身社會福利事業的理論基礎。」〔註 69〕

自唐宋之際延續至明清的佛教勸善運動將佛教的慈善理論運用於實踐，變成佛教慈善事業，成為中國傳統慈善事業的重要組成部分。而對於明代佛教勸善運動來說，無論是在輿論宣傳上，還是慈善實踐層面，佛教都走在當時慈善活動的最前列。一方面，佛教充當了當時慈善活動的引領者的角色；另一方面，明代佛教勸善運動中的各種慈善活動實際上擴充了其時慈善事業的門類。

一、引領了明末清初的慈善事業

這種引領體現在三個方面，一是佛教勸善運動中的各種慈善活動拉開了明末清初慈善事業的序幕，二是佛教徒充當了這時期慈善事業的領軍人物，三是佛教寺院以及寺院屬地成為其時慈善活動的重要場所。

首先，明末清初的慈善活動是在明代佛教勸善運動的影響下開始的。佛教勸善運動發展至明初，似乎進入了一段低潮期，各種佛教善書還沒開始大規模刊刻，放生活動也被遺忘多年，僅存的似乎只有前文提及的如《醒世姻緣傳》中描述正統年間華亭縣搬演目連救母戲的情況了。明代佛教勸善運動的興盛是在明代後期，其時也是明代慈善事業出現的時間。兩者之間是否存在關聯？我們在前面一再提及的明代佛教放生是一個比較有說服力的例子。明代佛教放生活動帶動了儒家、道教和世俗社會的放生活動，並由此形成了一種民俗民風。而這些放生組織在進行放生活動的同時，也會開展一些慈善

〔註 66〕〔宋〕畺良耶舍譯：《佛說觀無量壽佛經》卷一，《大正藏》第 12 冊，第 343 頁下。

〔註 67〕龍樹菩薩造，〔姚秦〕鳩摩羅什譯：《大智度論》卷二十七《序品》，《大正藏》第 25 冊，第 256 頁下。

〔註 68〕〔日〕道端良秀著，姚長壽節譯：《中國佛教與社會福利事業》，《法音》1986 年第 2 期，第 8 頁。

〔註 69〕〔日〕道端良秀著，姚長壽節譯：《中國佛教與社會福利事業》，《法音》1986 年第 2 期，第 8 頁。

的活動，如賑災、濟貧等，前文提及的同善會就是這樣一個集放生、救濟等為一體的慈善組織，而這個組織的成立是受到佛教放生會的影響的。因此，我們可以說，明代佛教放生活動對此後興起的各種慈善活動具有啓發意義。美國漢學家韓德林先生更是非常明確地指出：「因此，正是伴隨著放生動物的行為，晚明的慈善事業開始出現了。」〔註70〕

其次，佛教徒充當了這時期慈善事業的領軍人物。如前所述，晚明的慈善事業是從放生動物開始的，而放生動物是佛教勸善運動的主要內容，在整個明末清初的慈善活動中，佛教僧人、居士都充當了重要的角色。我們多次提到的雲棲袾宏大師是其中的典型代表。為了普勸世人戒殺放生，雲棲大師作了《戒殺放生文》，「這演變成袾宏勸說人們改信佛教的平臺」〔註71〕。在他的影響下，文人學士紛紛著書立說，宣揚戒殺放生的功德善行。韓德林先生講到：「許多放生者有了堅定的佛教信仰，而且所有我收集到的相關晚明文章都是在袾宏發揚了放生和戒殺這兩個訓誡之時或之後的人所寫的。」〔註72〕他們不僅著文勸人戒殺，也響應雲棲大師的號召，組織放生會，廣建放生池。前文提到的雲棲大師的弟子仰山居士和無無居士，福山禪院石機禪師，居士馮夢禎、虞淳熙、管志道、陶望齡等都是放生活動的積極擁護者，正是這些人主導了明末清初的放生活動。「根據保留下來的記述，就晚明以前的時期來說，放生的倡議通常來自上層——僧侶、統治者，有時會來自想要擴大統治者利益的官員。」〔註73〕實際上，統治者和官員很多時候做的只是表面文章，真正做事的大多時候還是僧侶。不僅在放生一事上，在晚明的其他慈善事務中，佛教徒也發揮了作用。據韓德林先生的描述，佛教徒廣泛參與了當時的慈善活動：「辦藥局的主意一開始是沒有任何功名的王朝式和麥浪和尚提出的。祁彪佳想在柯橋繼續布施的想法就出自僧人月堂。」〔註74〕可以看出，

〔註70〕〔美〕韓德林著；吳士勇，王桐，史楨豪譯：《行善的藝術》，南京：江蘇人民出版社，2015年版，第4頁。

〔註71〕〔美〕韓德林著；吳士勇，王桐，史楨豪譯：《行善的藝術》，南京：江蘇人民出版社，2015年版，第13頁。

〔註72〕〔美〕韓德林著；吳士勇，王桐，史楨豪譯：《行善的藝術》，南京：江蘇人民出版社，2015年版，第15頁。

〔註73〕〔美〕韓德林著；吳士勇，王桐，史楨豪譯：《行善的藝術》，南京：江蘇人民出版社，2015年版，第5頁。

〔註74〕〔美〕韓德林著；吳士勇，王桐，史楨豪譯：《行善的藝術》，南京：江蘇人民出版社，2015年版，第304頁。

祁彪佳的慈善活動是在僧人的建議下進一步擴大的。事實上，在地方官員進行慈善活動的過程中總是有一些佛教徒的身影或者有佛教信仰的印跡。就像學者所說的：「佛教徒在激勵這些人捐贈上的精確角色，已不可能界定清楚，然而，部分證據表明，佛教信仰很明顯地啟發和塑造了祁的慈善活動。」〔註75〕施藥、架橋、修路等是當時頗為盛行的慈善事務，佛教徒不僅極力勸說官員和世人積極作為，很多時候自己也主動承擔起這些事務。「住在北京廣寧門外北極庵的寂容和尚，見到每年雇來北京修路的人夫當中有不少人流落街頭行乞，有不少人因飢寒交迫死於廣寧門外，覺得很可憐。於是他與人協商，共同修建了有 26 間房屋的『修路慈悲院』。第二年即康熙三十七年，寂容和尚同另外 12 人一起為『修路慈悲院』增建了 10 間房子。」〔註76〕可以說，在明末清初的慈善活動中，佛教徒是一抹不容忽視的色彩。學者這樣評價明末清初的慈善主角：「這些人（指地方上沒有進入官僚階層的生員）以及其他一些人，比如識字的醫生、僧人們是晚明慈善的一個關鍵。」〔註77〕而在某種意義上說，僧人才是其中的最重要的力量，至少在前期是這樣。

最後，佛教寺院以及寺院屬地成為晚明慈善活動的主要場所。首先，放生池的開鑿以及各種放生會的建立和活動都是在寺院進行。如雲棲大師開鑿的萬工、上方、長壽等放生池就是在淨慈寺，其弟子仰山居士和無無居士也是在普度庵開鑿了放生池。與此類似，大大小小的寺院，只要有條件的都在寺院內開鑿了放生池。由於寺院在古代又是供人娛樂的公共空間，放生會平時的活動也是在寺院舉行，因為每次活動一般都伴隨有放生行為，寺院是再好不過的地點。其次，「應該注意的是，不僅救護禽獸魚蟲的生命使其得解放，如放生會那樣的行為叫做放生行，從精神上除其苦惱，使其得以安樂的教化事業也叫做放生行」〔註78〕這種教化事業體現在善書的宣講和刊刻上。如前所述，明代僧人充當了宣講寶卷、勸人為善的主力軍，他們宣講的場所大都集中在寺院。寺院也承擔了部分善書刊刻的任務，相信有部分佛教寶卷就

〔註75〕〔美〕韓德林著：吳士勇，王桐，史楨豪譯：《行善的藝術》，南京：江蘇人民出版社，2015 年版，第 314 頁。

〔註76〕〔日〕夫馬進著：伍躍、楊文信、張學鋒譯：《中國善會善堂史》，北京：商務印書館，2005 年版，第 141 頁。

〔註77〕〔美〕韓德林著：吳士勇，王桐，史楨豪譯：《行善的藝術》，南京：江蘇人民出版社，2015 年版，《簡介》第 12 頁。

〔註78〕〔日〕道端良秀著，姚長壽節譯：《中國佛教與社會福利事業》，《法音》1986 年第 2 期，第 12 頁。

是在寺院裏刊刻完成，進而廣施天下的。梁其姿先生也提到：「清代同善會的活動之一是印製善書，及印以因果報應爲主題的文圖等，張貼於通衢寺院。」〔註79〕將善書張貼於寺院，寺院很明顯是被視爲教化的極佳地點。再次，「一般而言，善堂多建在都市公共的土地上，尤其是寺廟的屬地。」〔註80〕也是因爲寺院是供人娛樂遊玩的公共場所，也就成爲各種善堂善會集中的地方。除了上述放生會之外，如康熙年間於北京成立的育嬰堂是在夕照寺，周莊惜字局是在桃花庵，而呂坤則將50歲以下13歲以上的無依無靠者集中收養在寺廟。「事實上，一直到清末，各種通俗宗教及信仰對善會善堂有著深刻的影響。無數的善堂或善會在草創期都設在寺廟或道觀內。」〔註81〕寺院成爲明末清初最重要的慈善基地，卜正民先生說到：「正是佛教寺院爲晚明士紳組織具有共同的文學和慈善的利益的會社之創造性提供了環境。」〔註82〕

二、擴充了中國傳統慈善事業的種類

在明代佛教勸善運動的影響下，明末清初的慈善事業開始出現，慈善事業的門類也不斷擴充。在傳統的施藥、施粥、濟貧等慈善活動外，明末清初的慈善事務可以說涵蓋了人從出生到老死的一生，也包括了嬰兒、婦女、役夫等眾多人群，甚至鳥獸魚蟲等動物也是慈善的重要對象。

首先是育嬰堂的建立。育嬰堂是專門收養那些被人遺棄、無人供養的嬰孩兒的慈善組織。專門保護嬰兒的慈善組織在前代即已出現，如宋代專門設立了慈幼局。但宋代的慈幼局是官辦性質，至明清時期，由民間興辦的護嬰組織大規模出現，佛教徒在其中扮演了重要角色。明末時候有劉彝、蔡樞、祁彪佳等建立了收養嬰兒的組織，至清初，育嬰組織更多地建立起來。據梁其姿先生統計，至1724年前全國共有育嬰堂98個。〔註83〕育嬰堂除了收養

〔註79〕梁其姿著：《施善與教化：明清時期的慈善組織》，北京：北京師範大學出版社，2013年版，第115頁。

〔註80〕梁其姿著：《施善與教化：明清時期的慈善組織》，北京：北京師範大學出版社，2013年版，第80頁。

〔註81〕梁其姿著：《施善與教化：明清時期的慈善組織》，北京：北京師範大學出版社，2013年版，第165頁。

〔註82〕〔加〕卜正民著，張華譯：《爲權利祈禱：佛教與晚明中國士紳社會的形成》，南京：江蘇人民出版社，2008年版，第117頁。

〔註83〕梁其姿著：《施善與教化：明清時期的慈善組織》，北京：北京師範大學出版社，2013年版，第73頁。

棄嬰外，更主要的目的還是勸人戒殺，勸阻當時流行的溺嬰行為。「可以說，育
嬰堂有著一種宗教性淨化的作用。」〔註84〕這種「宗教性淨化的作用」與佛教
勸人為善、戒殺放生的理論是一致的，事實上育嬰堂本身就具有很濃的佛教色
彩。就像學者所說的：「育嬰堂的另一特色是濃厚的宗教色彩，尤其是佛教及其
他通俗宗教的色彩。」〔註85〕佛教的色彩首先表現在很多育嬰堂是在佛教徒的
主導下建立的。「順治初年，居住在北京廣渠門內夕照寺的『道人』柴世盛，他
見到北京城內有很多棄兒，覺得很可憐，便於康熙元年在夕照寺以西設立育嬰
堂收養棄兒。」〔註86〕而差不多同時期的通州育嬰堂是由僧人重建，1683年在
江寧府建立的育嬰堂也是由僧人慧心推動完成。而就算是官方及其他人士在建
立育嬰堂時也會強調與佛教的特殊關係，「可以看出清初育嬰堂這個組織的確具
有濃厚的釋教思想因素」〔註87〕。所以梁其姿先生一再強調：「清初育嬰堂的理
想離儒家價值觀較遠，而接近佛教的宗教理念。」〔註88〕

　　寡婦也是明末清初慈善機構幫助的對象。自朱熹等宋明理學家將「三
從四德」加以強化後，社會對婦女守節的問題就越來越重視，政府通過表
彰的手段來鼓吹婦女守節。但隨著社會經濟的發展，失去丈夫的婦女在經
濟上越來越陷入困境，社會對她們的幫助卻愈來愈弱。這個時候專門輔助
寡婦的慈善機構就出現了。儘管學者們提到這些援助寡婦的慈善機構主要
是為了重拾日漸沉淪的貞潔觀念，維護傳統的家族制度，但是不管從管理
理念上來看，還是從組織形式上來說，這種慈善組織都受到前期放生會、
同善會等慈善組織的影響。這其中佛教的影響非常明顯，甚至有些收容寡
婦的慈善組織就是由佛教徒建立。「如江寧府的善堂是第一個大量收容住堂
寡婦的機構，在始創時，這只是一個由佛僧主持的善會，後來得到地方富
商及一大鹽商的資助而擴充為大型善堂，經常可收容上百名的寡婦及她們

〔註84〕梁其姿著：《施善與教化：明清時期的慈善組織》，北京：北京師範大學出版
　　　社，2013年版，第85頁。
〔註85〕梁其姿著：《施善與教化：明清時期的慈善組織》，北京：北京師範大學出版
　　　社，2013年版，第88頁。
〔註86〕〔日〕夫馬進著；伍躍、楊文信、張學鋒譯：《中國善會善堂史》，北京：商
　　　務印書館，2005年版，第144～145頁。
〔註87〕梁其姿著：《施善與教化：明清時期的慈善組織》，北京：北京師範大學出版
　　　社，2013年版，第74頁。
〔註88〕梁其姿著：《施善與教化：明清時期的慈善組織》，北京：北京師範大學出版
　　　社，2013年版，第91頁。

的子女入住。」〔註89〕

　　這時期的慈善活動還涉及到下層貧苦勞動人群。前面提到的寂容和尚，他在康熙年間建立的「修路慈悲院」就是這樣的慈善組織。光緒年間版《順天府志》這樣記載：

　　　　寂容和尚者，號如信，不詳其族里。初卓錫於廣寧門外之北極庵，嚴戒律，性尤慈善。廣寧門外每歲役夫修道，受雇者流丐居多，往往以寒餓死，死輒委溝壑中。寂容惻然憫之，謀諸關君名成者，康熙三十六年秋在乾石橋東北隅購屋二十六間，以資役人棲止。而病餓者稍稍就養焉，報官完葺，名曰「修路慈悲院」。美哉！始基之矣。其明年，寂容復與關君十二人增屋十間，其中王居士名廷獻者，尤踴躍樂善，既為寂容和尚所推引，傾產赴之。於是增其式廓，建殿閣，崇堂宇，復得內侍高君以喧住持其事，遂以落成。此慈悲院之所以為普濟堂也。嗟夫！窮而無告之人，生無以為生，死無以為死，一旦寂容倡其先，王高二君繼於後，而晝有食，夜有宿，病有藥，死有棺，俾各得其所，遠近翕然稱之。觀感興起，一時公立米會者六十家，歲各助小米十石為收養費，惜行之十數年。而會中物故眾漸莫能繼其始也。〔註90〕

可見，此慈善組織之所以命名為「修路慈悲院」，是因為這是專門為每年進京服勞役的貧苦群眾修建的。從這段記載中可以看出，在「修路慈悲院」中，衣食都有保障，病痛有藥醫治，甚至還為不幸在此去世的人提供棺材。這個組織後來演變成普濟會。

　　類似的慈善組織還有「一命浮圖會」。這個會也是仿造放生會、同善會等慈善組織的形式，所不同的是，它只是一種臨時性的救濟，並不像其他慈善組織一樣是長期固定的。關於此會，清人蔣超伯《南漘楛語》有載：

　　　　倪鴻寶有一命浮圖會。敘云：「今以萬錢廣施萬眾，萬腹仍枵，若只一橋，專渡一螻，一縉即足。一命浮圖會者，餓歲認救一命，力不足者，二人朋占一命，亦救荒良策也。」〔註91〕

〔註89〕梁其姿著：《施善與教化：明清時期的慈善組織》，北京：北京師範大學出版社，2013年版，第161~162頁。

〔註90〕〔清〕周家楣、薛福辰、沈秉成修，張之洞、繆荃孫纂：（光緒）《順天府志》卷十二，《續修四庫全書‧史部‧地理類》第683冊，上海：上海古籍出版社，2013年，第460頁。

〔註91〕〔清〕蔣超伯著：《南漘楛語》，《筆記小說大觀》，揚州：江蘇廣陵古籍出版社，1984年版，第156頁。

可見這一慈善機構是專門在饑荒年歲實施救濟。具體辦法是入會者每人救一命，財力薄弱者，兩人共救一命。值得注意的是，「在這一救濟事業接近結束的九月十五日（望日），參加者手持寫有被救濟者姓名的冊子，召開法會誦讀《蓮華經》，向佛陀報告施主和被救濟者的姓名。」〔註92〕從這個組織的名字——浮圖會，以及結束後大家念誦《法華經》，向佛陀報告等諸多內容來看，佛教色彩濃重是毫無疑問的。

掩埋屍骨是唐宋時期寺院就已經開始的慈善行為，到宋代出現了漏澤園、義冢等形式。如前所述，這些慈善機構和行為大都與佛教有關係。到明清時期，這種慈善行為得到了延續，掩骼會是這時期掩埋無主屍骨的慈善機構。前面提到的僧人恒鑒就和祁彪佳等人在紹興建立了一個掩骼會，這個組織後來得到繼承。夫馬進先生說：「儘管掩骼會的成員有所變化，但是恒鑒的弟子們繼承了這一事業，會的活動持續了相當長的時間。」〔註93〕除此之外，「順治初年，居住在北京廣渠門內夕照寺的『道人』柴世盛收集、供養無人認領的遺骨」〔註94〕。也就是說，僧人、居士等佛教徒仍然是這一時期掩埋無主屍骨的一股重要力量。

很有意思的是，在明代佛教勸善運動的影響下，明清時期還興起了敬惜字紙的慈善事務。惜字組織的出現是在清初，但是惜字的行為明末即已有之。袾宏《自知錄》中即有「拾路遺字紙火化，百字為一善」的勸誡。愛惜字紙看似是儒家和道家的行為，但實際上卻是由佛教主導。梁其姿先生注意到，吳縣周莊的惜字局就是由僧人創建。「據光緒版的鎮志所載，鎮的惜字局在康熙年間由一位僧人創設在一桃花庵內，親自收拾焚化，到了康熙五十二年（1713），惜字局改組，『會里中諸儒家舉惜字社』，並強調儒與佛的異途同歸。」〔註95〕儘管後來此惜字局改組，由儒家文人士大夫接手，但是他們卻一再強調儒家與佛教的同一性。「佛者，捨身利濟，可以為儒之所不能為。於是藉佛之人，崇儒之教，用其餘閒，收惜遺棄，而六書遂無狼藉垢污之患，

〔註92〕〔日〕夫馬進著：伍躍、楊文信、張學鋒譯：《中國善會善堂史》，北京：商務印書館，2005年版，第139頁。
〔註93〕〔日〕夫馬進著：伍躍、楊文信、張學鋒譯：《中國善會善堂史》，北京：商務印書館，2005年版，第139頁。
〔註94〕〔日〕夫馬進著：伍躍、楊文信、張學鋒譯：《中國善會善堂史》，北京：商務印書館，2005年版，第144～145頁。
〔註95〕梁其姿著：《施善與教化：明清時期的慈善組織》，北京：北京師範大學出版社，2013年版，第131頁。

此其有功於儒也，亦不小矣。」〔註96〕將佛教收拾遺書的行爲解釋爲有功於儒，自然是站在儒家立場說話，未免有失偏頗，但佛教敬惜字紙的行爲卻也得以彰顯。「其他地方由僧人創辦的惜字會，或在佛庵中設辦的惜字會也有不少例子。以火淨化的方式的確使得不少佛寺以惜字作爲主要活動之一。」〔註97〕至今我們仍然能夠在很多寺廟裏看到焚燒字紙的惜字塔。

由此我們看到，明末清初盛行的這些慈善組織和慈善活動，形式多樣，涉及面廣。之所以這時期會有這麼多慈善活動，與當時的佛教勸善運動有很大關係。就像學者說的那樣：「收養棄嬰、救生、施藥給貧病之人，這些活動共同的特色就是挽救垂危的生命。令人不期而然想起與明末善會同時流行的『放生會』背後的思想，通俗佛教的影響是很明顯的。」〔註98〕這種佛教思想成爲其時慈善活動的意識形態，但隨著儒家文人士大夫的介入，「生生」、「普濟」的思想逐漸被儒家理念所取代，就正如他們接手周莊桃花庵的惜字局一樣。

不管怎樣，明末清初的慈善組織和慈善活動是在明代佛教慈善活動的引領下開始出現的，更確切地說，是在明代佛教放生會的啓發下興起的。梁其姿先生一再強調明末清初的各種慈善機構具有濃厚的佛教思想，他認爲：「在某種意義上，這些善舉就是放生會理想的發揚光大。」〔註99〕夫馬進先生提出一個問題：「在這裡，我們還要考察爲什麼善會的救濟對象不僅包括了饑民、病人和水難者，而且還包括了從嬰兒、寡婦到魚畜、遺骨的問題。」〔註100〕儘管六朝以至唐宋這些措施也在陸陸續續進行，但這些慈善事務的集中開展卻是在明末清初之時。夫馬進先生認爲這是因爲袾宏和袁黃功過格的影響：「在此，我們有必要考慮到善會興起的時代也是袾宏的《自知錄》和袁黃（袁了凡）的《陰騭錄》等功過格流行的時代。」〔註101〕事實確實

〔註96〕 〔清〕陶煦：《周莊鎮志》卷二，《續修四庫全書‧史部‧地理類》第717冊，上海：上海古籍出版社，2013年，第37頁。

〔註97〕 梁其姿著：《施善與教化：明清時期的慈善組織》，北京：北京師範大學出版社，2013年版，第143頁。

〔註98〕 梁其姿著：《施善與教化：明清時期的慈善組織》，北京：北京師範大學出版社，2013年版，第82頁。

〔註99〕 梁其姿著：《施善與教化：明清時期的慈善組織》，北京：北京師範大學出版社，2013年版，第92頁。

〔註100〕 〔日〕夫馬進著；伍躍、楊文信、張學鋒譯：《中國善會善堂史》，北京：商務印書館，2005年版，第158頁。

〔註101〕 〔日〕夫馬進著；伍躍、楊文信、張學鋒譯：《中國善會善堂史》，北京：商務印書館，2005年版，第158頁。

如此，在《自知錄》和《陰騭錄》中明確地提到了進行上述善事會有功德，比如前面提到的「拾路遺字紙火化，百字為一善」。而在《自知錄》的「仁慈類」項下則有從事拯救老弱病殘、嬰幼兒，埋葬無主之骨、施棺、修路、架橋等等事情會得到不同等級的善功的勸誡。由於袾宏大師和袁黃的影響，社會上掀起了一場「功過格運動」，功過格中提倡的善行自然也就成為慈善組織開展活動的內容。

第四節　對中國傳統倫理的彌補

　　佛教傳入中國後，其特殊的善惡觀念、業報輪迴、地獄果報以及三世因果等思想對當時中國的思想意識形成了猛烈的衝擊。儘管如此，佛教的這些觀念並沒有被中土迅速接受，前引臺靜農先生所說六朝至唐末的文人學士還沒有廣泛接受佛教的地獄說就是例證。等到《玉曆至寶鈔》等佛教善書出現之後，佛教地獄觀念才在社會上形成廣泛影響。而明清小說、戲曲等文學形式的興盛也使得佛教因果報應、地獄輪迴等思想為大眾所熟知。可以看出，這些佛教理論被中土社會廣泛吸收與中國近世社會的興起有密切的關係。如果說佛教傳入初期的六朝至唐代是中土社會試著接受這種異質文化的試探，那麼唐宋直至明清則是對這種異質文化的完全接納，甚至融合。這個過程的實現與佛教勸善運動特別是明代佛教勸善運動有莫大的關聯。甚至可以說，正是佛教勸善運動的推動，才使得善惡果報、業報輪迴、地獄思想等佛教觀念成為中國近世社會的價值範疇。在這個意義上說，佛教勸善運動實際上給中國傳統倫理思想注入了新鮮的血液。這個過程的完成是受到明代佛教勸善運動的推動才得以實現的。

　　勸善運動是與中國近世社會相始終的一次道德重建的嘗試，在這次嘗試中，儒釋道三家都參與了進來。就儒家來說，程朱理學的繁榮，陽明心學的興起實際上都是儒家試圖重建傳統道德秩序的嘗試。但是這兩者已經形成獨立的思想體系，不宜將其歸入勸善運動的系統，這裡所說的儒家勸善運動是指宋元之後，特別是明末清初時期儒家掀起的包括善書編撰、戒殺放生、恤弱護幼等善行的社會運動；而道教方面，勸善運動本身即是由道教首開其端的。由於思想體系和勸善理念的不同，儒釋道三家的勸善運動儘管在形式上可能存在同一性，但內在的理念和勸善之目的卻彼此相異，這種相異正好是

各方互相借鑒的關鍵所在。佛教因其嚴密的勸善體系不僅影響了儒道兩家的勸善運動，更是彌補了中國傳統倫理思想的缺陷。作爲一股新鮮的血液，佛教的基本理念被吸收到中華文化中，成爲中國傳統思想的重要組成部分，在民族文化裏印下了深深的烙印。

一、與儒家勸善運動的比較

首先，儒家勸善運動關注的重心是人，或者說是以人爲中心，並由此擴展到物。儒家倫理思想的核心是「仁」，何爲「仁」？其本意原是指人與人之間的關係，孔子將其提升爲儒家最高的道德標準和原則。因此，孔子所關注的對象是人，而不是佛道兩教的「鬼神」。在與弟子的對話中，孔子旗幟鮮明地擺出了自己的態度。「季路問事鬼神。子曰：『未能事人，焉能事鬼？』」〔註102〕對此，錢穆先生評述到：「世界上一切宗教，似乎都想根據人死問題來解決人生問題，孔子則認爲明白了人生問題，才能答覆人死問題。世界上一切宗教都把奉事鬼神高攀在奉事人生之上，孔子則認爲須先懂得奉事人，才能講到奉事鬼神。這一態度，使孔子不能成一宗教主，也使中國思想史之將來，永遠走不上宗教的道路。」〔註103〕段玉明先生在論述中國的聖人崇拜時也說：「聖人崇拜的著眼點一開始就是放在人事之上，目的是推尊王道、發明聖德。而隨著聖人崇拜的興盛，中國重視人事（即入世）的文化傳統也日見倡明與光大。」〔註104〕因此，可以說儒家學說都是講述怎樣處理人與人之間的關係，而這種觀念在儒家勸善運動中也得到了體現。在儒家人物著述的各種勸善書中就一再提及，人才是慈善的重點對象。如呂坤所作之《好人歌》就唱到：「天地生萬物，惟人最爲貴。」〔註105〕而陳龍正在《戒殺辯疑篇序》中也說：

> 又謂放生者所以習其慈悲，此意亦善。而諸使物者必能愛人，則願以善推之說進之。齊宣戚戚往牛，而求大欲，則不顧見前之民命。私欲溺心如此。若不提醒，不充擴，安保放生者必愛人乎？彼

〔註102〕〔魏〕何晏注，〔宋〕邢昺疏：《十三經注疏・論語注疏》，北京：北京大學出版社，1999 年版，第 146 頁。

〔註103〕錢穆著：《中國思想史》，臺北：臺灣學生書局，中華民國七十七年（1988）版，第 8 頁。

〔註104〕段玉明著：《中國寺廟文化論》，長春：吉林教育出版社，1999 年版，第 102 頁。

〔註105〕〔明〕呂坤：《好人歌》，袁嘯波編：《民間勸善書》，上海：上海古籍出版社，1995 年版，第 112 頁。

謂物不小於人，而吾謂人必大於物。誤而放一人，雖救衆物，不足
以贖之。故而害一人，雖活無窮之物命，豈能消之。願放生者必以
愛人方便人爲主，由愛人而及物，可也；因愛物而急急回溯於愛人，
可也。〔註106〕

陳龍正專門針對佛教放生一事發表了自己觀點。他認爲，佛教「物不小於人」
的理論基礎不能保證放生者將同樣的愛加諸於人身上，因此要時時對其提醒
和充擴，他認爲「人必大於物」。基於這種理念，在放生會已經非常普及的
情況下，陳龍正並沒有如大多數亦儒亦釋的文人學士一樣組建放生會，而是
成立了同善會。不僅如此，在同善會的講話上還極力申辯同善會是放生會的
源頭。其背後的思想根源，就在於儒家以人爲本的理論基調。當然，陳龍正
並沒有排斥放生，正如放生會也不排斥救人一樣，他只是主張以人爲主，「由
愛人而及物」。我們在前面已經具體論述了放生會的情況，其主要活動是定
期或不定期地放生魚蝦鳥鼈之類的動物。而對於陳龍正所指出的「安保放生
者必愛人乎」的問題確實也在放生會上出現過。崇禎十三年七月，浙江一帶
發生嚴重的自然災害，市民饑困交迫，紹興府內米價高漲，有饑民偷了祁彪
佳放生的螺，祁彪佳便將其告於官府，要求嚴懲。他在日記中寫到：「初六
日，風雨幾竟日。先是有盜予放生之螺者。作箚訴之汪父母，祈求嚴究。亦
所以爲諸奸懺地獄種子。」〔註107〕看起來確實不太盡人情，僅僅因爲偷了
放生的螺，就將挨餓的饑民送交官府，要求嚴懲，這在以仁義爲本的儒家人
物陳龍正看來實在是不可理喻。陳龍正之所以說這種行爲「私欲溺心如此」，
原因就在於他認爲螺和饑民簡直不能相比，一句話：人必大於物。而祁彪佳
並非刻薄不通情理之人，緣何如此？從其「亦所以爲諸奸懺地獄種子」一句
我們可以窺見其初衷。偷盜是佛教五大戒之一，犯此戒者命終後必下地獄。《起
世經》卷2《欝單越洲品》中說：「世或有人，專事殺生、偷盜、邪淫、妄言、
兩舌、惡口、綺語、貪瞋、邪見，以是因緣身壞命終，墜墮惡道，生地獄中。」
〔註108〕因此，祁彪佳將偷螺者訴於官，一則是因果報應，種惡業必得惡果；

〔註106〕四庫禁燬書叢刊編纂委員會編：《四庫禁燬書叢刊・集部》第12冊，北京：
　　　　北京出版社，1997年，第594頁。

〔註107〕〔明〕祁彪佳著：《祁忠敏公日記》，《北京圖書館古籍珍本叢刊》第20冊，
　　　　北京：書目文獻出版社，2000年，第835頁。

〔註108〕〔隋〕闍那崛多譯：《起世經》卷二《欝單越洲品》，《大正藏》第1冊，第
　　　　316頁下。

二則是爲他們懺悔，以免死後墮入地獄苦海。這樣說來，祁彪佳的行爲不僅並非不通情理，而且還是本著慈悲的心。這樣，儒家勸善運動和佛教勸善運動就體現出明顯的差別來了，借用夫馬進先生的話說，就是：「同善會首先將人作爲救濟的對象，而放生會則將物作爲救濟的對象。」〔註109〕

　　第二，儒家勸善運動要重建的是傳統儒家倫理道德，要維持的是儒家倫理秩序。美國學者克利福德·格爾茨在《文化的解釋》一書中說：「在一定意義上，政治制度可以被說成是用來支持禮儀制度的，而不是反過來。」〔註110〕這句話放在傳統中國的環境下尤其合適。自西周完善了以宗法制爲核心的統治體系後，影響及於歷代封建王朝長達千年。後來歷朝歷代雖有改造，但政權、族權、神權、夫權交織的封建宗法制核心並沒有改變。西周的這套統治體制是爲了維護「周禮」而設立的，孔子後來要恢復的也是這套禮制。這套禮制要解決的核心問題是權利的繼承，國家權力和家族權力的繼承，也就是宗法制，其目的是爲了將尊卑貴賤作明確劃分。這套禮制一經建立，便在中國社會牢牢紮下了根，這決定了中國社會以血緣關係的親疏爲標準處理社會關係的行事模式。自漢代「獨尊儒術」以來，儒家將這套禮制貫穿於國家統治的機制上，政治制度成爲維護禮儀制度的基礎。這種關係決定了禮儀制度必須以政治制度的存在爲前提，後者穩定，禮儀制度就牢固；政治制度衰微，禮儀制度就面臨崩盤的危險。在唐宋之際的轉變中，儒家這套倫理制度即受到挑戰。程朱理學之所以將三綱五常、三從四德等倫理綱常重新著重提出來，也是想維繫這搖搖欲墜的禮儀制度。非常不幸的是明清時期的社會劇變又將這搖搖欲墜的禮儀制度朝崩塌的方向推了一把。因此，儒家勸善運動的任務就是要重建這套即將崩塌的禮儀制度、倫理秩序。所以在各種儒家善書中都有忠君愛國的呼喊。如在《不費錢功德例》中就有：「忠君，爲國，惠恤蒼生」〔註111〕，「忠主孝親，敬兄信友。以名節立身，以忠孝訓俗」〔註112〕等等說教。儒家禮儀制度的核心是尊卑貴賤、倫理綱常，這在儒家善書中也是必須

〔註109〕〔日〕夫馬進著；伍躍、楊文信、張學鋒譯：《中國善會善堂史》，北京：商務印書館，2005年版，第138頁。

〔註110〕〔美〕克利福德·格爾茨著，韓莉譯：《文化的解釋》，南京：譯林出版社，2014年版，第216頁。

〔註111〕《不費錢功德例·官長不費錢功德》，袁嘯波編：《民間勸善書》，上海：上海古籍出版社，1995年版，第159頁。

〔註112〕《不費錢功德例·士人不費錢功德》，袁嘯波編：《民間勸善書》，上海：上海古籍出版社，1995年版，第161頁。

著重提出的。在《文昌帝君功過格》中，其內容分為八個部分，分別是：倫常第一、敬慎第二、節忍第三、仁愛第四、勸化第五、文學第六、居官第七、閨門第八。排在首位的是倫常。可見，儒家倫理綱常是它倡導的重中之重。不僅如此，上到國家君王，下到宗族親屬，這種血緣關係的親疏始終貫穿在儒家善書中。如在《不費錢功德例·大眾不費錢功德》中就有這樣的告誡：「糕餅藥餌，必先父母，而後兒孫。扶貧濟困，必先本宗，而後外族。一切事情，俱推己度人及物。」〔註113〕對幫助外宗族弱小之人可得更大功德的情況，《文昌帝君功過格》更是加以批評：「他本以義田贍族之類必費一兩始為一功，則移賑外人且十功矣，不將誘人樂濟外人而薄親族乎？今皆改作百錢一功，庶知當務之急。」〔註114〕「樂濟外人而薄親族」形象地揭示了儒家士人在這場勸善運動中所站的立場，親疏遠近、尊卑貴賤的區別在他們那裡始終是必須明確的。因此，陳弱水先生就曾說：「再者，在善書裡，慈悲救濟雖然大體是普遍性的價值，先親族後外人的差別意識還是存在的。」〔註115〕這和佛教強調眾生平等的思想具有明顯區別。

二、與道教勸善運動的比較

在這場席卷整個中國近世社會的勸善運動中，道教扮演了重要角色。說其扮演了重要角色，主要是指目前學術界普遍認為通過編撰《太上感應篇》、《太微仙君功過格》等勸善書，道教拉開了這場勸善運動的序幕。後來的雲谷禪師、雲棲袾宏等佛教人物都受到這兩本善書的深刻影響，他們將其加以改編，使之成為佛教勸善運動的輿論宣傳工具。在這個意義上說，道教對於中國近世社會勸善運動的首善之功無論如何是不能被抹殺的。

首先，與儒家和佛教勸善運動不同，道教側重在意識層面的訓化，在社會實踐方面沒有形成組織性和規模性的勸善運動。從《太上感應篇》、《太微仙君功過格》到《關聖帝君覺世真經》、《除欲究本》、《指淫斷色篇》、《文昌帝君功過格》、《警世功過格》等等，道教善書的數量非常之多，特別是到明

〔註113〕《不費錢功德例·大眾不費錢功德》，袁嘯波編：《民間勸善書》，上海：上海古籍出版社，1995年版，第169頁。

〔註114〕《文昌帝君功過格》，袁嘯波編：《民間勸善書》，上海：上海古籍出版社，1995年版，第205頁。

〔註115〕陳弱水著：《公共意識與中國文化》，臺北：聯經出版事業公司，2005年版，第171頁。

清時期，道教善書大量湧現。甚至出現專門注解道教善書的書籍，這些書籍又以新的道教善書的形式廣爲流傳，如以圖說、集注、直講等形式注釋《太上感應篇》的書籍就多達幾十上百種。由此可見道教善書的盛行。道教善書最初是道教徒爲積善成仙而編訂的一個修行手冊，其核心理論是通過廣行善事，達到飛升成仙的目的。學者這樣論述：「道教宗教倫理和其主要教義長生成仙思想通過報應思想扣在一個環上，道教的人生哲學和倫理學合二爲一，這是勸善書最主要的思想內容。」〔註116〕也就是說道教是將其行善積德的宗教倫理思想和長生成仙的人生哲學合二爲一，通過報應思想串在一起。因此，最初道教善書的目的是要達到成仙的境界。但隨著道教世俗化步伐的加快，以及三教合一的大背景，道教善書也逐漸收納了世俗化的內容。以《太微仙君功過格》來說，其涉及俗世的內容差不多佔了一半。後面的《關聖帝君覺世眞經》、《警世功過格》等善書的世俗內容就更多了。道教的勸善正是以這些善書爲主體，偏重於在意識層面上的教化。研究道教善書的學者也指出，明清道教的特點就是「訓化」：「可以說，明清時代道教的特點之一便是以勸善書爲標誌，以宗教道德訓化爲主課，深入到民情風俗中，成爲社會生活不可分割的部分。」〔註117〕所謂「宗教道德訓化」其實就是指輿論宣傳了。在這個層面上說，道教勸善運動更多是思想運動。

其二，道教勸善運動主要是在道門系統內進行。這也是上述所說道教沒有引領社會善行實踐的原因所在。以《太上感應篇》的出現爲標誌，中國近世社會開始了這場席卷整個社會，涉及儒釋道三教的勸善運動。但是自其出現後的兩三百年，包括《太上感應篇》、《太微仙君功過格》在內的道教善書並沒有在社會上引起多大反響。直到雲谷禪師和雲棲袾宏將其改編，經過袁黃等人的弘揚後，它們才在社會上引起轟動。個中緣由，恐怕與這些道教善書只是道門中人實踐修行的指導書有莫大關係，道教並沒有要將其推向社會的意思。當然這與道教的基本理念是密切相關的，它關注的是個人的修行成仙，所謂「雞犬昇天」只是自己成仙道路上隨意的餽贈，它沒有佛教「普度

〔註116〕卿希泰、李剛：《試論道教勸善書》，《世界宗教研究》1985年第4期，收入卿希泰著：《道教文化新探》，成都：四川人民出版社，1988年版，第133頁。

〔註117〕卿希泰、李剛：《試論道教勸善書》，《世界宗教研究》1985年第4期，收入卿希泰著：《道教文化新探》，成都：四川人民出版社，1988年版，第138～139頁。

眾生」那樣的宏願，也沒有儒家「兼濟天下」，以蒼生爲己任那樣的大志。因此，就算是研究道教善書的學者在比較了《太上感應篇》、《太微仙君功過格》和佛教善書《自知錄》之後，也不得不委婉承認：「該功過格（指《自知錄》）不僅是佛教教內的規範，在家信徒同樣適用。」〔註118〕言外之意自然是《自知錄》的適用範圍更廣了。

三、對中國傳統倫理的彌補

儒釋道三教勸善運動呈現各不相同特點的背後，反映的是三教基本理論和思想觀念的巨大差異。這種差異一方面成爲各方互相爭論的根源，另一方面卻也爲各家提供了彼此交流和借鑒的平臺。特別是在三教合一大趨勢的影響下，三教之間相互開展交流的意願和行爲也越來越頻繁。而通過勸善運動，佛教的因果報應、地獄輪迴、戒殺放生等理念爲更多人所知悉，進而影響到人們的日常生活、思維習慣。因此，佛教倫理彌補了中國傳統思想中的欠缺，成爲中國社會不可分割的思想特質。

佛教勸善運動對中國倫理思想的彌補首先表現在對中國傳統一生一世生命觀的延長。前面曾提及，錢穆先生論述中國思想史走不到宗教的道路上去，孔子也成不了宗教教主，原因在於「宗教是以道德的因果作用把彼岸世界和現實世界聯繫起來，從而有了能使生命永恆的目標」〔註119〕，但「孔子的思想態度，全偏重在實際人生上，即所謂務民之義。而對宗教信仰，以及哲學形而上學的玄想，牽涉到人之生前和死後，以及抽象超越的精神界，如鬼神問題等，則抱一種敬而遠之的態度」〔註120〕。因此，在孔子的思想言論中，「子不語怪力亂神」〔註121〕，「未知生，焉知死」〔註122〕等詞句經常出現就不足爲怪了。孔子關注的是現世的社會和人事，決定了中國社會的思維範疇必然以此爲中心。因此有學者就說：「一般而言，中國固有的信仰是以現世的因果

〔註118〕陳霞著：《道教勸善書研究》，成都：巴蜀書社，1999年版，第180頁。

〔註119〕嚴耀中著：《佛教戒律與中國社會》，上海：上海人民出版社，2007年版，第406頁。

〔註120〕錢穆著：《中國思想史》，臺北：臺灣學生書局，中華民國七十七年（1988）版，第8頁。

〔註121〕〔魏〕何晏注，〔宋〕邢昺疏：《十三經注疏‧論語注疏》，北京：北京大學出版社，1999年版，第92頁。

〔註122〕〔魏〕何晏注，〔宋〕邢昺疏：《十三經注疏‧論語注疏》，北京：北京大學出版社，1999年版，第146頁。

關係爲主的。」〔註123〕但人死如燈滅的結局未免太過悲觀，讓人對現世生活的價值也產生了懷疑。因此，人們開始幻想有一個可以永遠存在下去的世界，這就是以道教神仙思想爲代表的仙人世界，在這裡人們可以長生不死，永享極樂。除此之外，中國傳統觀念中也有人死後還存活在另一個世界的觀念，如黃泉、幽都。而不管是長生成仙，還是奔赴黃泉，都是對現世生活的繼續。酒井忠夫先生就說：「在中國固有的信仰中，對死後冥界的意識，也就是在神仙思想的影響下試圖在長生不死的仙人世界中謀求一個定位的意識，其實也具有延長現世之人間的意味。」〔註124〕這種一生一世的生命觀影響了中國社會很長時間，出現了各種追求長生不死的思潮。直到佛教的傳入，這種觀念才慢慢開始改變。

佛教超越了儒道兩家一生一世的觀念，主張「三世」說，認爲有情眾生都是在前世、今世和後世的時間中輪轉，永無止息。這是一種循環的時間觀念，佛教因果報因、地獄輪迴等基本觀念都以此爲基礎。而所謂三世並不是指只歷經三世，而是指生生世世，無窮無盡。《十住經》卷 2《明地》中就有說：「所謂一世、二世，三、四、五世，乃至十、二十、三十、四十、五十，乃至百世、千世、萬世、百千萬億那由他世。」〔註125〕這是一個無窮的概念，生命的歷程就在這無盡的時間軸上不斷往返，此岸世界和彼岸世界之間架起了一座隨時能溝通的橋樑。這種觀念的嵌入，無疑讓中國人看到了希望的曙光。因爲有了對來生的渴望，此世的生活由此變得更有意義。

第二，對中國傳統報應觀念的豐富。報應觀念並不是佛教所獨有，中國傳統也有報應的思想，但兩者之間有著很大區別。中國傳統的報應觀念以《周易》「積善之家，必有餘慶。積不善之家，必有餘殃」〔註126〕最具代表性。這是以血緣關係爲紐帶的宗族社會的產物，善惡的主體是家族，而不是個人，個人的行爲直接牽涉到家族的興衰。這裡充當道德評價的主體是天，如《論

〔註123〕 〔日〕酒井忠夫著，劉岳兵，孫雪梅，何英鶯譯：《中國善書研究》，南京：江蘇人民出版社，2010 年版，第 341 頁。

〔註124〕 〔日〕酒井忠夫著，劉岳兵，孫雪梅，何英鶯譯：《中國善書研究》，南京：江蘇人民出版社，2010 年版，第 341 頁。

〔註125〕 〔姚秦〕鳩摩羅什譯：《十住經》卷二《明地》，《大正藏》第 10 冊，第 508 頁上。

〔註126〕 〔魏〕王弼注，〔唐〕孔穎達疏：《十三經注疏·周易正義》，北京：北京大學出版社，1999 年版，第 31 頁。

語》中就說：「子夏曰：『商聞之矣，死生有命，富貴在天。』」〔註127〕「天」
根據人的行爲來決定個人及家族的命運，人無法改變自己的命運，也就是所
謂的「命定論」。但在現實生活中，這種報應觀念卻經常遇到這樣的尷尬：善
人早夭，惡人長壽。如司馬遷就感歎到：

> 或曰：「天道無親，常與善人。」若伯夷、叔齊，可謂善人者，
> 非耶？積仁潔行如此而餓死！且七十子之徒，仲尼獨薦顏淵爲好
> 學。然回也屢空，糟糠不厭，而卒蚤夭。天之報施善人，其何如哉？
> 盜跖日殺不辜，肝人之肉，暴戾恣睢，聚黨數千人橫行天下，竟以
> 壽終，是遵何德哉？此其尤大彰明較著者也。近世操行不軌，專犯
> 忌諱，而終身逸樂富厚，累世不絕。或擇地而蹈之，時然後出言，
> 行不由徑，非公正不發憤，而遇禍災者不可勝數也。余甚惑焉，倘
> 所謂天道，是邪？非邪？〔註128〕

因此，早在秦漢之時人們就對這種報應觀念產生了疑問。後來道教發展出承
負的觀念，試圖對其進行解釋。所謂「承負」，

> 承者爲前，負者爲後；承者，乃謂先人本承天心而行，小小失
> 之，不自知，用日積久，相聚爲多，今後生人反無辜蒙其過謫，連
> 傳被其災，故前爲承，後爲負也。負者，流災亦不由一人之治，比
> 連不平，前後更相負，故名之爲負。負者，乃先人負於後生者也。
>
> 〔註129〕

可以看出，這和「積善之家必有餘慶，積不善之家必有餘殃」的說法是一樣的，
可以看成是對它的闡釋。對於司馬遷提出的問題，「承負說」是這樣解釋的：

> 力行善反得惡者，是承負先人之過，流災前後積來害此人也。
> 其行惡反得善者，是先人深有積蓄大功，來流及此人也。能行大功
> 萬萬倍之，先人雖有餘殃，不能及此人也。因復過去，流及後世，
> 成承五祖。〔註130〕

仍然是對前述話語的重申，不同的只是增加了五世而衰和行善可去禍的論

〔註127〕〔魏〕何晏注，〔宋〕邢昺疏：《十三經注疏・論語注疏》，北京：北京大學出
　　　　版社，1999 年版，第 159 頁。

〔註128〕〔漢〕司馬遷撰：《史記》第七冊卷六十一，北京：中華書局，1960 年版，
　　　　第 2124～2125 頁。

〔註129〕王明編：《太平經合校》，北京：中華書局，1960 年版，第 70 頁。

〔註130〕王明編：《太平經合校》，北京：中華書局，1960 年版，第 22 頁。

說。與此不同，佛教的報應觀念只涉及自身，與家族、他人沒有關係。《般泥洹經》卷 1 就說：「夫志行命三者相須，所作好惡，身自當之；父作不善，子不代受，子作不善，父亦不受，善自獲福，惡自受殃。」〔註 131〕這與「承負說」就形成鮮明對比，行善所得之善果只及於自身，作惡所得之惡果也只加於自己。當這種觀念與三世的理論結合在一起後，便形成佛教特有的三世二重因果思想。在這種理論看來，「世界被看作是一個倫理性報應關係包羅緊密的秩序裏。塵世裏的罪業與功德必定會由靈魂在來生中加以報應……人在此世的苦難——從報應觀念看來是不公平的苦難，應該被看作是前世所犯罪行的報償。」〔註 132〕應該說，這種理論就顯得比較圓滑，至少能自圓其說，不會出現象中國傳統報應理論那樣無法解釋的現實尷尬。佛教報應理論的優越性使得中國人逐漸拋棄本土的報應說，而隨著佛教勸善運動的深入，以明清時期文學作品為代表的各種宣傳和說教，最終使中國人完全接納了佛教的因果報應理論。這就像鄭振鐸先生所說的那樣：「佛教盛行的結果，因果報應之說便因之而深入民間，代替了本土的定命論的人生觀。」〔註 133〕

第三，對中國傳統地獄系統的完善。先秦時期中國就有關於冥界的觀念，《山海經》中即有對「幽都之山」的描述。「幽都之山」在「戰國前後，流播荊楚地區轉而成為恐怖的地下世界——幽都」〔註 134〕，如《楚辭·招魂》中即有「幽都」。「幽都」之所在，據張華《博物志》說：「崑崙山東北，地轉下三千六百里，有八玄幽都方二十萬里。地下有四柱，四柱廣十萬里。地有三千六百軸，犬牙相制。」〔註 135〕對「幽都」的塑造，最初實際上是比較粗糙的，一直到後漢時期，這種情況才得到改觀。「東漢時期，中國出現了南北兩大鬼都和鬼王的傳說——北方的泰山鬼府和泰山府君，南方的豐都鬼域和豐都大帝。」〔註 136〕南北朝時期，「泰山成了全國的鬼都，有最高統治者泰山府君，有治鬼的機構、官吏、簿籍，人們相信死後都要到

〔註 131〕失譯：《般泥洹經》卷一，《大正藏》第 1 冊，第 181 頁上～中。
〔註 132〕〔德〕馬克思·韋伯著；康樂，簡惠美譯：《宗教社會學》，桂林：廣西師範大學出版社，2005 年版，第 183～184 頁。
〔註 133〕鄭振鐸著：《插圖本中國文學史》，北京：人民文學出版社，1957 年版，第 226 頁。
〔註 134〕段玉明：《從出土文物看巴蜀早期佛教》，《四川文物》2008 年第 3 期，第 71 頁。
〔註 135〕〔晉〕張華原著，祝鴻傑譯注：《博物志全譯》，貴陽：貴州人民出版社，1992 年版，第 16 頁。
〔註 136〕段玉明：《從出土文物看巴蜀早期佛教》，《四川文物》2008 年第 3 期，第 71 頁。

那裡去報到」〔註 137〕。而「豐都」地獄神話是「五斗米道」的首領三張（張陵、張衡、張魯）在創教過程中構擬，後來陶弘景在《眞誥》中將其整理，最終使之發揚光大。這兩個地獄系統具有不同的特點，據江玉祥先生說：「泰山鬼府一如人世，鬼府官吏大多是人們熟悉的人間官吏，甚至有活人充陰司差役者；而豐都地獄卻自始就是一個恐怖的鬼世界。」〔註 138〕這種差別使得人們對它表現出截然不同的態度，「泰山鬼府，人們喜歡去，甚至有踊躍而往者；而豐都地獄卻是百鬼爲之膽寒的地方，人們千方百計逃避入豐都地獄」。〔註 139〕相比來說，佛教的地獄系統與豐都地獄有幾分相似，而與泰山鬼府區別甚大。

佛教傳入中國後，將其地獄理論進行了改造，進而與中國本土的地獄學說相結合，形成了中國化的佛教地獄系統。「由於佛教地獄學說逐步中國化，至 9——11 世紀，中國本土原有的南北兩大地獄系統和外來的佛教地獄系統合流，產生了對中國（以至日本等國）後世民俗影響甚大的地獄『十殿』信仰。」〔註 140〕以《佛說十王經》、《玉曆至寶鈔》等經典爲代表，中國佛教地獄系統逐漸完善。而隨著佛教勸善運動的開展，《玉曆至寶鈔》作爲善書被廣泛傳抄，以地獄爲主題的文學作品也大量出現，以系統展示地獄觀念的戲曲如《目連救母》等更是年復一年地搬演。通過這些宣傳和灌輸，佛教地獄理論成爲普通中國人耳熟能詳的思想學說，深深地影響了中國人的思想觀念。

第四，超越了人作爲主體的界限，將有情眾生的概念引入中土。中國傳統理論是將人作爲萬物之首，高於其他生物。在孔子與他人的交談中我們可以看到中國傳統社會對生而爲人的自豪：

> 孔子游於太山，見榮啓期行乎郕之野，鹿裘帶索，鼓琴而歌。
>
> 孔子問曰：「先生所以樂何也？」對曰：「吾樂甚多。天生萬物唯人爲貴，而吾得爲人，是一樂也。」〔註 141〕

〔註 137〕江玉祥：《中國地獄「十殿」信仰的起源》，載於江玉祥主編：《古代西南絲綢之路研究》（第二輯），成都：四川大學出版社，1995 年版，第 168 頁。

〔註 138〕江玉祥：《中國地獄「十殿」信仰的起源》，載於江玉祥主編：《古代西南絲綢之路研究》（第二輯），成都：四川大學出版社，1995 年版，第 173～174 頁。

〔註 139〕江玉祥：《中國地獄「十殿」信仰的起源》，載於江玉祥主編：《古代西南絲綢之路研究》（第二輯），成都：四川大學出版社，1995 年版，第 174 頁。

〔註 140〕江玉祥：《中國地獄「十殿」信仰的起源》，載於江玉祥主編：《古代西南絲綢之路研究》（第二輯），成都：四川大學出版社，1995 年版，第 175 頁。

〔註 141〕〔春秋戰國〕列子著，景中譯注：《列子》卷一，北京：中華書局，2007 年版，第 16 頁。

「天生萬物唯人爲貴」成爲此後上千年中國社會的理論基調。其他生物相對於人來說只是更低層級的物種，爲了人的需要，他們常被關押、驅使，甚至被殺害。誠然，中國古代也曾有過保護鳥獸魚蝦之類動物的舉措，「東鄰殺牛，不如西鄰之禴祭」的說教也一再被提及。這就是學者所說的：「正是在『東鄰殺牛，不如西鄰禴祭』的思想背景下，封建統治者爲了節省犧牲用牛，紛紛引用這個典故來做理論依據。」〔註142〕但正如前文所指出的，這些舉措只是統治者顯示自己有德行和基於保護社會生產力的一種行爲，並非將牛看得與人地位平等，平常時節殺雞鴨，重要節日宰牛羊的習慣還是保持著。

佛教傳入中國後，眾生平等的思想刺激了傳統中國以人爲貴的觀念，輔以因果報應等佛教觀念，不殺生、甚至放生逐漸成爲國人的道德要求，酒井忠夫由是說：「放生是受到佛教影響並被普及化的民眾道德。」〔註143〕其背後折射的正是佛教眾生平等，而人只是有情眾生之一種的觀念。這種觀念影響頗大，以至於出現了前述祁彪佳在災荒年間將偷盜其放生螺的饑民送交官府的例子。而佛教眾生平等的思想也反映在明清時期的文學作品中，並通過後者使其觀念在全社會得到進一步的灌輸。

第五節　本章小結

美國學者克利福德・格爾茨曾經說過這樣的話：「就像環境、政治權力、財富、法律義務、個人好惡，以及美感一樣，宗教塑造了社會秩序。」〔註144〕這裡所說的宗教塑造社會秩序可以從兩方面來理解：一方面是在宗教勢力超過世俗政權的社會，另一方面則是宗教必須依附於世俗權利之下。在前一種社會裏，要麼是一種政教合一的社會制度，如古代西藏；要麼是教權大於政權的社會格局，如中世紀的歐洲。但不管是哪一種，其社會秩序的建立都與宗教有著密切聯繫。或者是宗教按照自己的教理教義建立一個政教合一的政權，政權的組織形式和最終目的與宗教教義高度一致；或者是世俗政權必須

〔註142〕郭俊良：《動物傳統及其禁忌》，吳華、黃豪、郭俊良等著：《傳統視域下的錢穆──中外文明交流史數論》，上海：上海科技文獻出版社，2015 年版，第95 頁。

〔註143〕〔日〕酒井忠夫著，劉岳兵，孫雪梅，何英鶯譯：《中國善書研究》，南京：江蘇人民出版社，2010 年版，第360 頁。

〔註144〕〔美〕克利福德・格爾茨著，韓莉譯：《文化的解釋》，南京：譯林出版社，2014 年版，第146 頁。

聽從於宗教的指揮，治下的民眾一般也是全民信教者。在這樣的社會裏，宗教塑造社會秩序比較簡單和方便，即有從實體政治上的建設，也有從意識形態上的塑造，兩者很多時候是重合的。而在後一種社會中，宗教塑造社會秩序就比較複雜得多。由於世俗權力遠遠大於宗教勢力，宗教要想在這樣的社會中立足，必須考慮世俗政權的因素，遠離政權必然使得自己日益衰微，接近政權就不得不與其妥協。佛教進入中國所面臨的正是後面這種情況，在經歷了多次挫折後，他們不得不承認：「不依國主，則法事難立。」〔註145〕在這樣的社會中，宗教不可能通過建立實體政權來塑造社會秩序，它所能做的，只能是從意識形態方面來影響。

中國社會的特點決定了包括儒家、道教和佛教在內的宗教都必須依附於世俗政權才能生存，他們對現實社會秩序的塑造是通過為世俗政權提供思想理論指導來完成，在整個中世社會，儒家承擔了這一社會責任。以儒家思想為核心的道德倫理是中世社會門閥士族的道德依據，其下的佃客等依附者又以門閥士族為道德標杆，這樣儒家所塑造的社會秩序便建立起來。但唐宋之際的社會變革迅速將這一局面打破，門閥士族被打倒，這套道德倫理隨著他們的倒塌而搖搖欲墜。這種局面為佛教的涉入提供了契機。通過輿論宣傳，佛教倫理得到進一步普及，又通過社會實踐，社會大眾得以廣泛參與到佛教勸善中來。於是，在文學作品的一次次演繹中，在戲曲雜劇的一次次表演中，在民間寶卷的一次次宣講中，在佛教善行的一次次活動中，佛教眾生平等、因果報應、地獄輪迴、善惡思想等觀念於悄無聲息中潛入到普通民眾的內心深處。猛然回頭，我們才發現，當「善惡到頭終有報」成為一種口頭語的時候，這不就是佛教所塑造的社會秩序麼？

〔註145〕〔梁〕慧皎撰：《高僧傳》卷五，《大正藏》第 50 冊，第 352 頁上。

第六章　餘　論

　　以上筆者系統論述了明代佛教勸善運動的背景、表現形式、發展及影響。接下來的問題是，既然佛教在中國近世社會的兩次社會轉變中（唐宋變革和明清之際的社會轉變）充當了社會勸善的作用，那麼，當中國社會又一次面對社會轉型時，佛教的這種社會勸善功能還能否發揮作用。

　　明清之際的佛教勸善運動至清代依然有所發展，形式也更趨多樣化。首先是各種慈善組織仍然在發揮作用。清代的各種善會善堂仍然延續了明清之際善會善堂的組織形式和指導思想，大多是由佛教僧人主持，或者開設在佛教寺院，或者是將佛教的思想理論運用於實踐。以康熙、乾隆、雍正時期為代表，善堂善會的發展非常鼎盛。導致這種鼎盛的原因，正是佛教的勸善運動。戒殺放生、施藥施粥、拯救困厄等佛教勸善運動的內容在這時期得到很好繼承。因此梁其姿先生就說：「康乾雍三代的大規模育嬰普濟堂有較濃的佛教意味，最強調禁殺生、施藥救生等善舉。」〔註1〕可見，這時期慈善組織的發展仍然是佛教勸善運動的一部分。其次，佛教通過各種圖畫文字等載體來宣傳其勸善理論的形式被沿用下來。隨著印刷術的進一步普及，各種佛教善書被大量刊刻。以寶卷為例，不僅出現了大量佛教寶卷和具有佛教性質的民間寶卷，這些寶卷還被刊刻成文，被廣泛傳唱。宣卷的形式也很流行。《墨餘錄》記載說：

　　　　吳俗尚鬼，……其所盛行者，曰宣卷。有《觀音卷》、《十王卷》、

〔註1〕梁其姿著：《施善與教化：明清時期的慈善組織》，北京：北京師範大學出版社，2013 年版，第 222 頁。

《灶王卷》等名目，俚語悉如盲詞。若和卷，則並女巫攙入。又凡宣卷，必俟深更，天明方散，真是鬼蜮行徑。〔註2〕

可見，明清之際盛行的宣卷在這時期的吳地還很盛行，不僅內容眾多，有《十王卷》、《觀音卷》、《灶王卷》等，而且具有本地特色，即所謂「俚語」，這是宣卷發展鼎盛的一個標誌。這時期的宣卷受到了民間宗教的影響，很多時候是在晚上進行，天明而散。由於佛教勸善運動的影響，地獄觀念日漸深入人心，因此便出現了將這種觀念通過圖象、歌謠等形式呈現出來的情況。寺廟中一般都設有地獄巡遊的塑像群，通過將刀山劍樹、油鍋火海等地獄情景圖象化的形式，將地獄各殿的殘酷、悲慘，甚至恐怖形象再現出來，這對看過這組塑像的人來說絕對有一種「過目不忘」的效果。這實際上也就是佛教的一種勸善形式了。對此，游子安先生論述到：「民眾即使沒有讀過《玉曆鈔傳》原文，通過其插圖，廟宇壁飾塑像和民謠歌曲，因果報應與地獄審判觀念深入民眾，起著勸善懲惡的作用。」〔註3〕由此可見，有清一代佛教勸善運動仍在發揮作用。但需要指出的是，這時候佛教勸善的效果相比於明清之際來說是較弱的。正如前述惜字會被儒家勢力所接管一樣，其他善會善堂的情況也與此類似，儒家地方士紳階層在日益被排擠出統治層的過程中，於地方慈善活動中尋找到了自身的存在感，他們積極投身於地方慈善活動中，以至於最初由佛教主導的慈善組織也被他們接管。這些士紳有一種使命感，希望能在日益動盪的社會中維持傳統的儒家社會倫理，他們的慈善活動也是圍繞這一使命而展開。但正如梁其姿先生所說：「善堂所扮演的一直是保守性的角色：即維護傳統的社會秩序即價值，尤其在社會變化劇烈，即物質條件特別不利於這些價值的發展之時，效果自然不彰。」〔註4〕因此，當社會又一次劇烈動盪之時，儒家治下的這些慈善組織日益顯得力不從心。

從鴉片戰爭開始，中國傳統社會便逐漸受到西方社會的衝擊。首先是政治體制的變革。在君主專制和君主立憲、民主共和的角逐中，中國傳統的專制體制曾以高傲的姿態迎戰，卻被隨之即來的慘敗撕下了最後的遮羞布，不

〔註2〕〔清〕毛祥麟撰，畢萬忱點校：《墨餘錄》卷9《巫覡》，上海：上海古籍出版社，1985年版，第140頁。

〔註3〕Neal Donnelly, A Journey Through Chinese Hell, Taipei: Artist Publishing Co., 1990，頁8及107，轉引自游子安著：《善與人同：明清以來的慈善與教化》，北京：中華書局，2005年版，第214頁。

〔註4〕梁其姿著：《施善與教化：明清時期的慈善組織》，北京：北京師範大學出版社，2013年版，第224頁。

得不主動改制立憲。但這種「新瓶裝舊酒」的把戲旋即被識破，民主共和隨之取而代之，成爲符合時代潮流的勝利者。其次是思想觀念的劇烈轉變。西方的堅船利炮以近乎殘忍的方式打破了中國人心中「天朝上國」的美夢，他們開始意識到西方的科技（所謂「奇技淫巧」）確實有其過人之處，於是開始興辦洋務。洋務的不成功又使國人轉而尋求文化層面上的改造，於是新文化運動盛行。以儒家倫理爲核心的傳統社會倫理遭受致命打擊，有「教主」身份的「孔老二」被推下神壇，甚至在幾十年之後的歷史舞臺上成了被批鬥的對象。可以說，十九世紀到二十世紀的社會轉變是中國社會面臨的又一次社會劇變，在某種層面上說，這次劇變比前面兩次都大。那麼，在前兩次社會變革中都充當了勸善化俗的社會功能的佛教還能在這次社會劇變中發揮作用嗎？

　　我們先來看看上個世紀二三十年代佛教勸善的情況。隨著中華民國的建立，特別是五四運動之後，民主共和成爲人心之所向。而幾乎同時，佛教也迎來了一個復興時期。陳兵教授指出：「20世紀二三十年代，佛學與西方哲學、新儒家並立爲一時顯學，被學界人士普遍關注。」〔註5〕這時期的佛教復興是多方面的，既有佛教宗派的復興，如禪宗、唯識宗、淨土宗，也有佛教傳教事業的復興，如興辦刻經處、佛學院等，甚至還有求法事業的復興，如到日本、西藏等地求取密法。這其中，佛教勸善也得到了恢復和發展。在二十世紀的佛教復興中，主要的手段是所謂的「三大救命環」，也即：興辦教育、文化和慈善事業。可見慈善是佛教復興的重要一環。而既要做慈善，就離不開勸善。二十世紀初佛教勸善主要表現在以下方面。首先是善書的刊刻。這時期不僅有各種善書局的存在，也出現了刻經處，專門刊刻佛教經典，包括善書。這些刻經處大多由僧人或佛教居士創辦經營，所刊善書也是免費贈予。如印光大師創辦了弘化社，著名佛教居士楊文會創立了金陵刻經處。這些機構所刻經典、善書數量龐大，流通很廣：「印光創辦弘化社，以期挽回世道人心，歷來所印各書，不下四五百萬部。」〔註6〕而其他善書局刊刻的善書也不在少數。這種盛況讓人不禁想起明清之際的善書刊刻來。游子安先生就將這一時期的善書刊刻與明清之際的「善書運動」相比較，他說：「如

〔註5〕陳兵，鄧子美著：《二十世紀中國佛教》，北京：民族出版社，2000年版，第18頁。

〔註6〕游子安著：《善與人同：明清以來的慈善與教化》，北京：中華書局，2005年版，第170頁。

果說近世『善書運動』由 17 世紀的袁黃、袾宏揭開序幕,再而普及民間,那麼,20 世紀二三十年代《福壽寶藏》、《善書大辭典》諸書的出版,翼化堂等善書局推動善書流通,及印光大師的倡印善書,則標誌著『善書運動』達到了一個高峰。」〔註 7〕這次的「善書運動」並沒有結束,在香港、臺灣地區仍然很興盛。「這些善書,在今天香港、臺灣等地區仍由善信捐資免費印送,甚至用漫畫形式改編。《地獄遊記》等則流通量甚大。」〔註 8〕其次是勸善實踐。戒殺放生、護幼濟嬰、拯救困厄等善行比較流行。如印光法師於「1923 年在上海與王一亭創辦佛教慈幼院,專收孤兒,教養兼施」〔註 9〕。這時期佛教還將監獄作為勸善的重要基地。「1922 年印光應定海縣陶知事請,物色講師到監獄宣講,遂推舉智德到監獄宣講《安士全書》等關於因果報應要旨,獄囚聽後多受感化,當時獄官和囚犯因之改過遷善大有其人,收效甚巨。」〔註 10〕在獄中講說佛法,勸人為善的情況在明清之際已經出現,《居士傳》卷五十二記載:「魚山在獄年餘,以佛法攝獄中人。晝二時禮誦,夜演蒙山法,拔瘦死者。又為獄中人說《心經》。」〔註 11〕這是佛教居士因自己身在獄中的「便利」而為囚犯講說佛法,居士自身也是囚犯之一,像印光大師等則是主動到獄中宣講,情況是不一樣的。可以看出,印光大師是民國時期佛教勸善的重要人物,無論是在佛教慈善倫理的宣傳上,還是善行的實踐中,都有他的影子。因此,弘一大師將其和雲棲大師相提並論:「大德如印光法師者,三百年來一人而已。蓋自雲棲後,法化之光廣,未有如大師者。」〔註 12〕兩人在佛教勸善的事業中都發揮了重要作用。

經過梳理,我們可以看出,在社會劇烈動盪的十九世紀末二十世紀初,佛教勸善運動仍然在發揮作用,甚至到今天也還有很大影響(如香港、臺灣

〔註 7〕 游子安著:《善與人同:明清以來的慈善與教化》,北京:中華書局,2005 年版,第 182 頁。

〔註 8〕 游子安著:《善與人同:明清以來的慈善與教化》,北京:中華書局,2005 年版,第 218 頁。

〔註 9〕 游子安著:《善與人同:明清以來的慈善與教化》,北京:中華書局,2005 年版,第 170 頁。

〔註 10〕 游子安著:《善與人同:明清以來的慈善與教化》,北京:中華書局,2005 年版,第 179~180 頁。

〔註 11〕 〔清〕彭際清述:《居士傳》卷五十二,《卍新纂續藏經》第 88 冊,第 285 頁上。

〔註 12〕 陳海量:《印光大師小史》,《民國叢書》第三編《印光大師永思集》,上海:上海書店,民國三十年(1941)版,第 17 頁。

等地）。緣何以儒家思想為核心的傳統倫理在這一時期黯然不彰，而佛教卻可以絕處逢生？這恐怕與儒釋兩家的倫理特質不同有很大關係。我們在前文已經述及，儒家倫理天然就是一種政治倫理，它所尋求的是一種維持社會等級關係的政治體制，從而確保它的倫理思想得到實現。而當這種倫理和政治體制都不適合社會的發展之時，必然會被社會所淘汰。而佛教倫理是一種個人倫理，並無政治色彩參雜其中。因此，當社會條件適合的時候，它可以進而一步，將佛教倫理推廣為社會倫理；而當社會條件不允許的時候，它則退而求其次，宣傳個人怎樣為善的理論。當然，我們說儒家倫理被淘汰並不是說整個儒家都不被接受，這裡只是就政治倫理的那些部分而言。

以上論述了佛教勸善在新的社會劇變之時仍然持續發揮作用的情形。儘管如此，在現代社會中，佛教要更好地發揮勸善作用，還需要更加審時度勢。正如梁其姿先生所說：「工業革命後西方國家所逐步實行的福利國家制度，是幾方面的重大歷史發展共同運作的結果：新的經濟結構、新的社會階級關係、相關的社會思潮，以及漸趨成熟的專門知識，並以強大、集中的政權來全面執行。這幾項發展對西方福利國家的形成缺一不可。」〔註13〕經濟結構、社會思潮、社會階級，甚至專業知識，還有政權，是西方福利國家形成的因素。中國離這樣的社會自然還有距離，但正在朝這方面發展。在這種局面下，佛教要怎樣才能發揮作用？經濟結構和社會階級是無法改變的現實，佛教能做的也就是聚焦社會思潮這一部分，這也是佛教勸善運動的重中之重。新文化所帶來的對佛教理論的一大衝擊是科學思想的普及，儘管這種思想在八十年代已經體現出其短板，但不可否認的是，今天唯科學主義依然盛行。佛教首先要做的恐怕還是其理論思想的普及工作。其次，要適應社會發展，採用新的方式方法。這方面佛教已實際上經在做，如佛門中就有人「先後在臺灣創辦華藏法師會、華藏精舍、華藏佛教視聽圖書館，首開以現代視聽手段弘揚淨土風氣之先」〔註14〕。怎樣在勸善中運用新的技術方法是必須面對的問題。第三，要在傳統佛教善行的基礎上參考現代慈善的相關情況發展出具有佛教特色的勸善。怎樣在社會福利的「勢力範圍」內找到佛教可以突破的關口，這也是佛教需要深入思考的課題。

〔註13〕梁其姿著：《施善與教化：明清時期的慈善組織》，北京：北京師範大學出版社，2013年版，第228頁。

〔註14〕陳兵，鄧子美著：《二十世紀中國佛教》，北京：民族出版社，2000年版，第324頁。

參考文獻

佛　經

1. 〔後秦〕佛陀耶舍，竺佛念譯：《長阿含經》，《大正藏》第 1 冊。
2. 〔後秦〕鳩摩羅什譯：《妙法蓮華經》，《大正藏》第 9 冊。
3. 〔後秦〕鳩摩羅什譯：《十住經》，《大正藏》第 10 冊。
4. 〔後秦〕鳩摩羅什譯：《梵網經》，《大正藏》第 24 冊。
5. 〔後秦〕鳩摩羅什譯：《摩訶般若波羅蜜經》，《大正藏》第 8 冊。
6. 龍樹菩薩造，〔後秦〕鳩摩羅什譯：《大智度論》，《大正藏》第 25 冊。
7. 龍樹菩薩造，梵志青目釋，〔姚秦〕鳩摩羅什譯：《中論》，《大正藏》第 30 冊。
8. 天親菩薩造，〔後秦〕鳩摩羅什譯：《發菩提心經論》，《大正藏》第 32 冊。
9. 〔後秦〕竺佛念譯：《出曜經》，《大正藏》第 4 冊。
10. 〔後秦〕竺佛念譯：《菩薩瓔珞本業經》，《大正藏》第 24 冊。
11. 法救撰，〔吳〕維祇難等譯：《法句經》，《大正藏》第 4 冊。
12. 〔後漢〕安世高譯：《佛說分別善惡所起經》，《大正藏》第 17 冊。
13. 〔後漢〕安世高譯：《佛說父母恩難報經》，《大正藏》第 16 冊。
14. 〔後漢〕安世高譯：《佛說處處經》，《大正藏》第 17 冊。
15. 〔後漢〕迦葉摩騰，竺法蘭譯：《四十二章經》，《大正藏》第 17 冊。
16. 〔後漢〕康孟詳譯：《佛說興起行經》，《大正藏》第 4 冊。
17. 〔吳〕支謙譯：《須摩提女經》，《大正藏》第 2 冊。
18. 〔西晉〕竺法護譯：《諸佛要集經》，《大正藏》第 17 冊。
19. 〔東晉〕帛尸梨蜜多羅譯：《佛說灌頂經》，《大正藏》第 21 冊。

20. 〔東晉〕法顯譯：《佛説雜藏經》，《大正藏》第 17 冊。

21. 〔東晉〕佛陀跋陀羅譯：《大方廣佛華嚴經》，《大正藏》第 10 冊。

22. 〔東晉〕瞿曇僧伽提婆譯：《增一阿含經》，《大正藏》第 2 冊。

23. 〔東晉〕瞿曇僧伽提婆譯：《中阿含經》，《大正藏》第 1 冊。

24. 〔東晉〕竺曇無蘭譯：《佛説忠心經》，《大正藏》第 17 冊。

25. 〔元魏〕菩提流支譯：《入楞伽經》，《大正藏》第 16 冊。

26. 〔元魏〕菩提流支譯：《佛説法集經》，《大正藏》第 17 冊。

27. 〔元魏〕瞿曇般若流支譯：《正法念處經》，《大正藏》第 17 冊。

28. 〔梁〕慧皎撰：《高僧傳》，《大正藏》第 50 冊。

29. 〔梁〕僧祐撰，蘇晉仁、蕭煉子點校：《出三藏記集》，北京：中華書局，1995 年版。

30. 〔梁〕僧祐撰：《弘明集》卷五，《大正藏》第 52 冊。

31. 〔劉宋〕求那跋陀羅譯：《雜阿含經》，《大正藏》第 2 冊。

32. 〔劉宋〕慧簡譯：《閻羅王五天使者經》，《大正藏》第 1 冊。

33. 〔北涼〕曇無讖譯：《優婆塞戒經》，《大正藏》第 24 冊。

34. 〔北涼〕曇無讖譯：《金光明經》，《大正藏》第 16 冊。

35. 〔隋〕瞿曇法智譯：《佛爲首迦長者説業報差別經》，《大正藏》第 1 冊。

36. 〔隋〕闍那崛多譯：《起世經》，《大正藏》第 1 冊。

37. 〔隋〕智顗説，灌頂記：《仁王護國般若經疏》，《大正藏》第 33 冊。

38. 〔隋〕智顗説：《妙法蓮華經玄義》，《大正藏》第 33 冊。

39. 〔隋〕智顗撰：《法界次第初門》，《大正藏》第 46 冊。

40. 〔唐〕般若譯：《大乘本生心地觀經》，《大正藏》第 3 冊。

41. 〔唐〕澄觀述：《大方廣佛華嚴經隨疏演義鈔》，《大正藏》第 36 冊。

42. 〔唐〕道世撰：《法苑珠林》，《大正藏》第 53 冊。

43. 〔唐〕金剛智譯：《佛説七俱胝佛母準提大明陀羅尼經》，《大正藏》第 20 冊。

44. 〔唐〕菩提流志譯：《大寶積經》，《大正藏》第 11 冊。

45. 〔唐〕實叉難陀譯：《地藏菩薩本願經》，《大正藏》第 13 冊。

46. 〔唐〕玄奘譯：《本事經》，《大正藏》第 17 冊。

47. 〔唐〕玄奘譯：《稱贊淨土佛攝受經》，《大正藏》第 12 冊。

48. 〔唐〕玄奘譯：《大般若波羅蜜多經》，《大正藏》第 7 冊。

49. 〔唐〕義淨譯：《根本説一切有部毘奈耶雜事》，《大正藏》第 24 冊。

50. 〔唐〕義淨撰：《南海寄歸內法傳》，《大正藏》第 54 冊。

51. 〔唐〕義淨撰:《護命放生軌儀法》,《大正藏》第 45 冊。

52. 〔唐〕藏川述:《佛說地藏菩薩發心因緣十王經》,《卍新纂續藏經》第 1 冊。

53. 〔唐〕智顗說,湛然略:《維摩經略疏》,《大正藏》第 38 冊。

54. 〔宋〕法護譯:《佛說如來不思議秘密大乘經》,《大正藏》第 11 冊。

55. 〔宋〕法護等譯:《佛說大乘菩薩藏正法經》,《大正藏》第 11 冊。

56. 〔宋〕法賢譯:《眾許摩訶帝經》,《大正藏》第 3 冊。

57. 〔宋〕畺良耶舍譯:《佛說觀無量壽佛經》,《大正藏》第 12 冊。

58. 〔宋〕契嵩撰:《鐔津文集》,《大正藏》第 52 冊。

59. 〔宋〕紹德慧詢等譯:《菩薩本生鬘論》,《大正藏》第 3 冊。

60. 〔宋〕釋寶雲譯:《佛本行經》,《大正藏》第 4 冊。

61. 〔宋〕施護等譯:《白衣金幢二婆羅門緣起經》,《大正藏》第 1 冊。

62. 〔宋〕施護譯:《佛說大迦葉問大寶積正法經》,《大正藏》第 12 冊。

63. 〔宋〕天息災譯:《分別善惡業報經》,《大正藏》第 1 冊。

64. 〔宋〕王日休校輯:《佛說大阿彌陀經》,《大正藏》第 12 冊。

65. 〔宋〕元照述:《阿彌陀經義疏》,《大正藏》第 37 冊。

66. 〔宋〕贊寧等撰:《宋高僧傳》,《大正藏》第 50 冊。

67. 〔宋〕志磐撰:《佛祖統紀》,《大正藏》第 49 冊。

68. 〔元〕宗寶編:《六祖大師法寶壇經》,《大正藏》第 48 冊。

69. 〔宋〕宗曉編:《四明尊者教行錄》,《大正藏》第 46 冊。

70. 〔宋〕遵式述:《金園集》,《卍新纂續藏經》第 57 冊。

71. 失譯:《般泥洹經》,《大正藏》第 1 冊。

72. 〔明〕福善日錄,通炯編輯:《憨山老人夢遊集》,《卍新纂續藏經》第 73 冊。

73. 弘瀚彙編,弘裕同集:《無異元來禪師廣錄》,《卍新纂續藏經》第 72 冊。

74. 〔明〕釋大壑撰:《南屏淨慈寺志》,杭州:杭州出版社,2006 年版。

75. 〔明〕謝於教著:《準提淨業》,《卍新纂續藏經》第 59 冊。

76. 〔明〕袾宏著:《雲棲法匯(選錄)》,《嘉興藏》第 33 冊。

77. 《紫柏尊者全集》,《卍新纂續藏經》第 73 冊。

78. 〔明〕袾宏校正,莊廣還輯:《淨土資糧全集》,《卍新纂續藏經》第 61 冊。

79. 〔明〕袾宏述:《阿彌陀經疏鈔》,《卍新纂續藏經》第 22 冊。

80. 〔明〕宗本集:《歸元直指錄》,《卍新纂續藏經》第 61 冊。

81. 〔清〕彭際清述：《居士傳》，《卍新纂續藏經》第 88 冊。

82. 〔清〕道霈撰，太泉錄：《為霖道霈禪師餐香錄》，《卍新纂續藏經》第 72 冊。

寶　卷

1. 馬西沙主編：《中華珍本寶卷》（第一輯）第一冊，北京：社會科學文獻出版社，2012 年版。

2. 馬西沙主編：《中華珍本寶卷》（第一輯）第三冊，北京：社會科學文獻出版社，2012 年版。

3. 馬西沙主編：《中華珍本寶卷》（第一輯）第六冊，北京：社會科學文獻出版社，2012 年版。

4. 馬西沙主編：《中華珍本寶卷》（第一輯）第七冊，北京：社會科學文獻出版社，2012 年版。

5. 馬西沙主編：《中華珍本寶卷》（第二輯）第十三冊，北京：社會科學文獻出版社，2012 年版。

6. 馬西沙主編：《中華珍本寶卷》（第二輯）第十六冊，北京：社會科學文獻出版社，2012 年版。

7. 馬西沙主編：《中華珍本寶卷》（第二輯）第十七冊，北京：社會科學文獻出版社，2012 年版。

8. 王見川、林萬傳主編：《明清民間宗教經卷文獻》（第一冊），臺北：新文豐出版公司，1999 年版。

9. 周燮藩主編，濮文起分卷主編：《中國宗教歷史文獻集成：民間寶卷》第十冊，合肥：黃山書社，2005 年版。

10. 周燮藩主編，濮文起分卷主編：《中國宗教歷史文獻集成：民間寶卷》第十三冊，合肥：黃山書社，2005 年版。

11. 周燮藩主編，濮文起分卷主編：《中國宗教歷史文獻集成：民間寶卷》第十四冊，合肥：黃山書社，2005 年版。

古　籍

1. 〔周〕卜商：《子夏易傳》，《景印文淵閣四庫全書·經部·易類》第 7 冊，臺北：臺灣商務印書館，1983 年。

2. 〔周〕鶡熊：《鶡子》，《景印文淵閣四庫全書·子部·雜家類》第 848 冊，臺北：臺灣商務印書館，1983 年。

3. 〔春秋戰國〕鄧析著，王愷鑾校正：《民國叢書》第五編《鄧析子校正》，上海：上海書店，1989 年版。

4. 〔春秋戰國〕管仲撰，〔唐〕房玄齡注：《管子》，《景印文淵閣四庫全書·

子部・法家類》第 729 冊，臺北：臺灣商務印書館，1983 年。

5. 〔春秋戰國〕韓非著，李祥俊注釋：《韓非子》，北京：新華出版社，2003
   年版。

6. 〔春秋戰國〕列子著，景中譯注：《列子》，北京：中華書局，2007 年版。

7. 〔春秋戰國〕墨翟著，周才珠，齊端端譯注：《墨子全譯》，貴陽：貴州人
   民出版社，1995 年版。

8. 〔春秋戰國〕晏嬰撰，李萬壽譯注：《晏子春秋全譯》，貴陽：貴州人民出
   版社，1993 年版。

9. 〔戰國〕呂不韋門客編撰，關賢柱等譯注：《呂氏春秋全譯》，貴陽：貴州
   人民出版社，1997 年版。

10. 〔漢〕孔安國傳，〔唐〕孔穎達疏：《十三經注疏・尚書正義》，北京：北
    京大學出版社，1999 年版。

11. 〔漢〕司馬遷撰：《史記》第七冊，北京：中華書局，1960 年版。

12. 〔漢〕許慎著：《說文解字》，北京：九州出版社，2001 年版。

13. 〔漢〕荀悅撰，〔明〕黃省曾注：《申鑒》，《景印文淵閣四庫全書・子部・
    儒家類》第 696 冊，臺北：臺灣商務印書館，1983 年。

14. 〔漢〕楊雄撰，〔晉〕范望注：《太玄經》，《景印文淵閣四庫全書・子部・
    術數類》第 803 冊，臺灣商務印書館，1983 年。

15. 〔漢〕趙岐注，〔宋〕孫奭疏：《十三經注疏・孟子注疏》，北京：北京大
    學出版社，1999 年版。

16. 〔魏〕何晏注，〔宋〕邢昺疏：《十三經注疏・論語注疏》，北京：北京大
    學出版社，1999 年版。

17. 〔魏〕王弼注，〔唐〕孔穎達疏：《十三經注疏・周易正義》，北京：北京
    大學出版社，1999 年版。

18. 〔魏〕王弼注，樓宇烈校釋：《老子道德經注校釋》，北京：中華書局，2008
    年版。

19. 〔西晉〕杜預：《春秋左傳集解》，上海：上海人民出版社，1977 年版。

20. 〔西晉〕張華原著，祝鴻傑譯注：《博物志全譯》，貴陽：貴州人民出版社，
    1992 年版。

21. 王明編：《太平經合校》，北京：中華書局，1960 年版。

22. 〔北齊〕魏收撰：《魏書》第八冊，北京：中華書局，19997 年版。

23. 〔梁〕沈約撰：《宋書》第六冊，北京：中華書局，1974 年版。

24. 〔梁〕蕭子顯撰：《南齊書》第一冊，北京：中華書局，1972 年版。

25. 〔隋〕杜臺卿撰：《玉燭寶典》，《續修四庫全書・史部・時令類》第 885
    冊，上海：上海古籍出版社，2013 年。

26. 〔唐〕李百藥撰:《北齊書》第二冊,北京:中華書局,1972 年版。

27. 〔唐〕李隆基注,〔宋〕邢昺疏:《十三經注疏・孝經注疏》,北京:北京大學出版社,1999 年版。

28. 〔唐〕孟棨等著:《本事詩 本事詞》,《中國文學參考資料小叢書》第二輯,上海:古典文學出版社,1957 年版。

29. 〔唐〕姚思廉撰:《梁書》第一冊,北京:中華書局,1973 年版。

30. 〔宋〕陳耆卿:《嘉定赤城志》,中華書局編:《宋元方志叢刊》第 7 冊,北京:中華書局,1990 年版。

31. 〔宋〕洪适《盤洲集》,《景印文淵閣四庫全書・集部・別集類》第 1158 冊,臺北:臺灣商務印書館,1983 年。

32. 〔宋〕李燾撰:《續資治通鑑長編》,北京:中華書局,1985 年版。

33. 〔宋〕李心傳撰:《建炎以來繫年要錄》,北京:中華書局,1956 年版。

34. 〔宋〕孟元老撰,鄧之誠注:《東京夢華錄》,北京:中華書局,1982 年版。

35. 〔宋〕歐陽修撰,〔宋〕徐無黨注:《新五代史》第一冊,北京:中華書局,1974 年版。

36. 〔宋〕歐陽修撰:《新唐書》第四冊,北京:中華書局,1975 年版。

37. 〔宋〕潛說友:(咸淳)《臨安志》,臺北:成文出版社,中華民國五十九年(1970)。

38. 〔宋〕王溥撰:《唐會要》,北京:中華書局,1955 年版。

39. 〔宋〕王欽若,楊億等撰:《冊府元龜》,《景印文淵閣四庫全書・子部・類書類》第 914 冊,臺北:臺灣商務印書館,1983 年。

40. 〔宋〕謝維新編:《事類備要》,《景印文淵閣四庫全書・子部・類書類》第 939 冊,臺北:臺灣商務印書館,1983 年。

41. 〔宋〕謝逸撰:《溪堂集》,《宋集珍本叢刊》第三十一冊,北京:線裝書局,2004 年版。

42. 〔宋〕晁公武撰,孫猛校證:《郡齋讀書志校證》,上海:上海古籍出版社,1990 年版。

43. 〔宋〕真德秀撰:《西山先生真文忠公文集》,四川大學古籍研究所編:《宋集珍本叢刊》第 76 冊,北京:線裝書局,2004 年版。

44. 〔宋〕周應合撰:(景定)《建康志》,《景印文淵閣四庫全書・史部・傳記類》第 489 冊,臺北:臺灣商務印書館,1983 年。

45. 曾棗莊,劉琳主編:《全宋文》第 13 冊,上海:上海辭書出版社,合肥:安徽教育出版社,2006 年。

46. 〔元〕陶宗儀撰:《南村輟耕錄》,北京:中華書局,1959 年版。

47. 〔元〕佚名：《宋史全文》，《景印文淵閣四庫全書·史部·編年類》第 331 冊，臺北：臺灣商務印書館，1983 年。

48. 〔明〕安世鳳撰：《墨林快事》，《四庫全書存目叢書·子部》第 118 冊，濟南：齊魯書社，1995 年。

49. 〔明〕貝瓊撰：《清江文集》，《景印文淵閣四庫全書·集部·別集類》第 1228 冊，臺北：臺灣商務印書館，1983 年。

50. 〔明〕陳光前纂修：（萬曆）《慈利縣志》，《天一閣藏明代方志選刊》，上海：上海古籍書店，1964 年影印。

51. 〔明〕陳龍正撰：《幾亭全書》，《四庫禁燬書叢刊·集部》第 12 冊，北京：北京出版社，1997 年。

52. 〔明〕陳際泰撰：《已吾集》，《四庫禁燬書叢刊·集部》第 9 冊，北京：北京出版社，1997 年。

53. 〔明〕陳仁錫撰：《無夢園初集》，《四庫禁燬書叢刊·集部》第 60 冊，北京：北京出版社，1997 年。

54. 〔明〕陳懿典撰：《陳學士先生初集》，《四庫禁燬書叢刊·集部》第 79 冊，北京：北京出版社，1997 年。

55. 〔明〕鄧淮修、王瓚、蔡芳纂：胡珠生校注：（弘治）《溫州府志 22 卷》，《溫州文獻叢書》第三輯，上海：上海社會科學出版社，2006 年。

56. 〔明〕董斯張撰：《靜嘯齋遺文》，《續修四庫全書·集部·別集類》第 1381 冊，上海：上海古籍出版社，2013 年。

57. 〔明〕董斯張輯：《吳興藝文補》，《續修四庫全書·集部·總集類》第 1678 冊，上海：上海古籍出版社，2013 年。

58. 〔明〕范鳳翼撰：《范勳卿詩文集》，《四庫禁燬書叢刊·集部》第 112 冊，北京：北京出版社，1997 年。

59. 〔明〕方鳳撰：《改亭存稿》，《續修四庫全書·集部·別集類》第 1338 冊，上海：上海古籍出版社，1997 年。

60. 〔明〕方弘靜撰：《千一錄》，《續修四庫全書·子部·雜家類》第 1126 冊，上海：上海古籍出版社，1997 年。

61. 〔明〕方應祥撰：《青來閣初集》，《四庫禁燬書叢刊·集部》第 40 冊，北京：北京出版社，1997 年。

62. 〔明〕方應祥撰：《青來閣二集》，《四庫禁燬書叢刊·集部》第 78 冊，北京：北京出版社，1997 年。

63. 〔明〕費元祿撰：《甲秀園集》，《四庫禁燬書叢刊·集部》第 62 冊，北京：北京出版社，1997 年。

64. 〔明〕馮夢龍編：《醒世恒言》，海口：海南出版社，1993 年版。

65.〔明〕馮夢龍撰，魏同賢主編：《馮夢龍全集》第一冊，南京：鳳凰出版社，2007 年版。

66.〔明〕葛寅亮撰；何孝榮點校：《金陵梵刹志》，天津：天津人民出版社，2007 年版。

67.〔明〕顧起元撰：《遁園漫稿》，《四庫禁燬書叢刊·集部》第 104 冊，北京：北京出版社，1997 年。

68.〔明〕顧祖訓原編，吳承恩增補，〔清〕陳枚續補：《狀元圖考·凡例》，周駿富輯：《明代傳記叢刊·學林類》第 17 冊，臺北：明文書局，1991 年版。

69.〔明〕歸有光撰：《震川集》，《景印摛藻堂四庫全書薈要》第 421 冊《集部·別集類》第 74 冊，臺北：世界書局，1988 年。

70.〔明〕郭良翰輯：《問奇類林》，《四庫未收書輯刊》七輯第十五冊，北京：北京出版社，第 522 頁，2000 年。

71.〔明〕過庭訓撰：《本朝分省人物考》，《續修四庫全書·史部·傳記類》第 535 冊，2013 年。

72.〔明〕郭勳輯：《雍熙樂府》，《續修四庫全書·集部·曲類》第 1740 冊，上海：上海古籍出版社，2013 年。

73.〔明〕郭子章撰：《明州阿育王山志》，杜潔祥主編：《中國佛寺志彙刊》（第一輯）第 11 冊，臺北：明文書局，佛曆 2524 年（1980）。

74.〔明〕黃洪憲撰：《碧山學士集》，《四庫禁燬書叢刊·集部》第 30 冊，北京：北京出版社，1997 年。

75.〔明〕黃佐撰：《南雍志》，《續修四庫全書·史部·職官類》第 749 冊，上海：上海古籍出版社，2013 年。

76.〔明〕何喬遠撰：《名山藏》，《續修四庫全書·史部·雜史類》第 426 冊，上海：上海古籍出版社，2013 年。

77.〔明〕何偉然，丁允和選，陸雲龍評：《十六名家小品》，《四庫全書存目叢書·子部》第 378 冊，濟南：齊魯書社，1995 年。

78.〔明〕胡我琨撰：《錢通》，《景印文淵閣四庫全書·史部·政書類》第 662 冊，臺北：臺灣商務印書館，1983 年。

79.〔明〕胡應麟著：《少室山房筆叢》，上海：上海書店出版社，2001 年版。

80.〔明〕胡震亨撰：《讀書雜錄》，《續修四庫全書·子部·雜家類》第 1132 冊，上海：上海古籍出版社，2013 年。

81.〔明〕焦竑輯：《國朝獻徵錄》，《續修四庫全書·史部·傳記類》第 531 冊，上海：上海古籍出版社，2013 年。

82.〔明〕焦竑輯：《國史經籍志》，《續修四庫全書·史部·目錄類》第 916 冊，上海：上海古籍出版社，2013 年。

83. 〔明〕蘭陵笑笑生撰:《金瓶梅詞話》,香港太平書局,1981 年版。

84. 〔明〕雷禮撰:《皇明大政紀》,《續修四庫全書・史部・編年類》第 354 冊,上海:上海古籍出版社,2013 年。

85. 〔明〕李長祥撰:《天問閣文集》,《四庫禁燬書叢刊・集部》第 11 冊,北京:北京出版社,1997 年。

86. 〔明〕李開先撰:《林沖寶劍記》,《續修四庫全書・集部・戲劇類》第 1774 冊,上海:上海古籍出版社,2013 年。

87. 〔明〕李日華著:《味水軒日記校注》,上海:上海遠東出版社,1996 年版。

88. 〔明〕李豫亨撰:《推蓬寤語》,《續修四庫全書・子部・雜家類》第 1128 冊,上海:上海古籍出版社,2013 年。

89. 〔明〕凌濛初撰:《二刻拍案驚奇》,海口:海南出版社,1993 年版。

90. 〔明〕林希元《林次崖文集》,《四庫全書存目叢書・集體部》第 75 冊,濟南:齊魯書社,1997 年。

91. 〔明〕劉訒纂修:(嘉靖)《鄢陵志》,《天一閣藏明代方志選刊》,上海:上海古籍書店,1963 年影印。

92. 〔明〕劉若愚著:《酌中志》,北京:北京古籍出版社,1994 年版。

93. 〔明〕劉侗,於奕正撰:《帝京景物略》,北京:北京古籍出版社,2000 年版。

94. 〔明〕呂毖撰:《明宮史》,《景印文淵閣四庫全書・史部・政書類》第 651 冊,臺北:臺灣商務印書館,1983 年。

95. 〔明〕呂天成撰:《曲品》,《中國古典戲曲論著集成》(六),北京:中國戲劇出版社,1959 年版。

96. 〔明〕毛晉輯:《六十種曲》,《續修四庫全書・集部・戲劇類》第 1768、1771、1773 冊,上海:上海古籍出版社,2013 年。

97. 〔明〕梅守箕撰:《梅季豹居諸二集》,《四庫未收書輯刊》第六輯第 24 冊,北京:北京出版社,2000 年。

98. 〔明〕祁彪佳撰:《遠山堂曲品》,《中國古典戲曲論著集成》(六),北京:中國戲劇出版社,1959 年版。

99. 〔明〕祁彪佳:《祁忠敏公日記》,《北京圖書館古籍珍本叢刊》第 20 冊,北京:書目文獻出版社,2000 年。

100. 〔明〕邱濬撰,丘爾谷編:《重編瓊臺稿》,《景印文淵閣四庫全書・集部・別集類》第 1248 冊,臺北:臺灣商務印書館,1983 年。

101. 〔明〕沈長卿撰:《沈氏日旦》,《續修四庫全書・子部・雜家類》第 1131 冊,上海:上海古籍出版社,2013 年。

102. 〔明〕沈德符:《萬曆野獲編》,上海古籍出版社編:《明代筆記小說大觀》第三卷,上海:上海古籍出版社,2005 年版。

103. 〔明〕申時行等修,〔明〕趙用賢等纂:《大明會典》,《續修四庫全書‧史部‧政書類》第 790 冊,上海:上海古籍出版社,2013 年。

104. 〔明〕沈一貫撰:《喙鳴詩文集》,《續修四庫全書‧集部‧別集類》第 1357 冊,上海:上海古籍出版社,2013 年。

105. 〔明〕釋大壑撰:《南屏淨慈寺志》,杭州:杭州出版社,2006 年版。

106. 〔明〕蘇伯衡撰:《蘇平仲集》,王雲五主編:《叢書集成初編》,上海:商務印書館,中華民國二十四年(1935)。

107. 〔明〕陶望齡撰:《陶文簡公集》,《四庫禁燬書叢刊‧集部》第 9 冊,北京:北京出版社,1997 年。

108. 〔明〕陶望齡撰:《歇庵集》,《續修四庫全書‧集部‧別集類》第 1356 冊,上海:上海古籍出版社,2013 年。

109. 〔明〕田汝成輯撰:《西湖遊覽志餘》,上海:上海古籍出版社,1958 年版。

110. 〔明〕王圻纂:《青浦縣志》第三冊,萬曆 25 序刊(日本國立國會圖書館藏)。

111. 〔明〕王圻撰:《續文獻通考》,《續修四庫全書‧史部‧政書類》第 763 冊,上海:上海古籍出版社,2013 年。

112. 〔明〕王尚用修,陳梓纂:(嘉靖)《尋甸府志》,《天一閣藏明代方志選刊》,上海:上海古籍書店,1963 年影印。

113. 〔明〕王世貞撰:《弇州山人四部續稿》,《景印文淵閣四庫全書‧集部‧別集類》第 1282 冊,臺北:臺灣商務印書館,1983 年。

114. 〔明〕王思任撰:《謔庵文飯小品》,《續修四庫全書‧集部‧別集類》第 1368 冊,上海:上海古籍出版社,2013 年。

115. 〔明〕王士性撰,呂景琳點校:《廣志繹》,北京:中華書局,1981 年版。

116. 〔明〕王同軌撰:《耳談類增》,《續修四庫全書‧子部‧小說家類》第 1268 冊,上海:上海古籍出版社,2013 年。

117. 〔明〕王錫爵撰:《王文肅公文集》,《四庫禁燬書叢刊‧集部》第 7 冊,北京:北京出版社,1997 年。

118. 〔明〕魏津纂修:(弘治)《偃師縣志》,《天一閣藏明代方志選刊》,上海:上海古籍書店,1962 年影印。

119. 〔明〕吳本泰撰:《吳吏部集》,《四庫禁燬書叢刊‧集部》第 84 冊,北京:北京出版社,1997 年。

120. 〔明〕伍袁萃《林居漫錄》,《續修四庫全書‧子部‧雜家類》第 1172 冊,

上海：上海古籍出版社，2013 年。

121. 〔明〕西周生撰，黃肅秋點校：《醒世姻緣傳》，上海：上海古籍出版社，1981 年版。

122. 〔明〕夏良勝撰：《中庸衍義》，《景印文淵閣四庫全書‧子部‧類書類》第 715 冊，臺北：臺灣商務印書館，1983 年。

123. 〔明〕夏尚樸撰：《東岩詩文集》，《景印文淵閣四庫全書‧集部‧別集類》第 1271 冊，臺北：臺灣商務印書館，1983 年。

124. 〔明〕徐象梅撰：《兩浙名賢錄》，《續修四庫全書‧史部‧傳記類》第 542 冊，上海：上海古籍出版社，2013 年。

125. 〔明〕薛綱纂修，吳廷舉續修：（嘉靖）《湖廣圖經志書 20 卷》，《日本藏中國罕見地方志叢刊》上冊，北京：書目文獻出版社，1991 年。

126. 〔明〕楊榮著：《文敏集》，《景印文淵閣四庫全書‧集部‧別集類》第 1240 冊，臺北：臺灣商務印書館，1983 年。

127. 〔明〕楊士奇撰，王雲五主編：《叢書集成初編》：《文淵閣書目》，北京：商務印書館，1935 年版。

128. 〔明〕姚旅著，劉彥捷點校：《露書》，福州：福建人民出版社，2008 年版。

129. 〔明〕姚舜牧撰：《來恩堂草》，《四庫禁燬書叢刊‧集部》第 107 冊，北京：北京出版社，1997 年。

130. 〔明〕葉盛撰：《菉竹堂稿》，《四庫全書存目叢書‧集部》第 35 冊，濟南：齊魯書社，1997 年。

131. 〔明〕虞淳熙撰：《虞德園先生集》，《四庫禁燬書叢刊‧集部》第 43 冊，北京：北京出版社，1997 年。

132. 〔明〕俞汝楫等編撰，林堯俞等纂修：《禮部志稿》，《景印文淵閣四庫全書‧史部‧職官類》第 597 冊，臺北：臺灣商務印書館，1983 年。

133. 〔明〕余學夔撰：《北軒集》，《四庫未收書輯刊》第五輯第 17 冊，北京：北京出版社，2000 年。

134. 〔明〕袁宗道撰：《白蘇齋類集》，《續修四庫全書‧集部‧別集類》第 1363 冊，上海：上海古籍出版社，2013 年。

135. 〔明〕夏良勝纂修：（正德）《建昌府志》，《天一閣藏明代方志選刊》，上海：上海古籍書店，1964 年影印。

136. 〔明〕徐學謨纂修：（萬曆）《湖廣總志 98 卷》，《四庫全書存目叢書‧史部》第 196 冊，濟南：齊魯書社，1995 年。

137. 〔明〕張大復撰：《聞雁齋筆談》，《北京圖書館古籍珍本叢刊》第 67 冊，北京：書目文獻出版社，2000 年版。

138. 〔明〕張岱著，蔡鎮楚譯注：《陶庵夢憶》，長沙：嶽麓書社，2003 年版。

139. 〔明〕張鳳翼編：《夢占類考》，《續修四庫全書・子部・術數類》第 1064 冊，上海：上海古籍出版社，2013 年。

140. 〔明〕張時徹撰：《芝園集》，《四庫全書存目叢書・集部》第 82 冊，濟南：齊魯書社，1997 年。

141. 〔明〕張履祥撰：《楊園先生全集》，北京：中華書局，2002 年版。

142. 〔明〕張萱撰：《西園聞見錄》，王有立主編：《中華文史叢書》之四十二，北平：哈佛燕京學社排印本，民國二十九年（1940）。

143. 〔明〕鄭相修、黃虎臣纂：（嘉靖）《夏邑縣志》，《天一閣藏明代方志選刊》，上海：上海古籍書店，1963 年影印。

144. 〔明〕鄭之珍撰，朱萬曙校點：《皖人戲劇選刊鄭之珍卷：新編目連救母勸善戲文》，合肥：黃山書社，2005 年版。

145. 〔明〕周清原著：《西湖二集》，北京：華夏出版社，2013 年版。

146. 〔明〕朱國幀撰：《朱文肅公集》，《續修四庫全書・集部・別集類》第 1366 冊，上海：上海古籍出版社，2013 年。

147. 中央研究院歷史語言研究所校印，黃彰健校勘：《明太祖實錄》，北京：中華書局，2013 年。

148. 中央研究院歷史語言研究所校印，黃彰健校勘：《明太宗實錄》，北京：中華書局，2013 年。

149. 中央研究院歷史語言研究所校印，黃彰健校勘：《明神宗實錄》，北京：中華書局，2013 年。

150. 〔清〕畢振毅撰：《西北之文》，《山右叢書初編》（十二），太原：山西人民出版社，1986 年版。

151. 〔清〕顧炎武撰：《天下郡國利病書》，《續修四庫全書・史部・地理類》第 596 冊，上海：上海古籍出版社，2013 年。

152. 〔清〕傅維鱗纂：《明書》，王雲五主編：《叢書集成初編》，上海：商務印書館，中華民國二十五年（1936）。

153. 〔清〕龍文彬撰：《明會要》，《續修四庫全書・史部・政書類》第 793 冊，上海：上海古籍出版社，2013 年。

154. 〔清〕蔣超伯著：《南漘楛語》，《筆記小說大觀》，揚州：江蘇廣陵古籍出版社，1984 年版。

155. 〔清〕毛祥麟撰，畢萬忱點校：《墨餘錄》，上海：上海古籍出版社，1985 年版。

156. 〔清〕陶煦：《周莊鎮志》，《續修四庫全書・史部・地理類》第 717 冊，上海：上海古籍出版社，2013 年。

157. 〔清〕姚廷遴撰：《上浦經歷筆記》，《北京圖書館藏珍本年譜叢刊》第 79 冊，北京：北京圖書館出版社，1999 年。

158. 〔清〕葉德輝著：《書林清話》，北京：中華書局，1957 年版。

159. 〔清〕張岱撰，馬興榮點校：《陶庵夢憶‧西湖夢尋》，北京：中華書局，2007 年版。

160. 〔清〕張岱著：《石匱書》，《續修四庫全書‧史部‧別史類》第 319 冊，上海：上海古籍出版社，2013 年。

161. 〔清〕張廷玉撰：《明史》第七冊，北京：中華書局，1974 年版。

162. 〔清〕鄭鼎勳修，蔣琛纂：（雍正）《江華縣志》，《故宮珍本叢刊》第 156 冊，海口：海南出版社，2001 年。

163. 〔清〕周家楣、薛福辰、沈秉成修，張之洞、繆荃孫纂：（光緒）《順天府志》，《續修四庫全書‧史部‧地理類》第 683 冊，2013 年。

164. 〔清〕周亮工著：《賴古堂集》，《續修四庫全書‧集部‧別集類》第 1400 冊，上海：上海古籍出版社，2013 年。

165. 〔民國〕安徽通志館輯：《安徽通志藝文考》，（民國）《安徽通志稿 157 卷》，民國二十三年（1934）鉛印本。

專　著

1. 曹勝高，安娜譯注：《六韜‧鬼谷子》，北京：中華書局，2007 年版。

2. 陳寶良著：《明代社會生活史》，北京：中國社會科學出版社，2004 年版。

3. 陳寶良著：《明代社會轉型與文化變遷》，重慶：重慶大學出版社，2014 年版。

4. 陳兵，鄧子美著：《二十世紀中國佛教》，北京：民族出版社，2000 年版。

5. 陳海量：《印光大師小史》，《民國叢書》第三編《印光大師永思集》，上海：上海書店，民國三十年（1941）版。

6. 程俊英譯注：《詩經譯注》，上海：上海古籍出版社，1985 年版。

7. 陳弱水著：《公共意識與中國文化》，臺北：聯經出版事業公司，2005 年版。

8. 陳霞著：《道教勸善書研究》，成都：巴蜀書社，1999 年版。

9. 陳垣撰：《明季滇黔佛教考》，北京：中華書局，1962 年版。

10. 陳瑛、溫克勤等著：《中國倫理思想史》，貴陽：貴州人民出版社，1985 年版。

11. 陳允吉著：《〈目連變〉故事基型的素材結構與生成時代之推考——以小名「蘿蔔」問題為中心》，《佛教與中國文學論稿》，上海：上海古籍出版社，2010 年版。

12. 車錫倫著：《中國寶卷研究》，桂林：廣西師範大學出版社，2009 年版。

13. 車錫倫著：《中國寶卷總目》，北京：北京燕山出版社，200 年版。

14. 董志翹著：《〈觀世音應驗記〉三種譯注》，南京：江蘇古籍出版社，2002 年版。

15. 杜繼文主編：《佛教史》，南京：江蘇人民出版社，2008 年版。

16. 段玉明主編：《佛教與民俗》，北京：宗教文化出版社，2014 年。

17. 段玉明著：《中國寺廟文化》，上海：上海人民出版社，1994 年版。

18. 段玉明著：《中國寺廟文化論》，長春：吉林教育出版社，1999 年版。

19. 段玉明著：《中國市井文化與傳統曲藝》，長春：吉林教育出版社，1992 年版。

20. 方立天著：《中國佛教哲學要義》，北京：中國人民大學出版社，2002 年版。

21. 費孝通著：《鄉土中國》，北京：北京大學出版社，2012 年版。

22. 黃勇武主編：《敦煌寶藏》第 15 冊，臺北：新文豐出版公司，1981 年版。

23. 何寧撰：《淮南子集釋》，《新編諸子集成》（第一輯），北京：中華書局，1998 年版。

24. 何孝榮著：《明代南京寺院研究》，北京：故宮出版社，2013 年版。

25. 胡道靜主編：《藏外道書》第 12 冊，成都：巴蜀書社，1992～1994 年。

26. 季羨林等整理出版：《韓國藏中國稀見珍本小說》第五卷《奎章閣藏本型世言》，北京：中國大百科全書出版社，1997 年版。

27. 季羨林：《吐火羅文〈彌勒會見記〉譯釋》，《季羨林文集》，南昌：江西教育出版社，1998 年版。

28. 李剛著：《勸善成仙——道教生命倫理》，成都：四川人民出版社，1994 年版。

29. 李鵬著：《中國古代圖書出版營銷研究》，北京：學習出版社，2013 年版。

30. 李小榮著：《變文講唱與華梵宗教藝術》，上海：上海三聯書店，2002 年版。

31. 李致忠著：《歷代刻書考述》，成都：巴蜀書社，1989 年版。

32. 梁其姿著：《施善與教化：明清時期的慈善組織》，北京：北京師範大學出版社，2013 年版。

33. 凌翼雲著：《目連戲與佛教》，廣州：廣東高等教育出版社，2011 年版。

34. 魯迅著：《中國小說史略》，合肥：安徽人民出版社，2013 年版。

35. 魯迅著：《且介亭雜文末編·附集》，《魯迅全集》第六集，北京：人民文學出版社，1958 年版。

36. 劉禎著：《中國民間目連文化》，成都：巴蜀書社，1997 年版。

37. 劉天振著：《明清江南城市商業出版與文化傳播》，北京：中國社會科學出版社，2011 年版。

38. 繆永禾著：《明代出版史》，南京：江蘇人民出版社，2000 年版。

39. 戚福康著：《中國古代書坊研究》北京：商務印書館，2007 年版。

40. 錢穆著：《中國思想史》，臺北：臺灣學生書局，中華民國七十七年（1988）版。

41. 卿希泰著：《道教文化新探》，成都：四川人民出版社，1988 年版。

42. 任繼愈主編：《中國佛教史》第三卷，北京：中國社會科學出版社，1988 年版。

43. 上海古籍出版社編：《明代筆記小說大觀》第三冊，上海：上海古籍出版社，2005 年版。

44. 孫昌武著：《佛教與中國文學》，上海：上海人民出版社，2007 年版。

45. 王重民、周一良、向達等編：《敦煌變文集》，北京：人民文學出版社，1957 年版。

46. 吳華、黃豪、郭俊良等著：《傳統視域下的錢穆──中外文明交流史數論》，上海：上海科技文獻出版社，2015 年版。

47. 吳晗：《明初社會生產力的發展》，吳晗著：《吳晗論明史》，武漢：武漢出版社，2012 年版。

48. 吳震編校整理：《王畿集》附錄三《中鑒問答》，南京：鳳凰出版社，2007 年版。

49. 吳震著：《明末清初勸善運動思想研究》，臺北：國立臺灣大學出版中心，2012 年版。

50. 蕭登福著：《道佛十王地獄說》，臺北：新文豐出版公司，1996 年版。

51. 蕭東發著：《中國圖書出版印刷史論》，北京：北京大學出版社，2001 年版。

52. 嚴耀中著：《佛教戒律與中國社會》，上海：上海人民出版社，2007 年版。

53. 楊伯峻編著：《春秋左傳注》北京：中華書局，1990 年版。

54. 葉長海、張福海著：《（插圖本）中國戲劇史》，上海：上海古籍出版社，2004 年版。

55. 尹富著：《中國地藏信仰研究》，成都：巴蜀書社，2009 年版。

56. 游子安著：《善與人同：明清以來的慈善與教化》，北京：中華書局，2005 年版。

57. 袁嘯波編：《民間勸善書》，上海：上海古籍出版社，1995 年版。

58. 俞曉紅著：《佛教與唐五代白話小說研究》，北京：人民出版社，2006 年

版。

59. 張立文主編：《空鏡──佛學與中國文化》，北京：人民出版社，2005 年版。

60. 張弓著：《漢唐佛寺文化史》，北京：中國社會科學出版社，1997 年版。

61. 張璉著：《明代中央政府出版與文化政策之研究》，潘美月、杜潔祥主編：《古典文獻研究輯刊》（二編）第三冊，臺北：花木蘭文化出版社，2006 年版。

62. 張顯清主編：《明代後期社會轉型研究》，北京：中國社會科學出版社，2008 年版。

63. 張總著：《地藏信仰研究》，北京：宗教文化出版社，2002 年版。

64. 鄭振鐸著：《中國古代木刻畫史略》，上海：上海書店出版社，2010 年版。

65. 鄭振鐸著：《中國俗文學史》，北京：中國畫報出版社，2010 年版。

66. 《中國方志叢書・第八十號》之《廈門志》，據〔清〕周凱修，凌翰等纂，清道光十九年刊本影印，臺北：成文出版社，中華民國五十六年（1967）。

67. 《中國方志叢書・華中地區・第二二一號》之《紹興府志》，據〔清〕李亨特總裁，平恕等修，清乾隆五十七年刊本影印，臺北：成文出版社，中華民國六十四年（1975）。

68. 中國佛教協會編：《中國佛教》第一輯，上海：知識出版社，1980 年版。

69. 中國佛教協會編：《中國佛教》第二輯，上海：知識出版社，1982 年版。

70. 中國佛教協會編：《中國佛教》（五），北京：中國社會科學出版社，2004 年版。

71. 周紹良、白化文編：《敦煌變文論文錄》，上海：上海古籍出版社，1982 年版。

72. 朱一玄編：《明清小說資料選編》上，天津：南開大學出版社，2012 年版。

73. 莊明興著：《中國中古的地藏信仰》，臺北：國立臺灣大學出版委員會，1999 年版。

期　刊

1. 車錫倫：《中國寶卷的形成及其演唱形態》，《敦煌研究》2003 年第 2 期。

2. 車錫倫：《形成期之寶卷與佛教之懺法、俗講和「變文」》，《民族文學研究》2011 年第 1 期。

3. 車錫倫：《明代的佛教寶卷》，《民俗研究》2005 年第 1 期。

4. 陳觀勝著，趙紅譯：《中國佛教中的孝》，《敦煌學輯刊》1988 年第 1、2 期。

5. 程國賦：《明代坊刻小說稿源研究》，《文學評論》2007 年第 3 期。

6. 杜凌：《中國古代小說中的善惡果報思想》，《雲南師範大學學報》（哲學社會科學版）1990 年第 2 期。

7. 段玉明：《佛教與中國近世勸善運動》，李利安主編：《佛教與當代文化建設學術研討會論文集》（第二編），西安：西北大學出版社，2013 年版。

8. 段玉明：《佛教勸善理念研究》，《雲南社會科學》2005 年第 5 期。

9. 段玉明：《從出土文物看巴蜀早期佛教》，《四川文物》2008 年第 3 期。

10. 段玉明：《佛誕放生的來龍去脈》，《中國宗教》2012 年第 2 期。

11. 段玉明：《〈太上感應篇〉：宗教文本與社會互動的典範》，《雲南社會科學》2004 年第 1 期。

12. 段玉明：《〈玉曆至寶鈔〉：究係誰家之善書？》，《宗教學研究》2004 年第 2 期。

13. 范軍：《中國地獄傳說與佛教倫理》，《華僑大學學報》（哲學社會科學版）2007 年第 3 期。

14. 方立天：《中國佛教倫理思想論綱》，《中國社會科學》1996 年第 2 期。

15. 高志忠、溫斌：《明代宦官與圖書刊刻考述》，《圖書館理論與實踐》2012 年第 8 期。

16. 龔鵬程：《乾嘉年間的狐鬼怪談》，《中華文史論叢》（總第八十六輯），上海：上海古籍出版社，2007 年版。

17. 姜光斗：《論魏晉志怪小說與佛教》，《南通師專學報》1994 年 6 月第 2 期。

18. 江玉祥：《中國地獄「十殿」信仰的起源》，載於江玉祥主編：《古代西南絲綢之路研究》（第二輯），成都：四川大學出版社，1995 年版。

19. 倪國華、陳長文、趙陰湘：《鄭之珍籍貫及生卒年考略》，《戲曲志訊》1986 年第 6 期。

20. 劉傑：《宋前目連故事的流變及其文化闡釋》，《敦煌學輯刊》2009 年第 1 期。

21. 倪萍、丁春華：《古代戲曲典籍刊刻及其私人戲曲收藏研究》，《文獻學》2014 年第 6 期。

22. 李世瑜：《寶卷新研》，《文學遺產增刊》第 4 輯，北京：作家出版社，1957 年版。

23. 劉興漢：《「因果報應」觀念與中國話本小說》，《吉林大學社會科學學報》1997 年第 5 期。

24. 陸永峰：《論寶卷的勸善功能》，《世界宗教研究》2011 年第 3 期。

25. 馬世長：《〈父母恩重經〉寫本與變相（摘要）》，《敦煌研究》1988 年第 2

期。

26. 卿希泰、李剛：《試論道教勸善書》，《世界宗教研究》1985 年第 4 期，

27. 閏德亮：《試論〈搜神記〉中的佛教神話》，《中州學刊》2010 年 11 月第 6 期。

28. 沈順福：《善與性：儒家對善的定義》，《西南民族大學學報》（人文社會科學版）2015 年第 2 期。

29. 臺靜農：《佛教故實與中國小說》，《東方文化》13 卷 1 期，1975 年。

30. 孫文輝：《鬼節‧湖南民俗‧目連戲》，《藝海》2007 年第 2 期。

31. 萬晴川：《明清小說與善書》，《中國古籍與文化》2009 年第 1 期。

32. 王青：《論中古志怪作品在民間故事類型學中的價值》，《南京師大學報（社會科學版）》2003 年 3 月第 2 期。

33. 王衛平、馬麗：《袁黃勸善思想與明清江南地區的慈善事業》，《安徽史學》2006 年第 5 期。

34. 王月清：《中國佛教勸善書初探》，《佛學研究》1999 年（年刊）。

35. 吳維中：《志怪與魏晉南北朝宗教》，《蘭州大學學報》1990 年第 2 期。

36. 謝偉民：《因果報應：中國傳統小說的一種內結構模式》，《社會科學輯刊》1988 年第 5 期。

37. 徐道彬：《〈放生殺生現報錄〉考辨》，《中國典籍與文化》2013 年第 1 期。

38. 肖群忠：《〈了凡四訓〉的民間倫理思想研究》，《雲南民族大學學報》2004 年第 1 期。

39. 徐難于：《善惡觀形成初探》，《四川大學學報》（哲學社會科學版）2001 年第 3 期。

40. 張靈、孫遜：《小說『入冥』母題在寶卷中的承續與蛻變》，《上海師範大學學報》（哲學社會科學版）2012 年 3 月第 2 期。

41. 周中之：《慈善倫理的文化血脈及其變革》，《東南大學學報（哲學社會科學版）》2015 年第 6 期。

42. 朱恒夫：《六朝佛教徒對志怪小說興起的作用》，《明清小說研究》2001 年第 1 期。

43. 朱建明：《目連戲芻議》，《黃梅戲藝術》1996 年第 4 期。

44. 朱萬曙：《〈祁門清溪鄭氏家乘〉所見鄭之珍生平資料》，《文學遺產》2004 年第 6 期。

譯著及外文

1. 〔日〕奧崎裕司：《民眾道教》，福井康順等兼修，朱越利、徐遠和等譯：《道教》第二卷，上海：上海古籍出版社，1992 年版。

2. 〔日本〕倉石武四郎著，汪馥泉譯：《〈目連救母行孝戲文〉研究》，鄭振鐸編：《中國文學研究》下冊（小說月報第十七卷號外），1927 年版。

3. 〔日〕道端良秀著，姚長壽節譯：《中國佛教與社會福利事業》，《法音》1986 年第 2 期。

4. 〔日〕夫馬進著；伍躍、楊文信、張學鋒譯：《中國善會善堂史》，北京：商務印書館，2005 年版。

5. 〔日〕吉岡義豐著，余萬居譯：《中國民間宗教概說》，台北：華宇出版社，佛曆二五二九年（1986）版。

6. 〔日〕楠山春樹：《道教與儒教》，福井康順等兼修，朱越利、徐遠和等譯：《道教》第二卷，上海：上海古籍出版社，1992 年版。

7. 〔日〕內藤湖南著；夏應元、劉文柱等譯：《中國史通論》，北京：社會科學文獻出版社，2004 年。

8. 〔日〕秋月觀暎著，丁培仁譯：《中國近世道教的形成：淨明道的基礎研究》，北京：中國社會科學出版社，2005 年版。

9. 〔日〕石井昌子：《道教的神》，福井康順等兼修，朱越利、徐遠和等譯：《道教》第二卷，上海：上海古籍出版社，1992 年版。

10. 〔日〕西田多幾郎著：《善的研究》，北京：商務印書館，2010 年版。

11. 〔日〕小柳司氣太著，陳彬龢譯：《道教概說》，上海：商務印書館，中華民國十五年（1926）。

12. 〔日〕澤田瑞穗：《〈金瓶梅詞話〉所引の寶卷について》，《增補宝卷の研究》，东京：國書刊行會出版，1975 年。

13. 〔加〕卜正明著；陳時龍譯：《明代的社會和國家》，合肥：黃山書社，2009 年版。

14. 〔加〕卜正明著，張華譯：《為權利祈禱：佛教與晚明中國士紳社會的形成》，南京：江蘇人民出版社，2008 年版。

15. 〔法〕謝和耐（Gernet，J.）著；黃建華，黃迅餘譯：《中國社會史》，南京：江蘇人民出版社，2010 年版。

16. 〔法〕謝和耐（Gernet，J.）著；耿昇譯：《中國 5～10 世紀的寺院經濟》，上海：上海古籍出版社，2004 年版。

17. 〔法〕讓·弗朗索瓦·勒維爾、馬蒂厄·里卡爾著，陸元昶譯：《和尚與哲學家》，南京：江蘇人民出版社，2005 年版。

18. 〔法〕E·涂爾幹著，林宗鏡，彭守義譯：《宗教生活的初級形式》，北京：中央民族大學出版社，1999 年版。

19. 〔美〕包筠雅著，杜正貞、張林譯，趙世瑜校：《功過格——明清社會的道德秩序》，杭州：浙江人民出版社，1999 年版。

20. 〔美〕韓德林著；吳士勇，王桐，史楨豪譯：《行善的藝術》，南京：江蘇人民出版社，2015 年版。

21. 〔美〕黃衛總著；張蘊爽譯：《中華帝國晚期的欲望與小說敘述》，南京：江蘇人民出版社，2012 年版。

22. 〔美〕克利福德·格爾茨著，韓莉譯：《文化的解釋》，南京：譯林出版社，2014 年版。

23. 〔美〕楊慶堃著，范麗珠等譯：《中國社會中的宗教：宗教的現代社會功能及其歷史因素之研究》，上海：上海人民出版社，2006 年版。

24. 〔葡〕曾德昭著，何高濟譯：《大中國志》，北京：商務印書館，2012 年版。

25. 〔德〕費爾巴哈著，王太慶譯：《宗教的本質》，北京：商務印書館，2010 年。

26. 〔德〕馬克斯·韋伯著，康樂、簡惠美譯：《中國的宗教：儒教與道教》，桂林：廣西師範大學出版社，2010 年版。

27. 〔德〕馬克思·韋伯著；康樂，簡惠美譯：《宗教社會學》，桂林：廣西師範大學出版社，2005 年版。

28. 〔羅馬尼亞〕米爾恰·伊利亞德著，王建光譯：《神聖與世俗》，北京：華夏出版社，2001 年版。

29. 《馬克思恩格斯選集》第一卷，北京：人民出版社，1995 年版。

30. Franklin L, Baumer "Intellectual History and Its Problems," The Journal of Modern History, vol.21, no.3（September 1949）.

31. Paul Williams: Mahāyāna Buddhism, Routledge, London and New York, 1989.

32. Neal Donnelly, A Journey Through Chinese Hell, Taipei: Artist Publishing Co., 1990.

33. Stephen F. Teiser, The Scripture on the Ten Kings and the Making of Purgatory in Medieval Chinese Buddhism, Honolulu: University of Hawaii Press, 1994.

後　記

　　能再度成爲段先生的弟子，眞的是無比幸運。段先生是國內、國際知名的教授、學者，其在大理國史和寺廟文化領域所作的研究學術界至今無人能及。在學科研究上，段先生將歷史學、社會學、人類學與宗教學貫通起來，嫻熟地運用各學科的研究方法治學作文，深得學界同行的讚許。其文設計精巧、語言流暢、眼界獨到、娓娓道來，讀之常有醍醐灌頂、豁然開朗之感。段先生不僅在學術上取得累累碩果，對吾等學生後輩更是關愛有加。不僅專門爲我上了一學期的「佛教文學」和「佛教藝術」的課（這兩門課只有我一個人選修），還給我們開設了「論文研討」的佛學沙龍，從論文寫作的基本規範講起，到指導我們畢業論文的修改完善，每週一會，三年來從未間斷。非常有趣和有幸的是，段先生給我們的這種學術培養和思想薰陶不僅發生在課堂上，在望江公園的露天茶座上，在聖水寺和天國寺的茶室中，甚至在和席的餐桌上都有段先生對我們諄諄教誨的印跡。段先生對我們的關愛不僅體現在學習中，也體現在和段門弟子日常聊天中的各種八卦上，體現在對弟子終身大事的關心上，更體現在那一句「豪哥，去哪裡」的玩笑中。

　　本書的選題是由段老師提出，這也是他一直在思考的課題。開始之初，我對這個問題頗是茫然，毫無頭緒，曾經有過向先生提出更換選題的想法。所幸的是，生來性格怯弱，不好意思輕易說不，最後還是堅持了下來。前期廣泛閱讀和搜集材料的過程是艱辛的，習慣了每天睜眼就拿起書，習慣了邊吃飯邊構思文章結構，習慣了每週在乒乓球台取當當網的包裹，甚至習慣了一整天只和食堂阿姨說了「三兩，謝謝」這幾個字……這個過程卻也是快樂的，這種快樂既是閱讀完一本著作後的慨然良久，也是做完又一本摘抄和讀書筆記的小小滿足，還是突然之間蹦出的一點點新奇想法，甚至是從數百萬字的材料中找尋到的一條材料。集中寫作的那半年，看過凌晨兩三點的皓月

當空，也聽過對面食堂二樓每晚三四點的麻將聲響，試過一個暑假沒有回家，寒假正月初三就回校，也曾突發奇想的在東三食堂的固定窗口連續吃了半年三塊一頓的素菜。後學自知天資愚鈍，每寫完一章，自己先看幾遍，再請段門各位師兄妹幫忙提意見，再作修改，統一寫完後，再如此重複幾遍，最後才敢交給老師。幸運的是，經過大半年的集中寫作，我終於在規定的時間內寫完了這篇論文。

感謝段老師，不僅在這六年的學習和生活中對我關懷備至，最後還幫我聯繫出版社，使拙著最終得以順利出版。在論文的寫作過程中，段老師不僅僅給我提供了方向性的指導，在細節方面也毫不馬虎。小到錯別字的查找，甚至標點符號的用法，老師都一一指出問題所在。記憶深刻的是老師曾指出了我文中一處引用頁碼有誤，要知道整個文章的引用多達八九百個，老師都一一校對。真的是羞愧難當，同時也被老師嚴謹認真的態度感動。去年底，老師來電詢問是否願意將論文出版，說已經聯繫好了花木蘭文化事業有限公司，只待我將論文送過去即可。個中感動，無法用言語一一訴說。感謝師母吳開婉老師。師母平易近人，每次段門聚餐，師母都會一直招呼我們多吃，說正是長身體的時候。有次我笑著說：「師母，我們早過了長身體的時候啦！」儘管如此，後來每次吃飯，師母還是會招呼我們多吃。畢業離校的時候，師母對我說：「小黃，以後好好工作。你們段老師經常在我面前誇獎你們。」我內心頗是惶恐，我知道這是師母安慰我的話。

感謝四川大學道教與宗教文化研究所的閔麗老師和田海華老師。兩位老師的課不僅給了我諸多啟發，同時也給我們 2013 級全體博士提供了一個共同探討的平台，大家各抒己見，共同進步。在最後一堂課上，田海華老師還特意為我們定製了一個蛋糕，及今思之，仍然頗為感動。同時要感謝李剛教授、陳兵教授、丁培仁教授、蓋建民教授、唐大潮教授、張澤洪教授、詹石窗教授、張欽教授、陳建明教授、林慶華教授、李裴教授、尹立老師、哈磊老師、朱展炎老師、李平老師、張曉粉老師、何江濤老師等。感謝他們多年來對我的關心和幫助。

感謝為我的畢業論文開題、審閱和答辯提供幫助的向世山教授、尹邦志教授、劉長東教授、李向平教授、李利安教授、游彪教授、溫金玉教授、秦和平教授、張勇教授、萬果教授、劉長久教授；還要感謝在參加會議時給我提供指導的張雲江教授、何孝榮教授、徐文明教授等。

　　感謝英屬哥倫比亞大學的陳金華教授給我參加 2014 年峨眉山佛教與東亞文化國際研修班的機會，讓我有幸結識了許多海內外專家學者和優秀學子。感謝太史文教授對我的論文提出批評與指正。

　　感謝聖水寺智海和尚、天國寺宏開法師、文殊院慶學法師、三祖寺宏淨法師等佛門大德高僧給我提供諸多方便和幫助。

　　感謝段門諸位師兄妹，張慧敏師姐、邢飛師兄、王大偉兄、蔣家華師兄、李湖江師兄、雷翔兄、劉勤師姐、楊合林師弟、劉萬萬師弟、范秋霜師弟、陸雪卉師妹、王侃兄、劉樂君、謝奇燁師弟以及大澤邦由君等都曾給我提供諸多幫助，特別是吳華兄、郭俊良兄、周上群師妹和張馨月師妹，或者費心幫我查找資料　，或者不厭其煩地幫我修改論文，不勝感激。要特別感謝王雪梅師姐，幸得師姐的幫助，我才有機會回到本科母校工作。十年前我來此求學時，師姐已經在此工作，十年後又得師姐助緣，回到母校，所謂因緣，不就是此乎？

　　感謝四川大學道教與宗教文化研究所 2013 級博士班同學，很多同學都曾給我許多幫助，如陳龍、包力維、孫偉傑、楊普春等同學。特別是要感謝劉陶和趙建華，兩位同學不僅給我提供了學習上的幫助，在生活中也給予我諸多關懷，不勝感激。

　　感謝四川大學道教與宗教文化研究所的彭之梅師妹、趙雅培師妹、王靜師妹、周晨曦師妹、金曉瓊師妹、王亞師弟、程守亮師弟、李笑樊師弟等給我提供的幫助和關懷。

　　感謝我的父母和姐姐、姐夫及諸位親友的支持和關懷，沒有他們的支持和理解，我很難走到今天。

　　最後要特別感謝花木蘭文化事業有限公司的楊嘉樂副總編。當初我將稿子呈給他時，他第一時間給了我答覆。在出版過程中又給予我很大幫助，並一再提醒我各種注意事項。特此感謝！

　　要感謝的人還有很多，恕不一一列出，在此一併感謝，如有遺漏，敬請包涵。

　　後學愚鈍，自知水平有限，拙著有不正確處，還請方家指正。不勝感激！

黃　豪

2017 年 7 月 20 日夜於果州華鳳